"十二五"普通高等教育车辆工程专业规划教材

Zhuanyong Qiche Sheji

专用汽车设计

(第二版)

冯晋祥 主编

人民交通出版社

内 容 提 要

本书共分为12章,主要内容包括:专用汽车的总体设计、造型设计、部分总成及装置,自卸汽车,汽车列车,罐式汽车,厢式汽车,混凝土专用汽车,起重举升汽车,集装箱及集装箱运输车,以及特种结构汽车。

本书为大专院校车辆工程专业教材,也可作为从事汽车行业的工程技术人员、使用与维修人员的参考书。

图书在版编目(CIP)数据

专用汽车设计 /冯晋祥主编. — 2版. — 北京：
人民交通出版社,2013.6
 ISBN 978-7-114-09884-0

Ⅰ. ①专… Ⅱ. ①冯… Ⅲ. ①汽车－设计 Ⅳ.
①U462

中国版本图书馆 CIP 数据核字(2012)第 135282 号

"十二五"普通高等教育车辆工程专业规划教材

书　名：	专用汽车设计(第二版)
著 作 者：	冯晋祥
责任编辑：	夏　韡
出版发行：	人民交通出版社
地　　址：	(100011)北京市朝阳区安定门外外馆斜街3号
网　　址：	http://www.ccpress.com.cn
销售电话：	(010)59757973
总 经 销：	人民交通出版社发行部
经　销：	各地新华书店
印　刷：	北京市密东印刷有限公司
开　本：	787×1092　1/16
印　张：	20.75
字　数：	523 千
版　次：	2007年7月　第1版
	2013年6月　第2版
印　次：	2018年5月　第2版　第2次印刷　总计第4次印刷
书　号：	ISBN 978-7-114-09884-0
定　价：	42.00元

(有印刷、装订质量问题的图书由本社负责调换)

"十二五"普通高等教育车辆工程专业规划教材

编委会名单

编委会主任

龚金科(湖南大学)

编委会副主任(按姓名拼音顺序)

陈　南(东南大学)	方锡邦(合肥工业大学)	过学迅(武汉理工大学)
刘晶郁(长安大学)	吴光强(同济大学)	于多年(吉林大学)

编委会委员(按姓名拼音顺序)

蔡红民(长安大学)	陈全世(清华大学)	陈　鑫(吉林大学)
杜爱民(同济大学)	冯崇毅(东南大学)	冯晋祥(山东交通学院)
郭应时(长安大学)	韩英淳(吉林大学)	何耀华(武汉理工大学)
胡　骅(武汉理工大学)	胡兴军(吉林大学)	黄韶炯(中国农业大学)
兰　巍(吉林大学)	宋　慧(武汉科技大学)	谭继锦(合肥工业大学)
王增才(山东大学)	阎　岩(青岛理工大学)	张德鹏(长安大学)
张志沛(长沙理工大学)	钟诗清(武汉理工大学)	周淑渊(泛亚汽车技术中心)

前 言

专用汽车是一种最有效、最合理的运输工具，或是完成专项作业的移动装备。它不仅能满足交通运输的一般要求，还能更好地适应客货运输服务的品质以及运输服务的多元化、个性化需求，更好地满足特定条件下专项作业的需要，而更有效地发挥汽车运输在整个运输结构中的作用。

专用汽车主要是在基本车型的基础上装设专用车身和装备，扩展了功能、提高了效率，使其更适合某种运输要求的车辆。随着社会经济的发展，专用汽车具有品种繁多、结构各异、适用广泛的特点，以轻量化、环保、节能为主旋律，更好地发挥专用汽车的特点。本书主要在汽车专业知识的基础上针对常用专用汽车的特殊结构、工作原理、设计方法以及典型零部件和装置等予以阐述。

本书第一版由冯晋祥主编，编写组成员（分工）是：冯晋祥（第一、二、四、七章）、戴汝泉（第三章）、李祥贵（第五章）、贾倩（第六、九章）、王慧君（第八、十一章）、于明进（第十章）、王林超（第十二章）。本次改版修订由以上人员按原分工再次改编，并增加了部分新技术、新知识、新结构和专用汽车轻量化等内容。

本书可作为大专院校汽车类相关专业的教材或参考书，也可作为从事汽车行业的工程技术人员、使用与维修人员的参考书。

本书在编写过程中，得到了许多专家和工程技术人员的大力支持与帮助，援引了有关技术资料，在此表示由衷的感谢。本书疏漏与不妥之处，恳请专家和读者指正。

编　者
2012 年 8 月

目 录

第一章　绪论 ··· 1
　第一节　专用汽车的定义与功用 ····································· 1
　第二节　专用汽车的分类 ··· 2
　第三节　汽车产品型号 ·· 5
第二章　专用汽车的总体设计 ·· 8
　第一节　总体布置 ·· 8
　第二节　主要参数的确定 ·· 14
　第三节　底盘选用与改装设计 ······································ 22
　第四节　专用汽车副车架 ·· 45
　第五节　专用汽车基本性能参数的计算 ·························· 52
　第六节　专用汽车轻量化 ·· 61
第三章　专用汽车的造型设计 ··· 66
　第一节　概述 ··· 66
　第二节　专用汽车造型与技巧 ······································ 68
　第三节　专用汽车形体与线条 ······································ 71
　第四节　专用汽车的色彩选择 ······································ 73
第四章　专用汽车部分总成及装置 ····································· 76
　第一节　发动机 ·· 76
　第二节　增压器 ·· 83
　第三节　中冷器 ·· 87
　第四节　组合变速器 ·· 89
　第五节　动力输出装置 ··· 94
　第六节　辅助制动装置 ··· 98
　第七节　导流罩 ··· 101
第五章　自卸汽车 ·· 104
　第一节　自卸汽车的用途与分类 ·································· 104
　第二节　自卸汽车整车形式与主要性能参数 ··················· 105
　第三节　自卸汽车倾卸机构的设计 ······························· 108
　第四节　车箱的结构与设计 ·· 118
　第五节　高位自卸汽车 ·· 122
第六章　汽车列车 ·· 127
　第一节　汽车列车 ·· 127
　第二节　牵引汽车 ·· 135
　第三节　挂车 ·· 136

1

第四节　连接装置 ·· 150
　　第五节　挂车悬架 ·· 161
　　第六节　挂车的附属装置 ···································· 175
第七章　罐式汽车 ·· 179
　　第一节　概述 ·· 179
　　第二节　罐体的结构与设计 ·································· 181
　　第三节　液罐汽车 ·· 186
　　第四节　液化气罐车 ·· 200
　　第五节　粉罐车 ·· 205
　　第六节　洒水车 ·· 215
第八章　厢式汽车 ·· 218
　　第一节　概述 ·· 218
　　第二节　厢式汽车设计 ······································ 219
　　第三节　冷藏保温汽车的用途及分类 ·························· 223
　　第四节　冷藏保温汽车制冷装置及其布置 ······················ 224
　　第五节　冷藏保温汽车隔热车厢 ······························ 230
　　第六节　冷藏保温汽车热工参数 ······························ 238
第九章　混凝土专用汽车 ·· 249
　　第一节　混凝土搅拌车 ······································ 249
　　第二节　混凝土泵车 ·· 259
第十章　起重举升汽车 ·· 274
　　第一节　汽车起重机和随车起重运输车 ························ 274
　　第二节　拦板起重运输车 ···································· 283
　　第三节　高空作业汽车 ······································ 290
第十一章　集装箱及集装箱运输车 ·································· 301
　　第一节　概述 ·· 301
　　第二节　集装箱 ·· 302
　　第三节　集装箱运输车 ······································ 306
第十二章　特种结构汽车 ·· 312
　　第一节　除雪汽车 ·· 312
　　第二节　清扫汽车 ·· 316
　　第三节　清障车 ·· 319
参考文献 ·· 323

第一章 绪论

第一节 专用汽车的定义与功用

一、专用汽车的定义

专用汽车是指装有专用设备、具备专用功能、用于承担专门运输任务或专项作业的道路运输车辆。

专用汽车的定义在世界各国尚不统一。通常，专用汽车是相对于普通汽车而言。普通汽车的用途比较广泛，通常称为基本车型，而专用汽车主要是在基本车型的基础上装设专用车身或用来完成某种货物装运的容器以及完成某种作业项目的装备。随着专用汽车的发展，越来越多的专用汽车采用为其专门设计的汽车底盘，以环保、节能、安全、高效为主旋律，更好地发挥专用汽车的特性。

二、专用汽车的功用

现代汽车工业具有世界性，是开放型的综合工业，竞争越来越激烈。我国自1953年创建第一汽车制造厂至今，已有130余家汽车制造厂，800家专用汽车生产企业。1992年我国的汽车年总产量突破100万辆，2011年达到1841.89万辆；1996年我国的专用汽车年总产量为11.886万辆，2011年达到159.36万辆。汽车工业的发展是经济社会发展的必然，而经济社会的发展，又对汽车的使用功能不断提出新的要求，使汽车在社会商品、信息、人员三种流通中起着重要的作用。汽车的经济效益不只在于汽车生产的本身，而是更集中体现在汽车使用和流通的全过程。经济的发展对汽车运输工具在各种功能和性能方面要求越来越高，对运输服务的品质以及运输服务的多元化、个性化要求越来越强，从而推动着专用汽车的迅速发展。从某种意义上讲，基本车型只能简单地满足数量上的要求，而专用汽车才能更好地满足用户的使用要求，更有效地发挥汽车运输的经济效益。

我国专用汽车工业起步较晚，专用汽车在民用汽车保有量中仅占5%左右，在载货汽车保有量中仅占40%，经济发达国家为80%以上，有的高达90%以上。但我国近些年来发展较快，特别是进入21世纪以来年增长率达20%~30%，已具有相当规模和水平。由1999年的200多个种类、1337个品种发展到现在的5000多个品种（国外已达9000多个品种），专用汽车已成为我国国民经济中不可缺少的交通运输和工程作业的主要装备。专用汽车有着广泛的国内市场，且有些专用汽车制造厂已涉足国际市场，由于我国的部分专用汽车设计可靠、性能适中、价格低廉，其实物质量和技术水平已接近或达到国际先进水平，所以在国际市场中具有一定的竞争力。专用汽车之所以发展这么快，是与其在社会发展和国民经济中的巨大作用分不开的。

1. 专用汽车可提高汽车运输效率、降低运输成本

专用汽车能充分发挥汽车的运输能力、提高实载率、减少保管储存费用、降低运输成本、实

现最佳经济效益。例如,轴荷相同的半挂汽车列车比普通载货汽车的装载质量成倍增加;一辆装载质量为5t的普通汽车改装成半挂汽车列车,可以装运10t以上货物;一辆装载质量为5t的集装箱运输车与同吨位的普通载货汽车相比,运输效率可以提高37%。

2. 专用汽车可保证货物运输质量,减少货差与货损

随着国民经济的发展,货物的运量和种类均大幅度地增加,货物的性质和物理状态差别很大,采用普通载货汽车运输,其中有些货物在运输过程中可能发生腐烂和变质,有些货物在装运过程中容易破损和流失。货主希望在运输过程中保持货物的品质和使用价值,避免浪费和数量上的短缺,从而促进了专用汽车的发展。我国一些地区的水果、肉、鱼、鲜蛋等不能及时外运造成腐烂变质,每年损失达10亿元,而另一些地区却严重脱销。

3. 专用汽车可节约包装,缩短装卸时间,减少劳动消耗

专用汽车运输可以减少货物的包装程序,从而节约包装材料和劳动力。据统计,采用散装水泥专用汽车运输散装水泥与采用普通载货汽车运输袋装水泥相比,不仅节约了包装时间,而且每吨水泥可节约6kg左右的包装纸。我国水泥年产量2011年已达到20.63亿t,若水泥的散装率占年产量的90%以上(全国水泥散装率由2005年的36.61%提高到2011年的51.78%),则每年可以节约包装费超过560多亿元,其经济效益和社会效益都是惊人的。

专用汽车的装卸机械化程度较高,可以减少装卸中的劳动力消耗,缩短装卸货物的时间,提高运输效率。例如,用普通载货汽车运输4.5t袋装水泥,需要9个人工作50min才能装卸完;而用气吹散装水泥专用汽车装卸4.5t水泥,只需要11min,汽车装卸停歇时间缩短了近4/5,并降低了劳动强度和劳动消耗。

4. 专用汽车可提高货物运输的安全性,减少环境污染

许多易燃、易爆、易腐蚀、易造成环境污染、有毒等物品必须采用装有专门容器和设备的专用汽车来运输,以确保其运输安全,避免污染环境。如推广散装水泥运输,可以减少排放到大气中0.5%的水泥粉尘,若全部使用塑料编织袋或纸塑复合袋包装,也将形成大量的"白色垃圾",造成二次污染。

5. 专用汽车可扩展汽车的功能,促进汽车工业的发展

专用汽车能完成普通汽车乃至铁路、水路运输所不能完成的货物运输。在一些生产作业领域,如汽车起重机、高空作业车、混凝土泵车等专用汽车还以其适用、高效、价廉、机动灵活的专项作业,取代了笨重固定的作业机械,为汽车的使用拓宽了领域。专用汽车使得运输货物的包装简单化、装卸机械化,并可完成某些特定条件下的运输或作业,扩大了汽车的使用范围,促进了汽车结构的进一步发展。

经济社会的发展,把汽车运输工具推向专业化。只有专用汽车,才能更好地适应客货运输现代化、多样化和个性化的要求,满足特定条件下的各种专项作业的需要,才能更有效地发挥汽车在运输结构中的作用,建设资源节约型和环境友好型社会。

第二节 专用汽车的分类

一、汽车的分类

随着汽车制造业的发展,汽车一般可按发动机排量、乘客座位数、汽车总质量、汽车总长

度、车身或驾驶室的特点不同等分类,也可以取上述特征量中的两个指标作为分类的依据。

国家标准 GB/T 15089—2001 对汽车的分类见表 1-1。

汽车的分类(GB/T 15089—2001) 表1-1

汽车类型		乘客座位数	厂定汽车最大总质量(t)	说 明
M类 至少有四个车轮并且用于载客的机动车辆	M_1 类	≤9	—	包括驾驶员座位在内,座位数不超过9个的载客车辆
	M_2 类	≤9	≤5.0	包括驾驶员座位在内,座位数不超过9个,且最大设计总质量不超过5.0t的载客车辆
	M_3 类	>9	>5.0	包括驾驶员座位在内,座位数不超过9个,且最大设计总质量超过5.0t的载客车辆
N类 至少有四个车轮并且用于载货的机动车辆	N_1 类	—	≤3.5	最大设计质量不超过3.5t的载货车辆
	N_2 类	—	>3.5~12	最大设计质量超过3.5t,但不超过12t的载货车辆
	N_3 类	—	>12	最大设计质量超过12t的载货车辆
O类 挂车(包括半挂车)	O_1 类	—	≤0.75	最大设计质量不超过0.75t的挂车
	O_2 类	—	>0.75~3.5	最大设计质量超过0.75t,但不超过3.5t的挂车
	O_3 类	—	>3.5~10	最大设计质量超过3.5t,但不超过10t的挂车
	O_4 类	—	>10	最大设计质量超过10t的挂车

注:1.乘客座位数包括驾驶员座位。
2.该标准还包括两轮或三轮机动车辆(L类)和满足特定要求的M类、N类的越野车(G类)的分类。

GB/T 3730.1—2001 将汽车分为乘用车和商用车。

乘用车是指在设计和技术特性上主要用于载运乘客及其随身行李和(或)临时物品的汽车,包括驾驶员座位在内最多不超过9个座位。它也可以牵引一辆挂车。乘用车又有多种,乘用车的分类如图 1-1 所示。

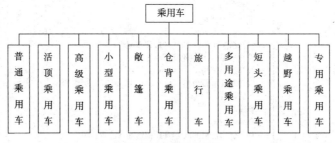

图 1-1 乘用车分类

商用车是指在设计和技术特性上用于运送人员及其随身行李和货物的汽车,并且可以牵引挂车。商用车又有客车、半挂牵引车、货车之分,商用客车的座位数包括驾驶员座位在内一般超过9个,当座位数不超过16个时,称之为小型客车。商用车的详细分类如图 1-2 所示。

二、专用汽车的分类

随着汽车运输业的发展,对专用汽车的性能要求越来越高,使用越来越专门化,从而使专用汽车的品种越来越多。经济发达国家专用汽车的生产也朝着多品种、小批量、专业化、系列化、列车化、轻量化的方向发展，各类专用汽车已逾数千种，而且还在不断地增多，以提高专用汽车运输各类货物和专项作业的适应性，这是汽车运输发展的必然趋势。

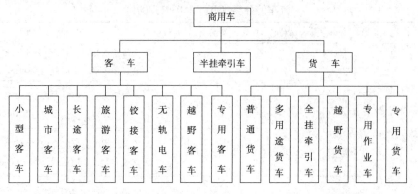

图1-2 商用车分类

显然，专用汽车如何科学地分类是一个较为复杂的问题。一般按用途分类可分为运输型专用汽车和作业型（又称工程型）专用汽车；按基本结构分类可分为厢式汽车、罐式汽车、自卸汽车、集装箱汽车、汽车列车、作业汽车等几大类；按服务对象分类又可分为商业服务、环卫环保、建筑作业、农牧副渔、石油地质、机场作业、医药卫生、公安消防、林业运输、普通专用等十大类。专用汽车结构分类见表1-2。

专用汽车结构分类表　　　　　　　　　　　　　　　　　　　　表1-2

第三节　汽车产品型号

为了在汽车生产、使用、维修、管理等工作中便于识别不同汽车型号,用简单的编号来表示各种不同汽车的厂牌、类型和主要特征参数等是十分必要的,对专用汽车则显得尤其重要。我国于1988年颁布《汽车产品型号编制规则》(GB 9417—88)标准,其基本内容如下。

1. 主题内容与适用范围

本标准规定了编制各类汽车产品型号的术语及构成。

本标准适用于新设计定型的各类汽车和半挂车,不适用于军事特种车辆(如装甲车、水陆两用车、导弹发射车等)。

2. 术语

(1)汽车的产品型号:为了识别车辆而给一种车辆指定的一组汉语拼音字母和阿拉伯数字组成的编号。为了避免拼音字母和数字混淆,不应采用拼音字母中的"I"和"O"。

(2)企业名称代号:识别车辆制造企业的代号。

(3)车辆类别代号:表明车辆所属分类代号。

(4)主参数代号:表明车辆主要特性的代号。

(5)产品序号:表示一个企业的车辆类别代号和主参数代号相同的车辆的投产顺序号。

(6)专用汽车分类代号:识别专用汽车的结构类别和用途的代号。

(7)企业自定代号:企业按需要自定的补充代号。

3. 汽车产品型号的结构

汽车产品型号由企业名称代号、车辆类别代号、主参数代号、产品序号组成,必要时附加企业自定代号(图1-3)。对于专用汽车及专用半挂车还应增加专用汽车分类代号(图1-4)。

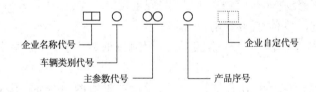

图1-3　汽车产品型号

□-用汉语拼音字母表示;○-用阿拉伯数字表示;▫-用汉语拼音或阿拉伯数字表示均可

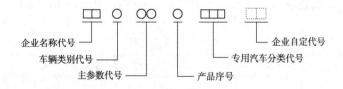

图1-4　专用汽车产品型号

□-用汉语拼音字母表示;○-用阿拉伯数字表示;▫-用汉语拼音或阿拉伯数字表示均可

(1)企业名称代号:位于产品型号的第一部分,用代表企业名称的两个或三个汉语拼音字母表示。

(2)车辆类别代号:位于产品型号的第二部分,用一位阿拉伯数字表示,见表1-3。

汽车型号中部四位阿拉伯数字的含义 表1-3

第一位数字表示车辆的类别		第二、三位数字表示各类汽车的主要特征参数	第四位数字表示
1	载货汽车	数值为汽车的总质量(t)①	企业自定产品序号： 0——第一代产品 1——第二代产品 2——第三代产品 ……
2	越野汽车		
3	自卸汽车		
4	牵引汽车		
5	专用汽车		
6	客车	数值×0.1m 为汽车的总长度②	
7	轿车	数值×0.1L 为发动机的工作容积	
8			
9	半挂车及专用半挂车	数值为汽车的总质量(t)①	

注：①当汽车的总质量大于 100t 时，允许用 3 位数字。
②当汽车总长度大于 10m 时，计算单位为 m。

（3）主参数代号：位于产品型号的第三部分，用阿拉伯数字表示。

①载货汽车、越野汽车、自卸汽车、牵引汽车、专用汽车与半挂车的主参数为车辆的总质量(t)，牵引汽车的总质量包括牵引座上的最大质量。当总质量在 100t 以上时，允许用 3 位数表示。

②客车及半挂车的主参数代号为车辆长度(m)。当车辆长度小于 10m 时，应精确到小数点后一位数，并以长度(m)值的 10 倍数值表示。

③轿车的主参数代号为发动机排量(L)，应精确到小数点后一位，并以其值的 10 倍数值表示。

④专用汽车及专用半挂车的主参数代号，当采用定型汽车底盘或定型半挂车底盘改装时，若其主参数与定型底盘原车的主参数之差不大于原车的 10% 时，则应沿用原车的主参数代号。

⑤主参数的数字修约按《数字修约规则》的规定设定。

⑥主参数不足定位数时，在参数前以"0"占位。

（4）产品序号：位于产品型号的第四部分，用阿拉伯数字表示，数字由 0、1、2、…… 依次使用。

（5）当车辆主参数有变化，但不大于原定型设计主参数的 10% 时，其主参数代号不变；大于 10% 时，应改变主参数代号，若因为数字修约而主参数代号不变时，则应改变其产品序号。

（6）专用汽车分类代号：位于产品型号的第五部分，用反映车辆结构特征和用途特征的 3 个汉语拼音表示。结构特征代号按表 1-4 的规定（同时适用于专用半挂车），用途特征代号另行规定。

专用汽车分类代号 表1-4

厢式汽车	罐式汽车	专用自卸汽车	特种结构汽车	起重举升汽车	仓栅式汽车
X	G	Z	T	J	C

（7）企业自定代号：位于产品型号的最后部分，同一种汽车结构略有变化需要区别时（如汽油、柴油发动机，长、短轴距，单、双挂座驾驶室，平、长头驾驶室，左、右置转向盘等），可用汉语拼音字母和阿拉伯数字表示，位数由企业自定。供用户选装的零部件（如暖风装置、收音机、地毯、绞盘等），不属结构特征变化，应不给予企业自定代号。

例如：中国山东泰安交通车辆厂采用东风 EQ1091 汽车底盘改装生产的整车整备质量为

5865kg、最大托举质量为 4000kg、合计为 9865kg 的第一代道路清障汽车,其型号为 ST5100TQZ,各部分含义如图 1-5 所示。

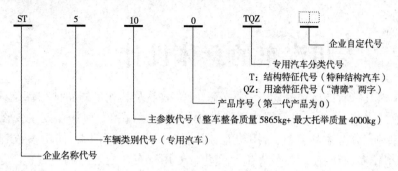

图 1-5　ST5100TQZ 型道路清障车产品型号

又如:中国第一汽车集团公司生产的第二代载货汽车,总质量为 9310kg,其型号为 CA1091;中国重型汽车集团公司生产的第八代牵引汽车,总质量为 25000kg,其型号为 ZZ4257S3241V;中国济南汽车改装厂生产的第一代保温汽车,采用 EQ1090 汽车底盘改装时,其型号为 JG5090XBW,同样底盘的冷藏汽车则为 JG5090XLC;中国青岛汽车制造厂生产的总质量为 15010 kg 的第二代半挂运输车,其型号为 QD9151。

第二章 专用汽车的总体设计

专用汽车以其特有的运输品质、运输效率、经济效益及其众多的品种和各自具有的功能而受到各行各业的青睐,成为国民经济中不可缺少的交通运输和专项作业的主要设备。专用汽车在设计改装时充分考虑其类型、专用功能、用途和使用条件等因素,使用参数有一定的规律性,但由于车型较多,有些使用参数发生了变化。专用汽车在配置专用装置(上装部分)时,大都需要对其基本车型或底盘进行局部改装。本章针对专用汽车的总体布置、部分性能参数的特点予以叙述。

第一节 总体布置

专用汽车的总体布置须充分考虑其类型、功能、用途和使用条件等因素,确定整车开发的目标任务和技术路线,确定其底盘、上装部分、动力装置、车身、驾驶室等来彰显专用汽车的特性。确定整车的零线(三维坐标面的交线)、正负方向及标注方式,均在汽车满载状态下,将汽车前部绘在图面的左侧。设计校核各总成、零部件及尺寸,优化总体布置方案。

专用汽车生产的显著特点是品种多、批量小、变化快,要满足经济社会发展的需要就必须不断完善开发新产品。专用汽车总体布置的任务是:使专用汽车工作装置或专用设备与其底盘实现模块化的技术集成,构成相互匹配的专用汽车整体,以获得更好的基本性能和专用功能。

一、轴数

专用汽车可以有两轴、三轴、四轴甚至更多的轴数。影响选取轴数的因素主要有汽车的总质量、道路法规对轴载质量的限制和轮胎的负荷能力以及汽车的结构等。

随着汽车技术和经济社会的发展,专用汽车的使用范围不断拓宽,整备质量和总质量不断增大。在汽车轴数不变的情况下,汽车总质量增加以后,使道路承受的负荷增加,车辆的通过性降低。当这种车辆的负荷超过了公路的承载能力以后,导致公路使用寿命缩短,甚至被破坏。因此在公路上行驶的车辆轴载质量应符合道路法规的规定。当车辆的总质量增加到轴荷不符合道路法规的限定值时,可增加汽车轴数。随着车辆轴数增加,车轮、制动器、悬架等均相应增多,使整车结构变得复杂,整备质量以及制造成本增加。若转向轴数不变,车辆的最小转弯直径也增大,后轴轮胎的磨损也加剧。

汽车总质量小于19t的公路运输车辆和轴荷不受道路、桥梁限制的不在公路上行驶的车辆,如矿用自卸车等,均采用结构简单、制造成本低廉的两轴方案。总质量在19~26t的公路运输车采用三轴形式,总质量更大的汽车宜采用四轴和四轴以上的形式。

二、驱动形式

汽车驱动形式有 4×2、4×4、6×2、6×4、6×6、8×4、8×8 等,"×"前的数字表示汽车车轮

总数,"×"后的数字表示驱动轮数。汽车的用途、总质量和对车辆通过性的要求等是影响选取驱动形式的主要因素。增加驱动轮数能够提高汽车的通过能力,驱动轮数越多,汽车的结构越复杂,整备质量和制造成本也随之增加,同时也使汽车的总体布置工作变得困难。总质量小的车辆,多采用结构简单、制造成本低的4×2驱动形式。总质量在19~26t的公路用车辆,采用6×2或6×4驱动形式。对于越野汽车,为提高其通过性,可采用4×4、6×6、8×8的驱动形式。

三、布置形式

汽车的布置形式是指动力装置、驱动桥、上装部分和车身(或驾驶室)的相互关系和布置特点而言。汽车的使用性能除取决于整车和各总成的有关参数以外,其布置形式对使用性能也有重要影响。

1. 发动机布置和驱动形式

发动机布置和驱动形式主要有发动机前置前驱动(FF)、发动机前置后驱动(FR)、发动机后置后驱动(RR)、发动机中置后驱动(MR),少数专用汽车采用四轮驱动(4WD)或全轮驱动(nWD),如图2-1所示。

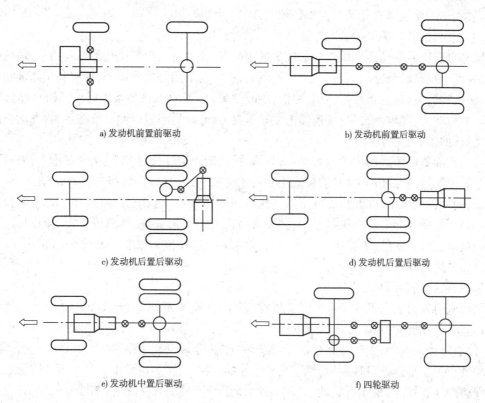

a) 发动机前置前驱动　　　　　　b) 发动机前置后驱动
c) 发动机后置后驱动　　　　　　d) 发动机后置后驱动
e) 发动机中置后驱动　　　　　　f) 四轮驱动

图2-1　发动机布置和驱动形式

1) 发动机前置前驱动(FF)

发动机可以横置或纵置,也可以布置在轴距外、轴距内或者前桥上方。发动机的不同布置方案,对前排座椅的位置、汽车总长、轴距、车身造型、轴荷分配、整备质量、主减速器齿轮形式以及发动机的接近性等均有影响。这种布置形式可提高前驱动桥轴荷,易获得明显的不足转向;前轮驱动可提高越过障碍的能力;主减速器、差速器及变速器都集成在一个壳体内,因而动力总成结构紧凑,且不再需要在变速器与主减速器之间设置传动轴,车内地板凸包高度可降低(此时地板凸包仅用来容纳排气管和加强地板刚度),有利于提高乘坐舒适性;发动机布置在轴距外或布置在前轴上方时,汽车的轴距可以缩短,因而有利于提高汽车的机动性;汽车散热器布置在汽车前部,散热条件好,发动机可得到足够的冷却;行李舱布置在汽车后部,故有足够大的行李舱空间;容易改装为客货两用车或救护车;供暖机构简单,且因管路短而供暖效率高;因为发动机、离合器、变速器与驾驶员位置近,所以操纵机构简单;发动机横置时能缩短汽车的总长,加上取消了传动轴等因素的影响,汽车材料消耗明显减少,使整备质量降低;发动机横置时,原主减速器的锥齿轮可用圆柱齿轮取代,这又降低了制造成本,同时在装配和使用时也不必进行齿轮调整工作,此时,变速器和主减速器可以使用同一种润滑油,如图2-1a)所示。

发动机前置前轮驱动的主要缺点是:前轮驱动并转向需要采用等速万向节,其结构和制造工艺均复杂;前桥负荷较后轴重,并且前轮既驱动又转向,故其工作条件恶劣,轮胎使用寿命短;上坡行驶时因驱动轮上的附着力减小,汽车爬坡能力降低,特别是在泥泞的坡道时,驱动轮容易打滑并使汽车丧失操纵稳定性;由于后轴负荷小而且制动时轴荷要前移,后轮容易抱死并引起汽车侧滑;当发动机横置时受空间限制,总体布置较困难,维修时的接近性变差;一旦发生正面碰撞事故,使发动机及其附件损失较大,维修费用高。

2) 发动机前置后驱动(FR)

发动机前置后驱动的专用汽车的底盘通用性好,动力总成操纵机构的结构简单;轴荷分配合理,有利于提高轮胎的使用寿命;前轮不驱动,不需要采用等速万向节,这有利于降低制造成本;采暖机构简单,保温条件好,且管路短,供暖效率高;发动机冷却条件好;上坡行驶时,驱动轮的附着力增大,爬坡能力强;变速器与主减速器分开,容易布置、拆装、维修容易;发动机的接近性良好,如图2-1b)所示。

发动机前置后驱动的主要缺点是:汽车的总长、轴距均较长,整车整备质量增大,同时影响到汽车的燃油经济性和动力性;如果采用平头式驾驶室,而且将发动机布置在前轴之上,处于驾驶员、副驾驶员座位之间时,驾驶室内部比较拥挤,隔绝发动机工作噪声、气味、热量和振动困难,离合器、变速器等操纵机构复杂;如果采用长头式驾驶室,在增加整车长度的同时,为保证驾驶员有良好的视野,需将座椅布置得高些,这又会增加整车和整车质心高度以及一些其他方面显而易见的缺点。

3) 发动机后置后驱动(RR)

发动机后置后驱动可使车辆的发动机、离合器、变速器和主减速器易布置成一体而使结构紧凑;能较好地隔绝发动机排出的废气和热量,发动机工作噪声和振动的影响小;整车整备质量小;检修发动机方便;轴荷分配合理,上坡行驶时,由于驱动轮上附着力增加,爬坡能力提高。当发动机布置在轴距外时轴距短,汽车机动性能好;同时由于后桥簧上质量与簧下质量之比增大,可改善车厢后部的乘坐舒适性,如图2-1d)所示。当发动机横置时,车厢面积利用较好,并且布置座椅受发动机影响较少;作为长途客车使用时,能够在地板下方和客车全宽范围内设立体积很大的行李舱;作为城市公交客车不需要行李舱时,因后桥前面的地板下方没有传动轴,则可以降低地板高度,乘客上、下车方便;传动轴长度短,如图2-1c)所示。

发动机后置后驱动的主要缺点是:后桥负荷重,使汽车具有过度转向倾向,操纵性变坏;前轮附着力小,高速行驶时转向不稳定,影响操纵稳定性;发动机的冷却条件不好,必须采用冷却效果强的散热器;动力总成的操纵机构复杂;驾驶员不容易发现发动机故障。

4) 发动机中置后驱动(MR)

一般将水平对置式发动机布置在货箱或地板下方,在前轴与后桥之间,如图2-1e)所示。这种布置形式的优点是:轴荷分配合理;传动轴的长度短;车厢内面积利用最好,并且布置座椅不会受发动机限制;乘客车门能布置在前轴之前,以利于实现单人管理。

发动机中置后驱动的发动机需采用水平对置式的,因布置在货箱或地板下部,给检修发动机带来困难;驾驶员不容易发现发动机故障;发动机在热带的冷却条件和在寒带的保温条件均不好;发动机的工作噪声、气味、热量和振动均能传入车厢内,影响乘坐舒适性;动力总成的操纵机构复杂;受发动机所在位置影响,地板平面距地面较高;汽车质心位置高;在泥泞路上行驶时,发动机极易被污染。

5) 全轮驱动、四轮驱动或全轮驱动

全轮驱动(nWD)、四轮驱动(4WD)或全轮驱动(nWD)是越野汽车或某些专用汽车特有的形式,一般发动机前置,在变速器后面装有分动器,将动力输送到全部车轮上。

2. 驾驶室的布置形式

专用汽车按照驾驶室相对位置的不同可分为平头式、短头式、长头式和偏置式4种形式。

1) 平头式

发动机位于驾驶室内或下面时,称为平头式汽车。发动机可以布置在驾驶员和副驾驶员座位中间,因此驾驶室的前端不需要凸出去,没有独立的发动机舱,如图2-2a)所示;也可以布置在座椅下后部,此时中间座椅处没有很高的凸起,可以布置3人座椅,故得到广泛应用。

平头式汽车总长和轴距尺寸短,最小转弯直径小,机动性能良好;不需要发动机罩和翼子板,加上总长缩短等因素的影响,汽车整备质量减小;驾驶员视野得到明显改善;采用翻转式驾驶室时能改善发动机及其附件的接近性;汽车货箱与整车的俯视面积之比称为面积利用率,平头式货车的该指标比较高。

平头式汽车空载时,前轴负荷大,在较差路面上的汽车通过性变坏;驾驶室有翻转机构和锁止机构,其结构复杂;进、出驾驶室不如长头式汽车方便;离合器、变速器等操纵机构复杂;发动机的工作噪声、废气、热量和振动对驾驶员等均有较大影响;汽车正面与其他物体发生碰撞时,特别是驾驶室高度较低的平头汽车,驾驶员和前排乘员受到严重伤害的可能性增加。

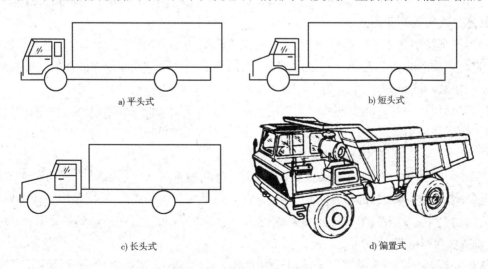

a) 平头式　　　　　　　　　　　　b) 短头式

c) 长头式　　　　　　　　　　　　d) 偏置式

图2-2　专用汽车的布置形式

2）短头式

发动机的大部分在驾驶室前部，少部分位于驾驶室内的汽车，称为短头式汽车，如图2-2b)所示。发动机大部分突出在驾驶室前部，发动机有独立的发动机舱和单独的罩盖，发动机舱与驾驶室共同形成汽车的车头部分。

短头式汽车与长头式汽车相比，汽车的总长和轴距得到缩短，最小转弯直径小，机动性能虽然好于长头式汽车，但不如平头式汽车；驾驶员视野不如平头式汽车好，但与长头式汽车比较，还是得到了改善；动力总成操纵机构简单；发动机的工作噪声、废气、热量和振动对驾驶员的影响比平头式汽车有很大改善，但不如长头式汽车；位于驾驶室内的发动机后部的接近性不好，并且导致驾驶室内部空间拥挤，给布置踏板工作带来困难，同样给前轮后移也带来类似的问题，通过增加地板高度可以改善布置踏板的困难，不过这又会产生上、下车不方便的矛盾；汽车正面与其他物体发生碰撞时，驾驶员和前排乘员受到的伤害程度比平头式汽车轻得多。

3）长头式

发动机位于驾驶室前部，称为长头式货车，如图2-2c)所示。这种形式的汽车车身部分的结构特点与短头式汽车相同，只是发动机舱和车头部分更长些。

长头式汽车的发动机及其附件的接近性好，便于检修工作；汽车满载时，前轴负荷小，有利于提高在较差路面上的汽车通过性；地板低，驾驶员上下车方便；离合器、变速器等操纵机构简单，易于布置；汽车正面与其他物体发生碰撞时，驾驶员和前排乘员受到的伤害程度比平头式汽车好得多。

长头式汽车的总长与轴距均较长，因而最小转弯直径较大，机动性差；汽车整备质量大；驾驶员的视野不如短头式汽车，更不如平头式汽车好；面积利用率低。

4）偏置式

驾驶室偏置于发动机的侧面，称为偏置式汽车，如图2-2d)所示。偏置式驾驶室主要用于重型矿用自卸车、起重汽车等专用汽车上。它具有平头式汽车轴距短，视野良好，驾驶室通风条件好，发动机的工作噪声、废气、热量对驾驶员的影响很小，维修发动机方便等优点。

3. 越野汽车的布置形式

越野汽车特别是多轴的越野汽车，主要是在传动系、轴距和采用转向轮的方案上有较大的区别，它对传动系的复杂程度、汽车的通过能力、最小转弯直径以及零部件的互换性等有影响。根据驱动桥数不同，越野汽车分为4×4、6×6、8×8等形式。

图2-3a)所示为拥有非贯通式驱动桥的6×6越野汽车。其布置特点是动力由发动机传至分动器，然后从分动器传给各桥时，是经分动器的三个输出轴和万向节传动轴分别传给三个驱动桥。

图2-3b)所示为具有贯通式驱动桥的8×8越野汽车。其布置特点是从分动器输出的动力传至各驱动桥时所经过的各传动轴，皆布置在同一纵向铅垂平面内，且通往第一或第四驱动桥的传动轴要穿过第二或第三驱动桥。这种布置方案的万向节可使传动轴数不仅少而且桥壳、半轴等零部件有互换的可能。

图2-3c)所示为8×8越野汽车传动机构侧边布置示意图。除此之外，还有采用传动轴混合式布置方案的。

当越野汽车驱动桥数多且轴距长时,采用多桥转向以减小最小转弯直径,有利于减少轮胎磨损,但是随着转向轮数的增加,等速万向节的数量也相应增多,转向传动机构也更复杂,转向更沉重,此时必须采用动力转向。4×4越野汽车结构简单、机动灵活、制造成本低,在总质量比较小的越野汽车上得到广泛的应用。

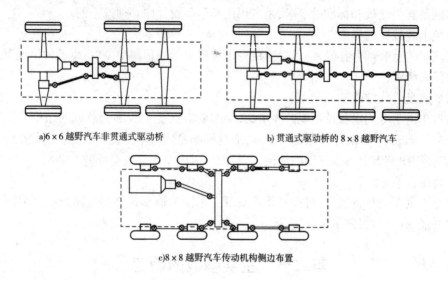

a)6×6越野汽车非贯通式驱动桥　　b)贯通式驱动桥的8×8越野汽车

c)8×8越野汽车传动机构侧边布置

图 2-3　越野汽车多驱动桥布置方案

四、总体布置注意因素

专用汽车品种繁多,不同种类专用汽车总体布置千差万别,但不论对何种专用汽车总体布置时,应考虑如下几方面的因素。

1. 发挥专用汽车的功能

如气卸散装水泥罐式汽车的专用功能就是在于利用压缩空气使水泥流态化后,通过管道将其输送到一定的高度和水平距离。卸料时间、水泥剩余率是主要的专用性能指标。为了提高卸料速度、缩短卸料时间、减少剩余率,如图2-4所示,常常将罐体按固定倾角(倾角为10°~20°)布置在汽车上,并将出料口布置在罐体尾部。或者在罐体前端设置举升机构,卸料时将罐体举升,使罐体能按35°~45°角倾斜。

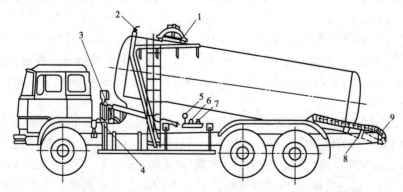

图 2-4　斜卧式气卸散装水泥罐车的总体布置

1-装料口;2-排气阀;3-空气压缩机;4-调速器操纵杆;5-压力表;6-进气阀;7-二次喷嘴阀;8-卸料口;9-卸料软管

2. 满足汽车底盘的要求

专用汽车总体布置的好坏是发挥汽车底盘性能的关键。轴载质量分配对于专用汽车行驶性能有重大影响,因此总布置初步完成后应进行轴载质量校核。

3. 满足有关法规的要求

严格满足有关法规和标准的要求,是专用汽车产品设计中必须遵守的。

4. 避免上装载荷的集中

专用汽车的上装部分各异,应尽量避免专用装置引起载荷集中,在不得已的情况下须用副车架等构件来缓解。

5. 减少底盘总成的改动

专用汽车由于专用设备及功能的要求,大都需要对底盘上装部分总成的结构和位置进行必要的改动。如改装不当,不仅增加了成本,而且影响专用汽车的使用性能。因此在进行总体布置前,应仔细研究有关汽车车型的结构,尽量减少对汽车底盘各总成的改动。

6. 提高质量系数

减少专用汽车的整备质量,可提高装载质量。车辆运输车或牲畜运输车就是采用双层或多层布置方案,有效地提高了装载质量。

第二节 主要参数的确定

专用汽车的主要参数包括尺寸参数、质量参数和汽车性能参数,还包括专用功能、专门装置的性能参数。在普通汽车或底盘的基础上改装的专用汽车,其某些参数也会发生变化,需要重新调整。

一、专用汽车主要尺寸

专用汽车外廓尺寸是指专用汽车的外廓尺寸(总长、总宽、总高)、轴距、轮距、质心高度、前后悬、车头长度和车厢尺寸等。

1. 专用汽车外廓尺寸

专用汽车的长度、宽度、高度称为汽车外廓尺寸,它的大小直接与轴距、轮距、驾驶室、车身和专用设备的布置有关。一般根据专用汽车的功能、吨位、容量、外型、专用设备、结构布置和使用条件等因素确定。在满足使用要求的前提下,力求减少专用汽车的外廓尺寸,以减轻其整备质量,降低制造成本,提高其动力性、经济性和机动性。减少汽车长度尺寸可以增加车流密度,减少停车面积;减少汽车宽度、高度尺寸,可以减少迎风面积,降低空气阻力。专用汽车的外廓尺寸必须适应公路、桥梁、涵洞和铁路运输的标准,保证其安全行驶。各国对公路运输车辆的外廓尺寸均有法规限制,而非公路行驶的车辆可以不受此限制,如矿用自卸车、机场摆渡车等。

我国对公路运输汽车列车的外廓尺寸限制是按国家标准《道路车辆外廓尺寸、轴荷及质量限值》(GB 1589—2004)规定:汽车总宽(不包括后视镜)不大于2.5m,左、右后视镜等凸出量不大于250mm;汽车总高(空载、顶窗关闭状态)不大于4m,顶窗、换气装置开启时不得超出车高300mm;汽车总长:货车、整体式客车总长不大于12m,单铰接式客车不大于18m,半挂汽车列车不大于16.5m,全挂汽车列车不大于20m。具体尺寸见表2-1。表2-2为部分国外公路运输车辆外廓极限尺寸。

汽车、挂车及汽车列车外廓尺寸的最大限值（单位：mm） 表2-1

车辆类型				车长①	车宽	车高
汽车	三轮汽车②③			4600	1600	2000
	货车⑤⑥及半挂牵引车	最高设计车速小于70km/h的四轮货车④		6000	2000	2500
		二轴	最大设计总质量≤3500kg	6000	2500⑧	4000
			最大设计总质量>3500kg，且≤8000kg	7000⑦		
			最大设计总质量>8000kg，且≤12000kg	8000⑦		
			最大设计总质量>12000kg	9000⑦		
		三轴	最大设计总质量≤20000kg	11000		
			最大设计总质量>20000kg	12000		
		四轴		12000		
	乘用车及客车	乘用车及二轴客车		12000	2500⑧	4000⑨
		三轴客车		13700		
		单铰接客车		18000		
挂车	半挂车⑩	一轴		8600	2500⑧	4000
		二轴		10000⑪		
		三轴		13000⑫		
	其他挂车	最大设计总质量≤10000kg		7000		
		最大设计总质量>10000kg		8000		
汽车列车	铰接列车			16500⑬	2500⑧⑭	4000⑮
	货车列车			20000		

注：①挂车车长为挂车最前端至最后端的距离；
②即原三轮农用运输车，下同；
③当采用转向盘转向、由传动轴传递动力、具有驾驶室且驾驶员座椅后设计有物品放置空间时，车长、车宽、车高的限值分别为 5200mm、1800mm、2200 mm；
④指低速载货汽车，即原四轮农用运输车，下同；
⑤车长限值不适用于不以运输为目的的专用作业车；
⑥最大设计总质量不超过 26000kg 的汽车起重机的车长限值为 13000mm；
⑦当货厢与驾驶室分离且货厢为整体封闭式时，车长限值增加 1000mm；
⑧对于货厢为整体封闭式的厢式货车（且货厢与驾驶室分离）、整体封闭式厢式半挂车及整体封闭式厢式汽车列车，以及车长大于 11000mm 的客车，车宽最大限值为 2550mm；
⑨定线行驶的双层客车车高最大限值为 4200mm；
⑩运送不可拆解物体的低平板专用半挂车车宽限值 3000mm；车长限值不适用于运送不可拆解物体的低平板专用半挂车、运送车辆的专用半挂车（但与牵引车组成的列车长度需符合本标准规定）和运送单箱长度大于 12.2m（40 英尺）集装箱的框架式集装箱半挂车；
⑪对于整体封闭式厢式半挂车、集装箱半挂车，以及组成五轴汽车列车的罐式半挂车，车长最大限值为 13000mm；
⑫自 2008 年 1 月 1 日起，在高等级公路上使用的整体封闭式厢式半挂车，车长最大限值为 14600mm；
⑬运送不可拆解物体的低平板列车和运送单箱长度大于 12.2m（40 英尺）集装箱的框架式集装箱列车除外；自 2008 年 1 月 1 日起，与整体封闭式厢式半挂车组成的铰接列车在高等级公路上使用时，车长最大限值为 18100mm；
⑭运送不可拆解物体的低平板挂车列车车宽限值 3000mm；
⑮对于集装箱挂车列车指装备空集装箱时的高度。2007 年 1 月 1 日以前，集装箱挂车列车的车高最大限值为 4200mm。

部分国外公路运输车辆外廓极限尺寸　　表 2-2

类别 尺寸(m) 国别	宽	高	长						
			双轴汽车	三轴和多轴汽车	单轴挂车	双轴挂车	三轴挂车	两节挂车的汽车列车	半挂汽车列车
美国	2.44	4.12	10.7~12.2	—	—	—	—	16.8~25.9	16.8~25.9
加拿大	2.59	4.11	12.2	—	—	—	—	13.7~19.8	14.8~22.2
日本	2.5	3.8	12					15	15
俄罗斯	2.5	3.8						20	
奥地利	2.5	4	12	12	12	12	12	18	15
比利时	2.5	4	11	11	8	11	11	18	15
英国	2.5	—	11	11	7	11		18	15
丹麦	2.5	3.6	12	12				18	14
西班牙	2.5	4	11	12		11	12	18	16.5
意大利	2.5	4	12	12	6	7.5	8	18	15.5
法国	2.5	4	11	11	11	11	11	18	15
德国	2.5	4	12	12	12	12	12	18	15
芬兰	2.5	4	12	12	7	12	12	22	16
瑞典	2.5	—						24	24
匈牙利	2.5	4	10	11				18	16
波兰	2.5	4	10	11		11	11	18	14
罗马尼亚	2.5	4	12	12	12	12	12	18	15

2. 专用汽车轴距

轴距的长短直接影响专用汽车的长度、质量和许多使用性能。在保证专用汽车功能的前提下,轴距设计得越短,其整车长度就越短;整车质量越小,汽车最小转弯直径和纵向通过半径也越小,机动性好,这对某些专用汽车来说,显得尤其重要。轴距还影响轴荷分配,所以轴距不能过短,轴距过短,车辆的后悬太长,行驶时纵摆较大,车辆制动、加速以及坡道行驶时质量转移过大,使操纵性和稳定性变坏。此外,轴距过短还会导致万向节传动的夹角增大,从而造成较大的传动不均匀性。

专用汽车通常都采用基本车型的轴距,当需要改变其轴距时,要综合考虑上述因素。在专用汽车的主要性能、装载面积和轴荷分配方面均得到满足的前提下,轴距短一些较好。表 2-3 提供的数据可供初选轴距时参考。

各类汽车的轴距和轮距(参考)　　表 2-3

车型	类别		轴距 l_a(m)	轮距 B(m)
4×2 载货汽车	汽车总质量 m_a(t)	<2.2	1.70~2.90	1.15~1.35
		2.2~3.4	2.30~3.20	1.30~1.50
		3.5~5.9	2.60~3.60	1.40~1.65
		6.0~9.9	3.60~4.20	1.70~1.85
		10.0~13.9	3.60~5.00	1.84~2.00
		14.0~25.0	4.10~5.60	1.84~2.00
矿用自卸车		<60	3.20~4.20	1.84~3.20
		>60	3.90~4.80	2.50~4.00
大客车	城市大客车(单车)		4.50~5.00	1.74~2.05
	长途大客车(单车)		5.00~6.50	1.74~2.05
轿车	微型		1.65~2.40	1.10~1.27
	普通级		2.12~2.54	1.15~1.50
	中级		2.50~2.86	1.30~1.50
	中高级		2.85~3.40	1.40~1.58
	高级		3.40~3.90	1.56~1.62

3. 专用汽车轮距

轮距的大小对专用汽车的宽度、质量、横向通过半径、横向稳定性和机动性影响较大。轮距越大,则横向稳定性越好,悬架的角刚度也越大。但轮距宽了,专用汽车的宽度和质量一般也要增大,改变汽车轮距还会影响车厢或驾驶室内宽度、侧倾刚度、最小转弯直径等,轮距过宽机动性变坏,还易导致车轮向车身侧面甩泥。

轮距不宜过大。一般在确定前轮距时,应能布置下发动机、车架、前悬架和前轮,并保证前轮有足够的转向空间,同时转向杆系与车架、车轮之间有足够的运动间隙。在确定后轮距时,应考虑车架两纵梁之间的宽度、悬架宽度和轮胎宽度以及它们之间应留有必要的间隙。

4. 专用汽车质心高度

质心高度主要影响专用汽车的使用性能。包括其纵向稳定性和侧向稳定性,也包括其制动、驱动和坡道行驶时的轴质量转移系数,因此希望质心较低为好。一般车辆的纵向稳定性都能满足要求,而侧向稳定性对厢式汽车、罐式汽车和集装箱运输车等质心较高的专用汽车来说,由于诸多条件的限制,使其质心比较高,设计时必须充分考虑。质心过高,很易导致车辆横向失稳,特别是弯道行驶时,易造成侧向倾翻。因此,使用厢式汽车和集装箱运输车时,除选用质心较低的车辆以外,还应注意合理配载,即将密度较大的货物尽可能地装在车箱(厢)的下部,而密度较小的货物则应装在上部,以保证专用汽车的行驶稳定性和安全性。

5. 专用汽车前悬与后悬

专用汽车的前悬尺寸对汽车通过性、轴载质量、碰撞安全性、驾驶员视野、前钢板弹簧长度、上下车辆的方便性以及汽车造型等均有影响。前悬尺寸增加,汽车的接近角减小,通过性降低,视野变坏。长前悬有利于采用长钢板弹簧,有利于在撞车时对乘员起保护作用。对平头汽车,前悬还会影响从前门上下车辆的方便性。前悬尺寸应在保证设计要求、能布置下各总成和部件的同时尽可能短些。

专用汽车后悬尺寸对汽车通过性、汽车追尾时的安全性、车箱长度或上装尺寸、轴距和轴荷分配等有影响。后悬加长,汽车的前轴载质量减小,后轴载质量增大,汽车的离去角减小,使通过性降低;而后悬缩短,汽车的车箱长度或上装尺寸减小。客车后悬长度不得超过轴距的65%,绝对值不大于3500mm。总质量在1.8~14.0t的货车后悬一般在1200~2200mm之间,特长货箱的汽车后悬可达到2600mm,但不得超过轴距的55%。

6. 专用汽车车箱尺寸

专用汽车车箱应理解为广义的,包括普通车箱、厢式容器、罐式容器、工作装置等上装部分。车箱宽应在汽车外宽符合国家标准的前提下适当取宽些,以利缩短边板高度和车箱长度。对于能达到较高车速的车辆,使用过宽的车箱会增加汽车迎风面积,导致空气阻力增加。车箱长应在满足运送货物达到额定吨位和上装部分要求的前提下尽可能短些,有利于减小整备质量。运送散装煤和袋装粮食等货物的车箱,要考虑车箱上部的堆装,有利于减小车箱实物尺寸,避免超载,并减小整备质量。

二、专用汽车质量参数

1. 汽车的整备质量

汽车的整备质量就是汽车经过整备后在完备状态下的自身质量,即指汽车上带有全部装备(包括随车工具、备胎等),加满燃料、水,但没有装货和载人时的整车质量。

整备质量对汽车的制造成本和燃油经济性有影响。目前,专用汽车轻量化、环保、节能是主旋律。通过优化结构、采用高强度钢结构件以及铝合金、非金属复合材料等尽可能减少整车整备质量,增加载质量或载客量,节约燃料。就连半挂车、水泥搅拌车等也都采用高强度钢制作上装部分,进一步增大了专用汽车的运载能力。今后,汽车轻量化、环保、节能是汽车发展的方向,不断减少整备质量,提高质量系数,即提高汽车载质量与整车整备质量的比值。

2.汽车轴载质量

专用汽车轴载质量的合理分配,可以提高专用汽车的稳定性、通过性和制动性,延长其轮胎的使用寿命,延长道路的使用寿命。

轴载质量分配对轮胎寿命和汽车的许多使用性能有影响。理想的轴载质量分配是满载时每个车轮的负荷大致相等。但实际上,还要考虑汽车的动力性、操纵性、通过性、制动性等使用性能。例如,为了提高汽车的驱动力,增加附着质量,常常提高驱动轴的负荷;为了保证汽车在泥泞道路上的通过能力,常常降低前轴的负荷,从而减小前轮的滚动阻力,使后驱动轮有足够的驱动力;为了保证汽车有良好的操纵稳定性,又要求转向轴的负荷不应过小;为了避免转向沉重,前轮的负荷也不能过大,特别是质心高、轴距短的汽车更应考虑;而有些专用汽车或半挂汽车列车的行驶车速比较低,轴载质量可以根据使用要求适当地调整,这是由于轮胎的承载能力随着车速的降低而增加。这些都增大了轮胎磨损的不均匀性。

汽车的驱动形式与发动机位置、汽车结构特点、车头形式和使用条件等均对轴荷分配有显著影响。如发动机前置前轮驱动乘用车和平头式商用货车前轴负荷较大,而长头式货车前轴负荷较小。常在坏路面上行驶的越野汽车,前轴负荷应该小些。

世界各国根据道路表面的坚固性和耐磨性决定公路运输车辆的轴载质量。我国公路工程技术标准 JTB01—2003 规定:总质量为 20t 的汽车,单后轴载质量为 13t;总质量为 30t 的汽车,双后轴载质量为 $2 \times 12t$。汽车的轴荷分配是指汽车在空载或满载静止状态下,各车轴对支承平面的垂直负荷,也可以用占空载或满载总质量的百分比来表示。

当总体布置进行轴荷分配计算不能满足预定要求时,要通过重新布置某些总成、部件(如油箱、备胎、蓄电池等)的位置来调整。必要时,改变轴距也是可行的方法之一。各类汽车的轴荷分配见表 2-4。

各类汽车的轴荷分配(单位:%)　　　　表 2-4

车 型		满 载		空 载	
		前轴	后轴	前轴	后轴
乘用车	发动机前置前轮驱动	47~60	40~53	56~66	34~44
	发动机前置后轮驱动	45~50	50~55	51~56	44~49
	发动机后置后轮驱动	40~46	54~60	38~50	50~62
商用货车	4×2 后轮单胎	32~40	60~68	50~59	41~50
	4×2 后轮双胎,长、短头式	25~27	73~75	44~49	51~56
	4×2 后轮双胎,平头式	30~35	65~70	48~54	46~52
	6×4 后轮双胎	19~25	75~81	31~37	63~69

3.汽车最大允许轴荷限值

1)单轴

汽车及挂车单轴的最大允许轴荷不得超过表 2-5 规定的最大限值。

汽车及挂车单轴的最大允许轴荷的最大限值（单位：kg）　　　表2-5

车辆类型			最大允许轴荷的最大限值
挂车及二轴货车	每侧单轮胎		6000①
	每侧双轮胎		10000②
客车、半挂牵引车及三轴以上（含三轴）货车	每侧单轮胎		7000①
	每侧双轮胎	非驱动轴	10000②
		驱动轴	11500

注：①安装名义断面宽度超过400（公制系列）或13.00（英制系列）轮胎的车轴，其最大允许轴荷不得超过规定的各轮胎负荷之和，且最大限值为10000kg；
②装备空气悬架时最大允许轴荷的最大限值为11500kg。

2) 并装轴

汽车及挂车并装轴的最大允许轴荷不得超过表2-6规定的最大限值。

汽车及挂车并装轴的最大允许轴荷的最大限值（单位：kg）　　　表2-6

车辆类型			最大允许轴荷的最大限值
汽车	并装双轴	并装双轴的轴距 <1000mm	11500
		并装双轴的轴距 ≥1000mm，且 <1300mm	16000
		并装双轴的轴距 ≥1300mm，且 <1800mm	18000①
挂车	并装双轴	并装双轴的轴距 <1000mm	11000
		并装双轴的轴距 ≥1000mm，且 <1300mm	16000
		并装双轴的轴距 ≥1300mm，且 <1800mm	18000
		并装双轴的轴距 ≥1800mm	20000
	并装三轴	相邻两轴之间距离 ≤1300mm	21000
		相邻两轴之间距离 >1300mm，且 ≤1400mm	24000

注：①驱动轴为每轴每侧双轮胎且装备空气悬架时，最大允许轴荷的最大限值为19000kg。

3) 其他类型的车轴

对于其他类型的车轴，其最大允许轴荷不得超过该轴轮胎数×3000kg。

三、专用汽车动力性

专用汽车的动力性是指汽车以最高车速行驶的能力、迅速提高车速的能力和爬坡的能力。它主要取决于发动机的性能和传动系的特性参数，是汽车使用性能最基本和最重要的性能。

专用汽车动力性评价指标主要有最高车速、加速性能和爬坡能力三项。用汽车满载时在良好路面上的最大坡度阻力系数 i_{max} 来表示汽车的爬坡能力，这对某些专用汽车尤其重要。各种专用汽车的使用条件不同，对它们的爬坡能力要求也不一样。通常要求货车能克服30%坡度，越野汽车能克服60%坡度。此外，还可以用专用汽车单位总质量的发动机最大功率和发动机最大转矩（即比功率和比转矩）来评价专用汽车的动力性。专用汽车动力性的好坏主要取决于发动机的性能。一般地讲，发动机的有效功率和有效转矩越大，专用汽车的动力性越好，所以，动力性已成为国际上通用的评价指标。为保证路上行驶车辆的动力性不低于一定的水平，防止某些动力性能差的车辆阻碍交通，对车辆的最小比功率作出规定。我国《机动车运行安全技术条件》（GB 7258—2004）规定：农用运输车与运输用拖拉机的比功率 $P_b \geq 4.0$ kW/t，而其他机动车的比功率 $P_b \geq 4.8$ kW/t。

部分专用汽车动力性参数见表2-7。

部分专用汽车动力性参数

表 2-7

车型	国别	类别	总质量 (t)	装载质量 (t)	发动机 P_{cmax}/n_e [kW/(r/min)]	发动机 M_{cmax}/n_e [(N·m)/(r/min)]	v_{amax} (km/h)	坡度 i_{amax} (%)	比功率 P_{cmax}/G (kW/t)	比转矩 M_{cmax}/G [(N·m)/t]
QDZ3410E	中国	自卸汽车	14.100	7.500	118/2600	588/1450	88	28	8.37	41.70
QDZ3323S	中国	自卸汽车	32.00	19.180	206/2400	1068/1400	72	44	6.44	33.38
SP3104	中国	自卸汽车	9.68	4.50	99/3000	372/1200~1400	90	28	10.23	38.43
Bedford TL24.40	英国	自卸汽车	24.4	16.57	156/2500	689/1600	99.2	27	6.45	28.47
Mercedes-Benz 3025k	德国	自卸汽车	30.49	20.04	184/2300	932/1200	102	25	6.03	30.57
NJT9130	中国	半挂自卸汽车	17.804	10.00	93/3000	352.8/1200~1400	76	17.9	5.56	19.82
ST9131	中国	半挂自卸汽车列车	16.88	10.00	99/3000	372/1200~1400	70	17	5.86	22.04
ST9480TJE	中国	半挂自卸汽车列车	56.61	40.00	225/2200	1250/1400	80	18	3.97	22.08
Mercedes-Benz 1644S	德国	半挂汽车列车	38	23.947	320/2100	1765/1100~1600	112	33	8.42	46.45
MAN 16.331FTS	德国	半挂汽车列车	38	24.95	243/1800~2100	1350/1100~1600	109	20	6.39	35.53
IVeco 220.30	意大利	半挂汽车列车	38	23.845	223/2000	1324/1200	115	23.6	5.87	34.84
Bedford TL2800	英国	半挂汽车列车	28	17.49	156/2500	689/1600	99.2	18	5.57	24.61
KS5191GSN	中国	散装水泥车	19.15	9.50	154.2/2100	784.5/1200~1400	75	22.3	8.05	40.97
ND2629	中国	散装水泥车	26.00	15.00	213/2300	1060/1600	89	50.9	8.19	40.77
QDZ5190GJYS	中国	加油车	19.00	9.8	206/2400	617/1500	78.8	42	10.84	32.47
JZQ5300GYC	中国	加油车	32	20.16	206/2400	1060/1700	99	35.3	64.4	33.13
CZ5270GYY	中国	运油车	26.6	14.0	208/2200	1010/1400	88	43.3	7.82	37.97
SMJ5090JSQ3JW	中国	随车起重运输车	9.345	4.00	99/3000	372/1200~1400	90	28	10.59	39.81
YTK5101X	中国	厢式货车	10.09	4.50	99/3000	372/1200~1400	85	25	9.81	36.87
Mercedes-Benz609D	德国	厢式货车	5.6	2.96	66/2800	266/1400	112	31.8	11.79	47.5
Seddon Atkinspon R17P182-11	英国	厢式零担车	16.26	10.320	128/2600	573/1600	119	25	7.87	35.24
ST5090XLD	中国	厢式保温车	9.745	4.50	99/3000	353/1200~1400	90	28	10.16	36.22
GG5090XBW	中国	保温车	9.29	4.00	99/3000	353/1200~1400	90	28	10.66	38.00
JG5041XLC	中国	冷藏汽车	4.11	1.50	63/3800	179/2200	85	32	15.33	43.55

专用汽车的比功率和比转矩一般能综合表示汽车的动力性。但其动力性还涉及总传动比和传动效率等因素,仅凭比功率和比转矩也难以作出准确判断。专用汽车的动力性过高,其后备功率过大,发动机经常在非经济工况下工作,则汽车的经济性较差。因此,许多专用汽车都根据不同的生产、运行条件来选用合适的发动机,以改善其动力性和经济性。对于工作条件比较单一,在整个车辆的使用寿命期基本都在某种工况和环境下工作的专用汽车,就可以选装不同的发动机。例如,某种自卸汽车,在其整个使用寿命期基本上都在某个矿区服务,而对这个矿区来说,道路情况是不变的,总是满载上坡的自卸汽车可以装用功率较大的发动机;而总是满载下坡的自卸汽车就可以装用功率较小的发动机。国外有许多专用汽车生产厂家,同一种底盘的专用汽车,有几种不同功率、不同型号的发动机供用户选择,以更好地满足使用要求。不同车型的比功率和比转矩范围见表2-8。

汽车动力性参数范围　　　　　　　　　　　　　　表2-8

汽车类型		最高车速 $v_{a\,max}$ (km/h)	比功率 P_b (kW/t)	比转矩 T_b [(N·m)/t]
乘用车	发动机排量 $V(L)$ $V \leq 1.0$	110~150	30~60	50~110
	$1.0 < V \leq 1.6$	120~170	35~65	80~110
	$1.6 < V \leq 2.5$	130~190	40~70	90~130
	$2.5 < V \leq 4.0$	140~230	50~80	120~140
	$V > 4.0$	160~280	60~110	100~180
货车	最大总质量 $m_a(t)$ $m_a \leq 1.8$	80~135	16~28	30~44
	$1.8 < m_a \leq 6.0$		15~25	38~44
	$6.0 < m_a \leq 14.0$	75~120	10~20	33~47
	$m_a > 14.0$		6~20	29~50
客车	车辆总长 $L_a(m)$ $L_a \leq 3.5$	85~120	—	—
	$3.5 > L_a \leq 7.0$	100~160	—	—
	$7.0 < L_a \leq 10.0$	95~140	—	—
	$L_a > 10.0$	85~120	—	—

四、专用汽车制动性

专用汽车的制动性能用制动效能和制动稳定性来评价。制动效能是指汽车迅速降低行驶速度直至停车的能力;制动稳定性是指汽车在制动过程中维持直线行驶或按预定弯道行驶的能力。

制动性能的好坏对专用汽车,特别是重型专用汽车显得尤为重要。它不仅是安全行车的保证,也是下长坡行车车速的主要制约因素,能维持较低的安全车速并有在一定坡道上长期驻车的能力,直接影响其使用性能和生产效率。专用汽车除了装有必备的行车制动和驻车制动装置以外,有的还装有应急制动装置和辅助制动装置。应急制动是在行车制动气压不足、制动失灵或制动力减弱的时候,应急制动迅速发挥作用将车辆制动,从而使汽车免于发生事故;而辅助制动常常是采用发动机排气制动、液力制动、电力制动等辅助制动装置,以减轻车轮制动器的负担,使专用汽车更加安全可靠地行驶,提高运输效率。

五、专用汽车通过性和机动性

专用汽车的通过性参数主要有：最小离地间隙、纵向通过半径（现称纵向通过角）、接近角和离去角。中型专用汽车的最小离地间隙一般为 180～300mm，重型专用汽车的最小离地间隙一般为 250～320mm。专用汽车的接近角和离去角一般在 25°以上，至少不应小于 20°。

专用汽车最小转弯直径是其机动性的主要参数之一，其数值主要根据专用汽车的用途、道路条件和结构特点选取。大型半挂汽车列车的最小转弯直径一般为 11～15m，也可达 20m 左右。

第三节　底盘选用与改装设计

专用汽车是在基本车型上装置专用设备，使其具有专用功能，用于承担专门运输任务或专项作业的汽车。因此汽车底盘的性能就决定了专用汽车的基本性能，并对专用功能的发挥也有较大的影响。改装专用汽车的汽车底盘可分为四种结构形式：常用的两种是选用二类和三类汽车底盘；另外两种是专门为某一类专用汽车设计、制造的专用底盘和选用定型总成组合设计制造的专用底盘。根据专用汽车的用途及其使用条件、已选定的专用汽车性能指标，专用汽车专用功能及其总布置的需要，以及专用汽车制造厂家的现有条件和能力来选定专用汽车底盘。

车架是汽车的承载基体，贯穿汽车全长。专用汽车的各种专用装置或装备都直接或间接地安装在车架上。由于某些专用汽车的结构和使用条件复杂，使车架承受较大的动载荷和扭矩，特别是驾驶室后至后轴的一段更为严重，所以，必须加强车架。除了对车架纵架内边进行增补强化以外，尚要在车架之上增加一个副车架。副车架不仅强化了车架，而且可将专用装置和装备的集中载荷较均匀地分布在车架上，并起到缓冲作用，改善车架的受力情况。因此在专用汽车的设计中，必须相应地对车架或副车架进行改装设计。

一、车架的设计

车架的纵横梁和其他零件的制造，多采用冷冲压工艺，使钢板在大型压力机上冲孔及成形，也有采用槽钢、工字钢、管材等型材制造的。轿车车架的组装多采用二氧化碳气体保护焊、塞焊和点焊，设计时应注意对焊接规范、焊缝布置及焊接顺序等进行选择；货车车架的组装多采用冷铆工艺，必要时也可采用特制的防松螺栓连接。为保证车架的装配尺寸，组装时必须有可靠的定位和夹紧，特别应保证有关总成在车架上的定位尺寸及支承点的相对位置精度。

车架材料应具有足够高的屈服强度和疲劳强度，较低的应力集中敏感性，良好的冷冲压性能和焊接性能。低碳钢和中碳低合金钢能满足这些要求。车架材料与所选定的制造工艺密切相关。拉伸尺寸较大或形状复杂的冲压件需采用冲压性能好的低碳钢或低碳合金钢（如：08、09MnL、09MnREL 等）钢板制造；拉伸尺寸不大、形状又不复杂的冲压件常采用强度稍高的钢板（如：20、25、16Mn、09SiVL、10TiL 等）制造。强度更高的钢板在冷冲时易开裂且冲压后回弹较大，故不宜采用。有的重型货车、自卸车、越野汽车为了提高车架强度，减小质量而采用中碳合金钢板热压成形，再经热处理，例如采用 30Ti 钢板的纵梁经正火后抗拉强度即由 450MPa（HB156）提高到 480～620MPa（HB170）。用 30Ti 钢板制造纵横梁也可采用冷冲压工艺。

钢板经冷冲成形后，其疲劳强度要降低，而静强度高、伸长率小的材料的降低幅度更大。

常用车架材料在冲压成形后的疲劳强度为 140～160MPa。

轿车车架纵、横梁的钢板厚度为 3～4mm；货车根据其装载质量的不同，轻型、中型货车冲压纵梁的钢板厚度为 5～7mm；重型货车冲压纵梁的钢板厚度为 7～9mm。槽形断面纵梁上、下翼缘的宽度为其腹板高度的 35%～40%。

二、车架的计算

1. 专用汽车车架计算的主要任务

(1) 确定汽车满载在不平度值很小(对称加载)的平坦路面上，以需考虑动载荷的足够高的车速行驶时车架零件的应力。

(2) 确定汽车以满载低速行驶于坏路面，且当轴荷分配较小载荷的那个桥的一个车轮滚上一个 300mm 高的凸包时车架零件的应力。

(3) 确定专用汽车的专用设备等上装部分工作时车架零件的应力。

为了不仅评价车架的总柔性及作用在车架中的应力，而且要弄清变形和应力突变处的危险断面以及它们沿车架长度的变化情况，则应对通过特征点(横梁连接处、纵梁断面高度及宽度的变化处、加载点等)的一系列横向平面处的车架挠度、扭转角和应力进行计算。计算结果最好能用沿车架长度绘出的挠度、转角和应力图表达出来。

为了简化计算，可将车架看作平面结构，而纵、横梁则以杆件代替，纵横梁连接处的交角认为是刚性的，且认为代替车架元件的杆件在两节点(或特征点)之间的全长上的惯性矩不变，并取为该元件惯性矩的平均值。

最简单的梯形车架的计算，是在对称载荷(弯曲)作用下求简化为简单梁的纵梁的挠度和应力。

在反对称载荷(扭转)作用下，由两根纵梁和若干根横梁组成的车架是一个静不定系统。用材料力学教程中给出的一些方法求解这一静不定系统各元件的应力和变形使计算十分复杂、工作量很大。然而如果对系统作某些假设则可使计算大为简化。

2. 车架的简化计算

设车架各元件的弯曲变形与其扭转变形相比是很小的，则可按下述方法进行简化计算。

图 2-5 所示为梯形车架在反对称载荷作用下的受扭情况简图。作用在车架上的 4 个力 R 位于前、后车轮轴线所在的横向铅垂平面内，如图 2-5 所示，这时各横梁的扭转

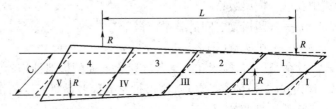

图 2-5 梯形车架在反对称载荷作用下的受扭情况简图
Ⅰ～Ⅴ-横梁；1～4-纵梁的区段

角相等。此外，纵、横梁单位长度的扭转角亦相等。由于扭转角 θ 与扭矩 T、扭转刚度 GJ_k 存在下述关系：

$$\theta = \frac{Tl}{GJ_k}(\text{rad}) = \frac{57.3Tl}{GJ_k}(°) \tag{2-1}$$

式中：T——车架元件所受的扭矩，$N \cdot mm$；

l——车架元件的长度，mm；

G——材料的剪切弹性模量，MPa；

J_k——车架元件横断面的极惯性矩，mm^4。

因此，作用在车架各元件上的扭矩 T_k 与该元件的扭转刚度 GJ_{kk} 成正比，故有

$$T_{\mathrm{I}} : T_{\mathrm{II}} : \cdots : T_{\mathrm{V}} : T_1 : T_2 : \cdots : T_4 = J_{k\mathrm{I}} : J_{k\mathrm{II}} : \cdots : J_{k\mathrm{V}} : J_{k1} : J_{k2} : \cdots : J_{k4} \tag{2-2}$$

式中：$T_{\mathrm{I}}, T_{\mathrm{II}}, \cdots$——横梁 I, II, ⋯所受的扭矩；

$J_{k\mathrm{I}}, J_{k\mathrm{II}} \cdots$——横梁 I, II, ⋯横断面的极惯性矩；

$T_1, T_2 \cdots$——纵梁在 I, II 和 II, III, ⋯横梁间所受的扭矩；

$J_{k1}, J_{k2} \cdots$——纵梁在 I, II 和 II, III, ⋯横梁间横断面的极惯性矩。

如果将车架由对称平面处切开（图 2-6），则切掉的一半对尚存的一半的作用相当于在切口横断面上作用着扭矩 $T_{\mathrm{I}}, T_{\mathrm{II}}, \cdots, T_{\mathrm{V}}$ 和横向力 $Q_{\mathrm{I}}, Q_{\mathrm{II}}, \cdots, Q_{\mathrm{V}}$。对最右边的横梁 I 取力矩的平衡方程式，则有

$$RL - (T_{\mathrm{I}} + T_{\mathrm{II}} + T_{\mathrm{III}} + T_{\mathrm{IV}} + T_{\mathrm{V}}) + Q_{\mathrm{II}} l_1 - Q_{\mathrm{III}}(l_1 + l_2) - Q_{\mathrm{IV}}(l_1 + l_2 + l_3) - Q_{\mathrm{V}}(l_1 + l_2 + l_3 + l_4) = 0 \tag{2-3}$$

由式（2-2）得

$$\left. \begin{array}{l} T_{\mathrm{II}} = T_{\mathrm{I}} \dfrac{J_{k\mathrm{II}}}{J_{k\mathrm{I}}}; T_{\mathrm{III}} = T_{\mathrm{I}} \dfrac{J_{k\mathrm{III}}}{J_{k\mathrm{I}}}; \cdots \\[2mm] T_1 = T_{\mathrm{I}} \dfrac{J_{k1}}{J_{k\mathrm{I}}}; T_2 = T_{\mathrm{I}} \dfrac{J_{k2}}{J_{k\mathrm{I}}}; \cdots \\[2mm] Q_{\mathrm{I}} = \dfrac{2T_{\mathrm{I}}}{C} = \dfrac{2T_{\mathrm{I}}}{C} \cdot \dfrac{J_{k1}}{J_{k\mathrm{I}}}; \\[2mm] Q_{\mathrm{II}} = \dfrac{2(T_2 - T_1)}{C} = \dfrac{2T_{\mathrm{I}}}{CJ_{k\mathrm{I}}}(J_{k2} - J_{k1}); \cdots \end{array} \right\} \tag{2-4}$$

将上式各项代入式（2-3），整理后得

$$T_{\mathrm{I}} = \frac{RLJ_{k\mathrm{I}}}{\sum\limits_{n=\mathrm{I}}^{\mathrm{V}} J_{kn} + \dfrac{2}{C} \sum\limits_{m=1}^{4}(J_{km} L_m)} \tag{2-5}$$

式中：n——横梁数；

m——两横梁之间的纵梁区段数；

C——车架宽（图 2-5）。

这样，已知各横梁和纵梁各区段横断面的极惯性矩时，便可求出横梁 I 所受的扭矩 T_{I}，将 T_{I} 代入式（2-4）的有关各项，则可求出其他各横梁所受的扭矩 T_{II}、T_{III}、T_{IV}、T_{V} 及纵梁在各横梁之间所受的扭矩 T_1、T_2、T_3、T_4。

由上述计算可见，车架所受的扭转力矩是由纵、横梁共同承受的。但对扭转刚度较小的货车梯形车架而言，作用在车架上的弯曲力矩主要是由车架的纵梁承受。为了计算弯曲力矩，假定车架所支承的全部载荷的一半由一根纵梁承担。先求出装在车架上的各总成、构件、驾驶室、货箱及装载质量对车架产生的集中载荷及其作用点位置，如图 2-7 所示。这时簧下质量除外，而悬架弹簧、传动轴等跨车架和车桥两边的构件则取其重力的一半。对应这些载荷，设前钢板弹簧的前、后支点的支承反力为 R_{ff}、R_{fr}；后钢板弹簧的支承反力为 R_{rf}，R_{rr}，则

$$\left. \begin{array}{l} R_{\mathrm{f}} = R_{\mathrm{ff}} + R_{\mathrm{fr}} \\ R_{\mathrm{r}} = R_{\mathrm{rf}} + R_{\mathrm{rr}} \\ F_1 + F_2 + F_3 + \cdots + F_n = R_{\mathrm{f}} + R_{\mathrm{r}} \\ F_1 l_1 + F_2 l_2 + F_3 l_3 + \cdots + F_n l_n = R_{\mathrm{f}} l_{\mathrm{f}} + R_{\mathrm{r}} l_{\mathrm{r}} \end{array} \right\} \tag{2-6}$$

式中：$F_1,F_2,F_3,\cdots,F_n$——作用在纵梁上的集中静载荷，N；
$l_1,l_2,l_3,\cdots,l_n$——各载荷 $F_1,F_2,F_3,\cdots,F_n$ 的作用点距车架前端的距离，mm；
l_f,l_r——前，后轮距车架前端的距离，mm。

由下列两式可求出 R_f、R_r，即

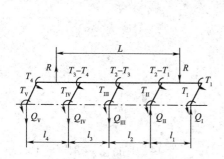
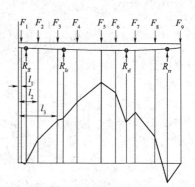

图 2-6 在反对称载荷作用下的车架受力简图　　图 2-7 车架纵梁弯曲强度的计算简图

$$\left.\begin{array}{l}R_f=\dfrac{(F_1+F_2+\cdots+F_n)l_r-(F_1l_1+F_2l_2+\cdots+F_nl_n)}{l_r-l_f}\\[2mm] R_r=\dfrac{(F_1+F_2+\cdots+F_n)l_f-(F_1l_1+F_2l_2+\cdots+F_nl_n)}{l_f-l_r}\end{array}\right\} \quad (2\text{-}7)$$

如果前、后轮均装在其弹簧的中间，则

$$\left.\begin{array}{l}R_{ff}=R_{fr}=\dfrac{1}{2}R_f\\[2mm] R_{rf}=R_{rr}=\dfrac{1}{2}R_r\end{array}\right\} \quad (2\text{-}8)$$

求得这些集中静载荷 $F_1,F_2,\cdots,F_n$ 和 R_f,R_r，以及这些力的作用点的位置 $l_1,l_2,\cdots,l_n$ 和 l_f,l_r，则可计算纵梁在各力作用点的弯矩并绘出纵梁的弯矩图（图 2-7）。例如，在 F_5 力作用点处的弯矩为

$$M_5=F_1(l_5-l_1)+F_2(l_5-l_2)+F_3(l_5-l_3)+F_4(l_5-l_4)-R_{ff}(l_5-l_{ff})-R_{fr}(l_5-l_{fr})$$

考虑到路面不平度引起的冲击和振动等造成的动载荷，可对纵梁的最大弯矩 M_{max} 乘以动载荷系数 k_d 并取 $k_d=2.5\sim4.0$，轿车取小值，越野汽车取大值。如果再考虑车架多为疲劳损伤，且取疲劳安全系数 $n=1.15\sim1.40$，则可求得动载荷下的最大弯矩为

$$M_{dmax}=nk_dM_{max} \quad (2\text{-}9)$$

则弯曲应力可按下式求得：

$$\sigma_w=\dfrac{M_{dmax}}{W} \quad (2\text{-}10)$$

式中：W——纵梁在计算断面处的弯曲截面系数，对于槽形断面的纵梁，有

$$W=\dfrac{(h+6b)th}{6} \quad (2\text{-}11)$$

式中：h——槽形断面的腹板高；
b——翼缘宽；
t——梁断面的厚度。

当车架纵梁承受的是均匀分布的载荷（图 2-8）

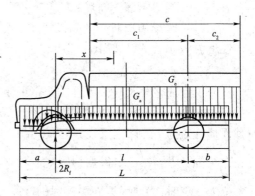

图 2-8 货车车架上均布载荷的分布情况

时,车架强度的简化计算可按下述进行,但需作一定假设。即认为纵梁为支承在前、后轴上的简支梁;空车时簧上负荷 G_s(对 4×2 货车可取 $G_s=2m_0g/3$,m_0 为汽车整备质量)均布在左、右纵梁的全长上,满载时有效载荷 G_e 则均布在车箱长度范围内的纵梁上;忽略不计局部扭矩的影响。

在图 2-8 中,R_f 为一根纵梁的前支承反力,由该图可求得:

$$R_f = \frac{1}{4l}[G_s(L-2b)+G_e(c-2c_2)] \tag{2-12}$$

在驾驶室的长度范围内这一段纵梁的弯矩为

$$M_x = R_f x - \frac{G_s}{4L}(x+a)^2 \tag{2-13}$$

驾驶室后端至后轴这一段纵梁的弯矩为

$$M'_x = R_f x - \frac{G_s}{4L}(x+a)^2 - \frac{G_e}{4c}[c_1-(l-x)]^2 \tag{2-14}$$

显然,最大弯矩就发生在这一段梁内。可用对式(2-14)中的弯矩 $M'_x = f(x)$ 求导数并令其为零的方法求出最大弯矩发生的位置 x,即

$$\frac{dM'_x}{dx} = R_f - \frac{G_s}{2L}(x+a) - \frac{G_e}{2c}(x-l+c_1) = 0$$

由此求得:

$$x = \left[2R_f - \frac{G_s \cdot a}{L} + \frac{G_e(l-c_1)}{c}\right] \bigg/ \left(\frac{G_s}{L}+\frac{G_e}{c}\right) \tag{2-15}$$

将式(2-15)代入式(2-14),即可求出纵梁承受的最大弯矩 M_{max}。如果再考虑到动载荷系数 $k_d = 2.5 \sim 4.0$ 及疲劳安全系数 $n = 1.15 \sim 1.40$,并将它们代入式(2-9)及式(2-10),则可求出纵梁的最大弯曲应力。

按式(2-10)求得的弯曲应力不应大于纵梁材料的疲劳极限 σ_{-1}。对 16Mn 钢,$\sigma_{-1} = 220 \sim 260$MPa。

当纵梁受力变形时,翼缘可能会受力破裂,为此可按薄板理论进行校核,由于临界弯曲应力为

$$\sigma_{cr} = 0.4 \frac{E}{1-\mu^2}\left(\frac{t}{b}\right)^2 \leqslant 350\text{MPa} \tag{2-16}$$

式中:E——材料的弹性模量,对低碳钢和 16Mn 钢:$E = 2.06 \times 10^5$MPa;

μ——泊松比,对低碳钢和 16Mn 钢,取 $\mu = 0.290$;

t——纵梁断面的厚度;

b——纵梁槽形断面的翼缘宽度。

将 E,μ 值代入式(2-16),得

$$b \leqslant 16t \tag{2-17}$$

为了保证整车及有关零件的正常工作,对纵梁的最大挠度应予以限制。这就要求对纵梁的弯曲刚度进行校核。如果把纵梁看成是支承跨度 l 为轴距的简支梁,根据材料力学给出的截面惯性矩为 J 的简支梁在其跨度 l 的中间承受集中载荷 P 时,挠度 f 与刚度 EJ 的关系式 $f = \frac{Pl^3}{48EJ}$ 可知 $J/l^3 = \frac{P}{48Ef}$。根据德国对各种汽车车架的实验结果表明,当轴距 l 的单位为 m,J 的单位为 cm^4 时,为使纵梁在满载时的挠度在容许值以内,则应使 $J/l^3 \geqslant 12$,或应使 $J \geqslant 12l^3$。大多数汽车的 J/l^3 值在 $20 \sim 30$ 之间,日本的一些 4t 平头载货汽车甚至达到 58.3。对车架扭转

刚度 GJ 的校核，可按式(2-1)进行。

3. 车架计算的静态有限元法

随着计算机的出现与飞速发展，车架作为一个大型复杂结构对其进行有限元分析计算已广为应用。有限元法的基本思路就是将复杂的结构视为由简单的基本的有限单元所组成，是一种离散化数值计算方法，借助于矩阵方法与计算机相结合，可以进行复杂结构的应力分析。现以常见的梯形车架为例，进行静态有限元法分析。

1) 车架的有限单元划分

车架一般多为薄壁杆件组成，可简化为若干个等直杆单元以刚性连接而成（也可按板单元简化）。简化时可根据车架受力与结构的特点，将集中力处选为各单元之间的连接点，即节点。遇有变截面梁，可简化为由若干个不同等直杆单元连成。图 2-9 所示为 BJ-130 车架按等直杆单元划分的简化计算模型。共简化为 31 个等直杆单元，26 个节点。其截面尺寸及形状如表 2-9 及图 2-10 所示。

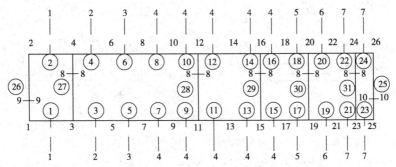

图 2-9 车架各单元的划分

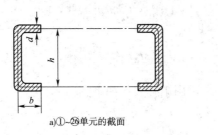 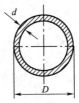

a) ①~㉖单元的截面　　　　b) ㉗~㉛单元的截面

图 2-10 截面形状图

车架各界面尺寸(单位:mm)　　　　表 2-9

横截面	1—1	2—2	3—3	4—4	5—5	6—6	7—7	8—8	9—9	10—10
$h(D)$	114.2	131.3	147.1	155.5	143.2	118.2	105.0	68.0	103.0	95.0
b				52.5				1	67.5	
d'					5.0					

2) 车架的单元刚度矩阵（局部坐标系）

等直杆单元分析的任务就是要建立单元的节点力与节点位移的关系，亦即作单元刚度分析。

如图 2-11 所示，x 轴为沿杆单元的轴向，此 $Oxyz$ 坐标系为每一杆单元的局部坐标系。单元上任一点的位移可用 4 个独立参量 u、v、w 和 θ 决定，u、v、w 为形心的位移，θ 为扭角。考虑到单元划分长度较短时剪切变形对横向位移的影响以及约束扭转引起的翘曲变形，杆端的广

义位移有 7 个分量，如图 2-12 所示，可表为

$$\{q_i^e\} = [u_i v_i w_i \theta_i \phi_i \psi_i \theta'_i]^T$$
$$\{q_j^e\} = [u_j v_j w_j \theta_j \phi_j \psi_j \theta'_j]^T$$

相应的广义力为

$$\{f_i\} = [F_i Q_{iy} Q_{iz} T_i M_{iy} M_{iz} B_i]^T$$
$$\{f_j\} = [F_j Q_{jy} Q_{jz} T_j M_{jy} M_{jz} B_j]^T$$

式中：F——轴向力；
Q_y、Q_z——沿 y、z 方向的剪力；
T——扭矩；
M_y、M_z——对 y、z 轴的弯矩；
B——双力矩。

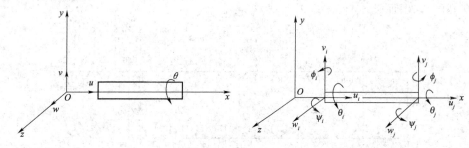

图 2-11　确定单元上任一点位移的独立参量　　图 2-12　杆端的广义位移

考虑到汽车的运动主要发生在铅垂面内，忽略一些次要因素后，位移与力可简化为

$$\{q^e\} = \begin{Bmatrix} q_i^e \\ q_j^e \end{Bmatrix} = [v_i \theta_i \psi_i \theta'_i v_j \theta_j \psi_j \theta'_j]^T \tag{2-18}$$

$$\{f^e\} = \begin{Bmatrix} f_i^e \\ f_j^e \end{Bmatrix} = [Q_{iy} T_i M_{iz} B_i Q_{jy} T_j M_{jz} B_j]^T \tag{2-19}$$

单元力 $\{f^e\}$ 与单元位移之间的关系可用矩阵表示如下：

$$\begin{Bmatrix} Q_{iy} \\ T_i \\ M_{iz} \\ B_i \\ Q_{jy} \\ T_j \\ M_{jz} \\ B_j \end{Bmatrix} = \begin{bmatrix} k_{11} & k_{12} & \cdots & k_{18} \\ k_{21} & k_{22} & \cdots & k_{28} \\ \vdots & \vdots & & \vdots \\ k_{81} & k_{82} & \cdots & k_{88} \end{bmatrix} \begin{Bmatrix} v_i \\ \theta_i \\ \psi_i \\ \theta'_i \\ v_j \\ \theta_j \\ \psi_j \\ \theta'_j \end{Bmatrix} \tag{2-20}$$

或写为

$$\{f^e\} = [k^e]\{q^e\} \tag{2-21}$$

其中 $\{k^e\}$ 称单元刚度矩阵。矩阵中的任一元素 k_{lm} 代表第 m 个单位广义位移对第 l 个广义力产生的部分值。由于 $k_{lm} = k_{ml}$，所以 $[k^e]$ 为对称矩阵。又在小位移的假设条件下，可略去弯曲与扭转的耦合项，则有 k_{21}、k_{41}、k_{61}、k_{81}、k_{32}、k_{52}、k_{72}、k_{43}、k_{63}、k_{83}、k_{54}、k_{74}、k_{65}、k_{85}、k_{76}、k_{87} 均为

零。其余各项非零元素,可用静力平衡方程导出的位移插值函数在单元内对应力应变的势能的积分求得,其表达式(计算过程从略)为

$$k_{11} = k_{55} = 12EJ_z/[(1+\phi_s)l^3]$$

$$k_{22} = k_{66} = GJ_k R\sinh(s)/P$$

$$k_{33} = k_{77} = (4+\phi_s)EJ_z/[(1+\phi_s)l]$$

$$k_{44} = k_{88} = GJ_k[s\times\cosh(s) - \sinh(s)]/(P\times R)$$

$$k_{31} = 6EJ_z/[(1+\phi_s)l^2]$$

$$k_{42} = GJ_k[\cosh(s)-1]/P$$

$$k_{51} = -12EJ_z/[(1+\phi_s)l^3]$$

$$k_{53} = -6EJ_z/[(1+\phi_s)l^2]$$

$$k_{62} = -GJ_k R\sinh(s)/P$$

$$k_{64} = -GJ_k[\cosh(s)-1]/P$$

$$k_{71} = 6EJ_z/[(1+\phi_s)l^2]$$

$$k_{73} = (2-\phi_s)EJ_z/[(1+\phi_s)l]$$

$$k_{75} = 6EJ_z/[(1+\phi_s)l^2]$$

$$k_{82} = GJ_k[\cosh(s)-1]/P$$

$$k_{84} = GJ_k[\sinh(s)-s]/(P\times R)$$

$$k_{86} = -GJ_k[\cosh(s)-1]/P$$

式中:J_z——对 z 轴的抗弯惯性矩;

J_k——抗扭惯性矩;

$\phi_s = 12EJ_z/(GF_{xy}l^2)$;

E——抗拉弹性模量;

G——剪切弹性模量;

F_{xy}——抗剪力(y 向)有效截面积;

l——单元杆长度;

$R = \sqrt{\dfrac{GJ_k}{EJ_\omega}}$;

J_ω——扇性惯性矩;

$s = Rl$;

$P = 2(1-\cosh(s)) + s\sinh(s)$。

3)车架的单元刚度矩阵(整体坐标系)

在局部坐标系中分析一个单元的力与位移关系是很方便的。但因结构中杆件各单元的方向不尽相同,在对整体结构求解时,则需于共同的坐标系中进行计算。这一共同坐标系通称为整体坐标系或称结构坐标系。为此要进行位移和力的坐标转换。

如图 2-13 所示,设车架的整体坐标系 $\bar{x}$、$\bar{y}$、$\bar{z}$ 中的 $\bar{y}$ 轴铅垂向上,它与局部坐标系 x、y、z 中的 y 轴重合,当 $\bar{x}$ 与 x 间夹角为 α 时,其广义力有如下关系:

$$Q_{iy} = \bar{Q}_{iy}$$

$$T_i = \overline{T}_i\cos\alpha - \overline{M}_{iz}\sin\alpha$$
$$M_{iz} = \overline{T}_i\sin\alpha + \overline{M}_{iz}\cos\alpha$$
$$B_i = \overline{B}_i$$
$$Q_{jy} = \overline{Q}_{jy}$$
$$T_j = \overline{T}_j\cos\alpha - \overline{M}_{jz}\sin\alpha$$
$$M_{jz} = \overline{T}_j\sin\alpha + \overline{M}_{jz}\cos\alpha$$
$$B_j = \overline{B}_j$$

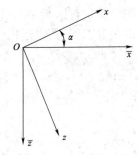

图 2-13 局部与整体坐标系之间的关系

如用矩阵表示其间的关系,可写为

$$\{f^e\} = [T]\{\overline{f^e}\} \tag{2-22}$$

其中

$$[T] = \begin{bmatrix} 1 & 0 & 0 & 0 & & & & \\ 0 & \cos\alpha & -\sin\alpha & 0 & & 0 & & \\ 0 & \sin\alpha & \cos\alpha & 0 & & & & \\ 0 & 0 & 0 & 1 & & & & \\ & & & & 1 & 0 & 0 & 0 \\ & & & & 0 & \cos\alpha & -\sin\alpha & 0 \\ & 0 & & & 0 & \sin\alpha & \cos\alpha & 0 \\ & & & & 0 & 0 & 0 & 1 \end{bmatrix} \tag{2-23}$$

同理可得,两坐标系间的广义位移为

$$\{q^e\} = [T]\{\overline{q^e}\} \tag{2-24}$$

将式(2-22)和式(2-24)代入式(2-21)后,得

$$[T]\{\overline{f^e}\} = [k^e][T]\{\overline{q^e}\}$$

等式两边左乘以$[T]^{-1}$后,得

$$\{\overline{f^e}\} = [T]^{-1}[k^e][T]\{\overline{q^e}\}$$

又因$[T]^{-1} = [T]^T$,所以

$$\{\overline{f^e}\} = [T]^T[k^e][T]\{\overline{q^e}\}$$

此式给出在整体坐标系中单元力与单元位移的关系。如令

$$[\overline{k^e}] = [T]^T[k^e][T] \tag{2-25}$$

则有

$$\{\overline{f^e}\} = [\overline{k^e}]\{\overline{q^e}\} \tag{2-26}$$

式(2-25)给出整体坐标系中单元刚度矩阵与局部坐标系中单元刚度矩阵的关系。据此可由已知的$[k^e]$计算$[\overline{k^e}]$。式(2-26)给出了整体坐标系中广义与广义位移的基本关系。

4) 车架的整体刚度矩阵

如车架有 m 个单元 n 个节点,在整体分析中可将 m 个式(2-26)联立,得

$$\left\{\begin{matrix}\overline{f^e_1}\\ \overline{f^e_2}\\ \vdots \\ \overline{f^e_m}\end{matrix}\right\} = \begin{bmatrix}\overline{k^e_1} & & & \\ & \overline{k^e_2} & & \\ & & \ddots & \\ & & & \overline{k^e_m}\end{bmatrix}\left\{\begin{matrix}\overline{q^e_1}\\ \overline{q^e_2}\\ \vdots \\ \overline{q^e_m}\end{matrix}\right\}$$

或简写为

$$\{\overline{F^e}\} = [\overline{K^e}]\{\overline{Q^e}\} \quad (2\text{-}27)$$

此式给出整个车架单元间内力与位移之间的关系。

车架有 n 个节点,整个车架的节点位移可表示为

$$\{\overline{Q}\} = \left\{\begin{matrix}\overline{q_1}\\ \overline{q_2}\\ \vdots \\ \overline{q_n}\end{matrix}\right\} \quad (2\text{-}28)$$

为了说明整个车架的单元位移 $\{\overline{Q^e}\}$ 与节点位移 $\{\overline{Q}\}$ 之间的区别与联系,以图 2-9 中的 1、2、3 节点与①、㉖单元为例,它们之间的广义位移关系可用矩阵表示如下:

$$\left\{\begin{matrix}\overline{q^e_{26}}\\ \overline{q^e_1}\end{matrix}\right\} = \left\{\begin{matrix}\overline{v_1}\\ \overline{\theta_1}\\ \overline{\psi_1}\\ \overline{\theta_1}'\\ \overline{v_2}\\ \overline{\theta_2}\\ \overline{\psi_2}\\ \overline{\theta_2}'\\ \overline{v_1}\\ \overline{\theta_1}\\ \overline{\psi_1}\\ \overline{\theta_1}'\\ \overline{v_3}\\ \overline{\theta_3}\\ \overline{\psi_3}\\ \overline{\theta_3}'\end{matrix}\right\} = \begin{bmatrix}1 & & & & & & & & \\ & 1 & & & & & & & \\ & & 1 & & & & & & \\ & & & 1 & & & & & \\ & & & & 1 & & & & \\ & & & & & 1 & & & \\ & & & & & & 1 & & \\ & & & & & & & 1 & \\ 1 & & & & & & & & \\ & 1 & & & & & & & \\ & & 1 & & & & & & \\ & & & 1 & & & & & \\ & & & & & & & & 1 \\ & & & & & & & & & 1\\ & & & & & & & & & & 1\\ & & & & & & & & & & & 1\end{bmatrix}\left\{\begin{matrix}\overline{v_1}\\ \overline{\theta_1}\\ \overline{\psi_1}\\ \overline{\theta_1}'\\ \overline{v_2}\\ \overline{\theta_2}\\ \overline{\psi_2}\\ \overline{\theta_2}'\\ \overline{v_3}\\ \overline{\theta_3}\\ \overline{\psi_3}\\ \overline{\theta_3}'\end{matrix}\right\}$$

对整个车架而言,则有

$$\{\overline{Q^e}\} = [N]\{\overline{Q}\} \quad (2\text{-}29)$$

式中:$[N]$——$8m \times 4n$ 的矩阵。

静态有限元位移法解决问题的思路是根据已知的外力确定结构各节点的位移 $\{\overline{Q}\}$ 后,再进行坐标变换确定各单元位移 $\{q^e\}$,由单元刚度矩阵计算单元内力 $\{f^e\}$,由内力再求应力就比较容易了。为此,要求建立各节点外力与节点位移的关系。

应用虚位移原理:车架结构的外力所作虚功之和等于结构变形能的变化。设作用于车架

结构各节点的外力为

$$\{\overline{P}\} = \begin{Bmatrix} \overline{p}_1 \\ \overline{p}_2 \\ \vdots \\ \overline{p}_n \end{Bmatrix} \tag{2-30}$$

则外力的虚功之和为

$$\delta W = \sum_{i=1}^{n} \{\delta \overline{q}_i\}^T \cdot \overline{p}_i = \{\delta \overline{Q}\}^T \cdot \{\overline{P}\} \tag{2-31}$$

而车架结构的变形能增量等于各单元内力在相应的虚位移上所作虚功之和。即

$$\delta V = \sum_{i=1}^{m} (\delta \overline{q}_i^e)^T \cdot \overline{f}_i^e = \{\delta \overline{Q}^e\}^T \cdot \{\overline{F}^e\} \tag{2-32}$$

由虚位移原理:$\delta W = \delta V$,将式(2-31)与式(2-32)代入此式后得

$$\{\delta \overline{Q}\}^T \cdot \{\overline{P}\} = \{\delta \overline{Q}^e\}^T \cdot \{\overline{F}^e\}$$

考虑到式(2-29)及式(2-27),上式可改写为

$$\{\delta \overline{Q}\}^T \cdot \{\overline{P}\} = \{\delta \overline{Q}\}^T [N]^T [\overline{K}^e][N]\{\overline{Q}\}$$

又因$\{\delta \overline{Q}\} \neq 0$,可得

$$\{\overline{P}\} = [N]^T [\overline{K}^e][N]\{\overline{Q}\}$$

令

$$[\overline{K}] = [N]^T [\overline{K}^e][N] \tag{2-33}$$

可得

$$\{\overline{P}\} = [\overline{K}]\{\overline{Q}\} \tag{2-34}$$

$[\overline{K}]$即为整体坐标系中车架的整体刚度矩阵。

式(2-34)就是应用虚位移原理建立的车架所受外力$\{\overline{P}\}$与节点位移$\{\overline{Q}\}$的矩阵关系式。

应用式(2-34)解决问题时,需建立$[\overline{K}]$;用式(2-33)求$[\overline{K}]$并不方便,这是因为$[N]$很大,占计算机内存较大,一般直接用编号入座的通用程序形成整体刚度矩阵$[\overline{K}]$。

5)约束条件的引入

车架在已知平衡外力$\{\overline{P}\}$作用下,如果结构没有约束存在,则式(2-34)表示为一自由结构处于随遇平衡状态,位移$\{\overline{Q}\}$是无法确定的。

实际进行车架静态计算时,需视实际工况设定车架的支承点,这将排除车架作刚体自由运动的可能。此时应用式(2-34)可以计算该工况下车架各节点的位移$\{\overline{Q}\}$。

如何在式(2-34)中引入支承点的约束条件呢?以图2-9中的任一节点i作为支点为例,可令矩阵$[\overline{K}]$中的$(4i-3)$行$(4i-3)$列的主对角线元素等于1,该行列的其他元素均取零值,并令$\{\overline{P}\}$中的第$\overline{p}_{(4i-3)} = 0$即可。例如取节点$3(i=3)$,则式(2-34)中的第9个方程$1 \times v_3 = 0$,此结果恰是节点3为支点的约束条件。

根据车架不同的外载$\{\overline{P}\}$与不同的约束条件的引入,可方便地计算车架不同工况下的位移(如弯、扭或弯扭联合工况等)。

6)单元内力及单元应力的计算

引入约束条件后,在已知外载$\{\overline{P}\}$的条件下可由式(2-34)求得$\{\overline{Q}\}$后,再用式(2-24)进行坐标变换,求得各相应单元位移$\{q^e\}$,再根据式(2-21)求得相应单元内力$\{f^e\}$。最后由内力与应力的关系式计算出截面的应力。其中在车架强度中起主要作用的正应力为

$$\sigma = \sigma_1 + \sigma_2 = \frac{M_z y}{J_z} + \frac{B\omega}{J_\omega} \qquad (2\text{-}35)$$

式中：ω——扇性坐标。

M_z 与 B 均可从 $\{f^e\}$ 中得到。

4. 车架计算的动态有限元法

汽车是一种运动的机械，其大多数零部件的破损显然是由动荷疲劳引起的。车架通常用前一节所述的静强度乘以几倍的动载系数进行动强度设计的。

车架动态有限元法的基本思路是根据已知的路面谱输入，计算路面激励对车架的传递函数，进而计算车架各节点动应力响应的均方根值。为此首先将汽车分为若干个子结构，如车架、车箱、驾驶室、发动机、前后桥等子结构。其后对其中的某些子结构进行模态分析，在此基础上，整车进行模态综合为一多自由度动力学模型，求其传递函数后再计算变形与动应力。

1) 车架的质量矩阵与模态分析

动态有限元与静态有限元的最大区别就在于它计及质量的影响，所以在车架模态分析之前，需先进行车架质量矩阵的计算，它是模态分析的基础。

与单元刚度矩阵相似，质量矩阵也是对称矩阵，在计算其动能积分过程中求得质量矩阵中的非零元素，其表达式为（计算过程从略，式中有些符号是延续单元刚度矩阵所用的符号），即

$$m_{11} = m_{55} = Q\left(\frac{13}{35} + 0.7\varphi_s + \frac{\varphi_s^2}{3} + \frac{6J_z}{5Fl^2}\right)$$

式中：$\varphi_s = \frac{12EJ_z}{GF_{sy}l^2}$（$F_{sy}$ 为垂直方向有效抗剪截面积）；

$Q = \frac{\rho Fl}{(1+\varphi_s)^2}$；（$\rho$ 为材料密度，F 为截面面积）。

$$m_{22} = m_{66} = A[(AA_1) \times A_2^2 + (BB_1) \times C^2 + 2(AB_1) \times A_2 \times C]$$

式中：$A = \frac{\rho J_p}{2RP^2}$；

$J_p = J_y + J_z + Fz^2$（z 为截面形心至弯曲中心的距离）；

$A_1 = -2B_2$；

$B_2 = s - \sinh(s)$；

$A_2 = \cosh(s) - 1$；

$BB_1 = \left(\frac{2s^2}{3}\right) + \sinh(s)[\cosh(s) + 4] - s[1 + 4\cosh(s)]$；

$C = \sinh(s)$；

$B_1 = s^2 - 2A_2$。

$$m_{33} = m_{77} = Q\left[\left(\frac{1}{105} + \frac{\phi_s}{60} + \frac{\phi_s^2}{120}\right) + \frac{J_z}{F}\left(\frac{2}{15} + \frac{\phi_s}{6} + \frac{\phi_s^2}{3}\right)\right]$$

$$m_{44} = m_{88} = \frac{A}{R^2}[(AA_1) \times B_2^2 + (BB_1) \times A_2^2 - 2(AB_1) \times A_2 \times B_2]$$

$$m_{31} = Q\left[\left(\frac{11}{120} + \frac{11\phi_s}{120} + \frac{\phi_s^2}{24}\right)l + \left(\frac{J_z}{Fl}\right)(0.1 - 0.5\phi_s)\right]$$

$$m_{42} = \frac{A}{R}\{A_2[(AB_1) \times A_2 + (BB_1) \times C] - B_2[A_2 \times (AA_1) + C \times (AB_1)]\}$$

$$m_{51} = Q\left(\frac{9}{70} + 0.3\phi_s + \frac{\phi_s^2}{6} - \frac{6J_z}{5Fl^2}\right)$$

$$m_{53} = Q\left[\left(\frac{13}{420} + \frac{3\phi_s}{40} + \frac{\phi_s^2}{24}\right)l - \left(\frac{J_z}{Fl}\right) \times (0.1 - 0.5\phi_s)\right]$$

$$m_{62} = -A[(AA_1) \times A_2^2 + (BB_1) \times C^2 + 2(AB_1) \times A_2 \times C] + A \times P[A_2 \times A_1 + C \times B_1]$$

$$m_{64} = \frac{A}{R}\{A_2[P \times (AC_1) - D \times (AA_1) - A_2 \times (AB_1)] + C[P \times (BC_1) - D \times (AB_1) - A_2 \times (BB_1)]\}$$

式中：$C_1 = \sinh(s)/s$;

$D = s\cosh(s) - \sinh(s)$。

$$m_{71} = -Q\left[\left(\frac{13}{420} + \frac{3\phi_s}{40} + \frac{\phi_s^2}{24}\right)l - \left(\frac{J_z}{Fl}\right) \times (0.1 - 0.5\phi_s)\right]$$

$$m_{73} = -Q\left[\left(\frac{1}{140} + \frac{\phi_s}{60} + \frac{\phi_s^2}{120}\right)l^2 + \left(\frac{1}{30} + \frac{\phi_s}{6} - \frac{\phi_s^2}{6}\right)\frac{J_z}{F}\right]$$

$$m_{82} = -\frac{A}{R}\{A_2[P \times (AC_1) - D \times (AA_1) - A_2 \times (AB_1)] + C[P \times (BC_1) - D \times (AB_1) - A_2 \times (BB_1)]\}$$

$$m_{84} = \frac{A}{R^2}\{B_2[P \times (AC_1) - D \times (AA_1) - A_2 \times (AB_1)] - A_2[P \times (BC_1) - D \times (AB_1) - A_2 \times (BB_1)]\}$$

$$m_{86} = -\frac{A}{R}\{A_2[(AB_1) \times A_2 + (BB_1) \times C] - B_2[A_2 \times (AA_1) + C \times (AB_1)]\}$$

有了以上局部坐标系的单元质量矩阵$[m^e]$后，其整体坐标系的单元质量矩阵为

$$[\overline{m^e}] = [T]^T[m^e][T] \tag{2-36}$$

$[\overline{m^e}]$一般为编号入座自动形成车架整体质量矩阵，以$[\overline{M}]$表示之。

有了车架整体质量矩阵$[\overline{M}]$，及前一节的车架整体刚度矩阵$[\overline{K}]$后，根据振动理论，可以建立无阻尼的车架自由振动微分方程为

$$[\overline{M}]\{\ddot{\overline{Q}}\} + [\overline{K}]\{\overline{Q}\} = 0 \tag{2-37}$$

微分方程的解可表示为

$$\{\overline{Q}\} = \{\overline{Q_0}\}\sin\omega t \tag{2-38}$$

将式(2-38)代入式(2-37)，得

$$([\overline{K}] - \omega^2[\overline{M}])\{\overline{Q_0}\} = 0$$

其特征行列式为

$$\det([\overline{K}] - \omega^2[\overline{M}]) = 0 \tag{2-39}$$

可用于空间迭代法求解上式，得到车架自由界面下的前几阶模态，以BJ-130汽车车架为例，计算其前6阶固有频率和主振型，并进行了相应的模态实验。计算与实验结果如图2-14所示。

从实验可知，计算值是可信的，这说明车架的单元划分、薄壁杆件的简化理论和质量矩阵、刚度矩阵的形成都是可信的。

2) 汽车整车的简化模型及传递函数

以货车为例:整车可简化为车架、货箱、驾驶室、发动机和前后桥 6 个子结构,其中 5 个子结构简化为均以弹性元件、阻尼器分别与车架连接。货箱与车架间简化为用 25 个相同的弹簧及阻尼器相连接,驾驶室与发动机简化为用 4 个弹簧、阻尼器分别与车架连接,如图 2-15 所示。

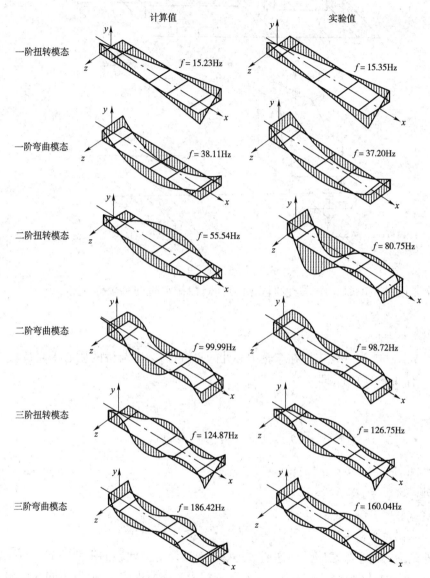

图 2-14 车架模态计算值与实验值比较

车架及货箱强度损伤主要由汽车自身的垂直振动引起的。所以车架及货箱的广义位移除引起垂直运动的 3 个刚体型广义位移外,还有弹性变形所产生的垂直广义位移,3 个刚体型广义位移是质心的垂直位移和绕 x、z 轴的转角,弹性位移可取若干个低阶垂直方向的主振动叠加而成。以计算 BJ-130 汽车为例,选 6 阶(可以选更多些),因而车架与货箱各有 9 个自由度,其他子结构都假定只有刚体型的广义位移,则整车的广义坐标表示为

车架:$\{S_1\}^T = [s_{11}, s_{12}, \cdots, s_{19}]$

货箱:$\{S_2\}^T = [s_{21}, s_{22}, \cdots, s_{29}]$

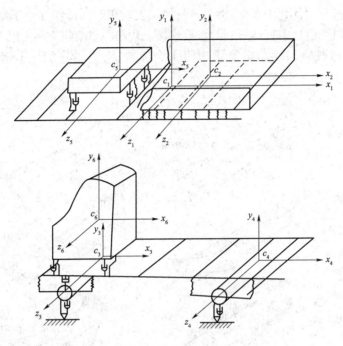

图 2-15　整车的简化模型

其中前 3 个是刚体型的,后 6 个是它们垂直方向自由振动时的主坐标。

前桥:$\{S_3\}^T = [s_{31}, s_{32}]$

后桥:$\{S_4\}^T = [s_{41}, s_{42}]$

为方便计,$\{S_3\}^T$ 与 $\{S_4\}^T$ 代表桥在车轮中心处的垂直位移,它与桥的质心垂直位移 V_i 及绕 x 轴的转角 θ_i 有如下的关系,即

$$\begin{Bmatrix} v_i \\ \theta_i \end{Bmatrix} = \begin{bmatrix} 1/2 & 1/2 \\ -1/B_i & +1/B_i \end{bmatrix} \begin{Bmatrix} s_{i1} \\ s_{i2} \end{Bmatrix}$$

式中:B_i——轮距。

发动机:$\{S_5\}^T = [s_{51}, s_{52}, s_{53}]$

驾驶室:$\{S_6\}^T = [s_{61}, s_{62}, s_{63}]$

这样,整车共有 28 个自由度。

建立外激励力与车架之间的传递函数是解决车架动应力问题的重要环节。与静态有限元法相似,要建立外力与车架节点应力关系都要依据力学的原理或定理,所不同的现在是求动应力,因而不是虚位移原理,而是反映有质量影响在内的运动与力的关系的原理或定理。这是静态有限元法与动态有限元法最大区别之所在。现在选用拉格朗日方程是比较合适的。为此要列出整车系统的动能 T、势能 U 和耗散函数 D 如下:

系统的动能:

$$T = \frac{1}{2}\{\dot{S}\}^T [\overline{M}] \{\dot{S}\} \tag{2-40}$$

式中　$\{\dot{S}\}^T = [\dot{S}_1, \dot{S}_2, \dot{S}_3, \dot{S}_4, \dot{S}_5, \dot{S}_6]$;

$[\overline{M}]$——系统的广义质量矩阵。

$$[\overline{M}] = \begin{bmatrix} [\overline{M}_1] & & & & & \\ & [\overline{M}_2] & & & & \\ & & [\overline{M}_{3,4}] & & & \\ & & & [\overline{M}_5] & & \\ & & & & [\overline{M}_6] \end{bmatrix}$$

其中：

$$[\overline{M}_{3,4}] = \begin{bmatrix} \frac{1}{2} & \frac{1}{2} & 0 & 0 \\ -\frac{1}{B_3} & \frac{1}{B_3} & 0 & 0 \\ 0 & 0 & \frac{1}{2} & \frac{1}{2} \\ 0 & 0 & -\frac{1}{B_4} & \frac{1}{B_4} \end{bmatrix}^T \begin{bmatrix} M_3 & & & \\ & I_{3x} & & \\ & & M_4 & \\ & & & I_{4x} \end{bmatrix} \begin{bmatrix} \frac{1}{2} & \frac{1}{2} & 0 & 0 \\ -1/B_3 & 1/B_3 & 0 & 0 \\ 0 & 0 & \frac{1}{2} & \frac{1}{2} \\ 0 & 0 & -1/B_4 & 1/B_4 \end{bmatrix}$$

$[\overline{M}_1]$、$[\overline{M}_2]$、…、$[\overline{M}_6]$ 为对角矩阵，其中对应的刚体型广义质量为各子结构的质量及其对过质心的惯性主轴 x、z 的转动惯量 I_x、I_z，如图 2-16 所示。这些值可由实验测定。对应的弹性模态广义质量由车架及货箱的模态分析计算得到。

系统的势能为

$$U = \frac{1}{2}\{S\}^T[K_p]\{S\} + \frac{1}{2}\{V - V'\}^T[K]\{V - V'\} \tag{2-41}$$

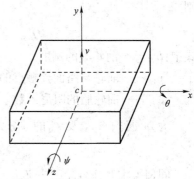

图 2-16 刚体型广义位移与惯性主轴

式中第一部分表示子结构的弹性变形势能。$[K_p]$ 是相应模态的广义刚度所组成的对角矩阵，其中弹性模态的广义刚度由车架及货箱的模态分析计算得到，刚体模态的广义刚度置零。第二部分是各子结构间连接弹簧的变形势能，其中 V 代表车架上各连接点的垂直位移，V' 为与车架连接的其他子结构上各相应连接点的垂直位移。$[K]$ 是由连接弹簧刚度所组成的对角矩阵，其每一元素的值由实验给出。V 与 V' 可表为

$$V = [\phi]\{S_1\} \tag{2-42}$$

$$V' = \begin{bmatrix} \phi_2 & & & & \\ & \phi_3 & & & \\ & & \phi_4 & & \\ & & & \phi_5 & \\ & & & & \phi_6 \end{bmatrix} \begin{Bmatrix} S_2 \\ S_3 \\ S_4 \\ S_5 \\ S_6 \end{Bmatrix} = [\phi']\begin{Bmatrix} S_2 \\ S_3 \\ S_4 \\ S_5 \\ S_6 \end{Bmatrix} \tag{2-43}$$

式中：$[\phi]$ 与 $[\phi']$——相应的模态矩阵。

将式 (2-42) 与式 (2-43) 代入式 (2-41)，运算得

$$U = \frac{1}{2}\{S\}^T[K_p]\{S\} + \frac{1}{2}\{S\}^T[K_1]\{S\} \tag{2-44}$$

式中：$[K_1] = [\phi]^T[K][\phi]$ \hfill (2-45)

$$[\phi] = [[\phi], \cdots, -[\phi']] \tag{2-46}$$

系统的耗散函数为

$$D = \frac{1}{2}\{\dot{S}\}^T[C_p]\{\dot{S}\} + \frac{1}{2}\{\dot{V} - \dot{V}'\}^T[C]\{\dot{V} - \dot{V}'\} \tag{2-47}$$

式中，$[C_p]$为各子结构的广义阻尼系数所组成的对角矩阵，其中对应于刚体型的阻尼系数置零，对应于弹性模态的广义阻尼系数由车架的模态实验决定。$[C]$为各子结构间连接阻尼器的阻尼系数，它是对角矩阵。每一元素的值由实验测定（例如由偏频实验可测定减振器及板簧的总阻尼系数），将式(2-42)及式(2-43)代入式(2-47)，得

$$D = \frac{1}{2}\{\dot{S}\}^T[C_p]\{\dot{S}\} + \frac{1}{2}\{\dot{S}\}^T[C_1]\{\dot{S}\} \tag{2-48}$$

式中：$[C_1] = [\phi]^T[C][\phi]$。

系统的广义力：作用于4个车轮的支承外力，其每个力的大小与轮胎的变形成正比。为了确定对应于广义坐标s_{31}的广义力Q'_{31}，给s_{31}一变分，则

$$Q'_{31} \cdot \delta s_{31} = [K_{T1}(V_{1F} - s_{31}) + C_{T1}(\dot{V}_{1F} - \dot{s}_{31})]\delta s_{31}$$

则

$$Q'_{31} = K_{T1}(V_{1F} - s_{31}) + C_{T1}(\dot{V}_{1F} - \dot{s}_{31})$$

式中：K_{T1}——前轮胎的刚度；

V_{1F}——前轮与路面接触点的垂直位移；

C_{T1}——前轮胎的阻尼系数。

为方便计，将s_{31}及$\dot{s}_{31}$的项分别并入势能U及耗散函数D中，则所剩的广义力项为

$$Q_{31} = K_{T1}V_{1F} + C_{T1}\dot{V}_{1F} \tag{2-49}$$

同理可求其他各轮的广义力。而相应的势能补充项U^*及耗散函数补充项D^*为

$$U^* = \frac{1}{2}\{S\}^T[K^*]\{S\}$$

$$D^* = \frac{1}{2}\{\dot{S}\}^T[C^*]\{\dot{S}\}$$

式中：

$$[K^*] = \begin{bmatrix} 0 & & & & & & & & & \\ & \ddots & & & & & & & & \\ & & 0 & & & & & & & \\ & & & K_{T1} & & & & & & \\ & & & & K_{T1} & & & & & \\ & & & & & K_{T2} & & & & \\ & & & & & & K_{T2} & & & \\ & & & & & & & 0 & & \\ & & & & & & & & \ddots & \\ & & & & & & & & & 0 \end{bmatrix} \begin{matrix} \left.\vphantom{\begin{matrix}0\\\ddots\\0\end{matrix}}\right\}18 \\ \\ \\ \\ \\ \\ \left.\vphantom{\begin{matrix}0\\\ddots\\0\end{matrix}}\right\}6 \end{matrix}$$

$$[C^*] = \begin{bmatrix} 0 & & & & & & & & \\ & \ddots & & & & & & & \\ & & 0 & & & & & & \\ & & & C_{T1} & & & & & \\ & & & & C_{T1} & & & & \\ & & & & & C_{T2} & & & \\ & & & & & & C_{T2} & & \\ & & & & & & & 0 & \\ & & & & & & & & \ddots \\ & & & & & & & & & 0 \end{bmatrix} \begin{matrix} \left.\vphantom{\begin{matrix}0\\ \ddots \\ 0\end{matrix}}\right\}18 \\ \\ \\ \\ \\ \\ \left.\vphantom{\begin{matrix}0\\ \ddots \\ 0\end{matrix}}\right\}6 \end{matrix}$$

最后得到修改后的势能 U 及耗散函数 D 为

$$U = \frac{1}{2}\{S\}^T[\bar{K}]\{S\} \tag{2-50}$$

$$D = \frac{1}{2}\{\dot{S}\}^T[\bar{C}]\{\dot{S}\} \tag{2-51}$$

式中：

$$[\bar{K}] = [K_p] + [K_1] + [K^*]$$

$$[\bar{C}] = [C_p] + [C_1] + [C^*]$$

根据拉格朗日方程得

$$\frac{d}{dt}\left(\frac{\partial L}{\partial \dot{s}_j}\right) - \frac{\partial L}{\partial s_j} + \frac{\partial D}{\partial \dot{s}_j} = Q_j \tag{2-52}$$

式中，$L = T - U$，将式(2-40)、式(2-50)、式(2-51)代入式(2-52)后，得

$$[\bar{M}]\{\ddot{S}\} + [\bar{C}]\{\dot{S}\} + [\bar{K}]\{S\} = \{f\} \tag{2-53}$$

式中：

$$\{f\}^T = [\overbrace{0,\cdots,0}^{18}, Q_{31}, Q_{32}, Q_{41}, Q_{42}, \overbrace{0,\cdots,0}^{6}] \tag{2-54}$$

为方便计，可令

$$\{S_1\}^T = [S_1 \quad S_2 \quad \cdots \quad S_9]$$

$$\{S_2\}^T = [S_{10} \quad S_{11} \quad \cdots \quad S_{18}]$$

$$\{S_3\}^T = [S_{19} \quad S_{20}]$$

$$\{S_4\}^T = [S_{21} \quad S_{22}]$$

$$\{S_5\}^T = [S_{23} \quad S_{24} \quad S_{25}]$$

$$\{S_6\}^T = [S_{26} \quad S_{27} \quad S_{28}]$$

当任一轮有输入 $V_{kF} = Z_k e^{i\omega t}$，其他各轮无输入时，可令

$$S_{jk} = H_{jk}(\omega) Z_k e^{i\omega t} \tag{2-55}$$

式中，$H_{jk}(\omega)$ 即为对应于输入 V_{kF} 的传递函数，同理可定义对应于其他输入的传递函数。将式(2-55)代入式(2-53)后，即可计算出对应于 ω 值的 $H_{jk(\omega)}$ 值（$j=1,2,\cdots,28$）。设下标 k 取 1、2

时代表左、右前轮输入,取 3、4 时代表左、右后轮输入。这样就求得传递函数矩阵为

$$[H(\omega)] = [H_{jk}(\omega)] \qquad (2\text{-}56)$$
$$j = 1,2,\cdots,28$$
$$k = 1,2,\cdots,4$$

可见式(2-53)中的 $\{f\}$ 代表了外力对整车系统的激励作用,根据拉格朗日方程得到的式(2-53)建立起外激励与运动的关系中包括有质量 $[M]$ 等因素的影响,传递函数 $H_{jk}(\omega)$ 就是这些影响的综合体现。

以 BJ-130 汽车为例,计算所得的传递函数如图 2-17 ~ 图 2-19 所示。图 2-17 是车身垂直位移的传递函数,它在 2Hz 处有一峰值,这就是"车身型"的共振频率,这与实验值 1.95Hz 是一致的。图 2-18 是车身俯仰(即"点头"和"仰头")角的传递函数。图 2-19 是后桥在车轮中心处的垂直位移的传递函数,它在 12.5Hz 处也有一峰值,这是"车轮型"的共振频率,这与实测值 11.3Hz 是基本符合的。

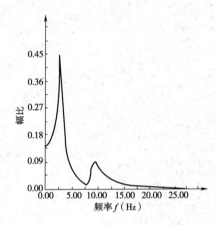

图 2-17 车身垂直位移的传递函数

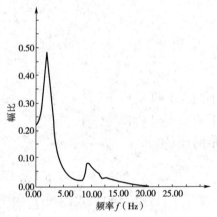

图 2-18 车身俯仰角的传递函数

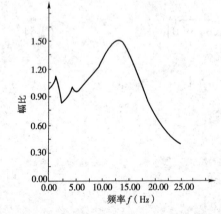

图 2-19 后桥在车轮中心处的垂直位移的传递函数

传递函数的计算值与实验测定值基本一致,说明整车的简化模型及计算理论与方法是可信的。

3) 车架的动应力计算

对于确定性运动,有了传递函数 $[H(\omega)]$,可以说系统的响应问题已经得到了解决。但对汽车而言,由于车轮的输入决定于地面的高低不平,一般说来,它在空间的变化不是确定性的。因此解决汽车响应问题需要应用随机振动理论,它可在频域内建立车轮路面输入与整车响应之间的关系。即

$$[W_{ss}(\omega)] = [H^*(\omega)][G_{FF}(\omega)][H(\omega)]^T \qquad (2\text{-}57)$$

式中:$[G_{FF}(\omega)]$——路面谱矩阵。

式(2-57)表明:传递函数 $H(\omega)$ 可将路面谱 $G_{FF}(\omega)$ 与整车广义位移响应谱 $W_{ss}(\omega)$ 联系起来。式中 * 表示共轭。而路面谱矩阵 $[G_{FF}(\omega)]$ 可反映不同路面性质与不同输入情况,因而式(2-57)给出了不同情况下整车的响应 $[W_{ss}(\omega)]$。

四轮汽车的路面谱输入矩阵可为

$$[G_{FF}(\omega)] = \begin{bmatrix} G_{11}(\omega) & G_{12}(\omega) & G_{13}(\omega) & G_{14}(\omega) \\ G_{21}(\omega) & G_{22}(\omega) & G_{23}(\omega) & G_{24}(\omega) \\ G_{31}(\omega) & G_{32}(\omega) & G_{33}(\omega) & G_{34}(\omega) \\ G_{41}(\omega) & G_{42}(\omega) & G_{43}(\omega) & G_{44}(\omega) \end{bmatrix} \tag{2-58}$$

其中,下标1、2表示左、右前轮,3、4表示左、右后轮。ω 为圆频率(s^{-1})。设汽车的前后轮所经的路面不平是一样的,只差一时间间隔 $\tau = L/v$,这里 L 为汽车轴距,v 为车速(常数)。为简便,又设汽车的左右轮所经路面不平情况也是一样的。最后,式(2-58)简化为

$$[G_{FF}(\omega)] = \begin{bmatrix} 1 & 1 & e^{-\alpha} & e^{-\alpha} \\ & 1 & e^{-\alpha} & e^{-\alpha} \\ & \text{共轭对称} & 1 & 1 \\ & & & 1 \end{bmatrix} G_{11}(\omega) \tag{2-59}$$

其中,$\alpha = i\omega\tau$,设 $v = 10\text{m/s}$,$G_{11}(\Omega)$ 如图2-20所示,Ω 称空间频率,$\Omega = \omega/v$。

将求得的式(2-55)中的前9个广义位移的传递函数及式(2-59)代入式(2-57)后,可得车架的全部位移谱响应。如需求汽车其他子结构的响应,只需将该子结构的传递函数与式(2-59)代入式(2-57)后,同样可得该子结构的位移谱响应。

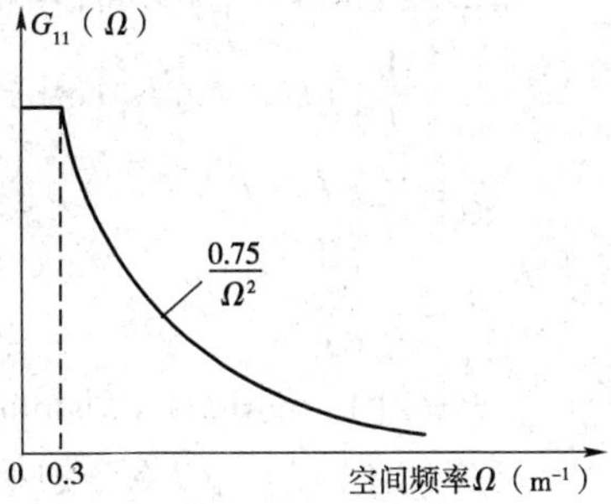

车架各节点截面上的最大拉应力应为弯曲正应力 $\sigma_1 = My/J_z$ 与翘曲正应力 $\sigma_2 = B\omega/J_\omega$ 组成(此处 ω 为扇性坐标),即

$$\sigma = (My/J_z) + (B\omega/J_\omega)$$

而

$$M = EJ_z V''_b$$
$$B = EJ_\omega \theta''$$

所以

$$\sigma = E(yV''_b + \omega\theta'')$$

$$\{\sigma\} = \begin{Bmatrix} \sigma_i \\ \sigma_j \end{Bmatrix} = E(y\{V''_b\} + \omega\{\theta''\}) \tag{2-60}$$

图2-20 实验路段的路面谱

式中:

$$\{V''_b\} = \begin{Bmatrix} V''_{b0} \\ V''_{bl} \end{Bmatrix} = [D''_v] \begin{Bmatrix} V_i \\ V'_i \\ V_j \\ V'_j \end{Bmatrix}^e \tag{2-61}$$

$$\{\theta''\} = \begin{Bmatrix} \theta''_o \\ \theta''_l \end{Bmatrix} = [D''_\theta] \begin{Bmatrix} \theta_i \\ \theta'_i \\ \theta_j \\ \theta'_j \end{Bmatrix}^e \tag{2-62}$$

上两式中的$[D''_v]$与$[D''_\theta]$为对V与θ的位移差值函数的二阶导数。即

$$[D''_v] = \frac{1}{l^2(1+\phi_s)} \begin{bmatrix} 6 & (4+\phi_s)l & -6 & (2-\phi_s)l \\ -6 & (\phi_s-2)l & 6 & -(4+\phi_s)l \end{bmatrix}$$

$$[D''_\theta] = \frac{k^2}{P} \begin{bmatrix} a_{11} & a_{12} & a_{13} & a_{14} \\ a_{21} & a_{22} & a_{23} & a_{24} \end{bmatrix}$$

式中：$a_{11} = 1 - \cosh kl$

$a_{12} = -\frac{1}{k}(kl\cosh kl - \sinh kl)$

$a_{13} = \cosh kl - 1$

$a_{14} = \frac{1}{k}(kl - \sinh kl)$

$a_{21} = (1 - \cosh kl)\cosh kl + \sinh^2 kl$

$a_{22} = \frac{1}{k}[P\sinh kl - (kl\cosh kl - \sinh kl)\cosh kl + (\cosh kl - 1)\sinh kl]$

$a_{23} = (\cosh kl - 1)\cosh kl - \sinh kl$

$a_{24} = \frac{1}{k}[(kl - \sinh kl)\cosh kl + (\cosh kl - 1)\sinh kl]$

$\phi_s = 12EJ_z/GF_{sy}l^2$

$k = \sqrt{\dfrac{GJ_k}{EJ_\omega}}$

$P = 2(1 - \cosh kl) + kl\sinh kl$

又式(2-61)与式(2-62)的单元局部坐标系的位移应与整体坐标系的节点位移建立关系，即需进行坐标转换与单元节点转换如下：

$$\begin{Bmatrix} V_i \\ V'_i \\ V_j \\ V'_j \end{Bmatrix}^e = [T_v][N_v] \begin{Bmatrix} \overline{V}_i \\ \overline{V}'_i \\ \overline{V}_j \\ \overline{V}'_j \end{Bmatrix} \tag{2-63}$$

$$\begin{Bmatrix} \theta_i \\ \theta'_i \\ \theta_j \\ \theta'_j \end{Bmatrix}^e = [T_\theta][N_\theta] \begin{Bmatrix} \overline{\theta}_i \\ \overline{\theta}'_i \\ \overline{\theta}_j \\ \overline{\theta}'_j \end{Bmatrix} \tag{2-64}$$

又车架的节点位移与整车中车架的广义位移$\{S_1\}$以模态矩阵$[\phi_v]$、$[\phi_\theta]$相联系，即

$$\begin{Bmatrix} \overline{V}_i \\ \overline{V}'_i \\ \overline{V}_j \\ \overline{V}'_j \end{Bmatrix} = [\phi_v][S_1] \qquad (2\text{-}65)$$

$$\begin{Bmatrix} \overline{\theta}_i \\ \overline{\theta}'_i \\ \overline{\theta}_j \\ \overline{\theta}'_j \end{Bmatrix} = [\phi_\theta][S_1] \qquad (2\text{-}66)$$

将式(2-63)~式(2-66)代入式(2-61)和式(2-62)后,得

$$\{V''_b\} = [D''_v][T_v][N_v][\phi_v]\{S_1\} = [T]_1\{S_1\} \qquad (2\text{-}67)$$

$$\{\theta''\} = [D''_\theta][T_\theta][N_\theta][\phi_\theta]\{S_1\} = [T]_2\{S_1\} \qquad (2\text{-}68)$$

将式(2-67)与式(2-68)代入式(2-60)得

$$\{\sigma\} = E(y[T]_1 + \omega[T]_2)\{S_1\} = [T]\{S_1\} \qquad (2\text{-}69)$$

式(2-69)表明:将车架的广义位移$\{S_1\}$乘以相应的变换矩阵,便可得到应力。例如单元右端的最大正应力为

$$\sigma_i = \sum_{k=4}^{9} t_{1k} s_k \qquad (2\text{-}70)$$

式中,t_{1k}为矩阵T中第一行的诸元素。又因s_1、s_2及s_3为刚体型广义位移,它们不引起应力,所以k从4计起。又因s_k为一随机过程,所以,最大应力的均方值为

$$E\{\sigma_i^2\} = \sum_{k=4}^{9}\sum_{l=4}^{9} t_{1k} t_{1l} E\{s_k s_l\} \qquad (2\text{-}71)$$

式中E为期望算子,而

$$E\{s_k s_l\} = \int_0^\infty W_{kl}(\omega)\mathrm{d}\omega$$

式中,$W_{kl}(\omega)$为s_k与s_l的互谱,它一般是复值函数,而$E\{s_k s_l\}$为实数,则上式可改写为

$$E\{s_k s_l\} = \int_0^\infty W_{kl}^{(r)}(\omega)\mathrm{d}\omega \qquad (2\text{-}72)$$

$W_{kl}^{(r)}(\omega)$代表W_{kl}的实部。将式(2-72)代入式(2-71)得

$$E\{\sigma_i^2\} = \int_0^\infty \sum_{k=4}^{9}\sum_{l=4}^{9} t_{1k} t_{1l} w_{kl}^{(r)}(\omega)\mathrm{d}\omega \qquad (2\text{-}73)$$

同理可得单元另一端的最大拉应力的均方值为

$$E\{\sigma_j^2\} = \int_0^\infty \sum_{k=4}^{9}\sum_{l=4}^{9} t_{2k} t_{2l} w_{kl}^{(r)}(\omega)\mathrm{d}\omega$$

以 BJ-130 汽车为例,用上述方法,对车架进行了计算。并在实验路上进行了动应力测量。动应力均方根值的计算值与实测值如图 2-21 与表 2-10 所示。

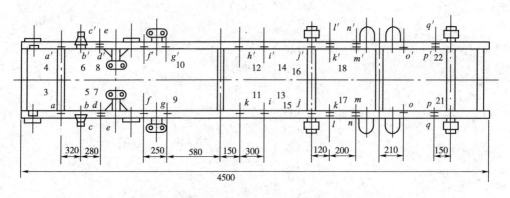

图 2-21 实测应力点的位置

计算值与实验值的比较(单位:MPa)　　　　　　　　　　　　　表 2-10

计算值				实验值			
左		右		左		右	
3	94570	4	94570	a	84280	a'	100940
5	39980	6	39980	b	—	b'	—
7	101800	8	101800	d	150920	d'	114660
9	109100	10	10910	g	166600	g'	188160
11	88890	12	88890	h	183260	h'	173460
13	60070	14	60070	i	99960	i'	—

由表 2-10 可以看出,计算值与实验值基本一致,可用此基本方法预估车架动应力的均方值。产生误差的主要原因是:①左右轮迹相同的假设,可用凝聚函数方法改进;②汽车参数测量的近似性;③随机数据的量侧及处理。用模态加速方法可进一步改进动应力计算的收敛性。

车架动态有限元法的计算,分三阶段进行:第一阶段是车架的模态分析计算,它与实验比较一致;第二阶段是传递函数计算,它与实验也比较一致;第三阶段是动应力均方值计算,它与实验基本一致。在某些点上计算值与实验值有较大的偏离,这是由于应力计算本身的复杂性与实验测定影响因素较多有关,例如,横梁与纵梁连接点处应力状态复杂,在一定距离处就比较准确了,如要估算连接点处的应力,还须采用板壳单元。总之应用此动态有限元法是可以大致估算出车架动应力的均方值,为先期设计、改进设计与优化设计提供依据。

三、车架试验

车架的试验内容包括:应力测定、刚度测定、可靠性与耐久性台架试验、随整车进行的可靠性道路试验或试车场试验以及使用试验等。

1. 车架的应力测定

对车架进行应力测定可以较快地得出其应力分布情况、找出薄弱环节和产生的原因以及改进后的效果。除了要进行静弯曲和静扭转的应力测定外,还以整车在道路模拟试验台上、试车场上以及在使用条件下进行动应力测定。这对车架的设计定型很有指导作用。

2. 车架的刚度测定

包括对车架的弯曲刚度及扭转刚度进行测定。测定车架的弯曲刚度时,是在前后轴处设置刚性支承并模拟实际负荷情况加载;测定车架的扭转刚度时,应注意车架在试验台架上的紧固情况,以避免试验装置对其刚度产生影响。也要明确试验条件,例如是否限定钢板弹簧以及发动机、车身、车箱和载荷等的装置情况,并测出装置这些相关件前后即在不同试验条件下的刚度变化情况。

3. 可靠性与耐久性台架试验

包括车架的弯曲疲劳试验和扭转疲劳试验。等幅疲劳试验台是较为简单的试验装置,有机械式、液压式和激振式的,常用作进行车架的对比试验。程控疲劳试验台能更好地模拟车架在实际使用中的载荷工况。后者也常用于整车状态下的疲劳试验。

4. 随整车进行的可靠性道路试验或试车场试验以及使用试验

汽车满载行驶于试车场的专门路段上来进行车架的弯曲疲劳试验和扭转疲劳试验。

随着优化设计、可靠性设计与有限元分析等现代设计方法与分析技术的发展及计算机的运用,在产品设计阶段对车架进行多方案的分析和优选,可使试验费用减到较低程度,但车架设计的最终评价仍要以实验结果为准。

第四节 专用汽车副车架

一、专用汽车副车架的设计

1. 副梁的截面形状及尺寸

专用汽车的副车架多采用16Mn板材压制的型钢经铆接或焊接而成。专用汽车副车架的纵梁(简称副梁)截面形状如图2-22所示。其截面形状以槽形居多,截面尺寸取决于专用汽车的种类及其载荷的大小。表2-11和表2-12列出了斯泰尔91系列重型专用汽车副梁的截面尺寸。在载荷过于集中的地方,可用腹板将槽形截面封闭起来,以提高副梁的抗弯和抗扭能力。为了避免由于副梁刚度的急剧变化而给车架带来新的应力集中,副梁的形状、位置及与车架的连接都应认真研究。

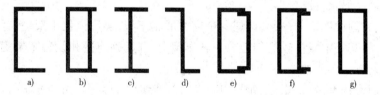

图2-22 副梁截面形状

斯泰尔91系列随车起重运输车副梁尺寸
表2-11

起重力矩(N·m)	$A \times B \times C$(mm)
0.60×10^5	$140 \times 80 \times 6$
0.90×10^5	$160 \times 80 \times 6$
0.10×10^6	$200 \times 80 \times 6$
0.12×10^6	$220 \times 80 \times 6$
0.15×10^6	$220 \times 80 \times 8$

斯泰尔91系列后拦板起重运输车副梁尺寸
表2-12

后拦板举升力(N)	$A \times B \times C$(mm)
0.10×10^4	$120 \times 80 \times 6$
0.15×10^4	$140 \times 80 \times 6$
0.20×10^4	$160 \times 80 \times 6$

2. 副梁的前端形状

副梁前端的形状应采取逐渐过渡的方式,以免由于副梁刚度突然变化而给主车架带来新的应力集中。一般应采用图2-23所示的前四种形式之一(图2-23a、b、c或d),如果加工成上述四种形状有困难时,可采用图2-23所示的后两种简易的形状之一(图2-23e、f)。其结构尺寸见表 2-13。

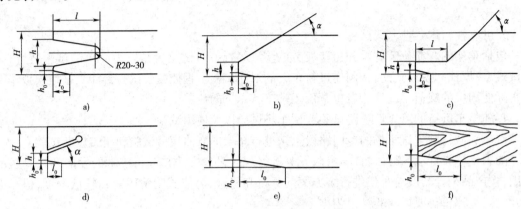

图 2-23 副梁前端的形状

副梁前端的结构尺寸　　　　　　　　　　　　　　　　　　　　　　表 2-13

序号	类别	l	l_0	h	h_0	α
a)	U 形	$(1.0 \sim 1.2)H$	$15 \sim 20$mm	$(0.6 \sim 0.7)H$	1mm	
b)	角形		$15 \sim 20$mm	$(0.2 \sim 0.3)H$	1mm	$<30°$
c)	L 形	$>H$	$15 \sim 20$mm	$(0.25 \sim 0.35)H$	1mm	$<45°$
d)	卸荷槽式		$15 \sim 20$mm	$(0.25 \sim 0.35)H$	$1 \sim 2$mm	$<15° \sim 35°$
e)	钢质楔式		$200 \sim 250$mm		$5 \sim 7$mm	
f)	硬木楔式		H		$5 \sim 10$mm	

副梁前端与车架纵梁相接触的翼面上，由 l_0 和 h_0 所形成的局部斜面应打磨光滑。

3. 横梁的截面形状及连接形式

横梁将左、右副梁连接在一起，构成一个完整的副车架，实现强化车架，装置专用装置和装备等上装部分，将其集中载荷较均匀地分布在车架上，并起到连接和改善车架受力的作用。横梁的截面形状及连接形式如图 2-24 所示。

横梁的截面形状有槽形、矩形、帽形、圆形、工字形、Z 字形等。可根据副车架和副梁的结构，以及车辆上装部分特点要求选择不同的截面形状和连接形式。

4. 副车架的抗扭结构

副车架的抗扭可以通过改变其截面形状、结构尺寸、结构形式、连接方式来解决。专用汽车的副车架是根据车辆上装部分以及主车架来设计的，有时可在相应的位置设置抗扭管状梁或对角线梁来提高副车架的抗扭刚度，如图 2-25 所示。

二、副车架的安装

副车架与车架之间垫有 $8 \sim 30$mm 的缓冲垫。缓冲垫常选用木质、橡胶、聚合材料等。缓冲垫不仅能衰减冲击，使载荷分布更均匀，也使副梁避开车架铆钉头等高起物。缓冲垫的前端与车架接触处也应加工成局部斜面，其斜面的尺寸参照相应的副梁前端斜面的 l_0 和 h_0。

副车架在车架上固定时，副梁的前端应尽可能向前伸，副梁前端越靠近驾驶室越好，有利于改善该处的受力情况。

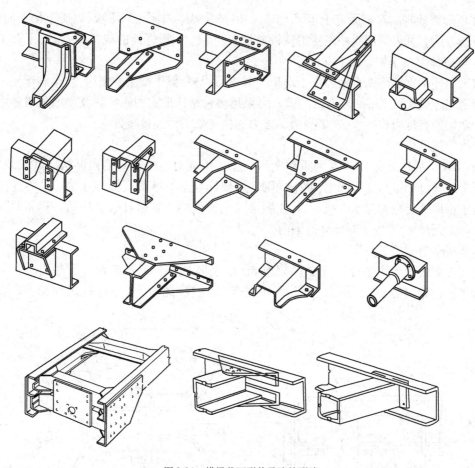

图 2-24 横梁截面形状及连接形式

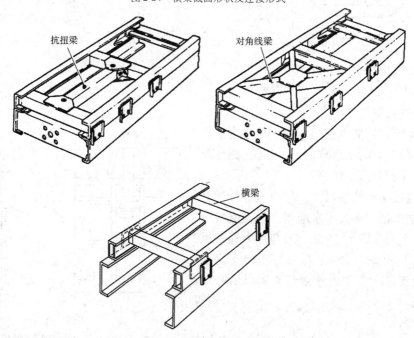

图 2-25 副车架的抗扭结构

用U形螺栓将副车架固定于车架上时,一般都在纵梁内侧衬以木块,以防车架翼面变形。在消声器旁边有着火的危险处需使用铁板或铁管衬着。U形螺栓的规格要合适,千万不能因安装U形螺栓而在车架翼面上开口。

如果用连接支架将副车架固定于车架上时,副梁与车架压紧缓冲垫后,副梁和车架上的连接支架之间还应保留20mm左右的间隙。可采用多种结构形式的连接装置将副车架固定在车架上。常用的有推力连接板、连接支架和推力连接支架三种连接装置。

1. 推力连接板

图2-26所示是斯泰尔91系列重型专用汽车所用推力连接板的结构形状及其安装方式。连接板上端通过焊接与副梁固定,而下端则利用螺栓与车架纵梁腹板相连接。推力连接板的优点在于可以承受较大的水平载荷,防止副梁与车架纵梁产生相对水平移动。相邻两推力连接板之间的距离在500~1000mm范围内。

2. 连接支架

连接支架由相互独立的上、下连接架组成,上、下连接架均通过螺栓分别与副梁和车架纵梁的腹板相固定,然后再利用螺栓将上、下托架相连接,此时上、下连接之间留有间隙(图2-27)。

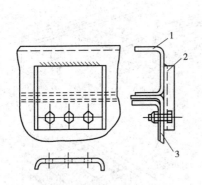

图2-26 推力连接板的结构
1-副梁;2-推力连接板;3-车架纵梁

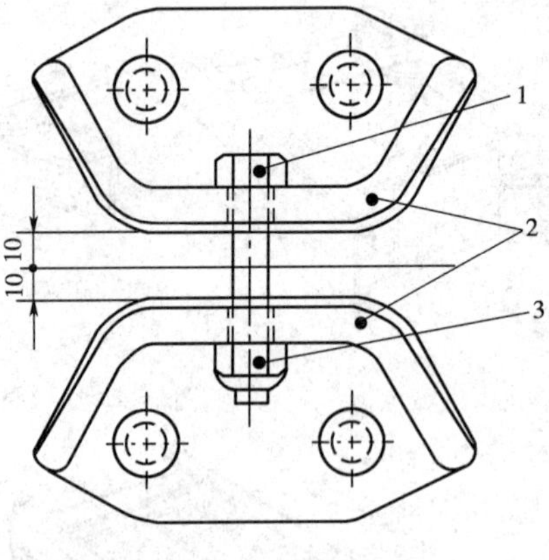

图2-27 连接支架的结构
1-螺栓;2-上、下连接架;3-螺母

3. 推力连接支架

图2-28所示为推力连接支架,推力连接架结构即可提供较大的垂直载荷,又可防止副梁与车架纵梁产生相对水平横移。

上、下连接架可从底盘生产厂或零部件配套厂选购,也可根据技术要求来配制。连接支架所能承受的水平载荷较小,因此一般与推力连接板配合使用。如图2-29所示,在后悬架前支座以前采用支架连接。而在后悬架前支座以后采用推力连接板。

4. U形螺栓

当选用其他连接装置困难时,可采用U形螺栓夹紧,但在车架受扭转载荷最大的范围内不

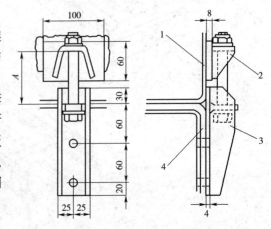

图2-28 推力连接支架的结构
1-副梁;2-上连接架;3-推力连接架;4-车架纵梁

允许采用U形螺栓。当采用U形螺栓固定时,为防止车架纵梁翼面变形,防止紧固松动,需要在U形螺栓连接部位的车架纵梁槽形断面内衬一垫木或型钢,但在靠近消声器附近,必须使用钢内衬。图2-30所示为采用V形钢内衬垫板。

当副车架上平面凸起受限时,可采用图2-31所示的U形螺栓连接。在副车架两侧焊有U形板1,通过U形螺栓4将主、副车架紧固在一起。

三、车架加强板的设计

某些专用汽车由于工作条件恶劣,在车架改装时,为了减少车架的局部应力,或者为了使车架加长后仍能满足强度和刚度要求,可采用加强板进行加强。

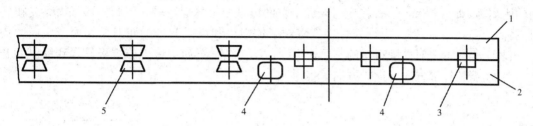

图2-29 支架与推力连接板的配合使用
1-副梁;2-车架纵梁;3-推力连接板;4-悬架支座;5-连接支架

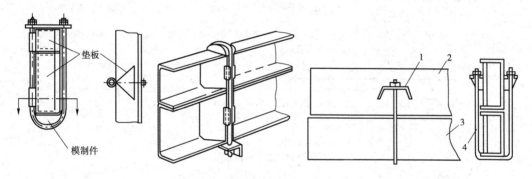

图2-30 U形螺栓与V形钢内衬垫板 　　图2-31 U形螺栓不凸出副车架上平面
　　　　　　　　　　　　　　　　　　　1-U形板;2-副车架;3-主车架;4-U形螺栓

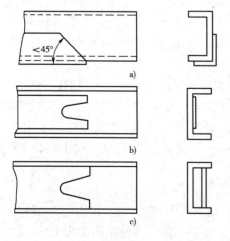

图2-32 加强板的端头形状

1. 加强板

加强板的材料尽量与车架相同或相近。加强板的厚度应为车架纵梁厚度的40%以上,但不能超过其原板材的厚度,以免产生应力集中。加强板的截面形状推荐选用L形,加强板的翼面应放在车架纵梁受拉的一边。

加强板的端头形状应逐渐过渡,可切成小于45°的斜角,或在端头中部开光滑槽,如图2-32所示。

2. 加强板的布置

加强板布置要合理,其端头不应在车架刚度变化部位和集中载荷作用的地方,如图2-33所示。否则将产生较大的应力集中。

加强板的端头应与副梁的前端头充分重叠或充分错开。加强板的端头与悬架支架或横梁处,也要充分错开,可以越过,也可以远离。加强板与加强板之间也应相互错开。

3. 加强板的固定

加强板应铆接在车架纵梁的腹板上。铆钉直径不宜过大,铆钉孔距加强板边缘应大于25mm,铆钉间的距离应为70～150mm。

纵梁上的钻孔应避开纵梁受拉翼面等禁钻区域。在其腹板上钻孔也应远离翼面和孔缘,保持孔面光滑,不得用气焊吹孔。

一般的焊接方法对车架来说不是一种好的连接方法。当铆接有困难时,可在加强板上钻孔塞焊于纵梁腹板上。塞焊孔直径为$\phi 20\sim30$mm,塞焊孔距加强板边缘应大于25mm,塞焊孔间的距离为100～170mm。焊接应避开纵梁翼面边缘处等禁焊区域。因为槽形截面梁受扭转时,翼面边缘处应力最大,边缘处焊接就限制了加强板和纵梁变形的相对位移而产生应力集中,再加上焊接本身对周围材料的削弱作用,所以,在纵梁翼面边缘处施焊极易导致纵梁的开裂。另外,严禁焊缝方向与纵梁方向垂直。

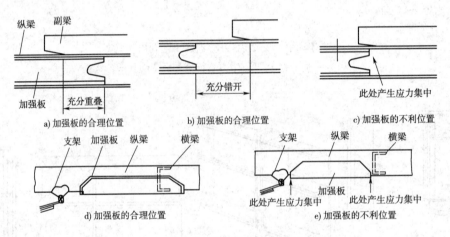

图 2-33 加强板的位置

四、车架的加长

当专用汽车总布置有需要时可在车架末端加长。车架末端加长时,应注意轴荷的变化。当车架末端加长部分不大于200mm时,只需采用对接焊即可。另外,为了适应零担货物和轻泡货物运输的需要,常常将定型载货汽车的轴距加长,装用长车箱来提高运输效率。此时,需将车架在中部断开后再加长。

车架加长部分应尽量采用与原车架纵梁相同的尺寸规格和相同的材料。车架加长部分与车架的连接一般采用焊接。首先在纵梁腹板处,按与纵梁轴线夹角45°或90°的方向把纵梁割开,然后把端面加工成坡口,焊缝形状可选择X型或V型,如图2-34所示。焊接方法可采用手工电弧焊或气体保护焊。焊接时应注意,在纵梁内侧的底层和顶层,焊缝应从下往上焊,对于纵梁外侧的焊缝应予磨平,但只能沿纵梁纵向磨削。

当车架末端加长部分超过200mm时,需采用两块加强板。图2-35所示为斯泰尔91系列重型载货汽车车架加长时所用的加强板的结构和尺寸。加强板的定位焊接及与纵梁间的焊接,可选择角焊或塞焊,但只能焊接在车架纵梁的腹板上。加强板两端头及距两端头10mm的区间内严禁焊接。

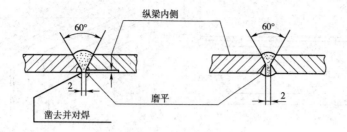

图 2-34　纵梁焊缝形状

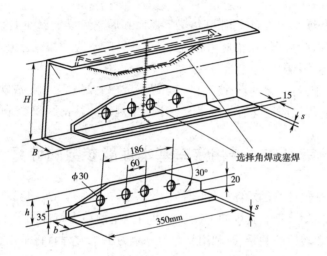

图 2-35　斯泰尔 91 系列重型载货汽车车架加长时的加强板
$b = 57mm; h = 70mm; s = 8mm$

当在轴距间加长车架时,必须安装加强板。加强板厚度为 6～8mm。且安装在车架纵梁的外侧比较合适(图 2-36)。

五、车架的钻孔与焊接

为防止车架早期损坏,改装时不得随意钻孔和焊接,应尽量利用车架上原有的孔。若必须钻孔或焊接时,应注意以下事项:

(1) 尽量减小孔径,增加孔间距离,满足图 2-37 和表 2-14 的要求。

车架钻孔的尺寸要求(单位:mm)　　　　　　　　　　　　　表 2-14

尺　　寸		车　　型		
		重型车	中型车	轻型车
孔间距	A	>70	>60	>50
	B	>50	>40	>30
	C	>50	>40	>30
孔径	φ	<15	<13	<11

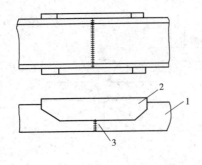 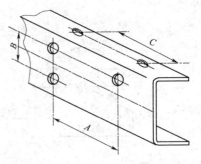

图 2-36　加强板安装在车架纵梁外侧　　图 2-37　车架钻孔的孔径和孔间距
1-车架；2-加强板；3-焊缝

（2）严禁在前悬纵梁上翼面、轴距间纵梁下翼面和后悬纵梁上翼面上钻孔；在纵梁变截面处严禁钻孔，因为在这些部位纵梁应力较大，钻孔容易产生应力集中。在纵梁其他部位的翼面，只能在中心处钻一个孔。

（3）严禁焊缝方向与纵梁垂直；严禁将车架纵梁或横梁的翼面加工成缺口形状。

（4）车架钻孔和焊接应避开有关汽车改装手册中规定的禁钻区和禁焊区。

第五节　专用汽车基本性能参数的计算

专用汽车性能参数计算是总体设计的主要内容之一，最基本的性能参数计算包括动力性、燃料经济性和稳定性的计算。其中动力性参数可由汽车的动力特性图求出（图解法），也可根据发动机输出转矩和转速的关系式，利用驱动力—阻力平衡方程直接求出（解析法）。本节仅介绍利用解析法计算专用汽车部分参数的一般步骤。

一、发动机的外特性

发动机外特性是专用汽车动力性计算的主要依据，基本车型的发动机外特性应由制造厂提供。发动机外特性为非线性曲线，通过多项式拟合的方法可获得描述发动机外特性的数学方程。已有研究结果表明，在工程应用上采用二次方程来描述汽车发动机的外特性已具足够精度，即

$$T_e = an_e^2 + bn_e + c \tag{2-74}$$

式中：T_e——发动机输出转矩，N·m；

n_e——发动机输出转速，r/min。

式（2-74）中系数 a、b、c 可由外特性确定，获得途径有多种。

1. 多点拟合法

如果已知发动机外特性曲线上 N 个点 (n_{ei}, T_{ei})，$i = 1, 2, \cdots, N$，则利用最小二乘法可以获得系数 a、b、c 的估计值，令

$$E = \sum_{i=1}^{N}(T_e - T_{ei})^2 = \sum_{i=1}^{N}(an_{ei}^2 + bn_{ei} + c - T_{ei})^2$$

由

$$\left.\begin{aligned}\frac{\partial E}{\partial a} &= \sum_{i=1}^{N} 2(an_{ei}^2 + bn_{ei} + c - T_{ei})n_{ei}^2 = 0 \\ \frac{\partial E}{\partial b} &= \sum_{i=1}^{N} 2(an_{ei}^2 + bn_{ei} + c - T_{ei})n_{ei} = 0 \\ \frac{\partial E}{\partial c} &= \sum_{i=1}^{N} 2(an_{ei}^2 + bn_{ei} + c - T_{ei}) = 0\end{aligned}\right\} \quad (2\text{-}75)$$

得

$$\left.\begin{aligned}(\sum_{i=1}^{N} n_{ei}^4)a + (\sum_{i=1}^{N} n_{ei}^3)b + (\sum_{i=1}^{N} n_{ei}^2)c &= \sum_{i=1}^{N} T_{ei}n_{ei}^2 \\ (\sum_{i=1}^{N} n_{ei}^3)a + (\sum_{i=1}^{N} n_{ei}^2)b + (\sum_{i=1}^{N} n_{ei})c &= \sum_{i=1}^{N} T_{ei}n_{ei} \\ (\sum_{i=1}^{N} n_{ei}^2)a + (\sum_{i=1}^{N} n_{ei})b + N \cdot c &= \sum_{i=1}^{N} T_{ei}\end{aligned}\right\} \quad (2\text{-}76)$$

解此线性方程组，即可求出系数 a、b 和 c。

2. 三点插值法

如果已知发动机外特性曲线上的三个点 (n_{ei}, T_{ei})，$i=1$、2、3，则利用拉格朗日插值法可以求出系数 a、b 和 c。拉格朗日插值三项式可写成

$$T_e = T_{e1}\frac{(n_e - n_{e2})(n_e - n_{e3})}{(n_{e1} - n_{e2})(n_{e1} - n_{e3})} + T_{e2}\frac{(n_e - n_{e1})(n_e - n_{e3})}{(n_{e2} - n_{e1})(n_{e2} - n_{e3})} + T_{e3}\frac{(n_e - n_{e1})(n_e - n_{e2})}{(n_{e3} - n_{e1})(n_{e3} - n_{e2})}$$

(2-77)

由式(2-74)和式(2-77)可得

$$\left.\begin{aligned}a &= \frac{T_{e1}}{(n_{e1} - n_{e2})(n_{e1} - n_{e3})} + \frac{T_{e2}}{(n_{e2} - n_{e1})(n_{e2} - n_{e3})} + \frac{T_{e3}}{(n_{e3} - n_{e1})(n_{e3} - n_{e2})} \\ b &= -\frac{(n_{e2} + n_{e3})T_{e1}}{(n_{e1} - n_{e2})(n_{e1} - n_{e3})} - \frac{(n_{e1} + n_{e3})T_{e2}}{(n_{e2} - n_{e1})(n_{e2} - n_{e3})} - \frac{(n_{e1} + n_{e2})T_{e3}}{(n_{e3} - n_{e1})(n_{e3} - n_{e2})} \\ c &= \frac{n_{e2}n_{e3}T_{e1}}{(n_{e1} - n_{e2})(n_{e1} - n_{e3})} + \frac{n_{e1}n_{e3}T_{e2}}{(n_{e2} - n_{e1})(n_{e2} - n_{e3})} + \frac{n_{e1}n_{e2}T_{e3}}{(n_{e3} - n_{e1})(n_{e3} - n_{e2})}\end{aligned}\right\} \quad (2\text{-}78)$$

3. 经验公式

如果仅仅知道发动机的最大输出功率、最大输出转矩及其相应的转速，常用下列经验公式描述发动机的外特性：

$$T_e = T_{em} - \frac{T_{em} - T_p}{(n_T - n_p)^2}(n_T - n_e)^2 \quad (2\text{-}79)$$

式中：T_{em}——发动机最大输出转矩，$N \cdot m$；

n_T——发动机最大输出转矩时的曲轴转速，r/min；

n_p——发动机最大输出功率时的曲轴转速，r/min；

T_p——发动机最大输出功率时的输出转矩，$N \cdot m$；

$T_p = 9549\dfrac{p_{em}}{n_p}$，$p_{em}$ 为发动机最大输出功率，kW。

由式(2-74)和式(2-79)可得

$$\left.\begin{aligned} a &= \frac{-T_{em} + T_p}{(n_T - n_p)^2} \\ b &= \frac{2n_T(T_{em} - T_p)}{(n_T - n_p)^2} \\ c &= T_{em} - \frac{(T_{em} - T_p)n_T^2}{(n_T - n_p)^2} \end{aligned}\right\} \qquad (2\text{-}80)$$

在以上介绍的三种确定系数 a、b、c 的方法中,三点插值法既有较高的精度,其计算也比较简单。

应该指出的是技术文件中给出的发动机外特性曲线是台架试验测量出来的,台架试验时发动机处于相对稳定工况,且未带风扇、水泵等附件,因此对台架试验数据用修正系数 μ 加以修正,才能得到发动机使用外特性。因各国的台架试验所执行的标准不同,故修正系数 μ 的取值亦不同。

按 SAE 标准试验(美、法、意)　　　$\mu = 0.81 \sim 0.84$
按 BS 标准试验(英)　　　　　　　$\mu = 0.83 \sim 0.85$
按 GB 标准试验(中)　　　　　　　$\mu = 0.85 \sim 0.91$
按 JIS 标准试验(日)　　　　　　　$\mu = 0.88 \sim 0.91$
按 DIN 标准试验(德)　　　　　　　$\mu = 0.90 \sim 0.92$

二、专用汽车的运动微分方程

汽车在直线行驶时,驱动力和行驶阻力之间存在如下平衡关系:

$$F_t = F_f + F_i + F_w + F_j \qquad (2\text{-}81)$$

式中:F_t——驱动力,N;
　　　F_f——滚动阻力,N;
　　　F_i——坡道阻力,N;
　　　F_w——空气阻力,N;
　　　F_j——加速阻力,N。

1. 驱动力

汽车的驱动力与发动机的输出转矩存在如下关系:

$$F_t = \frac{T_e i_g i_0 \mu \eta}{r_d} \qquad (2\text{-}82)$$

式中:r_d——驱动轮滚力半径,m;
　　　i_0——主减速器传动比;
　　　i_g——变速器的传动比;
　　　η——传动系的机械效率;
　　　μ——发动机外特性修正系数。

2. 滚动阻力

汽车的滚动阻力由下式计算:

$$F_f = m_a g f \cos\alpha \qquad (2\text{-}83)$$

式中:m_a——汽车(或汽车列车)总质量,kg;
　　　α——道路坡度角;

f——滚动阻力系数。

滚动阻力系数 f 取决于轮胎的结构形式、汽车行驶速度和路面条件等因素。当车速在 50km/h 以下时，可取 f 为常数，表 2-15 示出了部分路面条件下 f 的测量结果。

滚动阻力系数 f　　　　　　　　表 2-15

路面类型	f
良好的沥青或混凝土路面	0.010~0.018
一般的沥青或混凝土路面	0.018~0.020
碎石路面	0.020~0.025

当车速大于 50km/h，但小于 100km/h 时，取

$$f = f_0 + kv_a \tag{2-84}$$

式中：v_a——汽车行驶速度，km/h；

f_0——滚动阻力系数中的常数项；

k——比例系数。

f_0 和 k 的部分实验测量结果见表 2-16。

滚动阻力系数　　　　　　　　表 2-16

轮胎尺寸	载荷(kN)	f_0	k
9.00~20	22.5	0.0086	0.000148
260~508p	22.5	0.007	0.000166
300~508p	25.0	0.013	0.00026
320~508p	25.0	0.011	0.00022
320~508p	25.8	0.0128	0.00023

3. 坡道阻力

汽车上坡行驶时，其坡道阻力的计算公式如下：

$$F_i = m_a g \sin a \tag{2-85}$$

4. 空气阻力

大量实验结果表明，汽车的空气阻力与车速的平方成正比，即

$$F_w = C_D A_D v_a^2 \tag{2-86}$$

式中：A_D——专用汽车的迎风面积，m^2。可按 $A_D = BH$ 估算，B 为汽车轮距，H 为汽车高度；

C_D——空气阻力系数，专用汽车可取 0.5~0.9，汽车列车每节挂车增加 25%，半挂车增加 10%。

5. 加速阻力

加速阻力的计算公式为

$$F_j = \delta m_a j \tag{2-87}$$

式中：δ——专用汽车旋转质量换算系数；

j——汽车加速度，m/s^2。

δ 的计算公式为

$$\delta = 1 + \frac{\sum I_w}{m_a r^2} + \frac{I_f i_0^2 i_g^2 \eta}{m_a r^2}$$

式中：I_w——车轮的转动惯量，$kg \cdot m^2$；

I_f——飞轮的转动惯量,kg·m^2;

r——车轮滚动半径,m。

也可由下列经验公式估算 δ,即

$$\delta = 1 + (0.04 \sim 0.06) i_0^2 i_g^2 + (0.008 \sim 0.013)$$

将式(2-82)~式(2-86)代入式(2-81),可得

$$(an_e^2 + bn_e + c)\frac{i_0 i_g \mu \eta}{r_d} = m_a g(f\cos\alpha + \sin\alpha) + C_D A v_a^2 + \delta m_a j \tag{2-88}$$

又因为

$$n_e = \frac{i_0 i_g v_a}{0.377 r} \tag{2-89}$$

将式(2-89)代入式(2-88),并经整理后,可得

$$\delta m_a j = A v_a^2 + B v_a + C_1 + C_2 (f\cos\alpha + \sin\alpha) \tag{2-90}$$

式中:

$$\left. \begin{array}{l} A = \dfrac{i_0^3 i_g^3 \mu \eta a}{0.142 r^2 r_d} - C_D A_D \\[6pt] B = \dfrac{i_0^2 i_g^2 \mu \eta b}{0.377 r r_d} \\[6pt] C_1 = \dfrac{i_0 i_g \mu \eta c}{r_d} \\[6pt] C_2 = -m_a g \end{array} \right\} \tag{2-91}$$

式(2-90)是汽车直线行驶时的运动微分方程式,由此可以计算出专用汽车的动力性参数。

三、动力性参数的计算

1. 最高车速

根据最高车速的定义,有 $\alpha = 0, j = 0$,由式(2-90)可得

$$A v_a^2 + B v_a + C_1 + C_2 f = 0$$

将式(2-84)代入,可得

$$A v_a^2 + (B + kC_2) v_a + (C_1 + f_0 C_2) = 0$$

因

$$(B + kC_2)^2 - 4A(C_1 + f_0 C_2) > 0$$

所以令

$$D = \sqrt{(B + kC_2)^2 - 4A(C_1 + f_0 C_2)} \tag{2-92}$$

又因 $A < 0, (B + kC_2) > 0$,则可确定专用汽车的最高车速为

$$v_{a\max} = \frac{-(B + kC_2) - D}{2A} \tag{2-93}$$

2. 最大爬坡度

当汽车以最低挡稳定速度爬坡时,$j = 0, f \approx f_0$,则由式(2-90)可得

$$A v_a^2 + B v_a + C_1 + C_2 (f_0 \cos\alpha + \sin\alpha) = 0 \tag{2-94}$$

上式两边以 v_a 为自变量求导数,可得

$$2Av_a + B + C_2(-f_0\sin\alpha + \cos\alpha)\frac{d\alpha}{dv_a} = 0$$

当 $\frac{d\alpha}{dv_a} = 0$ 时，α 取最大值，此时：

$$v_a = -\frac{B}{2A}$$

代入式(2-94)，可得

$$f_0\cos\alpha + \sin\alpha = \frac{B^2 - 4AC_1}{4AC_2}$$

令

$$E = \frac{B^2 - 4AC_1}{4AC_2} \tag{2-95}$$

则

$$f_0\cos\alpha + \sin\alpha = E$$

对上式进行整理可得

$$(1 + f_0^2)\sin^2\alpha - 2E\sin\alpha + (E^2 - f_0^2) = 0$$

$$\sin\alpha = \frac{E \pm f_0\sqrt{1 + f_0^2 - E^2}}{1 + f_0^2}$$

当 $f_0 = 0$ 时，$\sin\alpha = E$，但实际上滚动阻力总是存在的，并且滚动阻力系数越大，汽车爬坡能力越小，所以上式中应取负号。即得专用汽车的最大爬坡角为

$$\alpha_{\max} = \arcsin\frac{E - f_0\sqrt{1 + f_0^2 - E^2}}{1 + f_0^2} \tag{2-96}$$

因 $f_0 \ll 1, 1 + f_0^2 \approx 1$，则上式可简化为

$$\alpha_{\max} = \arcsin(E - f_0\sqrt{1 - E^2}) \tag{2-97}$$

或

$$i_{\max} = \tan\alpha_{\max} \tag{2-98}$$

式中：$i_{\max}$——专用汽车的最大爬坡度，%。

3. 加速度

汽车在平坦路面上加速度的计算公式如下：

$$j = \frac{1}{\delta m_a}[Av_a^2 + Bv_a + C_1 + C_2(f_0 + kv_a)]$$

汽车在某一挡位加速过程中的最大加速度可由 $j = f(v_a)$ 的极值点求出，令

$$\frac{dj}{dv_a} = \frac{1}{\delta m_a}(2Av_a + B + kC_2) = 0$$

$$v_a = -\frac{B + kC_2}{2A}$$

则可得汽车在该挡加速时的最大加速度 $j_{\max}$（m/s²）如下：

$$j_{\max} = \frac{1}{\delta m_a}\left[C_1 + C_2 f_0 - \frac{B + kC_2}{4A}\right] = -\frac{D^2}{4A\delta m_a} \tag{2-99}$$

汽车在该挡从车速 v_{a1} 加速到 v_{a2} 的平均加速度 j_e 可由下式计算：

$$j_e = \frac{1}{\delta m_a(v_{a2} - v_{a1})}\int_{v_{a1}}^{v_{a2}}[Av_a^2 + Bv_a + C_1 + C_2(f_0 + kv_a)]dv_a$$

$$= \frac{1}{\delta m_a}\left[\frac{1}{3}A(v_{a2}^2 + v_{a1}v_{a2} + v_{a1}^2) + \frac{1}{2}(B + kC_2)(v_{a2} + v_{a1}) + (C_1 + f_0 C_2)\right] \tag{2-100}$$

4. 加速时间

令
$$j = 0.7716 \times 10^{-4} \frac{dv_a}{dt}$$

式中,j 的单位为 m/s^2,v_a 的单位为 km/h,t 的单位为 h。

由式(2-90)得

$$0.7716 \times 10^{-4} \delta m_a \frac{dv_a}{dt} = A v_a^2 + B v_a + C_1 + C_2 (f_0 \cos\alpha + \sin\alpha) \tag{2-101}$$

则可计算出汽车在平坦路面上从车速 v_{a1} 加速到 v_{a2} 时的时间为

$$t = \int_{v_{a1}}^{v_{a2}} \frac{0.7716 \times 10^{-4} \delta m_a dv_a}{A v_a^2 + B v_a + C_1 + C_2(f_0 + k v_a)}$$

式中:t——加速时间,h。

因 $D^2 = (B + kC_2)^2 - 4A(C_1 + C_2 f_0) > 0$,则

$$t = \frac{0.7716 \times 10^{-4} \delta m_a}{D} \left[\ln \frac{2A v_{a2} + (B + kC_2) - D}{2A v_{a2} + (B + kC_2) + D} - \ln \frac{2A v_{a1} + (B + kC_2) - D}{2A v_{a2} + (B + kC_2) + D} \right] \tag{2-102}$$

5. 加速行程

令
$$\frac{dv_a}{dt} = \frac{dv_a}{ds} \cdot \frac{ds}{dt} = v_a \frac{dv_a}{ds}$$

式中:s——汽车行驶路程,km。

由式(2-101)可计算出汽车从车速 v_{a1} 加速到 v_{a2} 时的行驶路程(加速行程),即

$$\begin{aligned} s &= \int_{v_{a1}}^{v_{a2}} \frac{0.7716 \times 10^{-4} \delta m_a v_a dv_a}{A v_a^2 + B v_a + C_1 + C_2(f_0 + k v_a)} \\ &= \frac{0.7716 \times 10^{-4} \delta m_a}{2A} \ln \left| \frac{A v_{a2}^2 + (B + kC_2) v_{a2} + (C_1 + C_2 f_0)}{A v_{a1}^2 + (B + kC_2) v_{a1} + (C_1 + C_2 f_0)} \right| - \frac{B + kC_2}{2A} t \end{aligned} \tag{2-103}$$

四、燃料经济性参数的计算

汽车的等速百公里燃料消耗量可以根据发动机的负荷特性或万有特性来计算。下面仅介绍后一种计算方法。

首先根据汽车的行驶车速 v_a,计算出相应的发动机转速 n_e,即

$$n_e = \frac{i_0 i_g v_a}{0.377 r}$$

然后由汽车在该车速时的行驶阻力计算出发动机的转矩 T_e(平坦路面上匀速行驶时,$F_a = 0$,$F_j = 0$),即

$$T_e = \frac{r_d}{i_0 i_g \mu \eta} (F_f + F_w) = \frac{r_d}{i_0 i_g \mu \eta} (m_a g f + C_D A_D v_a^2) \tag{2-104}$$

根据 T_e 和 n_e 的计算值,在万有特性图上查出有效燃料消耗率 g_e($g/kW \cdot h$),再利用下式计算百公里燃料消耗量 Q_s($N/100km$):

$$Q_s = \frac{i_0 i_g T_e g_e}{3672 r} \tag{2-105}$$

或
$$Q_s = \frac{i_0 i_g T_e g_e}{3672 \rho r} \tag{2-106}$$

式中:ρ——燃料的重度,N/L。

汽油可取 $\rho = 6.96 \sim 7.15 \text{N/L}$;柴油可取 $\rho = 7.94 \sim 8.13 \text{N/L}$。

五、静态稳定性的计算

质心高度影响汽车纵向稳定性和侧向稳定性,也包括其制动、驱动和坡道行驶时的轴质量转移系数。特别是厢式汽车、罐式汽车和集装箱运输车等专用汽车,由于诸多条件的限制,使其质心比较高。设计时应先测取或估算底盘各总成及专用件的质量和质心位置,然后利用力矩平衡原理求出汽车的质心位置和轴载质量。当上装部分初步布置之后,应对汽车质心位置进行计算和轴载质量分配,以满足设计要求。有些专用汽车还要对其作业状态进行计算,如自卸汽车在举升卸货时,就有纵向或横向失稳的可能。

对于总质量、轴载质量和质心的水平位置可用地衡直接测出,对于车辆的质心位置(质心的水平位置和质心高度)可用计算法和重量反映法获得,以准确地分析专用汽车的静态稳定性。

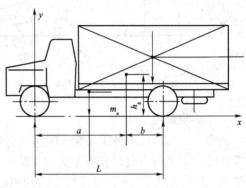

图 2-38 厢式汽车空载时质心位置计算图

1. 计算法

利用计算法来确定汽车各大总成的质量及其质心位置,根据力矩平衡方程式求得整车的质心位置。图 2-38 所示厢式汽车质心水平位置和质心高度计算公式为

$$\left. \begin{array}{l} a = \dfrac{\sum_{i=1}^{n} m_i x_i}{\sum m_i} \\ b = L - a \end{array} \right\} \quad (2\text{-}107)$$

$$h_g = \frac{\sum_{i=1}^{n} m_i y_i}{\sum m_i} \quad (2\text{-}108)$$

式中:m_i——第 i 个总成的质量,kg;

　　x_i——第 i 个总成的质心距前轴中心的水平距,m;

　　y_i——第 i 个总成的质心距地面的高度,m;

　　a——整车质心距前轴中心的水平距离,m;

　　b——整车质心距后轴中心的水平距离,m;

　　h_g——整车质心距地面的高度,m;

　　L——轴距,m。

2. 重量反映法

重量反映法又称称重法。可用纵向抬高和横向侧倾两种重量反映法求得车辆的质心高度。

图 2-39 所示是用纵向抬高重量反映法。该方法求车辆的质心高度简单易行,不需专业设备。可先将悬架弹簧梗死,再将前轮抬高,使 $\alpha = 10° \sim 15°$。后轮放置在地衡的中央,测定其后轴轴载质量。由几何关系与力的平衡原理,便可求出其质心高度 h_d,即

$$h_d = (m'_{d2} gL/m_d - L_{d1}) \cot\alpha$$

式中:m'_{d2}——前轮抬高后的后轴轴载质量,kg;

α——前后轮的接地线与地平面夹角。

图 2-40 所示是用横向侧倾重量反映法。其原理与纵向抬高重量反映法相似。

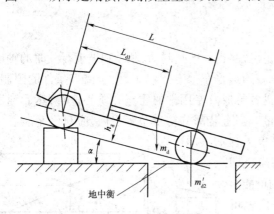

图 2-39 称重法求质心高度示意图　　　图 2-40 横向侧倾重量反映法示意图

3. 实验台测试法

实验台测试法实际上是根据重量反映法原理（图 2-40）开发的一种汽车侧倾试验台，该试验台的台面上装有可以称得车辆轮重的承重板，车辆稳定在试验台的承重板上，可随台面整体侧倾一定的角度，它不仅可测得车辆的质心位置，又可测得轮重，还可测得试验台承重板上某车轮失重时的车辆最大侧翻稳定角。由于此时车辆的悬架弹簧没有被梗死，车辆侧倾时包含悬架弹簧的变形，也包含轮胎的变形，所测得车辆的最大侧翻稳定角更接近实际。

4. 车辆的稳态稳定性

车辆的稳态稳定性是指车辆停放或等速行驶在坡道上，当整车的重力作用线越过车轮的支承点（接地点）时则车辆会发生翻倾。若整车的重力作用线恰好通过车轮的支承点，则车辆处于临界翻倾的状态，此时的坡度角称为最大倾翻稳定角 β_{max}。

当车辆停放在坡道或在坡道行驶时，若坡道阻力大于附着力时车辆由于附着力不足而下滑，出现失稳，其最大滑移角 α_{max} 仅取决于车轮和路面间的附着系数 φ，即

$$\tan\alpha_{max} = \varphi \tag{2-109}$$

车辆的横向稳定的临界状态（图 2-40），有

$$\tan\beta_{max} = \frac{B}{2h_g} \tag{2-110}$$

式中：B——轮距，m。

由于侧翻是一种危险的失稳工况，侧滑先于侧翻的条件有

$$\frac{B}{2h_g} \geq \varphi$$

同理，汽车纵向稳定性条件有

$$\frac{b}{h_g} \geq \varphi$$

或

$$\frac{a}{h_g} \geq \varphi$$

采用纵向抬高和横向侧倾两种重量反映法只能求得车辆的质心高度及质心在其纵向或横向的位置，计算法可以求得整车的质心位置，而汽车侧倾试验台法可以更准确地获得车辆的质心位置，更实际测得车辆最大侧翻稳定角，检验车辆的稳态稳定性。

第六节　专用汽车轻量化

汽车轻量化已经成为现代汽车发展的重要标志,越来越得到人们的重视。专用汽车轻量化是将合适的材料,以合适的形态,用在合适的地方,就是将强度高、密度小、性能好、易成形、可循环的材料用在最易发挥其优势的零部件上,以提高专用汽车的性能,降低专用汽车的成本、油耗和污染。在专用汽车的总体配置、结构设计,以及新技术、新工艺、新材料的应用等方面都对专用汽车轻量化起着重要的作用,而专用汽车轻量化是车辆减少能源消耗、降低环境污染最可行、最简便、最有效的途径。

一、新技术

技术尤其是先进的新技术是专用汽车轻量化的前提。专用汽车轻量化涉及面广,随着汽车工业的发展,专用汽车轻量化是从整车到总成,从底盘到上装,从结构到材料、工艺,机、电、光、液的系统产物。

中国汽车协会发布的关于《汽车轻量化意义》的报告中指出：对汽车总体结构进行分析和优化,实现对汽车零部件的精简、整体化和轻质化;发动机轻量化;变速器轻量化;悬架轻量化;车身轻量化和附件轻量化是当前实现整车轻量化的六个方面。

汽车轻量化对于节约能源、减少废气排放十分重要,越来越引起人们的重视。研究表明,若汽车整车总质量每降低10%,油耗可减少6%~8%;汽车整备质量每降低100kg,油耗可减少0.3~0.6L。汽车轻量化还可以提高汽车动力性,节省材料,降低成本,增加装载质量,提高运输效率。汽车轻量化后加速性提高,车辆控制稳定性、噪声、振动方面也均有改善,碰撞时惯性减少,制动距离缩短。据研究表明：汽车整备质量每降低10%,油耗可减少3.8%,二氧化碳排放减少4.5%,加速时间减少8%,制动距离减少5%,转向力减小6%,轮胎寿命提高7%。这对于结构复杂、品种繁多的专用汽车来说,轻量化的潜力更大、前景更好。

基于密度低、强度高、耐腐性强、加工机能好的合金等轻质材料的汽车轻量化,还可以免于涂装,有利于环境保护。

近几年来,我国专用汽车的发展是很快的,与世界先进国家的技术水平差距在显著缩小,但是发展的空间还很大。例如美国,通常一辆长14m,载质量20t的双轴厢式半挂车,车辆整备质量一般在7t以下,而我国目前通常一辆长13m标准双轴厢式半挂车,车辆整备质量一般在8t以上。如果双轴半挂车轴荷受同样法规的限制,美国的厢式挂车在满载时将比我国车辆多装2t左右的货物,空载运输时整备质量又轻2t,这对汽车列车的油耗、排放污染、轮胎损耗、运输经济性都有较大的影响。

二、新材料

材料是专用汽车轻量化的基础。轻质材料特别是高强度轻质新材料在汽车轻量化中扮演着越来越重要的角色,主要有高强度钢材、轻合金材料、塑料和复合材料等。专用汽车车厢、容器、工作装置等采用铝合金型材可省去其表面的涂装,进一步降低了整备质量,减少了环境污染。

1. 高强度钢

钢材在专用汽车的用量是最大的,高强度钢的应用是专用汽车轻量化的重要途径。在高强度钢板发展的初期,考虑抗拉强度较多,但伸长率较低。现在的高强度钢板有含磷冷轧钢板、烘烤硬化钢板、冷轧双相钢板、超低碳高强冷轧、热成形高强度钢板等。低合金高强度钢板是在低碳钢的冶炼过程中加入适当的微量元素(其总量不超过5%),经过相应的处理轧制而成。加入这些元素后钢材强度可明显提高,使钢结构构件的强度、刚度、稳定三个主要控制指标都能充分发挥,尤其在大跨度或者重负荷结构中优点更为突出,一般可比碳素结构钢节约20%左右用钢量。高强度钢板抗拉强度是普通低碳钢的2~3倍,高强度钢随着冲压技术和焊接工艺的改进已经成为车架、车身或其他零部件轻量化的重要材料。

2. 铝合金

轻合金材料在专用汽车上应用最广泛的就是铝合金材料和铝合金型材。铝合金材料具有密度低、强度高、耐腐蚀、加工性能好等特点,越来越受到人们的欢迎。国外很多专用汽车的车身、车厢、容器和工作装置都越来越多地使用铝材取代钢材,国内汽车用铝合金型材、厢式汽车型材、车用大梁铝合金型材、铝合金车轮等的使用使车辆的总体质量进一步下降,在节约能源等方面也起到了很好的作用。在德国甚至已经出现了"全铝车身"的汽车。奔驰公司新一代S系列轿车前桥拉杆和横向导臂、前桥整体支承结构采用铝合金材料,这种部件的质量与钢件相比轻35%。

锻造铝合金轮圈具有自重轻、散热快、承载能力高、动平衡好、操纵性好、漂亮美观等优点,得到应用越来越广泛的应用。当前,我国乘用车应用锻造铝合金轮圈的比较普遍了,而商用车应用的还比较少,还不到5%,欧美等发达国家已经超过40%。2010年全球生产商用车1882.75万辆,排名前十位的国家依次是:美国503.03万辆、中国436.76万辆、日本131.86万辆、加拿大110.22万辆、泰国109.01万辆、墨西哥95.50万辆、巴西82.01万辆、印度72.22万辆、土耳其49.12万辆、西班牙47.44万辆。中国商用车的市场仍然保持较高的年增长率,这就给专用汽车轻量化带来广阔的市场。

锻造铝合金轮圈与钢轮圈相比具有以下优点:

(1)自重轻。锻造铝合金轮圈的质量只相当于钢轮圈的1/3左右,以22.5×8.25的轮圈为例:锻造铝合金轮圈仅重24kg,钢轮圈重达45kg左右。锻造铝合金轮圈的应用有效地降低了非簧载质量,非簧载质量每降低1kg就相当于簧载质量降低6~15kg的效果。

(2)承载能力高。锻造铝合金轮圈的承载能力是普通钢轮圈的5倍,锻造铝合金轮圈在承受71200kg时变形50mm。普通钢轮圈只承受13600kg就变形50mm。

(3)燃油低。安装锻造铝合金轮圈的车辆整备质量降低,车轮的转动惯量减少,使车辆的减速性能提高,并相应减少了制动能量,从而降低了油耗,再加上锻造铝圈特有的空气流动及滚动阻力,其100km油耗可降低2L。

(4)轮胎使用寿命长。锻造铝合金轮圈的平衡好,散热快(正常行驶温度比铁圈低20~30℃),不容易变形,轮胎磨损低,可提高轮胎使用寿命30%,也可降低爆胎率。

(5)车辆行驶安全性好。锻造铝合金轮圈结构更优的特征和热传导系数高的特点,极易将轮胎、车底盘所产生的热量排散在空气中。即使在长途高速行驶或下坡路连续制动的情况下,亦能保持适当的温度,制动系统不易因经常高温而老化,降低了制动系统的维修成本,提高了车辆行驶的安全性。

我国铝矿产丰富,且已经形成了较完整的生产体系,在汽车轻量化的发展过程中发挥着重要的作用;我国也是镁资源大国、生产大国、出口大国,原镁产量居世界首位。镁合金的密度比铝合金小1/3,用于制造某些汽车零部件更为合适。

3. 塑料

塑料具有密度小、易成型、耐腐蚀、防振、隔热等性能,且具有良好的色泽和触感,是专用汽车轻量化的重要材料。汽车轻量化使塑料不仅在汽车装饰件,也在汽车功能结构件上发挥着越来越广泛和重要的作用。汽车用塑料量已经成为汽车设计和制造水平的一个重要标志,在德国、美国、日本塑料件占汽车整备质量的10%～20%,奔驰Smart车用塑料占其整备质量的50%,但是我国汽车塑料件仅占10%。福特公司开发的LTD试验车,塑料化的车身在汽车轻量化方面取得了显著的效果(表2-17)。

LTD试验车塑料化车身的轻量化效果　　　　表2-17

零件材料 车部位	钢制零件 (kg)	工程塑料零件 (kg)	质量减轻	
			(kg/台)	(%)
车身	209	93	116	55
车架	123	90	33	27
车门	70.6	27.7	42.9	60
保险杠	55.8	20.1	35.7	64
前围	43.5	13.3	30.2	70
车轮	42	22.7	19.3	46
发动机罩	22.2	8	14.2	64
行李舱盖	19	6	13	68
其他(托架类、座椅骨架)	32.4	16.2	16.2	50
合计	618.5	297	321.5	52

专用汽车用塑料发展越来越快,品种繁多,主要有PVC——聚氯乙烯,具有较好的耐热性、延展性、韧性,是一种广泛应用材料;PU——聚氨基甲酸酯,简称聚氨酯,主要用于保温、密封;ABS树脂——是一种强度高、韧性好、易加工成型的热塑性高分子材料;PF——苯酚甲醛树脂;PC——聚碳酸酯,无色透明,具有优异的抗冲击性,常用于防弹玻璃和车前照灯等;PP——聚丙烯,改性聚丙烯的耐热性可由80℃提高到145～150℃,在汽车轻量化上得到了广泛应用;PA——聚酰胺,俗称尼龙,而尼龙6和尼龙66这两种新塑料具有良好抗热性,用在发动机进、排气管上,可使其质量减轻65%,而塑料进气管隔热的性能和光滑的内壁又可大大地提高发动机的进气效率以及动力性和经济性。

4. 复合材料

复合材料是指由两种或两种以上的不同性质或不同组织的材料组合而成的新材料,是在工程应用中单一成分的材料的性能难满足需要的情况下,人们将多种单一材料采用各种方法混合在一起形成新的混合材料,主要包括树脂基复合材料、碳纤维复合材料、金属基复合材料、陶瓷基复合材料和碳基复合材料等,这些材料具有高的比强度、高的比模量、耐烧蚀、抗侵蚀、抗核、抗粒子云、透波、吸波、隐身、抗高速撞击等一系列优点,是汽车轻量化发展的重要材料。

高强度与高弹性模量的复合材料具有和金属材料相近的力学性能,在一定条件下有金属薄板所不能比拟的优点。如复合材料的质量很轻,节油效果明显;成型容易,制造成本低;耐腐蚀、热导率低,有利于隔声隔热;尺寸稳定性好;易于涂装等。所以,汽车车身轻量化的主要发展方向就是利用复合材料来替代部分金属材料。

目前在汽车上已经普遍应用玻璃纤维增强不饱和聚酯片状模塑料(SMC)制造车身、空气导流板、前翼子板和前挡泥板延伸部件、前照灯罩、发动机罩、装饰条、尾板等;应用玻璃纤维增强塑料(GRP)替代金属材料制造冷藏保温车厢体,具有强度高、质量轻、寿命长等优点,应用日趋广泛;应用传递模塑工艺技术(RTM)制造的车身板件加强肋等;将树脂、填料、玻璃纤维等各种成分混炼成粒状料,然后模压成型,制造发动机舱、挡板、空调器壳等。还有碳纤维复合材料(CFRP)制作的传动轴、悬架片簧、保险杠、车门、车身等,在不久的将来将可大量应用。

碳纤维增强聚合物基复合材料有足够的强度和刚度,已在航天航空等领域广泛使用,也是适用于制造汽车主结构——车身、底盘最轻的材料,受到汽车工业广泛重视。预计CFRP的应用可使汽车车身、底盘减轻质量40%~60%,相当于钢结构质量的1/3~1/6。用CFRP制造的板簧为14kg,减轻质量76%。但由于碳纤维增强复合材料的价格昂贵,碳纤维增强复合材料在汽车中的应用有限。为提高碳纤维增强复合材料的用量,发展廉价的碳纤维和高效率碳纤维增强复合材料的生产方法和工艺已成为汽车轻量化材料研究中的关键课题。

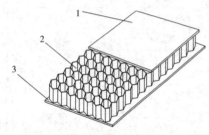

图2-41 蜂窝芯复合板
1-上面板;2-蜂窝芯板;3-下面板

夹芯复合板是一种分层的复合结构材料,由两层薄面板中间夹着一层厚而轻的芯板构成。根据面板和夹芯材料的不同形成各种夹芯复合板,蜂窝芯板也有纸蜂窝、塑料蜂窝和金属蜂窝等。图2-41所示为蜂窝芯复合板,其芯板2为六边形蜂窝结构,相互牵制的密集蜂窝有如许多小工字梁,可分散承担来自面板(上面板1和下面板3)方向的压力,使面板受力均匀,保持平整,蜂窝芯板还能大大减弱复合板体的热膨胀性,使蜂窝夹芯复合板具有质轻、抗振、隔声、保温、阻燃和刚度高等特点,在汽车车身、车厢、地板等方面得到越来越广泛的应用。

三、新结构

先进的技术、合理的结构是专用汽车轻量化的关键。结构轻量化是在保证其功能、经济、环保的前提下,集成先进技术、优化结构形态、发挥材料特性、减少冗余、应用高强度、轻质材料,使其结构的品质、扭转刚度,以及成本、批量生产的可行性等要素,都在结构中体现。采用最先进的CAE和CAD技术,对专用汽车结构动态和振动特性方面的要求进行综合考虑,进行结构优化设计,拓扑优化技术的计算和结构设计方式,可以在预先设定的载荷为条件在空间框架中确定材料的分布,以优化专用汽车的结构,减少材料消耗,降低整备质量。

车箱对自卸汽车的质量利用系数影响很大,普通钢制车自卸汽车箱占其自卸汽车整备质量的40%以上,为了减轻自卸汽车车箱的自重,提高其强度,在其结构和形状上采取了许多措施,如船式车箱、簸箕式车箱纵向V形箱底板等结构。有的还针对自卸汽车的特点,采用了高强度合金和铝合金材料。经使用表明,自卸汽车若以运输煤、焦炭为主,则铝合金车箱的磨损比钢板车箱还要小。

公路运输专用汽车列车化。澳大利亚的公路运输已普遍使用拖带双节半挂车,甚至三节半挂车的汽车列车,有的汽车列车采用双轴结构前转向架连接过度。如散装水泥车大都趋向列车化,以减少汽车列车整备质量,提高质量利用系数,提高远距离运输效率和效益。

四、新工艺

先进、合理的工艺是专用汽车轻量化的保障。先进的技术,合理的结构、低密度的材料都要由相应的工艺来实现。

高强度钢板是在低碳钢基础上加入适当的微量元素,经过相应的处理轧制而成,其抗拉强度是普通低碳钢的 2~3 倍,高强度钢随着冲压和焊接工艺的改进已经成为车架、车身或其他零部件轻量化的重要材料。

基于轻量化技术的连续挤压变截面型材、金属基复合板、激光焊接板以及轻质材料等促进了专用汽车轻量化。如基于计算机辅助工程(CAE)的柔性轧制工艺生产的连续变截面型材和挤压铝合金车用大梁型材,其截面沿长度方向连续、平缓变化,通过截面积的变化对微结构属性进行差异化调整,来应对各种应力情况,使其在较大拉延度的区域保持相应的强度,减小了截面突变和焊缝的影响,提高了整体性能,降低了材料消耗和自重。

挤压铝合金车用地板型材,如图 2-42 所示。这种铝合金型材两侧分别设有拼装沟槽和拼装凸缘,可根据车长的不同拼装成专用汽车的地板,具有强度高、质量轻、成本低、耐腐蚀、工艺性好、装饰性强等优点,有利于推进专用汽车的轻量化,必将得到越来越广泛的应用。

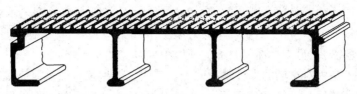

图 2-42　挤压铝合金车用地板型材

第三章 专用汽车的造型设计

第一节 概　　述

车辆与人类的社会生产和人们的生活紧密相关。它不仅是现代化的工业产品和先进的生产交通工具，也是一件精湛的艺术品，以其清晰的雕塑形体与鲜明的装饰和色彩、统一完整的艺术形象给人以强烈的精神感染。汽车的造型是车身形体的功能、技术与艺术的综合表现，具体体现在现代交通运输工具这一特定的内容和特征上。因此，汽车造型艺术和其他适用艺术一样具有物质和精神的双重性，专用汽车的造型由于其品种繁多、功能各异更是如此：一方面要满足车辆功能的需要，另一方面又要适应环境给人以美的享受。

汽车造型艺术是由对车辆的那种附加的美化工作逐渐地发展成为研究车辆的整体艺术形象，现已成为整个车辆设计过程中必不可少的组成部分，越来越受到人们的广泛重视。

一、造型的概念及发展

造型是指人类有意识地塑造形体，是创造物体形象的手段。最原始的器物造型，仅有功能的基本要求，根本谈不上艺术。随着人类社会生产的日益发展和科学、文化、艺术的不断进步，对造型逐渐产生了精细、巧妙、熟练的技艺。技艺的发展主要表现在被创造物的逐渐完美，于是在器物的造型中逐渐有了"艺术"的概念。随着人们对器物造型越来越高的要求，就产生了按照美的规律来创造器物形象的要求，这样就形成了"艺术造型"的概念。

二、汽车造型的特点

汽车造型艺术设计是车辆设计人员用来表达设计意图的应用艺术，它带有很强的专业特点。汽车造型艺术设计是一门涵盖工程技术、美学和人机工程学等多个领域，具有科学性、实用性、艺术性和时代性的显著特征。汽车造型艺术设计是内在和外在各种因素有机结合的具体反映，必须从汽车的总布置设计、结构设计、外观造型、一直贯穿到零部件的设计制造全过程之中，甚至涉及到工艺管理、质量管理和产品的销售等方面。汽车设计人员在进行方案选择、总布置设计，以及各总成和零部件的设计、比较、征询意见和审批等过程中，常用两种方法来表达设计意图，即图纸（其中包括效果图）和模型。模型虽然具有直观性强、真实、可以从任何角度去观看、评价等优点，但由于制造周期长（特别是1∶1的实物模型）、耗工太多、成本太高、不便于生产等缺点，所以人们用图纸来表达设计意图，并作为生产依据，而仅做缩小比例的模型来观看整体设计的效果。要使产品的功能、物质条件和艺术性通过结构、形体、色彩、装饰、质感等体现出来，从设计到产品制造出来的全过程，以其形象来体现它的实用功能和精神功能。因此，和其他艺术相比，汽车造型艺术具有如下特点。

（1）汽车的造型首先要达到服务于人类的功能目的，满足性能稳定可靠、技术先进、使用方便、经济合理等要求，用艺术形式充分发挥和体现产品的科学性、先进性，并充分显示先进科学技术的"功能美",反映科学技术领域严格的"精确美"是造型艺术的核心。

(2)汽车造型是通过大量的物质材料、一定的结构和工艺手段来实现,所以它是科学技术、材料、结构、工艺与造型形象完美的统一。因此,应充分反映所谓的"工艺美"、"材质美"及"结构美"。

(3)汽车造型能反映科学技术和物质文化生活的面貌,体现当代的、民族的审美要求,因而应具有强烈的"时代性",即时代特征要强。

(4)汽车造型是通过形体塑造、线型组织、色彩的功能、质体的机理等艺术表现形式及操作舒适宜人等人体工程因素,对人产生精神功能作用。因此,要研究使用产品的对象、环境及色彩,并从人的心理、生理、供销、安全与健康等多种因素出发来保证产品的适应性,要充分显示符合人体工程学的"舒适美"。

(5)汽车艺术造型的实现,是由多种专业配合制作,并以现代化方式进行生产的,所以其造型必须简洁规整,加工方便,并符合标准化、通用化、系列化及批量生产的要求。

(6)汽车的造型具有物质产品的使用价值和精神产品的感染力这样的双重作用。它的艺术特征与一般绘画等造型艺术品不同,是在一定物质材料和技术水平的基础上,在保证功能的前提下建立形体构造所体现的造型美,这种美是一种概括地体现一定时代和社会精神面貌、情趣、理想的形式美,能起到美化环境、促进人们身心愉快、提高生产效率并满足人们审美要求的作用。但是,作为一种艺术,它又与其他艺术相互影响、借鉴和渗透。应注意借用某些艺术手段来加强和丰富汽车造型的表现力,但必须运用恰当,以免弄巧成拙。

(7)对画面(效果图)和模型的准确性和真实感要求较高。因为效果图是车辆外观造型的一种设计图纸,也可以说是一种直观形象的语言,从效果图的画面可以预知所要生产产品的基本面貌,即外观造型、色彩处理等。而模型表达了车身外形的平顺圆滑的曲线和过度,确定整体与局部的比例尺度关系。特别是真实体面的转折关系,微妙的起伏变化。当模型确定以后,将会以此作为绘制模板、制作模具、校核钣金件尺寸的标准。所以,汽车造型必须尽可能地忠实于总布置设计的要求,不能带有主观随意性,也不能离开设计意图,用写意的方法来表现对象。

三、汽车造型艺术与其他艺术的联系

汽车造型艺术与其他各种艺术有着密切的联系。因为汽车不仅具有一个完美的艺术形体,而且,它上面还装有许多诸如座椅、灯具、纺织品和各种工艺品。也就是说,汽车本身以及其上装置的许多零部件,除了它们的实际用途外,还要经过巧妙的艺术加工。此外,车辆造型艺术设计过程中还需要直接运用绘画、雕塑等各种艺术技法,所以各种艺术意识形态、各种艺术创作手法和技巧都会对车辆造型艺术产生影响。

四、汽车造型艺术的要求

汽车的形体是车辆整体结构、性能、工艺和艺术造型等几方面有机结合的产物,它应贯彻"适用、经济、在可能条件下注意美观"的方针。考虑汽车的使用条件和制造条件,对造型艺术设计提出如下要求。

1. 完美的艺术形象

人们看一辆车时,自然要关心其性能与价格,但不管有意无意,首先要感到车美不美,好不好看。我国车辆的艺术形象,应具有中国的民族特色,表达出中国的社会背景、精神面貌(即

时代感),反映先进的科学技术与文化。这里所指的时代感,是指人们对事物的审美随时代而不同,即艺术形象不能脱离人们的生产方式、生活方式、思想境界。而民族特色是指继承我国在造型艺术上的优良传统,唯物地对待外来的东西,不能搞形而上学。此外,一个国家、一个厂家乃至每个造型艺术家都有各自的特点。比较意大利和美国的汽车外形,就能感到两国风土人情和传统方面的差异。即使同一国家的各个厂家,也都各具自己的风格。但这并不是决定车辆外形的根本因素,只不过是表现方式上的微妙不同。

汽车完美的造型要从机械工程学、人体工程学、流体力学这三方面入手,以最大限度地发挥汽车的机能为目的。只有做到了这些,才能使汽车具有完美的艺术形象,受到人们的普遍欢迎。

2. 良好的空气动力性

当车辆以高速度通过稠密的空气时,空气的气流就像一股强劲的飓风作用在车身上,对车辆的行驶状态产生极大的影响。因此,使车辆外形具有良好的空气动力性能是十分重要的。首先,必须选择合理的外形以便尽可能地减少空气阻力,这不仅能改善汽车的动力性,而且还能提高汽车的燃料经济性,这是汽车发挥其高速度而又保证行车安全的重要条件之一。

3. 良好的工艺性

车辆外形由一系列大型覆盖零件组成(如发动机罩、顶盖、行李舱盖、翼子板、门、窗框、前后脸等),在艺术造型时,应很好地考虑这些零件的制造工艺,例如尽量减小拉延深度、减少冲压工序、简化冲模机构,并使零件具有良好的装焊工艺性等。此外,还应充分利用现代化的工艺去反映科学技术的发展水平。现代汽车造型逐渐趋于"大曲面、小拐角、薄顶盖、宽跨距",构成汽车外形的覆盖零件都比较平缓,拉延深度都不大,因而提高零件的刚度是车辆造型中不容忽视的问题。事实上这种轻巧挺拔的造型正是以设计和制造方面提高车身覆盖零件的刚度的技术进展为依据的。

4. 良好的适用性

车辆艺术造型必须保证车辆结构合理、乘坐舒适、操作方便、视野良好等性能。体现物为人用、对人最大关怀的原则。既要防止一味迁就功能而忽视艺术的倾向。又要防止脱离功能而严重损害功能的唯美倾向。因此,在车辆造型过程中,设计人员要密切联系群众,深入实际调查研究,既要发挥专家的特长,又要发挥各部门得协作精神。

第二节 专用汽车造型与技巧

专用汽车的造型与其他艺术品一样,最重要的是获得整体感。统一完整是衡量汽车造型的标准。一个统一的整体,由各种因素构成,它的三度空间体量要考虑结构、比例、尺度、均衡、质感、色彩和装饰等因素,同时还要考虑汽车艺术造型的特点——动感。所以这些因素都必须有机地联系起来,互相呼应,才能反映一定的主题和一定的思想内容,才能给人以美的感染力。反之,如果把各个互不联系的单元机械的堆砌在一起,尽管每一部分都很精美,只会使这个整体显得繁琐和紊乱,达不到应有的艺术效果。

一、整体协调

整体协调统一。整体包括各个局部;各个局部又互相配合,表现整体;整体和局部相辅相成,不可脱节。

整体感的道理虽然不难理解,但却不易做到:如果把各个局部平均对待,一律深入刻画,甚至形成多中心或竞争局面,必然造成模糊和紊乱;如果对某个次要部分过分强调,或一味追求表现曲折离奇,或一味追求表现艺术技巧等,结果喧宾夺主。如果明知某个部分会影响主题或与主题无关,但又舍不得删去,就会形成多余而繁琐。上述各种偏向都应力求避免。

整体对立统一是事物存在的客观规律。提倡整体协调统一并不是千篇一律,并不是忽略了变化。没有对立与变化,也就没有统一。正如平淡的造型不可能表现明确的主题、获得良好的艺术效果一样,只有鲜明多彩、分清层次的绘画,凹凸进退有分寸的塑性,才能给人以深刻的印象和美感。

二、彰显功能

专用汽车种类繁多,形式多样,其造型设计应强调专业特性,彰显功能性,可利用不同线型、不同的曲面和专用色彩来反映专用汽车的专业特性,如警车的车身造型要强调动感,采用阻力小的曲线、曲面,用蓝白相间的专用色彩显示警车的威慑感,并配有警灯、蓝盾警徽和文字标志,人们从理念上就感到它是维护社会秩序的权威;重型专用车、工程车等应以大平面、直线条的造型以显示车身的安全可靠,并能衬托出车身的雄伟高大,以引起人们的警觉和注意避让;罐式车等运输危险品的专用车辆,在造型设计时要特别强调危险品的恐怖感,可用黄、蓝相间的色条装饰在车身的明显部位;邮政车、救护车、消防车等都有国际公认的色彩以显示它们的专业功能和特征;市政环卫用车应有洁净感,并要注意与周围环境相宜;野外用车要注意环境色,不宜使用视认度低和与周围环境一致的色彩,要使人们及早发现车辆而注意避让。

三、突出主题

一切艺术品,都要反映一个明确的主题,因此就必须突出某一艺术形式(称为主调)。例如,描绘旭日东升的绘画需要鲜明的色彩(色彩的明度大、知觉度高)等。在突出主调的同时,对艺术品的其他部分决不可忽略,各应使这些部分围绕着主调进行变化,烘托出主题。这样便可达到分清主次,分清重点与陪衬,获得既多样又统一的艺术效果。

任何创作,最忌讳的是形成两种均势的成分。当我们注视着两种对视觉具有同样吸引力的东西时,不可能获得什么明确的印象。这两种等强成分互相矛盾,必然导致主次不分、主题不明显的紊乱效果。因此,在艺术造型时,采用简单的等分方法不都是很理想的。

四、节奏与韵律

形象的重复与再现,能使人对艺术品产生"同一"的感觉,因而使物体的各部分相互联系起来,相互呼应,构成朴素的节奏感。

精确的重复能给人以整齐划一的感觉。但是,精确的重复不都是很理想的,因为精确的重复没有变化,常常不容易避免单调或不活跃的效果。因此,在艺术品中并不希望出现单调的重复,而是采用有变化的重复,使艺术品各部分既有变化,又有联系,既多样,又统一,形成明显的节奏与韵律。

重复的手法,还可以使重点得到加强,或使意义明显、主题突出。在汽车造型时,常常使其各部分重复某一种线条,重复某一种形状,重复某一种方向,或使某一种比例关系重复再现,等等,从而使某一艺术形象更为突出。

五、对比与调和

对比是差异很大,调和是差异很小或相同。艺术作品中的对比,就是轻与重、缓与急、强与弱、明与暗、虚与实、大与小、方与圆、直线与曲线等,它们是处于同一事物内部矛盾的两个方面,失去一方,另一方就不存在。对比是重要的艺术技巧。必须使矛盾着的双方作鲜明的对比,艺术品的主题才能明显突出。鲜明的对比给人以深刻的吸引力和鼓舞作用。我们需要用清晰的造型、鲜明的色彩反映欣欣向荣的新时代。还必须指出,极强烈的对比(双方强度都极大、数量势均力敌)会产生刺激,这是在艺术创作中所不希望的。此外,鲜明的对比手法也不宜在同一艺术作品上过多地滥用。

调和是对比的反面,调和是相对的,而对比则是绝对的。有些人往往将调和对比跟统一变化混淆起来。鲜明的恰当的对比正好能突出主题,因而使艺术构思更为完整,更为统一。调和是指局部而言,统一则是指整体而言。一味追求调和、忽略对比,就很难使艺术创作生动活泼,反映不出一定的思想内容,也就达不到统一的效果。

专用汽车由于其用途独特,常常需要采用对比手法。例如,采用与周围环境不同的线条、形状、色彩、音响等引起交通警觉。又如采用对比鲜明的图文说明某些特殊部件等。

六、比拟与夸张

艺术作品的典型形象虽然来源于生活,但应比现实生活更高、更强烈、更有集中性、更理想。因此,艺术创作不可能百分之百地写实,而应该对现实有所取舍,经过提炼和概括。所选择的某些重要部分常常需要着力描写和渲染,可以用比拟和夸张的手法加强其效果。比拟是把需要描写的艺术形象比做其他事物;夸张是用夸大的方法突出所描写的艺术形象。

七、对称与均衡

对称与均衡是平衡的两种表现形式,对称的平衡是均衡,而非对称的平衡也是均衡。对称是通过轴线或一轴线支点相对端的同形、同量形式出现的一种平衡状态。人体、飞机、船舶、车辆等都是以左右对称的平衡形式出现的。用对称平衡格局创造出的物体,具有庄重、严格、平稳、安详的效果;均衡是相对端呈同量不同形或不同量不同形的一种平衡状态。

图 3-1 所示是一个或多个要素不类似与对比的要素取得平衡(除了体量外,还有色彩、质感、方位的要素)。非对称平衡比对称平衡显得不平静和不一目了然,它更活泼、有趣,它是现代造型艺术中常用的构图形式。

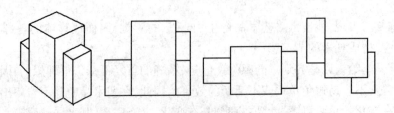

图 3-1 非对称的平衡

八、比例与尺度

人们在实践过程中所接触的事物,只要处于正常状态,都存在着一定的数量上的关系。比例就是物体各部分之间数量上的比较。所谓匀称的比例,就在于事物内部矛盾的对立统一。艺术造型的比例划分是获得整体感的关键,就是说,运用比例规律对艺术品的形体进行精心的划分,达到重复变化、多样统一的效果。

经常遇到和熟识的一些比例关系,如果使它们在艺术造型中重复再现时,常常使人易于接受和理解。例如1:1的比例存在于正方形之中,也是一切相等的直线和形状(如等边多边形)的基础,也存在于各种对等的划分之中。1:1.414 的比例是正方形一边与其对角线的比例,或存在于等腰直角三角形之中。1:1.732 的比例存在于等边三角形之中,也是正方体的一边与其对角线长度之比。1:2是两个正方形的拼合,也存在于一切成倍增长或减少的事物之中。在古典装饰理论中,划分已知线段成两段的最佳方法是所谓"黄金分割"的方法,因为这样能产生统一性与多样性。黄金分割的比例划分方法造成形象的重复性,使形体各部分产生丰富多彩的、既多样又统一的尺寸变化,因而在艺术上享有盛名并被广泛应用。

汽车的艺术造型,其形体的划分采用一种或几种比例关系,以一种或几种有规律的数列(例如等比级数)为基础,就会获得良好的艺术效果。

尺度是物体各部分的尺寸与人体相应部分的尺寸加以比较,从而获得大、小的感觉。例如,汽车的操纵手柄的尺寸与人手尺寸的比较,各种操纵按钮的尺寸与人的手指尺寸的比较,座椅的各部分尺寸与人体相应部分的尺寸的比较,汽车室内空间尺寸与人体尺寸的比较等。尺度问题往往影响汽车的操作方便性和乘坐舒适性(目前已制定相应的标准规范),在艺术造型过程中应该优先考虑。

第三节 专用汽车形体与线条

专用汽车由于其用途与结构的不同,会以不同的形体出现。但不管什么专用汽车,都要注意形体的协调及其线条的协调。

一、形体的协调

专用汽车的基本形体按照其结构可以分成若干自然部分:一块式、二块式、三块式等。在专用汽车进行造型时,遵照"整体协调统一"的原则,必须调整各块的形状,使它们互相协调,转接恰当,切忌将各种在造型上互不相关的形体生硬地拼凑在一起。

汽车正面的稳定感和侧面的连续感比较重要,在调整汽车的形体时必须予以重视,形体上小下大,色彩上轻下重和低矮的想像,常常能给人稳定的感觉。因此,在设计汽车的前视投影图时,应使其下半部分较大、较宽,并具有重量感;而应使其上半部较小和较轻巧。

对称是一种形象的精确重复,也就是说,物体的两个局部内比例和形状相等。对称的现象,在自然界中层出不穷,司空见惯,因此对称的艺术形象就特别容易被人接受。对称常常能给人稳定和宁静的感觉。汽车的前视图和后视图以对称为佳,由于结构而无法对称的汽车,往往有不稳的感觉。

为了使汽车的侧面具有连续感,汽车前后各块的侧面形状应相同或相似,力求转接平顺连贯,避免形状突变和线条中断。如果专用车辆的结构分块过多和过于琐碎,就需要考虑某些块合并的可能性或用罩、壳、裙等,将琐碎零乱的部位统一掩盖起来。

二、线条的重复与变化

线条是构成形体的基本要素,通过线条的形状能反映形体的特点,此外,体和面的比例划分亦需妥善借助线条来实现。线条分为直线与曲线两大类。曲线又可分为曲率较小的较平缓的曲线与曲率较大的弯曲较明显的曲线。在考虑专用车辆造型时,需要以某一种形状的线条为主,其他形状的线条为辅。也就是说,使某一种形状的线条在数量上占绝对优势,其他形状的线条作为陪衬。

专用汽车的造型,需要用线条去强调某个主要的方向。在大多数情况下,汽车竖面的线条应强调水平方向,亦即汽车的运动方向。形体上的线条产生相互呼应的统一效果,线条在形状和方向上可采用精确的重复或有变化的重复,并按照一定的规律编排和组织起来。

专用汽车的造型,通常按照一定规律加以编排和组织的线条:放射式的、相互平行的、相互垂直的、曲率相等的、几何形状相似的等。在汽车正面和侧面比例划分时,相互平行的曲线也是屡见不鲜的。

三、视觉规律

艺术造型的形体,往往须考虑人观察事物的感觉规律与人眼的生理局限性以及心理因素的影响。可以通过下面几个例子来说明问题。

人眼生理局限性的简单例子,如人眼不可能辨别极细微的东西,人在注视着某一区域时,如果人眼的距离是这个区域直径的3450倍以上(亦即视角的角度小于1分),那对这个区域内的任何物体都混淆不清,而把这个区域感知为一个"点"。所以人眼如果要辨清某一距离(例如20m)的线条纹样或字体,则线条或字体笔画宽度和间隙宽度应不小于:20m/3450 = 5.8mm。

应当指出,在光线较暗或背景对比较弱,这个数字还须加大。由此可知,对于相当远的观察者,艺术品的精雕细刻可能是多余的。在专用车辆的车身上通常描绘各种彩色线条和文字或各种广告图样,为了使人眼分辨清楚,必须严格遵照上述规律。

人眼生理局限性的另一例子是视觉残留,亦即人的视觉感受某一事物形象有停留0.1s的惯性,换句话说,人眼对短于0.1s快速连续变化的形象无法辨清。在日常生活中我们知道:快速旋转的车轮辐条和风扇叶片无法辨清,一幅接着一幅不断变化的电影片被人眼看成是连续的动作等。如果一个物体以极快的速度在小于0.1s的时间内掠过人眼的视域,这时人将看不见这个物体,即使物体因速度不够大或距离较远而没有窜出人的视域,人眼对快速运动物体线型的感受还是要比它们静止时吃力得多。假使上述线条纹样或字体是描划在运动物体(例如汽车)上,则字体笔画的宽度或间隙宽度还应比上述数字增加许多倍才能使人看清。

人的视觉还常常因为物象的吸引力而起变化。反复强调的线条、形状或方向以及明度大的调子,知觉度强的色彩或强烈的对比等总能将人的注意力吸引过来,甚至会使人的感觉产生变化。在某种情况下,人还会产生错觉,亦即把物象感知为歪曲形象。人对物象的错觉,是由于人在过去经验中所形成的暂时联系的高度稳定性而产生的,或者产生于对某种物象的强烈期待或排斥。

白色的图形比同样面积的黑色图形看起来大一些,因为白色反射的光量较多,属扩张性;黑色吸收光量较多,属收缩性。光滑的表面比同样面积的粗糙表面看起来大一些,是因为光滑表面反射强烈而粗糙表面属漫反射的缘故。饱和红色的图形比饱和蓝色的同样的图形看起来小一些,是由于红光的折射率比蓝光的折射率小的缘故。在艺术品表面明暗或色彩构思时,应该考虑这一视觉规律。例如,为了使汽车显得较大,就必须使汽车表面十分光滑并喷涂浅色漆。此外,为了使汽车造成矮而长和重心低而稳的感觉,常常将汽车下部喷上深色,如果使汽车获得短而轻的感觉,其下部可喷上浅色。

第四节 专用汽车的色彩选择

专用汽车的色彩在其造型中占有及其重要的作用,如果前述的形体与线条比作骨架,那么色彩就是不可或缺的肌肉,使汽车得以丰满和完美。

一、色彩的属性与鉴别

色彩视觉是人辨别不同波长的光波的能力,色彩的种类很多,在艺术造型时必须按照一定的方法把它们准确地相互区别和分类。

色相、明度和纯度(饱和度)是用以描写和鉴别色彩的三个基本属性。色相是色彩种类的名称,明度是色彩的明暗程度,亦即色彩对光线的反射程度,纯度是色彩接近标准色(标准光谱色)的程度。标准色,就是不夹杂有黑、白、灰的色相。特定的鉴别方法是:把千变万化的色彩按照一定的方式组织和排列成有规律的系统。鉴别方法通常采用孟欲尔(Muascil)系统、奥斯特华德(Ostwald)系统或 C. I. E.(国际照明会议)系统等。

二、人对色彩的感觉和爱好

人眼可见的光波长是在 760～390nm(纳米)之间。在一般情况下,引起人眼色彩感的色光并不只是某一种波长的光线,而是各种不同波长的光线的总合。

驾驶员的视觉对各种色彩的感受是不同的。蓝色的信号灯用得很少:一方面是因对白炽灯色温较低(接近 A 白色),含有较少蓝光,因而通过蓝滤色片(蓝灯罩)后功率损失;另一方面,光线通过大气时会被尘埃等微粒散射。红色灯光毫无例外地被用作警惕信号,具有十分重要的意义。红色光不易被散射,透过性最好(亦即在远距离的可见度最好),因而被广泛应用于各种交通标志及室外大幅标牌上。大量试验表明,在增加照度时红色光的可见度增长较缓慢,可是在增加面积时红色光的可见度的增长却是最好的。此外,长方形的红灯比圆形和三角形红灯的可见度更佳。由此可见,汽车后部的红色制动灯最合理是采用大面积的长方形。橙色和黄色的透过性也较好,而且色彩的明度也较大,被广泛地用于室外各种标牌及指示灯(如汽车的转向指示灯)。绿色光易与背景(例如绿树)混淆,因而需要有合适的背景加以衬托。在交通密度较大的市内行驶时,车辆相互距离较近,灯光对驾驶员来说已不是点光源,而是具有一定面积的发光表面。在两辆汽车相互接近时,随着驾驶员对灯的视角的迅速增大,灯光亮度的容许值亦应急剧下降。也就是说,对于具有一定发光强度的灯具,必须使之平均分散在足够的面积上,从而降低其亮度。

图 3-2 所示是人对各种色彩的视角的大致数值。可见人眼对红色与绿色的垂直与水平视角都是较小的。如果将信号灯光布置在人眼对该种颜色的视角界限附近,就可能被人眼忽略,那将是危险的。与此相反,一切对驾驶员视觉不利的色彩干扰则应布置在这个界限之外,人的色彩视觉并不是一成不变的。在受到其他色彩的干扰时,在受到噪声、气味、服药、饮酒等因素的影响和刺激时,人对某种色彩的感觉会产生变化。人眼对各种色移的可见度亦随车速的提高而下降。再说,人眼和神经系统在频繁的刺激后容易疲劳,严重时甚至会对某些色彩信号判断错误。因此,在专用车辆上某些紧急关键的信号仅仅依靠色彩的差别来传达是不可取的,应该使色彩和文字(或图形)或者声音信号同时结合起来。色彩给人的心理感觉是指寒暖感(冷

或热)、进退感(近或远)以及象征感。这是人类在长期劳动实践中逐渐形成和完善起来的,是人的视觉与各种感觉器官通过大脑神经活动的复杂的联系。例如,看见黄橙色,就会联想起炎热的太阳与火,看见蓝紫色,就会想起广阔的海洋、幽远的天空。又例如看见红色就会联想起革命先辈血洒疆场;看见绿色,就会想起朝气蓬勃的原野。上面几个例子说明了黄色是"暖的色彩",蓝色是"远的色彩",红色象征革命,绿色象征欣欣向荣。在色彩设计时,如何利用人对色彩的感觉规律对人产生心理影响是一个需要反复推敲和研究的极其重要的问题。

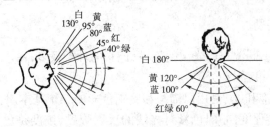

图 3-2　人眼对各种色彩的视觉界限

人对各种色彩的爱好,是用科学的数理统计方法取相当人数的典型受试者进行调查而总结出规律。两种或两种以上的色彩进行配合时,调和表示差异较小,对比表示差异较大。色彩的调和或对比,可涉及色相、明度、纯度之一或同时涉及这几个方面。在汽车色彩设计时,常常是调和与适度的对比并用。调和固然能造成和谐安宁的效果,并易于被人接受,但往往是单调不活跃的。对比往往能给人比较深刻的印象,强烈的对比甚至会产生刺激,因而适度的对比是可取的,也是必要的。

在色立体图或色度图中相邻近的色相进行配合时,一般都会得到较好的效果,但应注意变化其明度、纯度和面积,才能更加活跃。色环或色度图中相对的色彩是补色,它们在色相上是不调和的。如果两种色彩的纯度都很大而面积相接近,就会形成强烈对比。为了使补色调和,就应使两种色彩的明度、纯度和面积有较大的差别。

白、黑、灰称为极色或非色彩。一般地说,它们可与任何色彩配合,并易于调和,原因是一切纯度不高的色彩都含有非色彩因素。金色和银色是两种亮度较高的色彩,由于它们的反光作用,它们亦易于与任何色彩调和。

无论在色立体图或色度图中应用任何配合方法,采取"小间隔"的手法是较稳妥的,因为相邻过近的两种色彩容易混淆,而相隔很远的色彩又会形成过强对比。如果发现色彩不调和,可以采取下列措施:

(1)减小一种色彩的面积;
(2)加入白色,使色彩变淡(称为淡调);
(3)加入黑灰色,使色彩变暗(称为破调);
(4)用白、灰、黑、金、银等色镶边,作调和过渡;
(5)两种色彩交接处用邻接色(在色相环或色度图中两色之间的色彩)隔开。

必须指出,在色彩配合设计时不可全凭主观想像一次而成,这样的效果未必最好,而应该将所配的色彩进行试验,征询用户的意见和爱好,各种效果反复比较,才能精益求精。

三、专用汽车的色彩设计

在进行专用汽车的色彩设计时,首先要考虑色彩的主调。也就是说,需要突出某一种色彩,使之占绝对优势,其他各部分的色彩围绕这个主调而变化,从而达到"多样统一"的效果。

在设计过程中,需绘制汽车各种彩色方案图和效果图,对各种油漆及装饰材料进行试验。在考虑色彩的主调时,应注意下列问题。

1. 专用汽车的用途

专用汽车的种类繁多,用途各不相同,可根据其不同的使用特点选择色彩。例如冷藏车和油罐车宜用浅色以免阳光将车身晒得过热。反之,自卸车和垃圾车就不宜用浅色(易污染)。在夏季作业的洒水车不宜用暖色调,反之,在冬季作业的扫雪车不宜用冷色调。又例如:医疗车和食品车宜用浅色(易发现污垢),消防车宜用象征警惕的色彩,售货车和餐车宜用鲜艳明快的色彩等。

2. 气候及地理条件

北方的汽车应采用暖的色彩,南方的汽车应采用冷的色彩。特别在炎热的地区,汽车不宜采用饱和的黄色或橙色。经常有雾的地区,汽车应用明亮的色彩(例如黄色)。在黄土高原、沙漠或长期积雪的地方,采用绿色常常能给人愉快的感觉,相反的,在广阔的绿色原野上就不宜用绿色,甚至可用红色。

3. 城市与道路的美化

不同的民族或不同地区的人民,其生活习惯是有差别的。专用车辆的色彩设计要与生活环境有密切联系,与广大人民的爱好和思想感情相一致。一般地说,在车身上喷涂明度和纯度都较低的色彩是易于与环境协调的一种稳妥手法,但是,这并不是说车身的色彩要与环境色彩完全相同(变成保护色),应该与街道、建筑物、城市绿化等色彩有适度的区别。应当指出,专用汽车的色彩可以与普通汽车的色彩有适度的区别,但一般不采用强烈的对比色彩。只有那些需要引起交通警觉的专用车辆(例如工程维修车辆)才采用与环境有明显对比的色彩或透过性较好的色彩(红、橙、黄色)。

专用汽车的生产批量小、品种多,喷涂油漆的工艺也较灵活,一般都采用两种或两种以上的色彩,车身上还可描画文字、图案等。在色彩设计时,应当巧妙地运用色彩配合的规律,力求达到最佳效果。

在室内色彩设计时,应注意和外部色彩的关系,并使整个室内的色彩围绕主色调进行变化。仪表板表面的覆饰材料应采用色彩深暗(例如黑色或深灰色)的无光泽的凹凸纹样,以吸收强烈的光线和造成漫反射,切忌把仪表板染上纷乱的色彩——例如光亮的宽大的仪表电镀框或五光十色的饰条,以免影响驾驶员的视力。仪表上或操纵按钮上的文字和符号应当鲜明醒目,应当采用与背景有明显对比的色彩。

顶篷、侧壁、座椅、地板的色彩,应以顶篷的色彩最浅,地板的色彩最深,侧壁和座椅的色彩居中。由于汽车结构的紧凑性决定了汽车室内较小,不像建筑物室内那样高大宽敞,也就是说顶篷与人头顶的距离是很小的。如果顶篷的色彩过分浓重,就会使人觉得沉闷抑郁,因而顶篷的色彩以浅色为宜。地板的色彩要求稳重,不宜用太浅和太鲜明的色彩,地毯纹样的色彩也不要与底色有强烈对比,以免有凹凸不平之感。侧壁的色彩,其上半部可以是顶篷色彩的延续或采用相近似的色彩,其下半部的色彩可与地板相近似。室内各部分的色彩应以调和为主,不宜采用过多鲜明的对比,各部分色彩的明度和纯度都不宜过高,以便形成安闲宁静的感觉。但是,座椅面料色彩的纯度也可稍高一些。

第四章　专用汽车部分总成及装置

专用汽车通常是在基本车型的基础上改装而成的。它具有品种繁多、结构各异、使用面广、工况复杂等特点。专用汽车除了具备基本车型的基本功能以外，还装有某些专用设备，具有某些专用功能。这就需要在基本车型的基础上进行总体设计和局部改装，对部分总成、部件的结构和位置作必要改变，合理地组合。就像"摆积木"一样，使基本车型与专用设备重新匹配集成为一个理想的整体。模块化、集成化可以简化专用汽车的设计，缩短生产周期，降低制造成本，提高产品的可靠性，便于维修。

专用汽车在设计、制造、使用等方面比基本车型复杂得多，而专用汽车之间也有许多共同之处。本章仅对专用汽车相对共性的部分总成及装置予以叙述。

第一节　发　动　机

一、专用汽车对发动机的基本要求

发动机不仅是专用汽车行驶的动力源，也是某些专用汽车专用装备的动力源。它的性能好坏直接影响专用汽车的动力性、经济性和可靠性。因此，在选购和使用专用汽车时，应对发动机的结构与性能作细致的了解，根据专用汽车需要选用不同型号的发动机，以满足不同的工作要求。

专用汽车对发动机的基本要求：足够的功率和转矩；良好的燃料经济性，特别是在常用工况下的比油耗要低；便于动力输出，满足专用装备驱动动力的需要；工作安全可靠，耐久性好；通用性好，维修方便；振动小，噪声低，排放污染符合要求。

二、发动机的结构形式及其影响

1. 发动机的种类

专用汽车大都采用往复活塞式汽油发动机或柴油发动机，通常称为汽油机和柴油机。汽油机的质量轻，体积小，比功率高，工作振动和噪声小，价格较便宜，汽油机的冷起动性也好于柴油机。因此，轻型和中型专用汽车一般均装用汽油发动机。但是，大缸径的汽油机爆震倾向增大。

与汽油机相比，柴油机具有良好的燃料经济性，排气污染物少，有低速运转时转矩大，工作可靠性好和耐久性好等优点。随着柴油机性能的提高，制造成本的降低，中型专用汽车也越来越多地采用柴油机，重型专用汽车几乎都是采用柴油机。这是由于柴油机的特性更适合大吨位的专用汽车。在国外，载质量4t以上的货车大都采用柴油机。

2. 汽缸布置形式

车用发动机按汽缸的排列形式可分为直列（含汽缸斜置）、水平对置和V型三种。小功率的发动机多为6缸以下直列式的，大功率的发动机多为6~16缸V型的，如V6型、V8型、V10

型、V12 型、V16 型等。

直列式发动机的结构简单，工作可靠，制造成本低，维修方便、宽度窄以及在汽车上布置容易。但随着发动机功率的增大，汽缸数相应的增多，缸径也相应的增大，发动机的长度和高度都增大。因此，8 缸以上的发动机几乎都是 V 型的。

与直列式发动机相比，V 型发动机具有高度尺寸小、长度尺寸短、刚度增大，从而使专用汽车结构紧凑，质量小。V 型发动机易于实现系列化（V6 型、V8 型、V10 型、V12 型、V16 型等）。其缺点是因发动机宽，在汽车上尤其是平头车上布置较为困难；此外，还有造价高等缺点。

水平对置式发动机的突出优点是高度低、平衡性良好。水平对置式发动机用在少数车辆总长较长的客车和布置受限的专用汽车上。

3. 发动机的冷却形式

发动机的冷却形式有水冷式和风冷式。

水冷式发动机冷却均匀、稳定可靠，工作噪声低，冷却效果好，能较好地适应增压发动机散热的需要；易于解决车内供暖问题、汽缸变形小、缸盖、活塞等主要零件热负荷较低。因此，在汽车上应用广泛。绝大部分重型专用汽车均采用水冷。但水冷式发动机结构较复杂，使用与维修不方便，冷却效果受大气温度影响较大。

风冷式发动机结构简单，在缺水、沙漠和气温变化大的地区，使用的适应性和散热性较好。在某些特殊要求的专用汽车上得以应用。但冷却不均匀，缸盖等零件的热负荷高，工作可靠性差，噪声也较大。

图 4-1 所示为美国通用汽车公司制造的 71 系列二冲程柴油发动机，装在由意大利引进的佩尔利尼 T20-203 型汽车上，主要为 V6 型、V8 型，两列汽缸，夹角为 63.5°。佩尔利尼 T20-203 型汽车装用的是 GM6V71N 型二冲程柴油发动机。该发动机装有罗茨式扫气泵 1，干式缸套 3，每缸四个气门 6，新鲜空气经罗茨式扫气泵增压，按图 4-1 箭头所示方向进入汽缸。其燃料供给系采用泵—喷油装置 2，以保证燃油的喷射质量。

佩尔利尼 T20-203 型自卸汽车装备的上述柴油机故障率高，使用寿命短。该车无下长坡辅助制动装置。例如，我国的太钢峨口铁矿位于晋北高原，海拔 2000m 左右。为了使佩尔利尼 T20-203 型自卸汽车更好地适合该矿的使用条件，用适应海拔、温差范围大，且有排气制动的道依茨 F8L413F 型风冷四冲程柴油机替代了底特律 GM6V71N 型柴油机。经该矿使用表明：道依茨 F8L413F 柴油机与 GM6V71N 型柴油机相比，具有与佩尔利尼 T20-203 型自卸汽车的传动系匹配良好的优点；道依茨 F8L413F 柴油机的排气制动装置提高了汽车行驶的安全性和工作可靠性，大大延长了制动蹄片的使用寿命；且具有燃油经济性好、维修费用低等优点，从而提高了该车的生产效率和经济效益。

图 4-2 所示为太脱拉系列汽车风冷四冲程柴油发动机。1949 年以来，我国先后引进了捷克和斯洛伐克太脱拉汽车厂生产的太脱拉 111 型、138 型、148 型、813 型、815 型等系列汽车。这类汽车采用中梁式车架和风冷发动机，对路面和环境的适应能力强，在极端困难而又宽阔的场地，能充分发挥其性能和结构特点。该类汽车所采用的发动机均为两列汽缸，夹角为 75°的 V 形排列、直接喷射、风冷式、四冲程柴油机。凸轮轴装在两列汽缸夹角处，用来驱动两列汽缸盖上的进、排气门。带有散热片的汽缸通过螺栓固定在缸体上。喷油泵装在两列汽缸之间。

根据使用条件，T815S3 266×6.2 型三轴自卸汽车，可选装 V10 型或 V12 型柴油机。由于太脱拉系列汽车的使用特点，已在自卸汽车、罐式汽车、牵引汽车及其他专用汽车上得到广泛的应用。我国长征汽车厂已批量生产太脱拉 815 型 15t 载货汽车和底盘。

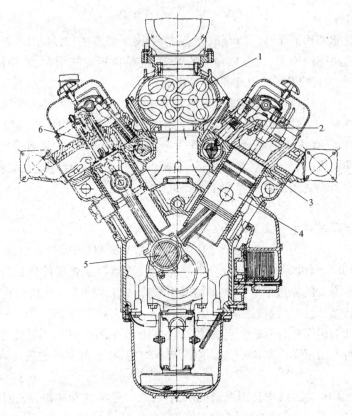

图 4-1 GM6V71N 型二冲程柴油机横剖视
1-罗茨式扫气泵;2-泵—喷油装置;3-干式缸套;4-活塞;5-曲轴;6-气门

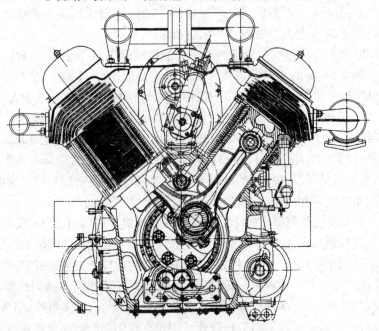

图 4-2 太脱拉汽车风冷柴油机横剖视

图 4-3 所示为康明斯 KTA-2300 型柴油发动机。该机是 V 型 12 缸、增压中冷、四冲程、风冷式柴油发动机。汽缸盖为单缸式,每个缸有两个进气门和两个排气门;缸套为湿式的;连杆

小头是楔形;凸轮轴布置较高,摇臂通过T形杆推动两个进气门或两个排气门;燃油供给系为PT燃油系统。该发动机装有两台T18A型增压器和中间冷却器。

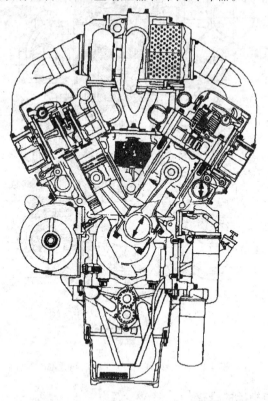

图4-3　康明斯KTA-2300型柴油发动机横剖视

康明斯柴油机是美国康明斯公司的定型产品,有多年的生产历史,技术较成熟,在工程机械及重型汽车上应用较多。我国引进生产和使用的康明斯柴油机一般为3个系列,即V系列、N系列和K系列。重庆发动机厂生产的康明斯NTA885-C360型直列六缸水冷式柴油机,具有技术先进、寿命长(可达8000～10000h)、耗油低和维修方便等优点。

图4-4所示为斯太尔15系列六缸直列水冷式柴油发动机。其基本机型有三种,即自然吸气的WD615.00型,增压的WD615.61型和增压中冷的WD615.65型。该系列的三种产品只是吸气方式、喷油泵的柱塞直径及喷油嘴的喷孔直径不同,其他基本结构完全相同。

该系列柴油机采用直列六缸、一缸一盖结构;扁方形进气管布置在右侧,而排气管位于左侧;在增压机型上,其排气管为三缸一个支管,增压器装在飞轮壳的上方;在柴油机右侧装有同轴的双缸空气压缩机及喷油泵,左侧装有管式机油冷却器;在曲轴前部装有带轮和硅油扭转减振器;在增压中冷柴油机上,风冷式中冷器装在散热器的右面,由冷却风扇进行冷却。

第二代15系列柴油机,型号为WD615.67型。该机型号虽然与WD615.65型在功率上没有改变,但最大转矩却提高到1069(N·m)/1400(r/min),使转矩储备系数达30%。这种柴油机装在汽车上,可降低油耗3%～5%。全负荷最低油耗可降低到196g/(kW·h)以下,且六缸柴油机发动机的额定功率超过221kW。这些指标就目前来说,属国际较先进水平。

我国重汽集团公司生产的斯太尔91系列汽车,引进奥地利斯太尔公司的技术,装用斯太尔15系列六缸柴油机。该系列柴油机装用的喷油器是奥地利FM公司或波许公司生产的,废气涡轮增压器是采用德国KKK公司生产的K-28型增压器。

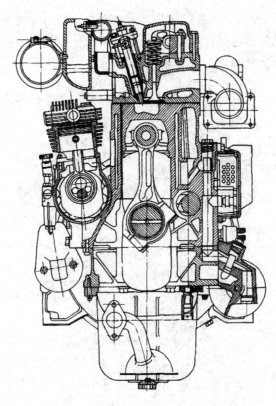

图 4-4 斯太尔 WD615.65 型柴油机横剖视

三、发动机主要性能指标的选择

1. 发动机最大功率 P_{emax} 和相应转速 n_p

根据所设计汽车应达到的最高车速 v_{amax}(km/h),用下式估算发动机最大功率:

$$P_{emax} = \frac{1}{\eta_T}\left(\frac{m_a g f}{3600}v_{amax} + \frac{C_D A}{76140}v_{amax}^3\right) \tag{4-1}$$

式中:η_T——传动系的传动效率,对驱动桥用单级主减速器的 4×2 汽车可取为 0.9;

m_a——汽车总质量,kg;

g——重力加速度,m/s²;

f——滚动阻力系数,对载货汽车取 0.02,对矿用自卸车取 0.03,对乘用车 $f=0.0165\times[1+0.01(v_a-50)]$,$v_a$ 用 v_{amax} 代入;

C_D——空气阻力系数;

A——汽车正面投影面积,m²。

参考同级汽车的比功率统计值,然后选定新设计汽车的比功率值,并乘以汽车总质量也可以求得所需要的最大功率值。

发动机的功率 P_e,对汽车的动力性、燃油经济性以及动力总成质量有影响。虽然汽车的动力性随发动机的功率增加而变好,但燃油经济性会降低,动力总成质量也会增加。

按式(4-1)估算的 P_{emax} 为发动机装有全部附件时测定得到的最大有效功率,约比发动机外特性的最大功率值低 12%~20%。

最大功率 P_{emax} 对应转速 n_p 的范围如下:汽油机的 n_p 在 3000~7000r/min,因乘用车最高车速高,n_p 值多在 4000r/min 以上;总质量小些的货车的 n_p 值在 4000～5000r/min 之间,总质量居中的货车的 n_p 值更低些。柴油机的 n_p 值在 1800～4000r/min 之间。乘用车和总质量小些的货车用高速柴油机,n_p 值常取在 3200～4000r/min 之间;总质量大些的货车的柴油机 n_p 值在 1800～2600r/min 之间。

采用高转速发动机虽然能提高功率,同时也有使活塞运动的平均速度增快、热负荷增加、曲柄连杆机构的惯性力增大并导致磨损加剧、寿命降低和振动及噪声等均增加的缺陷。

2. 发动机最大转矩 T_{emax} 及相应转速 n_T

当发动机的最大功率及相应转速确定后,可用下式计算发动机最大转矩:

$$T_{emax} = \alpha T_p = 7019\alpha \frac{P_{emax}}{n_p} \tag{4-2}$$

式中:α——发动机的转矩适应系数,$\alpha = T_{emax}/T_p$,一般在 1.1～1.3 之间选取;

T_p——最大功率时的转矩,N·m。

要求 n_p 与 n_T 之间有一定差值,如果它们很接近,将导致直接挡的最低稳定车速偏高,使汽车通过十字路口时换挡次数增多。因此,要求 n_p/n_T 在 1.4～2.0 之间选取,并由发动机设计保证。

四、发动机的悬置

汽车是多自由度的振动体,并受到各种振源的作用而发生振动。发动机就是振源之一。发动机是通过悬置元件安装在车架上,悬置元件既是弹性元件又是减振装置,其特性直接关系到发动机振动向车体的传递,并影响整车的振动与噪声。合理的悬置不但可以减小振动、降低噪声以改善乘坐舒适性,还能提高零、部件和整车寿命。因此,发动机的悬置设计越来越受到设计者的重视。

发动机悬置应满足下述要求:因悬置元件要承受动力总成的质量,为使其不产生过大的静位移而影响工作,故要求悬置元件刚度大些为好;发动机本身的激励以及来自路面的激励都经过悬置元件来传递,因此又要求悬置元件有良好的隔振性能;因发动机工作频带宽,大约在 10～500Hz 范围内,要求悬置元件有减振降噪功能,并要求悬置元件工作在低频大振幅时(如发动机怠速状态)提供大的阻尼特性,而在高频低幅振动激励下提供低的动刚度特性,以衰减高频噪声;悬置元件还应当满足耐机械疲劳、橡胶材料的热稳定性及抗腐蚀能力等方面的要求。此外,液室与外部之间应密封良好。

传统的橡胶悬置由金属板件和橡胶组成,如图 4-5 所示。其特点是结构简单、制造成本低,但动刚度和阻尼损失角 θ(阻尼损失角越大表明悬置元件提供的阻尼越大)的特性曲线基本上不随激励频率变化,如图 4-7 所示。

结构不同的液压阻尼式橡胶悬置(以下简称液压悬置)均具有:橡胶主簧,用来承受静、动载荷;液压悬置内部有液体工作介质;至少有两个液室,液体可在其间流动;液室之间有能够产生阻尼作用的孔、惯性通道或解耦盘(膜)。

图 4-6 所示为液压悬置结构简图,图中发动机支承臂与液压悬置经连接螺栓 1 连接。橡胶主簧 3 用来承受动力总成的垂向和侧向的静、动载荷,其体积刚度对液压悬置的动力特性有重要影响,而金属骨架 2 用来将橡胶主簧和连接螺栓连起来。缓冲限位盘 4 的作用是控制橡胶主簧的压缩极限位置。底座 9 既是承力件,也是液压悬置的重要密封件,还要保护橡胶底膜 8 免受损害。连接螺栓 10 与底座 9 固连为一体,并将动力总成固定到车体上。惯性通道体 6 将空腔分为上、下两个液室,室内充满液体。底膜 8 呈波纹状,用来吸收上液室的体积变化。

惯性通道体包括上、下两部分，通过过盈配合压在一起，并形成惯性通道7。在惯性通道体之间安装有解耦盘5，其上开有补偿孔12，用来降低低频时的空腔噪声。解耦盘和补偿孔共同形成解耦通道。

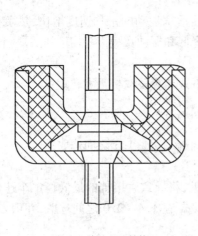
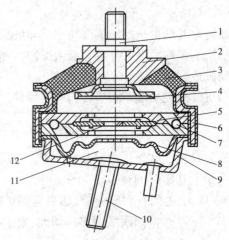

图4-5　橡胶悬置结构　　　　　　　图4-6　液压悬置结构简图
1、10-连接螺栓；2-金属骨架；3-橡胶主簧；4-缓冲限位盘；5-解耦盘；6-惯性通道体；7-惯性通道；8-底膜；9-底座；11-空气室；12-补偿孔

当橡胶主簧承受动载荷上、下运动时，产生类似于活塞的泵吸作用。当液压悬置受到低频、大振幅激励时，液体将经过惯性通道在上、下腔内往复流动，并随之产生沿程能量损失和在惯性通道出、入口处为克服液柱惯性而产生的局部能量损失，液压悬置将产生较大的阻尼效应，使振动能量得到耗散，从而达到衰减振动的目的。

在高频小振幅激励下，惯性通道内液柱的惯性很大，几乎来不及流动。此时，由于解耦盘小变形时的低刚度特性，解耦通道内的液柱与解耦盘高速振动，上、下腔的压力差克服解耦通道内液柱的惯性力，而使液柱具有的动能在解耦通道的入口和出口处被损失掉，从而可以降低液压悬置的高频动刚度，消除动态硬化。

液压悬置与橡胶悬置比较，其动刚度及阻尼角有很强的变频特性，图4-7所示是液压悬置的动特性试验结果。图4-7a)表明液压悬置的动刚度在10Hz左右达到最小，在20Hz左右达到最大而后开始下降；在频率超过30Hz以后趋于平稳。图4-7b)表明液压悬置阻尼损失角在5~25Hz范围内比较大，这一特性对于衰减发动机怠速频段内（一般为20~25Hz）的大幅振动十分有利。

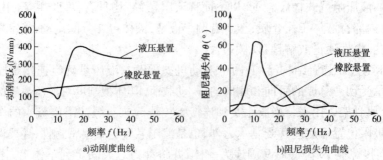

a)动刚度曲线　　　　　　　b)阻尼损失角曲线

图4-7　橡胶悬置和液压悬置动特性

发动机前悬置点,应布置在动力总成质心的附近,支座应尽可能宽些并布置在排气管之前。

第二节 增 压 器

用一个专用装置将气体预先压缩,增大密度后再送入发动机汽缸的过程称为增压。这个专用装置即为增压器。

发动机的功率与进入汽缸的充气量成正比,在发动机单缸工作容积不变的情况下,汽缸中能良好地进行燃烧的燃气越多,则其发出的功率就越大。但自然吸气的发动机,由于受进入汽缸中空气量的限制,虽然通过各种途径可以适当提高其功率,但潜力仍不大。如果能用提高汽缸的充量密度来增加每一个循环进入汽缸的空气量,并相应增加喷油量,就可大幅度地提高发动机功率和燃料经济性,也可有效地恢复发动机的高原功率。一般是在发动机上设置增压器,实现发动机的增压。

柴油机增压是不改变机型而大幅度提高其功率的主要措施。在发达国家的汽车柴油机已基本实现增压化。例如,我国引进的康明斯 KTA-2300c 型柴油机,是一种 12V 型、增压、中冷式的,其缸径与行程均为 158.85mm。它的基本型功率为 441kW,增压后则为 662kW,而再装用中冷器降低进气温度,提高进气密度后,功率提高到 883kW。柴油机增压不仅提高了功率,而且增大了转矩,降低了油耗,还减少了排放污染。因此,增压及增压中冷技术目前被广泛地用在重型车用柴油机上,是柴油机的发展方向。

汽油机增压随着汽车工业的发展其比例也在不断提高,特别是电喷技术的普及,大大促进了汽油机增压技术的发展。

发动机增压所采用的增压器型式虽然很多,但概括起来不外乎两大类:一类是机械驱动式增压器,如叶片式、螺旋式和罗茨式等;另一类是动能式增压器,如气波式和废气涡轮式等。机械式增压器多用于二冲程柴油机作扫气装置。气波增压器是利用气波来传递能量的一种新型的能量交换系统,它是利用废气直接压缩新气的,是一种有待进一步研究和发展的增压器,目前还没有广泛使用。而废气涡轮增压器是目前柴油机或汽油机广泛应用的增压系统。下面仅介绍该种增压器。

一、废气涡轮增压器的基本原理

废气涡轮增压器主要由废气涡轮、中间壳和压气机三大部分组成。它利用发动机排出的废气能量,推动废气涡轮,带动同轴上的压气机叶轮旋转,将压缩了的空气充入汽缸,增加了汽缸中的空气密度;同时,增加了喷入汽缸中的燃油量,以形成更多的可燃混合气,从而提高柴油机的功率。

废气涡轮增压器的基本原理如图 4-8 所示。增压气涡轮壳 4 的进气口与柴油机排气管 1 相连接,增压器压气机壳 9 的出气口与柴油机进气管 10 相连接。柴油机排出的具有 500~750℃高温和一定压力的废气,经涡轮壳 4 进入喷嘴环 2。由于喷嘴环 2 的通道面积由大到小,使废气的压力和温度下降,而流速却迅速提高。利用这个高速的废气气流,按一定的方向冲击涡轮 3,使涡轮高速旋转。废气的压力和温度越高,涡轮转的越快。而与涡轮 3 同轴的压气机叶轮 8 以相同的速度旋转,将经过空气滤清器过滤的空气,吸入压气机。高速旋转的压气机叶轮 8 把空气甩向叶轮的边缘,速度增加后进入扩压器 7。扩压器 7 的形状是进口小出口大,因此,经扩压器的气流速度下降而压力升高,再通过截面由小到大的环形压气机壳9,使气流压力进一步提高后,经进气管10进入汽缸,从而起到了增压的作用。

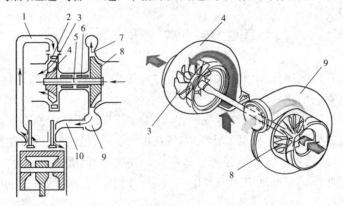

图 4-8 废气涡轮增压器工作原理
1-排气管;2-喷嘴环;3-涡轮;4-涡轮壳;5-转子轴;6-轴承;7-扩压器;8-废气机叶轮;9-压气机壳;10-进气管

由以上可知,废气涡轮就是一个小型的燃气轮机,把发动机排出废气的部分能量转化为机械能,从而带动同轴的压气机叶轮旋转,压气机将空气压缩后充入汽缸。涡轮增压器与发动机之间只有气管相连,气体动能的传递,而无任何机械连接。

二、废气涡轮增压器的分类

1. 按气流方向分类

按废气进入涡轮的气流方向可分为轴流式和径流式两种增压器。其主要参数见表 4-1。

废气涡轮增压器主要参数　　　　　　　　表 4-1

类别	叶轮直径 D_K (mm)	转速 n_{tk} (r/min)	流量 G_K (kg/s)	压比 π_K	涡轮进口温度 t_T (℃)	压气机效率 η_{adk}	适用范围(增加前柴油机)功率 P (kW)
径流式	60~220	2500~130000	0.1~2	1.4~3.5	550~750	0.67~0.80	29.4~367.7
轴流式	220~1000	5000~35000	1.5~35	3~3.5	500~700	0.75~0.85	221~735

径流式涡轮增压器工作时,柴油机排出的废气进入增压器涡轮壳后,沿着垂直于增压器转子轴线方向流动;轴流式涡轮增压器工作时,其废气进入增压器涡轮壳后沿着平行于增压器转子轴线方向流动。

径向式涡轮增压器的特点是流量小、效率高、加速性能好、体积小、结构简单。车用柴油机大都采用径向式涡轮增压器。

轴流式涡轮增压器的特点是流量大、效率高、压力升高比大,适用于中、大型柴油机。

2. 按压力升高比分类

增压器压气机的出口压力与进口压力之比称为压力升高比。简称压比。用 π_K 表示。

按压力升高比可分为低压、中压和高压三种增压器。压比 $\pi_K<1.4$ 为低增压涡轮增压

器,压比 $\pi_K = 1.4 \sim 2.0$ 为中增压涡轮增压器,压比 $\pi_K > 2$ 为高增压涡轮增压器。高增压涡轮增压器是发展趋势,但目前车用柴油机大都采用低增压和中增压的涡轮增压器。

3. 按废气能量利用的方式分类

按对柴油机排出废气能量利用的方式可分为恒压式和脉冲式两种增压器。

恒压式涡轮增压器是将柴油机汽缸排出的废气经过稳定箱再送到涡轮。对多缸柴油机来说,是将所有汽缸的排气歧管接到一个容积足够大的排气总管上,再与增压器涡轮壳进口相连。由于排气总管容积较大,能起到稳压箱的作用,使进入涡轮前的废气压力接近不变,如图4-9a)所示。恒压式涡轮增压器常用于大型高增压的柴油机。脉冲式涡轮增压,也称变压式,如图4-9b)所示。是把排气管容积做得适当小,并把多缸柴油机的排气歧管分成几个分支,再分别与增压器涡轮壳的进气口相连接,避免各缸排气的互相干扰,以充分利用废气的脉冲能量,获得较好的增压效果。而且压力高峰后的瞬时真空,有助于汽缸扫气。目前,车用柴油机多采用这一种增压器。如六缸柴油机,若工作顺序为1—5—3—6—2—4,一般将1、2、3缸接到一个排气管上,沿着涡轮壳的一条进气道通向半圈喷嘴环;将4、5、6缸接到另一个排气管上,沿着涡轮壳上的另一条进气道通向另半圈喷嘴环,使排气互不干扰,以充分利用废气的脉冲能量驱动涡轮(参见图3-28 斯太尔 WD615 型柴油机废气增压中冷系统)。

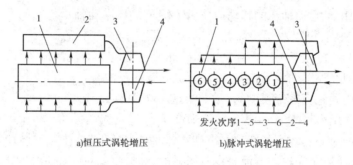

a) 恒压式涡轮增压　　　　b) 脉冲式涡轮增压

图 4-9　废气涡轮增压系统
1-发动机;2-排气总管;3-废气涡轮;4-压气机

三、废气涡轮增压器的构造

目前,汽车用柴油机大都装用径流脉冲式中、高增压废气涡轮增压器。它主要由一个单级废气涡轮机和一个单级离心式压气机组成。其结构如图4-10所示。涡轮机部分由涡轮机叶轮10、涡轮机壳13等零件组成。压气机部分由压气机叶轮3、扩压器2、压气机壳1等零件组成。涡轮机壳13的入口与柴油机排气管相连,出口与排气消声器相连;压气机壳1的进口通过软管与空气滤清器相连,出口通往柴油机汽缸。压气机叶轮3装在增压器轴5上,并用防松螺母紧固,构成涡轮增压器的转动部分,称为转子。涡轮机由柴油机排出的废气驱动,涡轮机叶轮则驱动同轴上的压气机叶轮,压气机将压缩了的空气送到柴油机汽缸中。

涡轮增压器的转子以每分钟几万转到十几万转(潍坊富源增压器有限公司生产的 SJ50 涡轮增压器最高工作转速每分钟高达18万转)的转速旋转。在这种情况下,若采用一般机械中的常用轴承,不能满足转子在高速下运转的要求。现代的涡轮增压器普遍采用全浮动轴承,这种轴承与转子轴之间,轴承与壳体之间均有间隙。当转子高速旋转时,具有一定压力的润滑油充满这两个间隙,使浮动轴承9在内外两层油膜中随着转子轴同向旋转,虽然浮动轴承的转速

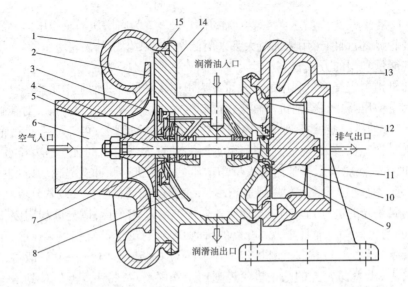

图 4-10 废气涡轮增压器

1-压气机壳;2-无叶式扩压器;3-压气机叶轮;4-密封套;5-增压器轴;6-进气道;7-推力轴承;8-挡油板;9-浮动轴承;
10-涡轮机叶轮;11-出气道;12-隔热板;13-涡轮机壳;14-中间壳;15-V形夹环

比转子低得多,但由于浮动轴承的转动而减小了转子轴与浮动轴承之间的滑动速度。浮动轴承工作时有双层油膜,可以双层冷却并产生双层阻尼。它具有高速轻载下工作可靠、抗振性好、使用寿命长、拆装方便等特点。浮动轴承的润滑也是由柴油机润滑系统提供的压力润滑,过滤的压力润滑油经浮动轴承后,通过回油管流到柴油机油底壳。

早期增压器的涡轮壳是带喷嘴的,半顺半逆180°对称分开式,后来改为顺向双进口180°分开式。目前多采用无喷嘴、双层螺旋流道360°全周进气涡轮结构,如图4-10所示。这种结构改善了排气脉冲对涡轮效率的影响。当排气脉冲频率较低时,排气的脉冲速度在双层螺旋流道间是多变的,所以工作轮的气流并没有明显的波动;这就能更好地利用脉冲能量,改善脉冲情况下的涡流效率,并扩大其流通能力,从而获得壳体尺寸小、质量少、效率高的涡轮。斯太尔WD615.67型柴油机采用的K-28增压器的结构与此类似。

改进压气机叶轮结构,尽可能减少叶轮的转动惯性,以提高涡轮增压器的加速性能。压气机叶轮3采用长短叶片式,增大流量范围。扩压器2可以是有叶片的,也可以是无叶片的,汽车用涡轮增压器多采用无叶片的。

涡轮机叶轮多选用镍基耐热合金,以保证在压比超过3.0和进口温度大于700℃以上时能连续工作。涡轮壳多用耐高温、耐腐蚀、抗氧化起皮的奥氏体含镍合金铸铁精密铸造而成。压气机叶轮和壳体多用铝合金精密铸造。

压气机壳1、涡轮机壳13和中间壳14之间的固定多采用V形夹环15箍紧。这样,相对方向可以任意转动,结构简单,体积小,安装方便。

四、增压柴油机的结构变化

增压柴油机的机械负荷和热负荷都相应地增大,在其结构、参数及材料等方面与非增压柴油机有所不同。

1. 压缩比降低

柴油机增压后的压缩比有所降低,以控制燃烧的最高爆发压力,降低机械负荷,保持其工作的柔和性,但压缩比不能过低,以免影响柴油机的起动性和燃料经济性。

2. 过量空气系数增大

通过控制喷油泵的供油量来提高增压柴油机的过量空气系数,以提高燃料经济性。

3. 喷油压力和喷油量增大

由于增压柴油机的汽缸压力和进气量都有所增加,而汽缸内的增压空气可供更多的燃料燃烧,因此需增大喷油压力和喷油量,以提高柴油机的功率和转矩。

通常通过增大喷油泵柱塞直径、增加供油速率(使喷油泵凸轮腹弧变陡)、加大喷油孔直径来增大喷油量和每一循环的供油量。

4. 喷油提前角减小

增压柴油机压缩终了时的气体压力和温度增高,燃料预燃期缩短,应适当地减小喷油提前角,限制最高爆发压力。但是,如果过多地减小喷油提前角,会使柴油机经济性和涡轮工作条件变坏。

5. 气门重叠角和气门间隙加大

增压柴油机的气门重叠角加大(加大进气门提前角和排气门的滞后角),以加强汽缸的扫气。这不仅使废气排除彻底、进气充分,而且可使气门等高温零件的热负荷降低;还可以使柴油机的排气温度降低,改善涡轮的工作条件。但气门重叠角不能过大,以免增加压气机的负荷,甚至引起柴油机在低速低负荷时排气倒流。

增压柴油机气门零件的工作温度较高,膨胀量增大,气门间隙也应适当地加大。

6. 增设冒烟限制器

增压柴油机的调速器上需增设防冒烟限制器。该装置能根据柴油机增压后空气压力的高低,来自动调节供油拉杆最大供油量的位置。当柴油机加速时,由于增压器转子存在着惯性,使进气压力上升滞后,而供油量增加较快,造成柴油机排出大量的黑烟。这样既浪费了燃料,又造成了排放污染和汽缸积炭。

7. 增设排气旁通阀

为使增压柴油机在设定的工况下获得最佳的转矩曲线,提高增压器低速时的压比,而高速时压比也不致于过高,一般是在增压器涡轮壳上设置排气旁通阀,如图4-11所示。当柴油机高速、大负荷,排气量过大时,压比升高,排气旁通阀4打开,放掉柴油机排气管的部分排气8,使通过涡轮机排出的排气9减少,从而稳定增压器的转速和压比。排气旁通阀是靠增压器压气机壳出口处的空气压力或柴油机转速控制的。有的直接对驱动排气旁通阀传动装置的控制压力进行电子控制,以更有效地改善柴油机的性能。

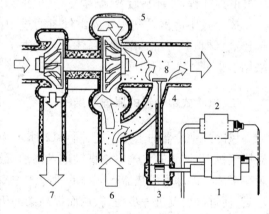

图4-11 排气旁通阀示意
1-增压压力执行器;2-真空泵;3-压力执行器;4-排气旁通阀;5-涡轮增压器;6-柴油机排气管的排气;7-经压气机压缩的空气;8-经排气旁通阀排出的排气;9-经涡轮机排出的排气

第三节 中 冷 器

提高进气压力,增加进气密度,以提高发动机功率,这是采用废气涡轮增压器的主要目的。但是,废气涡轮增压器的压气密度是有限度的,要进一步增加压气密度,则必须继续提高压比或降低增压空气的温度。如果继续提高压比,空气密度的增值会随着进气压力的升高而逐渐减小,而且还会增大发动机零件的机械负荷和热负荷,也增大了排气污染。因此,采用降低进气温度来提高充气密度的做法是可取的。基于这个道理,便产生了空气中间冷却器,即在柴油机进气管与增压器压气机之间装置一个降低进气温度、提高进气密度的冷却器,简称中冷器。

增压中冷可使柴油机在热负荷不增加甚至降低,以及机械负荷略有增加的前提下,较大地提高其功率。降低油耗与排放。试验证明,进入汽缸的空气温度每下降10℃,油耗可下降0.5%,功率可提高2.5%~4%,增压压力越高,中冷器的效果越显著。

一、中冷器的分类

中冷器一般由铝合金材料制成。按中冷器的冷却介质的不同可分为:水对空气中冷器和空气对空气中冷器,简称水冷式中冷器和风冷式中冷器。

水冷式中冷器是利用循环冷却水对通过中冷器的空气进行冷却的。它具有安装位置灵活,使得整个进气管路更加顺畅等优点,但其冷却系统组成部件较多,结构复杂,制造成本较高,一般用在发动机中置或后置的车辆上,以及大排量发动机上。中冷器中的冷却水可以是柴油机的冷却水,也可以是外源水。前者,结构简单,但由于冷却水的温度为80~90℃,所以对空气的冷却程度有限;后者,结构复杂,但冷却效果好。

风冷式中冷器是利用外界空气对通过中冷器的空气进行冷却的。它具有冷却效果好、热比高、结构简单,工作可靠、体积小、质量小和制造成本低等优点,被汽车发动机普遍采用。

二、风冷式中冷器的原理与结构

风冷式中冷器的工作原理,图4-12所示为斯太尔WD615型柴油机增压中冷系统。增压器压气机10增压的空气不是直接进入柴油机进气管4,而是用连接管3将增压的空气引至安装在柴油机冷却水散热器6前面的风冷式中冷器5中,经中冷器的增压空气温度可降低80℃左右,使进气密度进一步提高,从而提高柴油机的功率,但这种系统有一个缺点,就是中冷器始终以最高效率工作,当柴油机在低负荷下运转时,就会导致汽缸中的充气过冷,燃料得不到完全燃烧而冒白烟等一系列问题。

有一种轮缘涡轮风扇中冷系统,如图4-13所示。它也是采用风冷式中冷器。这种系统可以克服上述风冷式冷却系统存在的缺点,其冷却强度是随着柴油机负荷的变化而变化。该系统由废气涡轮增压器、中冷器和空气涡轮风扇等组成。空气涡轮风扇的涡轮部分和风扇部分是一体的。从涡轮增压器压气机的出口处引出一小部分空气以推动冷却风扇外缘的涡轮旋转,风扇随之旋转把周围的空气吹向中冷器,对增压的空气进行冷却。吹动空气涡轮的能量与涡轮增压器压气机出口处的空气压力有关,也就是与柴油机的负荷有关。当柴油机大负荷工作时,压气机出口处的压力较高,就有足够的空气能量推动空气涡轮风扇高速运转,从而以较多的冷却空气吹向中冷器,加强对增压空气的冷却,降低充气温度;当柴油机负荷较低时,压气机出口处的压力较低,推动涡轮风扇的空气能量下降,冷却效果就相应地降低,甚至起不到冷却的作用。

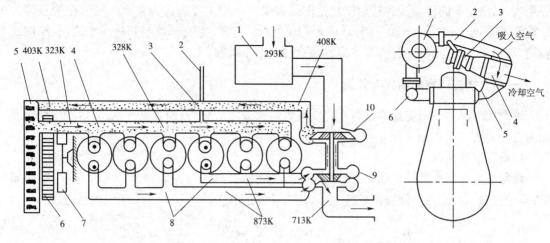

图 4-12 斯太尔 WD615 型柴油机增压中冷系统
1-空气滤清器;2-冒烟限制器气压控制管;3-连接管;4-进气管;5-风冷式中冷器;
6-冷却水散热器;7-风扇;8-排气管;9-废气涡轮;10-压气机

图 4-13 空气涡轮风扇中冷系统
1-涡轮增压器;2-进气管道;3-空气涡轮风扇;4-中冷器;5-进气支管;6-排气支管

风冷式中冷器的结构(图 4-14)与冷却水散热器的结构相似。它的安装位置如上所述,大部分装在柴油机冷却水散热器的前面,利用柴油机风扇对中冷器进行冷却;有的是单独设置一个冷却风扇装在柴油机上半部,对中冷器冷却。中冷器外形随柴油机的机型而异。其结构大都是由外面带有散热板翅的扁管、箱体和集气室组成。增压的空气由集气室流经扁管进行冷却。

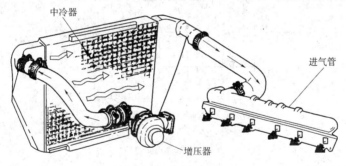

图 4-14 风冷式中冷器布置

第四节　组合变速器

变速器的主要功能就是为了改变发动机传到驱动轮上的转矩和转速,使汽车具有合适的牵引力和速度,同时使发动机保持在最有利的工况范围内工作。

专用汽车种类繁多,工况差别很大,有一些专用汽车仍选用 4~5 个挡的普通齿轮式变速器就很难满足使用要求。比如,普通中型自卸汽车的变速器一般有 4~5 个挡,矿用重型自卸汽车的使用条件比较复杂,它们大都采用柴油机为动力,其转矩变化平缓、适应性差,特别是比功率较小,因而需要有较大的传动比变化范围的变速器,以提高汽车的动力性和燃料经济性,提高发动机的功率利用率。重型汽车一般有 5~10 个挡,有的重型汽车甚至有 12 个挡以上。

为了满足某些专用汽车品种多、批量小、挡位多的要求,又不使变速器的结构复杂化,普遍采用组合法构成变速器系列。即选用 1~2 种基本型主变速器,再串接一个不同的副变速器构成系列,以满足不同传动比和转矩变化范围的需要。一般主变速器为 4~5 个挡,副变速器为 2 个挡,串联起来使挡位增加一倍,形成 8~10 个挡。这样,主变速器与其他车型通用,结构比较简单,易于实现总成系列化,成本低,可靠性好,便于维修。

一、组合式变速器的结构与分类

组合式变速器按副变速器设置在主变速器之前或之后分为:前置副变速器、后置副变速器和前后置副变速器三种。

1. 前置副变速器

常做成具有超速挡的传动类型,如图 4-15a)所示。由一对齿轮和换挡部件组成,结构紧凑,易于变型。当动力经该对齿轮传递时,主变速器的每个挡都得到一个相应的超速挡。

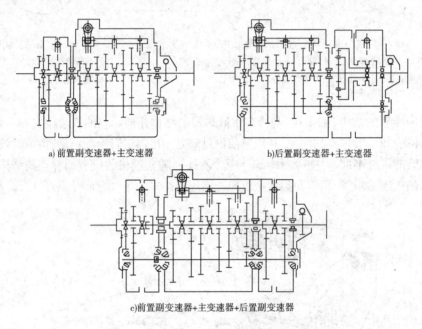

a) 前置副变速器+主变速器　　b) 后置副变速器+主变速器

c) 前置副变速器+主变速器+后置副变速器

图 4-15　组合式变速器

2. 后置副变速器

可以获得较大的传动比,有利于减小主变速器的质量和尺寸,如图 4-15b)所示。后置副变速器可由两对齿轮或一组行星齿轮组成。前者结构简单,后者结构紧凑、质量小,且能得到较大的传动比。

3. 前后置副变速器

如图 4-15c)所示,这种组合式变速器可以获得更多的挡位和更大的变速范围。

二、典型的组合式变速器

1. B181 型变速器

图 4-16 所示为 UNIC-27-64、27-66 型汽车的 B181 型变速器。副变速器装在主变速器的后端,两者共用一个壳体;主变速器有 4 个挡,副变速器有两个挡。副变速器的低速挡是减速传动,与主变速器 4 个挡串联组成 4 个低速挡(一挡~四挡);副变速器的高速挡是直接传动,与主变速器的 4 个挡组成 4 个高速挡(五挡~八挡)。只有在四挡、五挡两个挡位之间换挡时,

才需要操纵一个高、低速预选开关,由压缩气推动换挡汽缸实现副变速器的换挡。

在主变速器一、二挡及三、四挡之间装有自增力式同步器。在副变速器高、低速齿轮之间装有锁销式惯性同步器。

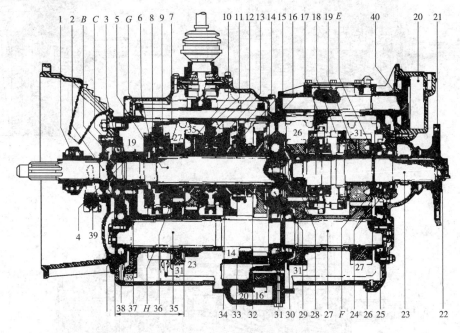

图 4-16　B181 型组合变速器

1-离合器分离轴承;2-第一轴;3-滚珠轴承;4-常啮合齿轮;5-固定螺母;6-四挡齿轮同步器;7-三、四挡拨叉;8-接合套;9-三挡齿轮同步器;10-第二轴二挡齿轮;11-一、二挡拨叉;12-二挡齿轮同步器;13-一挡齿轮同步器;14-倒挡拨叉;15-齿式离合器;16-第二轴倒挡齿轮;17-高、低挡拨叉;18-高、低挡同步器;19-低速挡齿轮;20-气动缸;21-凸缘;22-固定螺母;23-输出轴;24-25-圆锥滚子轴承;26-放油螺塞;27-副变速器中间轴;28-滚柱轴承;29-滚珠轴承;30-圆锥滚子轴承;31-滚柱轴承;32-滚针轴承;33-倒挡齿轮总成;34-第二轴一挡齿轮;35-中间轴;36-第二轴三挡齿轮;37-滚针轴承;38-滚珠轴承;39-离合器分离叉;40-活塞

2. ZF-90 型变速器

ZF-90 型组合式变速器由 ZFS6-90 型主变速器和 ZFGV90 型副变速器组成。图 4-17a)所示为 ZFS6-90 型变速器,适用于发动机功率在 110～210kW 的汽车。该变速器有 6 个前进挡,都采用锁环式同步器,倒挡用接合套。

图 4-17b)所示为 ZFGV90 型前置副变速器。它的结构为一对常啮合齿轮,锁环式同步器和两挡预选式气动换挡,与 ZFS6-90 型主变速器前端面直接连接,组合成为具有 12 个挡的变速器。当副变速器换上低速挡时,输入轴与主变速器输入轴连接,通过主变速器的主动齿轮带动中间轴;当副变速器换上高速挡时,其输入轴与主动齿轮连接,通过副变速器的被动齿轮带动中间轴。

3. ZF16S220 型变速器

ZF16S220 型变速器如图 4-18 所示,是由 ZF-Ecosplit 系列变速器进一步改进制成的。它分为三大部分:主变速齿轮组由 4 个前进挡和 1 个倒挡组成,一挡和二挡为双层,锥面锁环式同步器;后置两速行星齿轮组将传动比范围进一步增大;前置两速齿轮组将传动比细分,使挡数再增加一倍。这样,具有 4 个挡的主变速齿轮组与两速行星齿轮配合达到 8 个挡,再与前置两速齿轮组配合组成为 16 个挡的变速器。

这种变速器的传动比范围大,挡位多,结构紧凑,操纵方便。

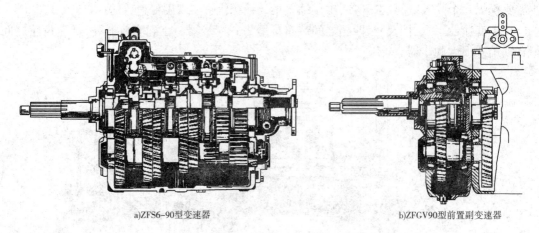

a) ZFS6-90型变速器　　　b) ZFGV90型前置副变速器

图 4-17　ZF90 型变速器

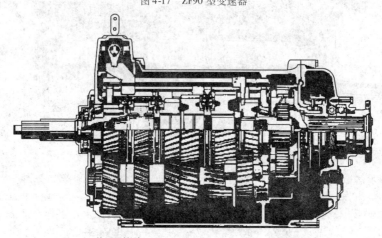

|前置两挡副变速齿轮组|四挡主变速齿轮组，带倒挡|后置行星齿轮组|

图 4-18　ZF16S220 型变速器

三、组合式变速器的操纵

为了改善和简化组合变速器的操纵过程，副变速器一般采用预选气动换挡，有的采用预选电控—气动换挡。在气动操纵系统中，为了满足副变速器同步惯量小、快速换挡和换挡操纵与离合器有伺服联系的要求，使离合器踏板踩到底时，才有可能实现换挡。采用预选气动换挡，副变速器没有空挡位置，可以单独换挡，也可以与主变速器同时换挡。

1. 后置副变速器气控换挡系统

图 4-19 是法国 UNIC-27-64 型汽车副变速器气动换挡机构示意图。它主要由预选开关 4、控制阀 8、换挡汽缸 10 等组成。

副变速器的换挡预选开关 4 位于驾驶员座椅的右侧。当预选开关处于图示高速挡位置时，踩下离合器踏板 1，控制阀 8 接通气路，来自贮气筒的压缩空气经控制阀 8、预选开关 4 的 E 孔进入换挡汽缸 10，推动活塞 11 左移，副变速器换入高速挡。而活塞左侧腔室，经预选开关的 C、D 孔与大气相通；同理，当预选开关处于低速挡的位置时，踩下离合器踏板，换挡汽缸推动副变速器换挡拨叉右移，完成低速挡的换挡过程。

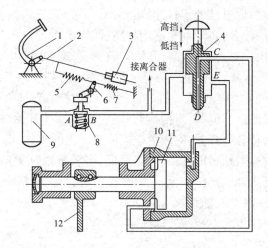

图 4-19　UNIC-27-64 型汽车副变速器气动换挡系统

1-离合器踏板；2-拉杆；3-离合器助力器；4-高、低挡预选开关；5-弹簧；6-顶杆；7-弹簧；8-控制阀；9-辅助储气筒；10-换挡汽缸；11-活塞；12-高、低挡拨叉

该主变速器有 4 个前进挡，后置副变速器是由两对齿轮组成的，如图 4-16 所示。其传动比的搭配方式是分段式，即副变速器处于低速挡时，变换主变速器的一、二、三、四挡为组合变速器的一、二、三、四挡，副变速器处于高速挡时，为组合变速器的五、六、七、八挡。

2. 前置副变速器气控换挡系统

ZFGV90 型前置副变速器与 ZFS6-90 型主变速器的组合体，简称为 ZF90 型变速器，其操纵系统如图 4-20 所示。它主要由预选开关 1、前置副变速器换挡汽缸 2、分配阀 3、控制阀 4 等组成。

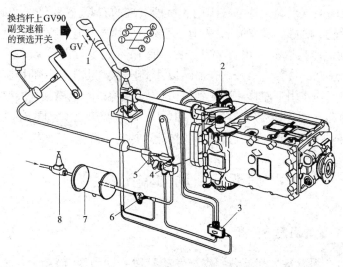

图 4-20　ZF90 型变速器操作系统

1-预选开关；2-前置副变速器换挡汽缸；3-分配阀；4-控制阀；5-控制阀执行件；6-空气滤清器；7-储气筒；8-安全阀

副变速器的换挡预选开关 1 装在换挡手柄上，操纵非常方便。副变速器的换挡，只需要将预选开关拨至上或下的位置，此时，分配阀 3 即处于打开通往换挡汽缸 2 左腔或右腔的通道，但由于控制阀 4 没有动作，储气筒 7 的压缩空气无法通过控制阀，所以，换挡汽缸仍保持原来的高速挡或低速挡的位置。踩下离合器踏板，控制阀执行件 5 将控制阀气路接通，使来自储气

93

筒的压缩空气经过控制阀,通过已处于打开状态的某一通道,进入换挡汽缸的左腔或右腔,推动活塞按预选开关所处的位置,实现副变速器的高、低速换挡。

该前置副变速器是由一对齿轮和接合套组成的,有高速、低速两个挡;主变速器有6个挡。其传动比的搭配方式是插入式,即副变速器把主变速器的一挡~六挡的传动比细分,形成2个挡的变速系统。正常换挡顺序应为低一挡、高一挡、低二挡、高二挡……高六挡,在使用过程中,根据工况的变化可以跳跃。例如,空挡换低一挡,先将预选开关向下拨,踩下离合器踏板,换挡手柄推入一挡位置,接合离合器,完成由空挡换低一挡的工作,低一挡换高一挡,只需将预选开关向上拨,踩一下离合器踏板即可;高一挡换低二挡,预选开关向下拨,踩下离合器踏板,换挡手柄推入二挡;由高六挡换高三挡,踩下离合器踏板,换挡手柄推入三挡。

3. 副变速器的电控—气动换挡系统

图 4-21 所示为副变速器的电控—气动换挡系统。该系统一般由控制开关2、预选开关3、高速挡电磁阀4、低速挡电磁阀5、换挡汽缸7等组成。

电控—气动换挡系统与气控换挡系统的不同之处在于换挡的控制信号部分,而推动换挡汽缸实现换挡的执行部分基本是一样的。

预选开关3一般装在换挡手柄处。若向上拨动预选开关,踩下离合器踏板1,接通控制开关2,控制电流就通过预选开关到高速挡电磁阀4,推动阀芯向右移动。阀芯的右移便接通气动回路。

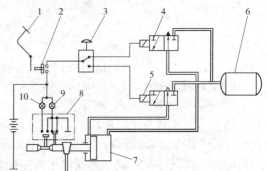

图 4-21 副变速器的电控—气动换挡系统
1-离合器踏板;2-控制开关;3-预选开关;4-高速挡电磁阀;5-低速挡电磁阀;6-储气筒;7-换挡汽缸;8-微动开关;9-高速挡指示灯;10-低速挡指示灯

来自储气筒6的压缩空气经高速挡电磁阀进入换挡汽缸的右腔,左腔仍然经低速挡电磁阀5与大气相通,压缩空气推动换挡汽缸的活塞左移,完成副变速器高速挡的换挡过程。此时,活塞杆推动微动开关8,使低速挡指示灯10回路断开;高速挡指示灯9回路接通。高速挡指示灯9亮表示副变速器处于高速挡的位置。松开离合器踏板,控制开关切断电磁阀的控制电路,高速挡电磁阀的阀芯在复位弹簧的作用下左移而恢复到原始状态,使汽缸经电磁阀与大气相通。

若向下拨动预选开关,踩下离合器踏板,控制开关接通低速挡电磁阀,使其阀芯右移,推动活塞右移,完成副变速器低速挡的换挡过程。同时,低速挡指示灯亮,高速挡指示灯灭。

第五节 动力输出装置

一、动力输出装置的用途与分类

专用汽车上的专用设备大都是利用汽车发动机作为动力源,而动力输出装置就是利用这个动力源来驱动汽车行驶系以外的其他专用设备的机构。动力输出装置又称取力器,用来驱动动力元件或执行元件,它所输出的转速、转矩都应与专用设备的使用特性相匹配。

按动力输出装置取力的总成不同分为发动机取力、变速器取力、分动器取力和传动轴取力几种类型,每一种类型又可分为若干结构形式。

按输出功率的不同分为全功率取力器和部分功率取力器。全功率取力器可以得到发动机的最大功率和转矩,一般在离合器和变速器之间的变速器一轴上或在传动轴中间取力,主要用于水泥泵车、高空消防车等需要大功率的专用车上。全功率取力器使用时,车辆必须是停止的,而部分功率取力器可以在汽车行驶过程中取力,以驱动其他专用设备。

经变速器输出动力是专用汽车应用最广泛的一种。动力可由变速器的倒挡齿轮、中间轴、输出轴或输入轴输出(图4-22),传给专用设备。如混凝土搅拌运输车、自卸汽车、液罐汽车、汽车式起重机、冷藏车、垃圾车等一般都是从变速器获取动力的。特别是从变速器侧面取力窗口通过变速器中间轴上的高挡齿轮或倒挡轴上的倒挡齿轮取力的应用更多,有配套厂生产的系列产品。

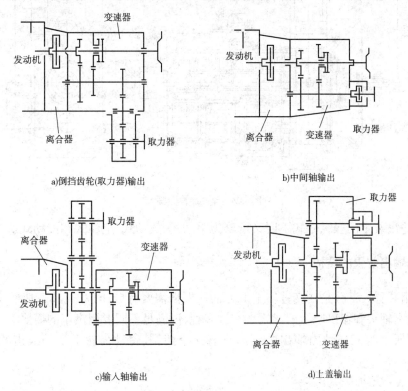

图 4-22 变速器输出动力

侧取力器系在变速器侧,在汽车取力器中使用最为广泛。总体结构:有一轴式、两轴式、三轴式、带副箱式、单操纵双输出式和双操纵双输出式等几种形式。其中以两轴式结构最为普遍;一轴式结构最为简单;两轴式和三轴式主要用于输出有变速异向输出的取力器,如越野汽车绞盘取力器;也有原为一轴式或两轴式后为改变输出轴旋向而增加一轴成为两轴式或三轴式;带副箱式主要是在原取力器基础上进一步增速或减速,以扩展其使用性能;单操纵双输出式的两输出可同轴也可不同轴,但由同一操纵机构同时控制;双操纵双输出式的两输出可同轴也可不同轴,但由不同的操纵机构独立控制。

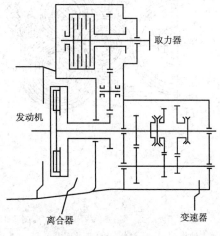

图 4-23 发动机输出动力

有些专用设备由于不便利用变速器输出动力,而从发动机前端或后端输出动力,如图4-23、图4-24所示;或从分动器、传动轴输出动力。有的发动机前端备有可供用户选择的带有动力输出的带轮,有的则设有专供动力输出的齿轮。

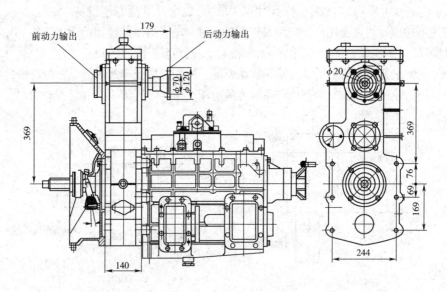

图 4-24　全功率取力器

按动力输出装置的操纵方式不同又可分为手动式、气动式、电动式和液动式。

二、动力输出装置的结构

动力输出装置大部分是在变速器上取力的。根据需要有单速、双速和三速的定轴式齿轮变速装置,输出轴头和输出凸缘的形式也有许多种,以满足不同专用汽车的需要。

图 4-25 所示为三速动力输出装置。它有 3 个挡,其主动齿轮 1 上的大齿轮与变速器

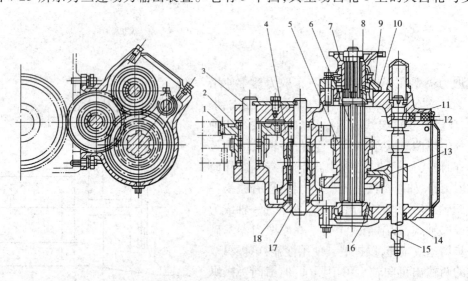

图 4-25　三速动力输出装置

1-主动齿轮;2、19-滚针轴承;3-主动齿轮轴;4-中间齿轮;5-滑动齿轮;6-输出轴;7、17-圆锥滚子轴承;8-连接凸轮;9-油封;10-轴承盖;11-调整垫片;12-定位球;13-锁止弹簧;14-变速叉;15-叉轴油封;16-变速叉轴;18-中间轴

取力齿轮常啮合而获取动力,经齿轮组的传递,由输出轴 6 输出。当主动齿轮 1 上的小齿轮

与滑动齿轮 5 上的大齿轮啮合时为低速挡,传动比为 2.633;主动齿轮 1 上的大齿轮与滑动齿轮 5 上的小齿轮啮合时为高速挡,传动比为 0.984;滑动齿轮 5 与中间齿轮 4 相啮合,此时输出轴 6 反向旋转,传动比为 1.505。这种动力输出装置为手动换挡,变速杆在驾驶室中。

图 4-26 所示为 EQ1092 型汽车气动操纵动力输出装置。该装置为两轴气动,采用输入轴、输出轴与变速器中间轴同平面布置,啮合齿套换挡,内藏式气动操纵机构。具有结构紧凑、换挡方便可靠、传递转矩大等特点。

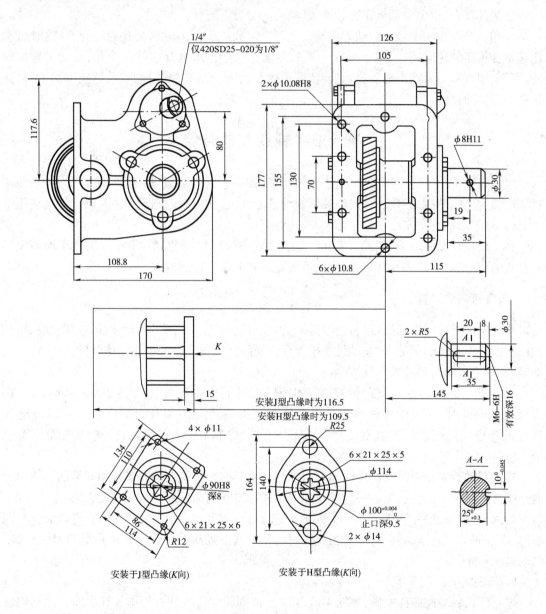

图 4-26 EQ1092 型动力输出装置

三、动力输出装置的匹配

专用汽车大多数采用基础车型的底盘,而许多附加动力输出装置所需的功率较小,与基础车型发动机的正常工作状态很不匹配,造成油耗高、效率低。特别是对于一些长时间工作的动力输出装置的专用汽车,更应注意。

对于动力输出功率小、工作时间长的专用汽车,要合理地选择动力输出装置的传动比,以满足专用装备额定转速的要求;提高发动机的负荷率,降低发动机的转速,使发动机尽可能地工作在最佳状态;避免发动机在高转速、低负荷的状态下工作。

专用汽车动力输出装置的动力匹配很大程度上取决于动力输出装置的传动比(这种传动比包括变速器的传动比)和整个工作装置的传动比。合理地选择这些传动比,使动力输出既能满足专用汽车动力输出的需要,又能使发动机与动力输出装置合理匹配,达到节约燃料、延长使用寿命的目的。

第六节 辅助制动装置

经常行驶于山区的专用汽车,由于坡长弯多,如果长时间频繁使用行车制动器,势必使制动器内温度急剧升高,导致热衰退和液压制动系的气阻,使汽车的制动效能及制动器的使用寿命显著下降,影响行车安全。

为了减轻行车制动器的负担,提高汽车运输效率,确保行车安全,重型专用汽车均装设不同型式的辅助制动器,主要有排气制动、液力减速和电力减速装置等。

一、排气制动装置

排气制动就是在发动机排气歧管与排气管接口处设置一个阀门,当使用排气制动时,将该阀门关闭并停止供给燃油,使发动机在排气行程期间压缩排气歧管中的气体,借以消耗汽车的动能,取得更大的制动效果。

排气管中的压力受排气门弹簧弹力的限制,排气管中的气压可达 200~400kPa。在排气压缩的同时,排气管中的压缩气体会把其他缸的排气门顶开而倒流入汽缸。由进气行程推开排气门而进入汽缸的压缩气体,会经进气门高速排出,从而使进气系统的噪声增大。

排气制动装置是由排气制动阀和阀门控制系统组成。排气制动阀多采用蝶形的。阀门控制系统有机械式、气控式、电磁—气控式和电磁式。排气制动一般与行车制动无关,独成系统。而有些汽车(如菲亚特 650E 型汽车)的排气制动与行车制动是联控的,当行车制动踏板刚踩下时,排气制动就自动地发挥作用,当放松制动踏板或发动机转速降至接近最低速时,排气制动便自动解除。

1. 蝶形排气制动阀

蝶形排气制动阀简称蝶阀,如图 4-27 所示。该阀装在排气歧管与排气管之间。控制汽缸通过销轴驱动蝶形阀体中的蝶形阀门开闭,由限位螺钉来调整其全开和全闭的位置。

2. 电磁—气控排气制动系统

图 4-28 所示为自卸汽车电磁—气控排气制动系统。该系统主要有排气制动开关 2、离合器开关 4、加速踏板开关 5、电磁阀 8、汽缸 7 和蝶阀 6 组成。

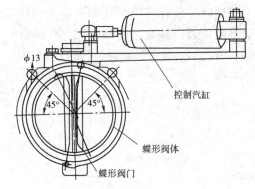

图 4-27 气动蝶形排气制动阀

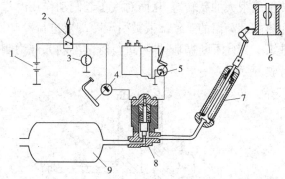

图 4-28 自卸汽车电磁—气控排气制动系统
1-蓄电池;2-排气制动开关;3-指示灯;4-离合器开关;5-加速踏板开关;6-蝶阀;7-汽缸;8-电磁阀;9-储气筒

根据行车需要接通排气制动开关 2,抬起加速踏板和离合器踏板,使相应的开关 5 和 4 都接通,电磁阀 8 才打开气路,来自贮气筒的压缩空气推动汽缸活塞,使蝶阀关闭,实现排气制动,若关闭排气制动开关,电磁阀就切断来自贮气筒的压缩空气,汽缸活塞在弹簧力的作用下复位,打开蝶阀,解除排气制动。

图 4-29 所示为排气制动系统的电磁阀。当驾驶员抬起加速踏板和离合器踏板而使电磁阀线圈通电时,阀芯被吸引,克服弹簧的弹力上移,打开气路,推动蝶阀关闭。

3. 机械式排气制动装置

机械式排气制动装置由排气制动手柄、蝶形制动阀、喷油泵联动拉杆等组成。当汽车需要排气制动时,推动排气制动手柄,通过相应的传动机构,关闭排气制动蝶阀,使汽车实现排气制动。在排气制动手柄推至 3/4 行程时,喷油泵联动拉杆应使喷油泵停止供油。

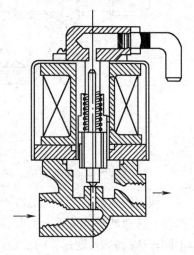

图 4-29 电磁阀示意

二、液力缓速器

液力缓速器又称液力减速装置。汽车在下长坡时使用排气制动,虽然能收到良好的制动效果,但对于吨位较大的矿用自卸汽车来说,采用排气制动效果是有限的。因此,对装有液力机械传动的矿用自卸汽车,如上海 SH3541 型(原 SH380A)及别拉斯 540 型自卸汽车都装有液力减速缓速器。

液力缓速器一般装在液力机械变速器的后端。从结构上看是两个背靠背的液力耦合器,如图 4-30 所示。两个耦合器的泵轮做成一体,连接在变速器的第一轴上,称为液力缓速器的转子。两个涡轮则是固定不动的(即壳体 2 和盖 4),称为液力缓速器的定子。铸铝的转子 3 上铸出两排叶片 A,转子上有三处开有平衡孔 5,用以平衡两腔的油压。盖 4 和壳体 2 上有固定叶片 B。

液力缓速器制动力矩的大小取决于工作腔内的油压和油量,以及转子的转速,其特性曲线如图 4-31 所示。当汽车下坡时,汽车在重力作用下滑行,使液力缓速器的转子高速运转。此时,变矩器不充油,向液力缓速器充油。工作油液在转子内被加速,在定子内又被减速。它给转子以很大的反转矩,从而对汽车起制动作用。汽车下坡时位能在液力缓速器内逐渐地转变为热能。高温的工作油液被引至冷却器进行冷却,又不断地通过油泵将冷却后的工作油补充进来。如此不断循环,即可进行持续不断的液力制动。当汽车满载下长坡时,可维持汽车恒速行驶。

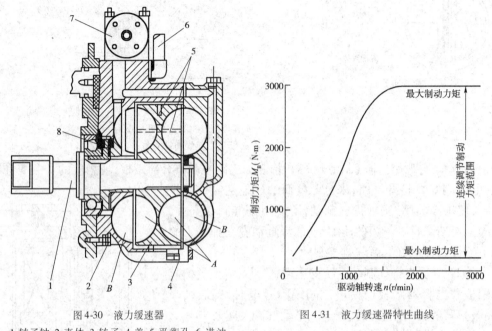

图4-30 液力缓速器
1-转子轴;2-壳体;3-转子;4-盖;5-平衡孔;6-进油管;7-控制阀;8-密封圈座

图4-31 液力缓速器特性曲线

液力缓速器的阻力矩与转子转速的平方成正比。随着汽车速度的增加,汽车的制动力也按转子转速的平方关系而上升,汽车以不同挡位行驶时,汽车的制动力随车速而变化;汽车以不同车速行驶时,变速器的挡位越低,即传动比越大,液力制动的效果越显著,下坡稳定的车速越低。液力缓速器主要是供车辆下坡减速用。汽车正常行驶时,应将液力缓速器中的油液排空,以免消耗发动机功率。

由于液力缓速器往往与液力变矩器共用一个油泵,为了保证液力缓速器充油迅速,且能保证工作时油液有足够的循环强度,在使用液力缓速器时,可使液力变矩器的油液循环中止,让油泵专对液力缓速器供油。

三、电力缓速器

电力缓速器又称电力减速装置。汽车上用的辅助电力制动装置有两种型式:一种是电涡流式,另一种是电阻栅式。机械传动的汽车采用前者,而特大吨位电传动汽车多采用后者。

1. 电涡流缓速器

电涡流缓速器一般用于重型汽车和汽车列车。它具有制动强度较大,且易控制的特点。

电涡流缓速器是电涡流缓速装置的主要总成,如图4-32所示。该制动器由定子和转子组成,数个铁芯4和线圈5组成定子组,装在汽车两纵梁之间。转子由两个带冷却叶片的铸铁转子盘3和转子轴1组成,与汽车传动轴相接,并随其转动。

在汽车正常行驶时,尽管转子随传动轴高速旋转,但由于此时线圈不通电,铁芯没有磁场,故不产生制动力矩,若线圈通激磁电流,数个铁芯便产生数个磁场,通过铁芯的转子盘上各部分的磁通量将发生变化。靠近铁芯的部分磁通量增加,离开铁芯的部分磁通量减少,从而使转子盘中产生电涡流,载流的转子盘在磁场中受到力的作用,其作用方向与转子盘的旋转方向相反,阻碍转子盘的转动,从而使电涡流缓速器产生制动力矩。

电涡流缓速器所产生的制动力矩,可由激磁电流控制装置来调节。通过线圈的激磁电流越大,磁场越强,制动力矩就越大。

2. 电阻栅缓速装置

电传动汽车在进行制动时,驱动车轮的电动机便起到发电机的作用,将汽车的动能转化为电能,然后输入电阻栅中又变成热能,散失到大气中,从而使汽车的行驶阻力增大,达到制动的目的。不过,当汽车车速很低时,驱动车轮的电动机不能发电,所以电力制动的作用也就消失了。因此,电阻栅制动装置只能起到减速作用,要实现准确停车,还需依靠机械制动。如国产108~154t的矿用自卸车均装有电阻栅缓速装置,其最大制动功率可达发动机标定功率的167%。

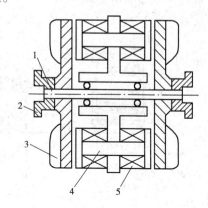

图4-32 电涡流缓速器
1-转子轴;2-连接盘;3-转子盘;4-铁芯;5-线圈

电力减速时,主发电机供电,给驱动车轮的电动机激磁。驾驶员借助于制动踏板踩下的程度来控制制动力矩的大小。当踩下制动踏板时,电阻栅缓速装置就起作用,随着制动踏板下踩幅度的增大,变速器的电阻减小,激磁电流增大,制动力矩也增大,汽车的行驶阻力增加。

电阻栅式电力制动是电动汽车得天独厚的一大优点。由于这种汽车在制动的过程中,电动机变为发电机回收电能;电力制动本身无机械磨损,可使车辆的行驶速度减至5km/h以下,再用机械制动停车。从而减轻机械制动的负担,提高车辆行驶的安全性,降低轮胎在制动时的磨损。

第七节 导 流 罩

导流罩又称导风板,可以改善汽车的空气动力性,是提高汽车的生产效率、降低燃料消耗、改善使用性能的重要措施。对于迎风面积大,行驶速度高、总体上流线性差的汽车列车、厢式汽车等专用汽车来说,显得尤其重要。因此,高速公路上用的汽车列车大都装有导流罩。

导流罩是改善汽车空气动力性的多种装置之一。它是一个硬壳式的罩盖,装在牵引汽车驾驶室顶棚上,如图4-33所示。导流罩一般由薄钢板压制而成,也有用玻璃钢糊制的。导流罩有固定式和可调式两种。固定式导流罩装在驾驶室顶棚上之后,其仰角是不可变的;而可调式导流罩具有仰角调整杆件,可以通过调整导流罩的仰角,适应于不同的货物高度或车厢高度,以获得更小的空气阻力。

图4-34a)所示为未装导流罩的半挂汽车列车的迎风气流特性。通常驾驶室的高度低于车厢1m以上,而驾驶室与车厢之间(或车厢与车厢之间)有1~2m的空隙,前保险杠到

路面也有 0.5~0.8m 的间隙,况且车辆底部有车轴、悬架、制动器、车轮等非规则部件,从而形成断续流和大量的涡流。这些致密的气流区域相当稳定地随汽车列车一起移动,罩住汽车列车,导致汽车列车的空气阻力明显增大。全挂汽车列车的空气阻力更大,而且随着牵引挂车数目的增多而增大。

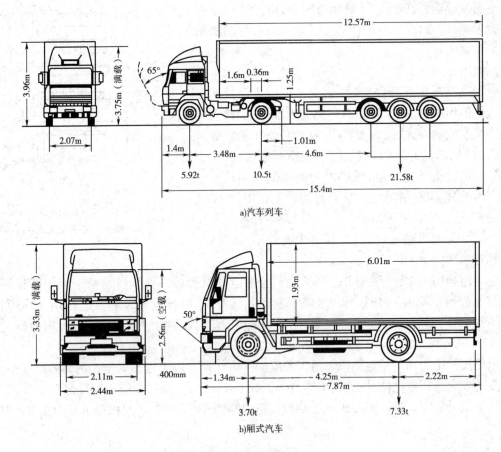

图 4-33 装有导流罩的汽车

图 4-34b)所示为装有导流罩的半挂汽车列车的迎风气流特性。在驾驶室顶上安装导流罩是减小空气阻力的最有效、最简便的措施,无需改变驾驶室和车厢的主要成形构件。它可将气流导向较高处流动,很大程度上改善了耸立在驾驶室之上的车厢前挡的流线性指标和驾驶室与车厢之间空隙处气流的断续现象,减少了空气涡流,提高了汽车列车的生产效率和燃料经济性,同时也降低了汽车的污染和噪声。

与汽车列车一样,厢式汽车的非流线型车厢,也直接影响其空气动力特性。气流沿驾驶室的前表面经顶棚吹至车厢的前端,气流在驾驶室与车厢之间形成一个涡流区,使空气阻力增大。图 4-35 所示为装有不同导流罩的厢式汽车与未装导流罩的厢式汽车相比的风阻系数降低情况。

在驾驶室与车厢之间的空隙处增设侧向翼板,可进一步改善车辆的流线型,降低其空气阻力系数。这对于受侧向气流作用的车辆,尤其是汽车列车来说,效果更显著。

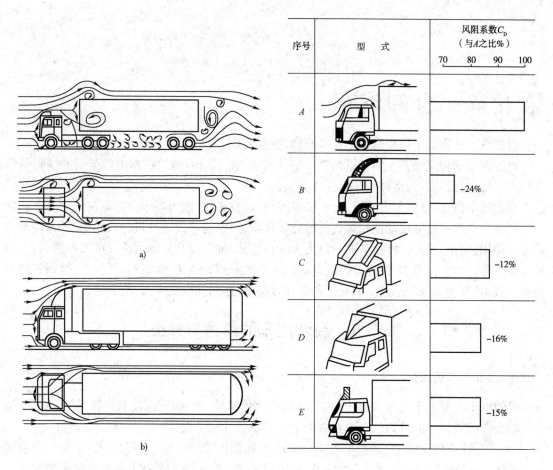

图 4-34　汽车列车迎风气流特性

图 4-35　装与不装导流罩风阻系数比较

第五章　自卸汽车

自卸汽车是指以运送货物为主且有倾卸货箱的汽车。又称翻斗车。

自卸汽车的特点是其车箱可以倾斜一定的角度，使车箱内的货物卸出。车箱的倾斜是以自卸汽车发动机的动力，通过倾卸机构来完成的。

自卸汽车自20世纪初出现以来，不断发展，日趋完善，已成为当今货物运输的主要车辆之一。自卸汽车具有高度机动性和卸货机械化等优点，通常与铲式装载机、挖掘机或带式运输机等配套使用，实现装卸机械化，从而可以大大缩短装卸时间，提高运输效率并可节省劳动力，减轻劳动强度。随着汽车制造业的发展，自卸汽车不断采用新工艺、新材料、新技术，提高其质量利用系数，具有较大的速度范围和较高的传动效率，控制与操纵更完善，更方便。

第一节　自卸汽车的用途与分类

一、自卸汽车的用途

自卸汽车主要用于运输散装并可以散堆的货物（如砂、土、矿石以及农作物等），还可以用于运输成件的货物。故自卸汽车主要服务于建材场、矿山、工地等。

为了提高运输生产率，自卸汽车通常与装载机、挖掘机、带式运输机等配套使用，实现全部运输机械化。自卸汽车的质量利用系数较低，适用于短途运输，以充分发挥其卸货机械化的优点。

二、自卸汽车的分类

自卸汽车的分类方法较多，一般按下述方法分类。

1. 按货物倾卸方向分类

（1）后倾式自卸汽车：如图5-1所示，车箱向后翻倾卸货，这类自卸汽车应用最广泛。

（2）侧倾式自卸汽车：如图5-2所示，车箱向左或向右翻倾卸货，这类自卸汽车适用于道路狭窄、卸货方向变换困难的地方。其结构较后倾式自卸汽车复杂，造价高，运载量少，生产效率低，使用较少。也有单侧倾卸的自卸汽车，其车箱只能向某一侧翻倾。这类自卸汽车驶入货场的方向和卸货的位置均受到限制，因此很少采用。

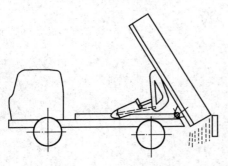

图5-1　后倾式自卸汽车

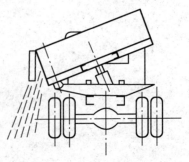

图5-2　侧倾式自卸汽车

（3）三面倾卸式自卸汽车：其车箱可以向左右两侧和向后三个方向翻倾卸货。这类自卸汽车虽有三个方向卸货的优点，但结构较后倾式自卸汽车更复杂，整备质量增大，装载质量减少，造价高。

2. 按最大总质量分类

按自卸汽车的最大总质量可分为轻型自卸汽车、中型自卸汽车和重型自卸汽车。我国规定：$1.8t <$ 最大总质量 $\leq 6t$ 的为轻型自卸汽车；$6t <$ 最大总质量 $\leq 14t$ 的为中型自卸汽车；最大总质量 $>14t$ 的为重型自卸汽车。

3. 按用途分类

按自卸汽车的用途可分为普通自卸汽车、矿用自卸汽车和专用自卸汽车。矿用自卸汽车是在矿山或大型工地使用的大吨位自卸汽车；专用自卸汽车是指具有专用车箱，以满足所装运货物的特性或特殊要求的自卸汽车；而一般用途的自卸汽车均称为普通自卸汽车。

4. 按传动系分类

按自卸汽车传动系的不同可分为机械传动自卸汽车、液力机械传动自卸汽车和电力传动自卸汽车。中型以下自卸汽车大都为机械传动，重型汽车为了改善其使用性能往往采用液力机械传动，而矿用超重型自卸汽车往往采用电力传动。

第二节 自卸汽车整车形式与主要性能参数

一、自卸汽车整车形式

自卸汽车整车型式是指其轴数、驱动形式、布置形式及车身（包括驾驶室）形式而言。它对自卸汽车的使用性能、外形尺寸、质量、轴荷分配和制造等方面影响较大。

1. 驱动形式

最大总质量小于 19t 的普通自卸汽车，一般采用 4×2 的驱动形式，最大总质量超过 19t，可采用 6×2 或 6×4 的驱动形式。

矿用自卸汽车，由于受到运输场地和运输条件的限制，大多数采用短轴 4×2 的驱动形式。这种形式的自卸汽车结构简单，整备质量小，成本低，具有最小转弯直径和纵向通过半径小、机动性和通过性好等优点。少数矿用自卸汽车考虑到道路条件差而采用 4×4 的驱动形式。

2. 布置形式

自卸汽车的布置形式一般采用发动机前置、后驱动的布置形式。驾驶室与载重汽车一样，也有长头式、短头式、平头式和偏置式四种形式，参见图 2-2。矿用重型自卸汽车多采用偏置式，有些矿用自卸汽车的装载质量大、使用条件差，需要专门制造的底盘。

二、主要尺寸参数的确定

自卸汽车尺寸参数主要有：轴距、轮距、外廓尺寸（车辆长、宽、高）等，如图 5-3 所示。由于自卸汽车多在二类货车底盘上改装而成，其轴距 L、轮距 B、前悬 L_f、接近角 γ_1 等参数，改装前后均保持不变。车箱与驾

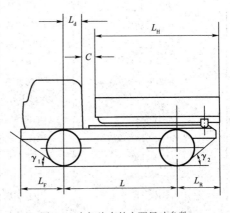

图 5-3 自卸汽车的主要尺寸参数

驶室的间距 $C = 100 \sim 250 \text{mm}$。车箱长度 L_H 应根据额定装载质量和主要运输的货物密度,并参照同类车型车箱尺寸确定。

三、质量参数的确定

自卸汽车总质量是指装备齐全、包括驾驶员并按规定装满货物的质量。自卸车总质量等于自卸汽车整车整备质量、装载质量与驾驶员质量(按 65kg/人计算)之和。

自卸汽车质量利用系数是一项评价汽车设计、制造水平的综合性指标。因此,新车型设计时,就应力求采用新工艺、新材料、新技术,不断减轻汽车整备质量,提高汽车性能。通常由二类货车底盘改装的自卸汽车质量利用系数略低于原货车的质量利用系数。表 5-1 所示为国内外部分自卸车的整车质量利用系数。

国内外自卸汽车的整车质量利用系数　　　　表 5-1

公司名称	车型	装载质量(kg)	整备质量(kg)	质量利用系数
中国蓝箭	LJC3050	1750	2260	0.77
中国青汽	QD3091	4500	4700	0.96
中国青汽	CA3160KZT1	8000	7305	1.1
中国济重	JZ3170	5000	8440	1.07
中国长汽	T815 S1 26 208	15300	11300	1.35
中国上海汇众	SH3603	32000	27760	1.15
中国本溪重型	BZQ31120	68000	44500	1.53
德国汉诺莫克—亨歇尔	F75	4885	2333	2.0
德国汉诺莫克—亨歇尔	F86	5825	2523	2.3
德国汉诺莫克—亨歇尔	F161AK	15850	10150	1.86
德国汉诺莫克—亨歇尔	F221	13075	8925	1.46
德国	RS22K	14720	8500	1.71
德国本茨	LK1138B	6500	4500	1.44
德国本茨	LA1113B	6800	4200	1.81
德国本茨	LK1313	7415	5085	1.45
德国本茨	LA1313	8000	4500	1.77
德国本茨	LA1518	9350	5250	1.78
德国曼	9186HA	9445	5555	1.7
德国曼	1923DHK	12495	9505	1.31
法国贝利埃	GLAN10M3	10040	8460	1.12
法国贝利埃	GLM10M	14710	11290	1.3
日本五十铃	TXD60D(A)	6500	5125	1.36
日本五十铃	TD51D	7500	6540	1.14
日本五十铃	TP61D	10000	8385	1.21
日本日产	TE80SD	7000	6785	1.03
日本日产	PTC81SD	8000	8250	1.22
日本日野	ZH12D	7000	6625	1.05
日本日野	KF701D	11000	8655	1.27
日本三菱	T810CD	8000	6445	1.27
日本三菱	T931DD	10500	9220	1.16
日本三菱	T95LDD	11000	8525	1.39

四、最大举升角、举升降落时间的确定

车箱最大举升角,即车箱最大倾斜角,是指车箱举升至极限位置时,车箱底部平面与地平面之间的夹角。确定车箱最大举升角的依据是倾卸货物的安息角。常见货物的安息角见表5-2。设计的车箱最大举升角 θ_{max} 必须大于货物安息角,以保证把车箱内的货物卸净。此外,在最大举升角 θ_{max} 时,车箱栏板与地面须保持一定的间距 H,如图5-4所示。为了避免车箱倾卸时与底盘纵梁后端发生运动干涉,ΔL 必须大于零。设计时,自卸汽车车箱最大举升角可在50°~70°之间选取,以50°~55°居多。

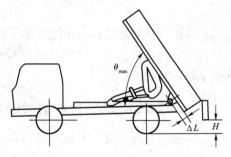

图5-4 自卸汽车后倾最大举升角的确定

散装货物的单位容积质量和安息角　　　表5-2

货物名称	单位容积质量(kg/m³)	安息角(°) 运动	安息角(°) 静止
无烟煤	700~1000	27~30	27~45
褐煤	600~800	35	35~50
焦炭	360~630	35	50
磁铁矿石	2300~3500	30~35	40~45
褐铁矿石	1200~2100	30~35	40~45
赤铁矿石	2000~2800	30~35	40~45
锰矿石	1700~1900	—	35~45
铜矿石	1700~2100	—	35~45
石灰石(中块)	1200~1500	30~35	40~45
生石灰	1700~1800	25	40~45
白云石(块)	1200~2000	35	—
碎石	1320~2000	35	—
砾石	1500~1900	30	30~45
黏土(小块)	700~1500	40	50
黏土(湿)	1700	—	27~45
粗砂(干)	1400~1650	30	—
细砂(干)	1400~1900	—	50
水泥	900~1700	35	40~45
土豆	680	15	—
玉米	—	28	35
小麦	730	25	35
甜菜	650	20~50	—

车箱举升时间是指车箱满载时,从举升车箱开始至车箱举升到最大举升角的时间。一般为15~25s。车箱降落时间是指车箱卸完货物后,开始下降至完全降落到车架上时的时间。一般为8~15s。

第三节　自卸汽车倾卸机构的设计

自卸汽车倾卸机构的作用是将车箱倾斜一定的角度,使车箱中的货物自动卸下,然后再使车箱降落到车架上。自卸汽车倾卸机构由车箱、车箱板锁紧机构、液压举升系统(包括液压泵、举升液压缸、控制阀、油箱及附件等)和举升连杆等组成。

一、自卸汽车倾卸机构的结构型式

根据举升液压缸与车箱的连接形式的不同,分为直推式倾卸机构和连杆式倾卸机构两大类。

1. 直推式倾卸机构

直推式倾卸机构的举升液压缸直接作用在车箱底架上,如图 5-5 所示。根据液压缸所在车箱位置的不同分为前推式和中推式,根据液压缸型式的不同分为单级液压缸直推式和多级液压缸直推式;根据使用液压缸数量的不同又可分为单液压缸直推式和双液压缸直推式。

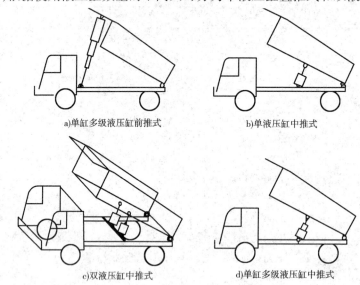

a)单缸多级液压缸前推式　　b)单液压缸中推式

c)双液压缸中推式　　d)单缸多级液压缸中推式

图 5-5　直推式倾卸机构

中推式倾卸机构的举升液压缸与车箱的连接位置大多数在车箱几何中心的后面,且液压缸稍向后倾斜。这样布置的自卸汽车车箱是向后倾卸货物的,虽然会增大液压缸的推力,但可以大大地缩短液压缸行程,车箱倾卸的稳定性好,有利于缩短车箱举升和降落时间,而且短而粗的液压缸筒和活塞杆易加工。故这种中推式举升机构得到了广泛应用。重型自卸汽车有的采用两个双作用多级液压缸,倒置于车架两侧。虽然结构复杂一些,但能缩短车箱降落时间。

2. 连杆式倾卸机构

连杆式倾卸机构的举升液压缸通过连杆作用在车箱底架上。常用的连杆式倾卸机构有:液压缸前推连杆式(马勒里举升臂式)、液压缸后推连杆式(加伍德举升臂式)、液压缸前推杠杆式、液压缸后推杠杆式、液压缸浮动连杆式和液压缸俯冲连杆式。

连杆式倾卸机构主要是利用一套三角连杆系使举升液压缸以较小的行程将车箱倾斜一定的角度而卸货;并使液压缸能采用单级活塞式结构,以降低液压缸的制造成本;而且液压缸容易布置,其原始位置接近于水平,液压缸可与控制阀、液压泵连成一体,取消高压油管;同时,也利用连杆系的横向跨距来加强车箱举升的横向稳定性。但连杆式倾卸机构会使车架和车箱承受液压缸产生的水平推力,从而产生较大应力。

3. 自卸汽车倾卸机构性能比较

倾卸机构是自卸汽车的重要装置,它直接关系到自卸汽车的结构与举升性能。国内外典型倾卸机构的结构型式、性能特征见表5-3。

目前,轻、中型自卸汽车广泛采用直推式倾斜机构,三面倾卸式自卸汽车均采用直推式倾卸机构。该机构不仅具有结构紧凑、改装方便等优点,而且通过合理地选取各支撑点的位置、液压缸直径(特别是多级液压缸各节的直径)等参数,可以获得比较理想的油压特性(即液压缸推举过程中油压变化很小,且初始时的油压略低于最高油压)。而中、重型自卸汽车大都采用连杆式倾卸机构,其中型自卸汽车一般采用液压缸后推连杆式和液压缸后推杠杆式,而其他4种型式的倾卸机构多用在重型自卸汽车上。这主要是因为更容易达到省力的目的,更能使车箱在举升过程中获得较好的横向稳定性,并可获得更理想的油压特性与倾卸性能。

自卸汽车举升机构特性比较　　　　　　表5-3

结构形式		车型举例	性能特征	结构示意图
直推式	单缸 前置	斯太尔1291·280/K38 卡玛斯—5511	结构紧凑、举升效率高、工艺简单、成本较低。采用单缸时,横向刚度不足,采用多节伸缩缸时密封性稍差	
	单缸 中置	斯太尔991·200/K38 依发50L/K CA3091		
	双缸	QD3151 EQ3091		
连杆组合式	马勒里举升臂式(液压缸前推连杆组合式)	五十铃TD50ALCQD JN3180 LE340	举升力系数小、省力、油压特性好,但缸摆角大,活塞行程稍大	
	加伍德举升臂式(液压缸后推杆组合式)	五十铃TD50A—D QD3171 HF3171	转轴反力小,举升力系数大,举升臂较大,活塞行程短	
	液压缸前推杠杆组合式	SX3180	举升力小,构件受力改善,液压缸摆角大	
	液压缸后推杠杆组合式	日产PTL81SD	举升力适中,结构紧凑,但布置集中后部,车箱底板受力大	
	液压缸液动连杆组合式	YZ—300	液压缸进出油管活动范围大,油管长	
	俯冲式·东急73型	东急73型	杆系结构极简,造价低,但液压缸必须增大容量	

(连杆组合式行共享"横向刚度好、举升转动圆滑平顺"性能说明)

二、直推式举升机构设计

随着车箱举升角 θ 的增大,举升质量的质心位置 C 到后支承铰接点 O 的水平距离 X_C 不断减小,举升阻力矩 M_F 也随之减小,可见开始举升时阻力最大,如图 5-6 所示。通常以每节伸缩液压缸将要伸出时的工况进行受力分析,将其计算结果作为举升机构的设计依据。

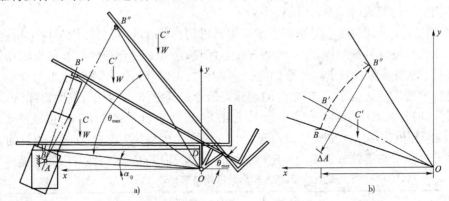

图 5-6 直推式举升机构工作示意图

1. 伸缩液压缸总节数 n 的确定

首先选定伸缩液压缸的单节伸缩工作行程 l,通常各单节伸缩工作行程相等。设计时可参照同类液压缸的单节伸缩工作行程大小;同时考虑伸缩液压缸产品的系列化、标准化以及总布置所允许液压缸占用的空间等因素来选定。

然后确定伸缩液压缸的总行程 L,如图 5-7 所示。根据余弦定理可知:

$$\overline{AB''} = \sqrt{(\overline{AO})^2 + (\overline{OB''})^2 - 2\,\overline{AO}\,\overline{OB''}\cos\angle AOB''} \tag{5-1}$$

式中: $\angle AOB'' = \theta_{max} + \angle ODB - \alpha_0$;

θ_{max}——最大举升角;

α_0——液压缸铰支点 A 与车箱后铰支点 O 连线与水平方向夹角。

故液压缸总行程 L 为

$$L = \overline{AB''} - \overline{AB} \tag{5-2}$$

此外,液压缸总行程 L 也可用作图法求得。

伸缩液压缸的总节数 n 为

$$n = L/l$$

2. 举升机构的液压缸直径确定

(1) 当第一节液压缸套筒将要伸出时,举升力矩 M_{z1} 为

$$M_{z1} = F_1\,\overline{OA}\cos\alpha_0 \tag{5-3}$$

阻力矩为

$$M_{F1} = W \cdot x_{c1} \tag{5-4}$$

式中:F_1——第一节液压缸的推力,N;

M_{z1}——举升力矩,N·m;

W——举升质量,kg;

x_{c1}——第一节液压缸套筒将要伸出时 W 作用点的 X 坐标值,m;

M_{F1}——阻力矩,N·m。

考虑到力矩比 $\eta_1 = M_{Z1}/M_{F1}$，故

$$F_1 \overline{OA}\cos\alpha_0 = \eta_1 W \cdot x_{c1} \tag{5-5}$$

式中：$\overline{OA}$——液压缸铰支点 A 至车箱后铰支点 O 的距离，m。

则液压缸推力 F_1 为

$$F_1 = \frac{\pi d_1^2}{4} p \times 10^6 \tag{5-6}$$

式中：p——液压系统工作压力，MPa；

d_1——第一节伸缩液压缸有效工作直径，m。

将式(5-5)代入式(5-6)，整理得

$$d_1 = \sqrt{\frac{4\eta_1 W \cdot x_{c1}}{\pi \overline{OA}\cos\alpha_0 p}} \tag{5-7}$$

(2) 当第 i 节液压缸套筒将要伸出，B 点移动到 B' 点。B' 为第 i 节液压缸套筒将要伸出时的液压缸上铰支点。则

$$\overline{AB'} = \overline{AB} + (i+1)l$$

在 OAB' 中，根据余弦定理，有

$$\angle OAB' = \arccos\frac{(\overline{OA})^2 + (\overline{AB})^2 - (\overline{OB})^2}{2\,\overline{OA} \cdot \overline{AB'}}$$

根据正弦定理，有

$$\frac{\sin\angle OB'A}{\overline{OA}} = \frac{\sin\angle OAB'}{\overline{OB'}}$$

则

$$\angle OB'A = \arcsin\frac{\overline{OA}\sin\angle OAB'}{\overline{OB'}}$$

故 $\angle AOB' = 180° - \angle OAB' - \angle OB'A$

举升质心 C' 点的 x 坐标 x_{ci} 为

$$x_{ci} = \overline{OC'}\cos(\angle OAB' + \alpha_0)$$

车箱后铰支点 O 至 $\overline{AB'}$ 的距离 b_i 为

$$b_i = \overline{OA}\sin\angle OAB'$$

考虑到

$$M_{Zi} = p_i b_i = b_i \frac{\pi d_i^2}{4} p$$

$$M_{Fi} = W x_{ci}$$

$$\eta_i = M_{Zi}/M_{Fi}$$

整理得

$$d = \sqrt{\frac{4\eta_i x_{Ci} W}{\pi b_i p}} \tag{5-8}$$

式中：d_i——第 i 节伸缩液压缸的有效直径，m。

各铰支点 O、A、B 点的位置应参照同类车型并结合总体设计所允许的空间确定。设计中通常选用较成熟的标准伸缩液压缸。由选用的元件来验算 η_i，使得 η_i 满足设计要求。单缸前置直推式举升机构与单缸后置直推式举升机构的计算方法相同。对于双缸后置直推式举升机构设计计算时，只需令

$$W_j = KW$$

式中：W_j——计算的单液压缸举升质量，kg；
  W——实际的举升质量，kg；
  K——修正系数，$K = 0.55 \sim 0.65$。

以 W_j 为单液压缸的计算载荷，然后再按单液压缸举升机构计算方法进行设计计算。

三、后推连杆式举升机构设计计算

1. 液压缸推力和拉杆拉力的确定

图 5-7 所示为后推连杆举升机构工作原理，设车箱后铰支点 O 为坐标原点及坐标轴 x、y 的方向，A_0、B_0、C_0 和 E 分别为举升机构在初始位置（即举升角度为零）时，三角臂的三顶点及液压缸下铰支点的位置；图中 A、B、C 则分别为举升角为任意角度 θ 时，三角臂三顶点的位置；举升机构各点坐标如下：

$A_0(x_{A0}, y_{A0})$，$B_0(x_{B0}, y_{B0})$，$C_0(x_{C0}, y_{C0})$，$E(x_E, y_E)$，$A(x_A, y_A)$，$B(x_B, y_B)$，$C(x_C, y_C)$，$G_0(x_{G0}, y_{G0})$，$G(x_G, y_G)$。

当举升角为任意 θ 角时，求解液压缸推力 $F_{\overline{EB}}$ 和拉杆 $\overline{EF}$ 所受的拉力 $F_{\overline{EA}}$。设车箱初始位置时，C_0 的坐标为 (x_{C0}, y_{C0})，而当举升角为 θ 时，C 点（三角臂与车箱底部铰支点）坐标 x_C 和 y_C，可由下式求得：

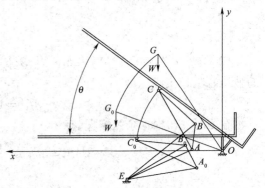

图 5-7 后推连杆举升机构工作原理

$$\left. \begin{array}{l} x_C = x_{C0}\cos\theta - y_{C0}\sin\theta \\ y_C = x_{C0}\sin\theta + y_{C0}\cos\theta \end{array} \right\} \tag{5-9}$$

解下列方程组，可求得 A 点坐标值 x_A、y_A：

$$\left. \begin{array}{l} (x_C - x_A)^2 + (y_C - y_A)^2 = \overline{AC}^2 \\ (x_E - x_A)^2 + (y_E - y_A)^2 = \overline{AE}^2 \end{array} \right\} \tag{5-10}$$

同理，解下列方程组，可得 B 点坐标值 x_B、y_B：

$$\left. \begin{array}{l} (x_A - x_B)^2 + (y_A - y_B)^2 = \overline{AB}^2 \\ (x_C - x_B)^2 + (y_C - y_B)^2 = \overline{BC}^2 \end{array} \right\} \tag{5-11}$$

设车箱初始位置时举升质量质心 G_0 点坐标为 (x_{G_0}, y_{G_0})；当举升角为任意角时，举升质量质心 G 点坐标 x_G、y_G 可由下式求解：

$$\left. \begin{array}{l} x_{G0} = x_{G0}\cos\theta - y_{G0}\sin\theta \\ y_{G0} = x_{G0}\sin\theta + y_{G0}\cos\theta \end{array} \right. \tag{5-12}$$

求解 O 点至线段 $\overline{EC}$ 的距离 $D_{O\overline{EC}}$，由直线 $\overline{EC}$ 的方程

$$\frac{y - y_E}{x - x_E} = \frac{y_C - y_E}{x_C - x_E}$$

得 $\overline{EC}$ 直线标准方程为

$$(y_C - y_E)x + (x_E - x_C)y + y_E(x_C - x_E) - x_E(y_C - y_E) = 0$$

故点 $O(x_0, y_0)$ 至 $\overline{EC}$ 的距离 $D_{O\overline{EC}}$ 为

$$D_{O\overline{EC}} = \frac{|(y_C - y_E)x_0 + (x_E - x_C)y_0 + y_E(x_C - x_E) - x_E(y_C - y_E)|}{\sqrt{(y_C - y_E)^2 + (x_E - x_C)^2}} \tag{5-13}$$

根据车箱在任意举升角 θ 时的力矩平衡 $\sum M_O = 0$,得

$$W_{XG} = F_{\overline{EC}} D_{O\overline{EC}}$$

即
$$XF_{\overline{EC}} = W_{XG}/D_{O\overline{EC}} \tag{5-14}$$

式中:W——举升质量所产生的重力,N。

按式(5-12)点线距离的计算方法,可分别计算出点 A 至线段 $\overline{EB}$ 和 $\overline{EC}$ 的距离 $D_{A\overline{EB}}$、$D_{A\overline{EC}}$;点 C 至线段 $\overline{EA}$ 和 $\overline{EB}$ 的距离 $D_{C\overline{EA}}$、$D_{C\overline{EB}}$。

根据对三角臂 ABC 的 A 点力矩平衡 $\sum M_A = 0$,求得液压缸在车箱任意举升角 θ 时的推力 $F_{\overline{EB}}$ 为

$$F_{\overline{EB}} = F_{\overline{EC}} D_{A\overline{EC}} / D_{A\overline{EB}} \tag{5-15}$$

根据对三角臂 ABC 的 C 点力矩平衡 $\sum M_C = 0$,求出拉杆 $\overline{EA}$ 所受的拉力 $F_{\overline{EA}}$ 为

$$F_{\overline{EA}} = F_{\overline{EB}} D_{C\overline{BE}} / D_{C\overline{EA}} \tag{5-16}$$

对不同举升角 θ,重复上述运算,即可得到在不同举升角时的液压缸推力 $F_{\overline{EB}}$ 和拉杆拉力 $F_{\overline{EA}}$,选择最大值作为设计计算依据。

2. 后推连杆举升机构的设计

首先根据总体设计要求的最大举升角 θ_{max} 和车箱结构尺寸,利用作图法初定各杆件和各铰支点的坐标参数,具体步骤如下(图5-8)。

(1)建立坐标系并确定举升机构的坐标位置。

坐标原点一般选择在车箱与副车架的铰支点。此外,参考同类型举升机构,初步确定液压缸的自由长度 L_0 和液压缸最大工作行程 L。

设举升机构与车箱铰支点为 $C_0(x_{C0}, y_{C0})$。C_0 由经验公式 $x_{C0} = RL/\theta_{max}$ 确定。式中 $R = 140 \sim 160$ mm。当 L 值较小时,R 取下限;反之,R 取上限。y_{C0} 为车箱结构允许的最大值。举升机构与副车架的铰支点为 $E(x_E, y_E)$。x_E 由经验公式 $x_E = x_C = 0.5L_0 + 0.2L - 300$ 确定,该经验公式适用于 $L_0 = 500 \sim 800$mm 的举升机构。y_E 为结构允许的最小值。

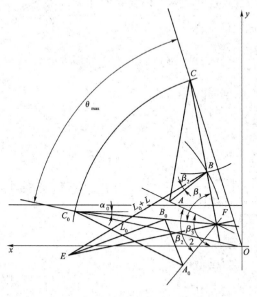

图5-8 后推连杆举升机构作图法

(2)过 C_0 点作 $\overline{C_0 B_0}$ 线,使 $\overline{C_0 B_0}$ 与 x 轴成夹角 α_0,令 $\alpha_0 = 0° \sim 4°$;以 E 点为圆心,L_0 为半径作圆弧交 $\overline{C_0 B_0}$ 线于点 B_0,$\overline{EB_0}$ 即为初始位置($\theta = 0°$)时的液压缸中心线。

(3)连接 $\overline{OC_0}$,并将 $\overline{OC_0}$ 绕 O 点顺时针旋转 θ_{max} 角,C_0 点转到 C 点;再以 C 为圆心,以 $\overline{C_0 B_0}$ 为半径画弧;又以 E 点为圆心,以 $L_0 + L$ 为半径画弧;两弧交于 B 点,$\overline{EB}$ 即为 $\theta = \theta_{max}$ 时的液压缸中心线。

(4)以 B 点为顶点,作 $\angle EBA = \beta_2$,$\beta_2 = 6° \sim 8°$,再以 B_0 为顶点作 $\angle C_0 B_0 A_0 = \angle CBA$。若 A_0 为通轴,则 β_2 可适当加大。

(5) 作 $\overline{B_0B}$、$\overline{C_0C}$ 的垂直平分线交于 F 点，连接 $\overline{EF}$；设 CB 和 $\overline{C_0B_0}$ 的延长线夹角为 β_3，以 F 点为顶点，作 $\angle A_0FE = \angle AFE = \beta_3/2$，交 $\overline{B_0A_0}$ 于 A_0 点；交 BA 于 A 点，则 A_0、B_0、C_0 和 A、B、C 分别为 $\theta=0°$ 和 $\theta=\theta_{max}$ 时三角臂的三个铰支点。

(6) 如果 $\overline{A_0B_0}$ 过短或 A_0 点偏高，此时可减小 x_E 值，重新确定 $\overline{A_0B_0}$ 和 A_0 的值，直到合适为止。

(7) 设 O 点位于 $\overline{EA_0}$ 延长线上方，当 O、E、A_0 位于同一直线上时，若 B_0 点离车箱底板的距离小于 O 点离车箱底板的距离，则应适当加大 α_0 值，进行重新作图确定，直到满意为止。

四、前推连杆举升机构设计计算

1. 举升机构受力分析与载荷计算

前推连杆组合式举升机构设计主要是各构件的计算载荷问题。计算载荷的确定，也必须在任意举升角 θ 时，对整个机构作计算分析，比较不同角度时的液压缸推力和各构件的承载大小；然后，取出最大值作为液压系统和各构件的计算载荷。设计步骤如下（图5-9）：

(1) 取车箱后铰支点 O 为坐标原点，坐标轴 x、y 方向如图 5-9 所示；点 A_0、B_0、C_0、E 为举升角为零度时三角臂三顶点及液压缸下铰支点的位置；点 A、B、C、E 为举升角为任意角 θ 时的三角臂三顶点和液压缸下铰支点的位置。拉杆 $\overline{AD}$ 的后铰支点 D 为已知的固定点。

(2) 求三角臂与车箱铰支点 C 以及举升质量质心 G 的坐标。

在任意举升角 θ 时 C 点坐标 (x_C, y_C) 由下式求得：

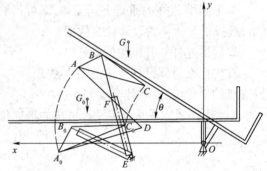

图5-9 前推连杆举升机构的受力分析

$$\left.\begin{array}{l} x_C = x_{C0}\cos\theta - y_{C0}\sin\theta \\ y_C = x_{C0}\sin\theta + y_{C0}\cos\theta \end{array}\right\} \quad (5-17)$$

式中：x_{C0}、y_{C0}——C 点在 $\theta=0°$ 时的坐标。

同理，质心 G 点坐标 (x_G, y_G) 可由下式求得：

$$\left.\begin{array}{l} x_G = x_{G0}\cos\theta - y_{G0}\sin\theta \\ y_G = x_{G0}\sin\theta - y_{G0}\cos\theta \end{array}\right\} \quad (5-18)$$

式中：x_{G0}、y_{G0}——质心 G 点在 $\theta=0°$ 时的坐标。

(3) 求举升角为 θ 时 A 点坐标 (x_A, y_A)，解下列方程：

$$\left.\begin{array}{l} (x_A - x_D)^2 + (y_A - y_D)^2 = \overline{AD}^2 \\ (x_A - x_C)^2 + (y_A - y_C)^2 = \overline{AC}^2 \end{array}\right\} \quad (5-19)$$

即可求出 A 点坐标 (x_A, y_A)。

(4) 求举升角为 θ 时 B 点坐标 (x_B, y_B) 解下列方程：

$$\left.\begin{array}{l} (x_B - x_A)^2 + (y_B - y_A)^2 = \overline{AB}^2 \\ (x_A - x_C) + (y_A - y_C)^2 = \overline{AC}^2 \end{array}\right\} \quad (5-20)$$

即可求出 B 点坐标 (x_B, y_B)。

(5) 求 $\overline{AD}$ 和 $\overline{BE}$ 的方程。

由方程：$\dfrac{y-y_A}{x-x_A}=\dfrac{y_D-y_A}{x-x_A}$

得直线$\overline{AD}$的标准方程：

$$(y_D-y_B)x+(x_A-x_D)y+y_A(x_D-x_A)-x_A(y_D-y_A)=0 \tag{5-21}$$

由方程：$\dfrac{y-y_B}{x-x_B}=\dfrac{y_E-y_B}{x_E-x_B}$

得直线$\overline{BE}$标准方程：

$$(y_E-y_B)x+(x_B-x_E)y+y_B(x_E-x_B)+x_B(y_E-y_B)=0 \tag{5-22}$$

(6) 求直线$\overline{AD}$和$\overline{BE}$交点F的坐标(x_F,y_F)。

由式(5-21)和式(5-22)求得F点坐标(x_F,y_F)。

(7) 求点O至直线$\overline{FC}$的距离$D_{O\overline{FC}}$：

$$D_{O\overline{FC}}=\dfrac{|y_F(x_C-x_F)-x_F(y_C-y_C)|}{\sqrt{(y_F-y_C)^2+(x_F-x_C)^2}} \tag{5-23}$$

(8) 取车箱作为分离体，根据力矩平衡$\sum M_0=0$，得

$$F_{\overline{FC}}=WX_G/D_{O\overline{FC}} \tag{5-24}$$

式中：W——被举升的重力，N；

$F_{\overline{FC}}$——作用在直线$\overline{FC}$方向的力，N；

X_G——被举升质量质心的坐标，m。

(9) 求A点到$\overline{BE}$和$\overline{FC}$的距离$D_{A\overline{BE}}$、$D_{A\overline{FC}}$：

$$D_{A\overline{BE}}=\dfrac{|x_A(y_E-y_B)+y_A(x_B-x_E)+y_B(x_E-x_B)-x_B(y_E-y_B)|}{\sqrt{(y_F-y_A)^2+(x_F-x_C)^2}} \tag{5-25}$$

$$D_{A\overline{FC}}=\dfrac{|x_A(y_C-y_F)+y_A(x_F-x_C)+y_E(x_C-x_F)-x_F(y_C-y_F)|}{\sqrt{(y_F-y_A)^2+(x_F-x_C)^2}} \tag{5-26}$$

(10) 取三角臂ABC为分离体，根据力矩平$\sum M_A=0$，得

$$F_{\overline{BE}}=\dfrac{F_{\overline{FC}}gD_{A\overline{FC}}}{D_{A\overline{BE}}} \tag{5-27}$$

式中：$F_{\overline{BE}}$——对应任意举升角时的缸推力，N。

(11) 因$F_{\overline{FC}}$、$F_{\overline{BE}}$、$F_{\overline{DA}}$为交汇平衡力系，已知$F_{\overline{FC}}$、$F_{\overline{BE}}$，故可求出$F_{\overline{DA}}$。$F_{\overline{DA}}$即为拉杆$\overline{DA}$所受拉力。

选择不同的θ值，进行分析计算，即可求出相应的$F_{\overline{BE}}$和$F_{\overline{DA}}$之值，取其最大值作为设计的计算载荷。

前推连杆举升机构设计的第一阶段用作图法初选各铰支点的坐标以及各构件的几何尺寸；第二阶段将作图法的结果代入前推连杆组合式举升机构在任意举升角θ时的各计算式[式(5-17)～式(5-27)]。令自变量θ在$0°\sim\theta_{\max}$之间变化，对于不同的θ值，求得一系列液压缸推力和拉杆的拉力，然后进行比较。选取$F_{BE\max}$和$F_{AD\max}$作为设计液压系统压力和拉杆强度计算的依据。

2. 前推连杆举升机构的作图法（图5-10）

(1) 建立坐标系并确定举升机构与车箱铰支点C的坐标(x_C,y_C)。

将车箱与副车架的铰支点O作为平面直角坐标系的原点。x轴平行于副车架的上平面，

指向汽车前方。初选液压缸自由长度 L_0、最大有效工作行程 L 和车箱最大举升角 $\theta_{\max}$。x_C 按经验公式 $x_C = RL/\theta_{\max}$ 计算,其中 $R = 165 \sim 190\text{mm}$,当 L 较大时,R 取较高值;反之,则取较低值。液压缸与副车架铰支点 E 坐标 x_E 可由经验公式:$x_E = (x_B - 0.5L_0 - 0.2L + 400)\text{mm}$ 确定;y_E 由结构允许的最小值确定。

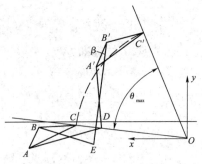

图 5-10　前推连杆举升机构作图法

(2)过 C 点作 $\overline{CB}$ 线,使该线与 x 轴夹角 $\alpha = (9y_0/y_C)$,y_D 为结构允许的拉杆 $\overline{AD}$ 与副车架铰支点 D 的最高位置,一般 $y_D > 0$。再以 E 为圆心,L_0 为半径画弧交 $\overline{CB}$ 线于 B 点。连接 $\overline{EB}$,$\overline{EB}$ 即为液压缸中心线在举升角 $\theta = 0°$ 时的位置。

(3)连接 $\overline{OC}$,并将 $\overline{OC}$ 绕 O 点顺时针向上旋转 $\theta_{\max}$ 角,C 移动到 C' 点。再以 C' 为圆心,$\overline{CB}$ 为半径画弧。以 E 为圆心,以 $(L_0 + L)$ 为半径画弧,两弧交于 B' 点,连接 $\overline{EB'}$ 和 $\overline{C'B'}$。

(4)作 $\angle EB'A' = \beta(\beta = 6° \sim 8°)$。以 B 为顶点,$\overline{BA}$ 为边,作 $\angle CBA = \angle C'B'A'$,取 $\overline{B'A'} = \overline{BA} = 200 \sim 250\text{mm}$,连接 $\overline{AC}$、$\overline{A'C'}$,$\triangle ABC$ 和 $\triangle A'B'C'$ 分别为 $\theta = 0°$ 和 $\theta = \theta_{\max}$ 时的三角臂位置。

(5)作 $\overline{AA'}$ 的垂直平分线与 $y = y_D$ 的水平线交于 D 点,连接 $\overline{DA}$ 和 $\overline{DA'}$。至此,举升机构作图设计完毕。

(6)用作图法除了确定 $\theta = 0°$ 和 $\theta = \theta_{\max}$ 时各支点的位置外,还应对不同举升角 θ 作运动校核,若出现点 B 至车箱底板距离小于点 C 至车箱底板距离时,则应加大所设的 α 值,然后重新作图确定。

通过作图法初定举升机构各铰支点的位置及各构件的几何尺寸。并将它们作为第二阶段设计计算的初始条件,通过解析计算修正各参数。

五、自卸汽车举升机构的优化设计

1. 举升机构的设计要求及性能主要评价参数

(1)举升力系数 K。指单位举升重力所需要的油缸推力,即

$$K = F/Gg$$

式中:F——液压缸的有效推力,N;
　　　G——举升质量,kg。

K 值表示举升机构动力性参数,在车箱举升过程中,K 值是变化的,它影响到机构尺寸及液压系统油压,一般开始举升是具有较大的 K 值。K 值只能比较同类型举升机构的工作效率,K 值以较小为好。

(2)举升机构高度。是指在汽车底盘上布置某一举升机构所需的空间高度。设计时要求举升机构布置高度在满足性能前提下尽可能小,以利于降低车箱高度,提高工作的稳定性。

(3)最大举升角 $\theta_{\max}$。是指举升机构能使车箱倾翻的最大角度。它是决定能否把车箱内货物倾卸干净的参数。最大举升角一般应为 $50° \sim 60°$。

(4)液压缸最大行程。是指车箱达到最大举升角时,液压缸的最大伸长量。它既是液压缸的结构参数,又是举升机构的性能参数。液压缸最大行程较小,则举升机构的结构较紧凑、机构的布置较方便。

(5)起始油压。即机构在开始举升时所要求的液压缸工作压力。车箱在举升过程中,举

升质量的阻力矩不断减小,而在起动时举升机构的各铰支点的静摩擦阻力矩和惯性阻力矩最大。故应使举升机构举升开始时的液压缸工作压力低于液压缸最大工作压力,即

$$p_0 < 0.85 p_{max}$$

式中:p_0——开始举升时的液压缸工作压力,MPa;

p_{max}——举升过程中液压系统的最大工作压力,MPa。

(6)油压特性曲线。举升过程中,液压缸工作压力 p 是举升角 θ 的函数,即 $p = p(\theta)$,p_{max} 应出现在 $\theta < 15°$ 的范围内,p_{min} 应出现在 $30° \sim \theta_{max}$ 阶段。

上述六个性能参数构成了对举升机构进行综合评价的基本指标,为举升机构优化设计提供了目标函数。通常(1)、(5)、(6)三个性能参数具有密切的内在联系,可作为优化目标函数提出。性能参数(2)可作为优化的约束条件提出;(3)、(4)应在总布置设计中初选,并通过机构分析得到确定。

2.举升机构数学模型的建立

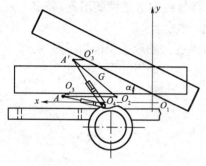

图 5-11 举升机构数学模型

根据优化设计理论,建立图 5-11 所示举升机构数学模型(以前推连杆举升机构为例)。

(1)确定设计变量。

以车箱与副车架铰接点为原点,建立图 5-11 所示直角坐标系,将举升机构各铰点位置,确定为优化设计的设计变量,它们是:

$$O_2(x_1, x_2) \ O_3(x_3, x_4) \ A(x_5, x_6) \ O_4(x_7, x_8)$$

表示为设计变量向量为:$\vec{x}(x_1, x_2, x_3, x_4, x_5, x_6, x_7)$

车箱及货物质心的位置坐标 $G(x_9, x_{10})$,由总体设计确定,在此作为已知数。

(2)模型中相关公式推导。相关杆件的长度公式为

$$d_1 = |\overrightarrow{O_1 O_3}| = \sqrt{x_3^2 + x_4^2}$$

$$d_2 = |\overrightarrow{AO_3}| = \sqrt{(x_5 - x_3)^2 + (x_6 - x_4)^2}$$

$$d_3 = |\overrightarrow{AO_2}| = \sqrt{(x_5 - x_1) + (x_6 - x_2)^2}$$

$$d_4 = |\overrightarrow{GO_1}| = \sqrt{x_9^2 + x_{10}^2}$$

$$d_5 = |\overrightarrow{O_2 O_4}| = \sqrt{(x_1 - x_7) + (x_2 - x_8)^2}$$

$$d_6 = |\overrightarrow{O_2 O_1}| = \sqrt{x_1^2 + x_2^2}$$

$$d_7 = |\overrightarrow{O_4 O_1}| = \sqrt{x_7^2 + x_8^2}$$

$$d_8 = |\overrightarrow{AO_4}| = \sqrt{(x_5 - x_7) + (x_6 - x_8)^2}$$

杆件相关尺寸随车箱倾角 α 的变化为

$$|\overrightarrow{O_4 O_3'}| = \sqrt{d_1^2 + d_7^2 - 2 d_1 d_2 \cos \angle O_4 O_1 O_3'}$$

$$|\overrightarrow{AO_4}| = \sqrt{d_2^2 + |\overrightarrow{O_4 O_3'}|^2 - 2 d_2 |\overrightarrow{O_4 O_3'}| \cos \angle A' O_3' O_4} \quad (5-28)$$

根据对举升机构的力学分析,给出举升力系数 K 的表达式为

$$K = \frac{Q}{G} = \frac{d_4\cos\left(\alpha + \arctan\frac{x_{10}}{x_9}\right)\sin\angle O_3'A'O_2}{d_1\sin(\pi - \angle A'O_3'O_1)\sin\angle O_4A'O_2} \quad (5\text{-}29)$$

上述各式均可用设计变量$\vec{x}$表示,角度值还应计车箱倾角α。

（3）确定优化设计目标函数。在举升机构的设计要求中,权衡各种因素的重要程度,确定举升液压缸行程为本次优化设计的目标函数,表达式为

$$f(x) = S_{\max} - S_0$$

式中：$S_{\max}$——$\alpha = \alpha_{\max}$时的举升液压缸长度,由式(5-28)给出；

S_0——$\alpha = 0$时的举升液压缸长度,由式(5-28)给出。

最优目标的行程,可保证举升机构紧凑,液压缸尺寸小,制造成本低,降低了举升时间,提高了生产效率。

（4）确定约束条件。考虑各种使用性能的要求,顾及计算过程中可能性的限制,确定下列内容为优化设计的约束条件。

①边界约束。为便于优化设计的计算,边界约束是对设计变量的取值范围给予限制,即

$$a_i \leq x_i \leq b_i \quad (i = 1, 2, \cdots, 7, 8)$$

式中：a_i——设计变量取值下限；

b_i——设计变量取值上限。

②动力性约束：

$$K_0 \leq [K]$$

式中：K_0——$\alpha = 0$时的举升力系数,由式(5-29)给出；

$[K]$——许用举升力系数,根据举升机构受力情况,给出许用值。

③平稳性约束。考虑到举升机构的工作过程,对举升过程中举升力的变化范围加以限制,保证整个过程中平稳性要求,即

$$\frac{K_{\max} - K_0}{K_0} \leq 0.08 : 0.10$$

式中：$K_{\max}$——举升过程中最大举升力系数。

④紧凑性约束。对举升机构建造纵深提出限制,满足举升机构的紧凑性要求,即

$$H_I \leq [H_I]$$

式中：H_I——举升机构建造纵深,$H_I = |x_4| + |x_8|$；

$[H_I]$——许用建造纵深。

⑤传动性约束。保证机构的运动远离其死点位置,对举升过程中机构有关角度提出限制,即

$$[\beta]_{\min} \leq \beta_i \leq [\beta]_{\max} \quad (i = 1, 2)$$

式中：β_i——分别为举升液压缸与杠杆间夹角及杠杆与O_1O_2线间的夹角；

$[\beta]_{\min}$——传动角许用值下限；

$[\beta]_{\max}$——传动角许用值上限。

第四节　车箱的结构与设计

一、车箱的结构及形式

车箱对自卸汽车的质量利用系数影响很大,对其使用寿命也有一定的影响。为了减轻车

箱的整备质量,提高其强度,除了在其结构和形状上采取了许多轻量化措施以外,还采用了高强度合金和铝合金材料。经使用表明:自卸汽车若以运输煤、焦炭为主,则铝合金车箱的磨损比钢板车箱还要小。

自卸汽车车箱的基本结构形式有平底式、船底式、尾部上翘的半簸箕式和全长上翘的簸箕式四种,如图5-12所示。平底式车箱主要用于侧倾式和三面倾卸式的轻型、中型自卸汽车;大型、中型后倾式自卸汽车可用船底式、半簸箕和簸箕式车箱。

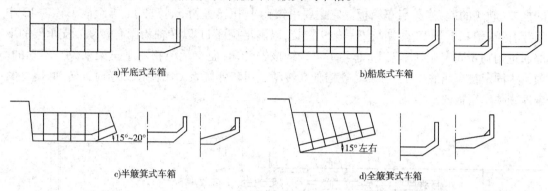

a) 平底式车箱　　　　　　　　b) 船底式车箱

c) 半簸箕式车箱　　　　　　　　d) 全簸箕式车箱

图 5-12　车箱结构形式

图5-13所示为平底三面箱板开启的车箱,用于三面倾卸的自卸汽车。车箱由车箱底架总成3、侧箱板4、后箱板2、后板挂销总成1、侧箱板锁6和车箱锁启机构等组成。车箱底板10下面设有由两根槽形纵梁和若干横梁组成的车箱底架,且与车箱底板焊接在一起,以提高其强度,便于连接倾卸机构的三角臂(连杆)和举升液压缸。侧箱板可向上开启(铰链在上面),也可向下开启(铰链在下面),侧箱板扳锁手柄由人工操纵。后箱板则由自动锁启机构控制。前箱板9与箱底板10焊接在一起,中部开有后视窗8,便于驾驶员向后观看。顶部设有防护板7,以保护驾驶室,适应于装货机械化。

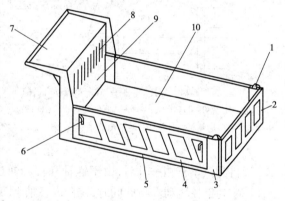

图 5-13　平底三面箱板开启车箱

1-后板挂销总成;2-后箱板;3-车箱底架总成;4-侧箱板;5-侧箱板铰链;6-侧箱板锁;7-防护板;8-后视窗;9-前箱板;10-车箱底板

船式车箱和簸箕式车箱的强度较高,为了进一步增加车箱的强度,采用纵向V形箱底板结构。

二、车箱板的锁启机构

自卸汽车车箱板的锁启机构有手动和自动两种,现在大都采用自动锁启机构。当自卸汽车卸货时,车箱逐渐倾斜,当倾斜到一定程度,倾斜方向的车箱板便自动开启,使箱内的货物卸出。卸完货后,车箱逐渐下落,直至落到原始位置,锁启机构使自动将车箱板锁住。自动锁启机构常采用"手搭手"式,虽然其结构形式很多,但其原理基本相同。

图5-14所示为摆杆"手搭手"式车箱板锁启机构。主要由导轨1、摆杆11、拉杆6、滚轮5、锁钩8、拉簧7等组成。导轨固定在副车架上,其他均固定在车箱底架上。当自卸汽车车箱举升时,滚轮5沿着导轨1的斜面上升直至离开导轨,在车箱内货物和拉簧7的作用下,摆杆上

轴3右移,锁钩8开启,后箱板10打开而实现卸货。车箱卸完货后降落到一定角度(5°左右)时,箱板在重力的作用下靠近车箱,车箱继续降落,摆杆11下部滚轮与导轨接触并逐渐右移,而摆杆上部则以摆杆轴4为圆心向左移动,通过压簧2拉动拉杆6左移,进而拉紧锁钩锁住箱板10,完成它的锁启过程。只要车箱不举升至一定的角度,车箱板就保持在锁止状态,只有当车箱举升到相应的角度车箱板才自动开启。

图5-15所示为摆差"手搭手"式车箱板锁启机构。该机构的主要特点是靠车箱举升过程的摆差(轨迹的差)来锁启车箱板。它主要由锁钩4、扭转弹簧5、拉杆11等组成。转轴12中间穿有拉杆11,转轴12两端与支承架9铰接,以满足拉杆11以转轴为圆心转动。支承架的下部通过销轴8固定在副车架上,车箱1可以绕该轴转动,而支承架相对于车架来说是不动的。锁钩4固定在车箱底架上,可绕其锁钩轴6转动。扭转弹簧5力图使锁钩逆时针转动,使之紧紧地锁住车箱板3。

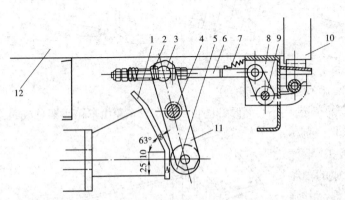 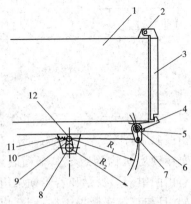

图5-14 摆杆"手搭手"式车箱板锁启机构
1-导轨;2-压簧;3-摆杆上轴;4-摆杆轴;5-滚轮;6-拉杆;7-拉簧;8-锁钩;9-锁钩轴;10-后箱板;11-摆杆;12-车箱

图5-15 摆差"手搭手"式车箱板锁启机构
1-车箱;2-后箱挂锁总成;3-后箱板;4-锁钩;5-扭转弹簧;6-锁钩轴;7-锁钩下销;8-销轴;9-支承架;10-调节螺母;11-拉杆;12-转轴

当自卸汽车车箱举升时,由于锁轴和转轴通过支承架固定在副车架上,车箱以销轴8为圆心,以R_2为半径转动。与此同时,拉杆以转轴12为圆心,以R_1为半径转动。随着车箱举升角度的增大,R_1与R_2轨迹的差也相应地增大,由拉杆拉动锁钩下销7左移,克服扭矩弹簧的弹力,迫使锁钩开启,打开车箱板,使车箱中的货物卸下。随着车箱的降落,R_1与R_2轨迹间的距离逐渐缩小,直至两轨迹相交,扭转弹簧使锁钩锁住车箱板。从图5-15中可以看出,若车箱再继续逆时针转动,R_1与R_2轨迹间则产生负间隙,使调节螺母10左移而离开转轴12一定的距离。

图5-16所示为上下均可开启的车箱板锁启机构。该机构由手动板锁2、锁钩4、车箱板3、拉杆5等组成。锁启的传动方式可以采用上述的摆杆式或摆差式,其主要特点是车箱板的上下锁钩均可根据所运货物的不同和卸货的需要开启或锁止。上板锁为手动的,下锁钩是靠车箱自身的倾卸控制的。图5-16a)所示为车箱板关闭状态;图5-16b)所示为车箱板自动开启状态,以车箱板锁为铰,锁钩自动开启卸货;图5-16c)所示为车箱手动开启,打开车箱上部板锁,以锁钩为铰向下翻,车箱关闭也是靠人工来完成;若板锁和锁钩均开启,车箱板可取下来(图5-16d)。由此可见,这种车箱板锁启机构适应性强。车箱板锁启机构工作的可靠性和协调性应予以重视。要保证在车箱倾卸时,锁钩的开启应超前于车箱板打开;而在车箱回落时,锁钩的锁止要滞后于车箱板的关闭,并保证锁止牢固可靠。

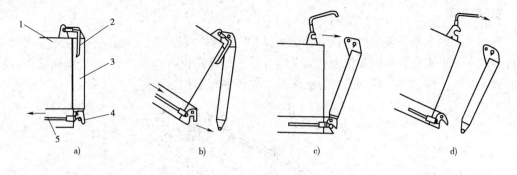

图 5-16 车箱板锁启机构
1-车箱;2-手动板锁;3-车箱板;4-锁钩;5-拉杆

三、车箱的废气加热

对于工作在寒冷的北方地区的自卸汽车,特别是矿用自卸汽车,除了对发动机、驾驶室、传动系的储油部位、液压油箱及燃油箱等进行保温或加热以外,还需对其车箱进行加热,以免在装运货物均过程中,使货物冻结在车箱底板和侧板上,影响自卸汽车的卸货速度或减小其实际装载质量,降低其运输效率和经济效益。

自卸汽车车箱的加热都是利用发动机排出的废气。即在车箱底板和侧板上借助于型梁形成加热气道,车箱底部设有进气口,排气口都设在侧板上边梁的下翼板上,以保证加热气体的畅通,防止异物落入加热气道。发动机排出的高温废气,由车箱底部的进气口进入车箱的底板气道、侧板气道对车箱进行加热,然后废气由侧板上边梁下翼板的排气孔排出。

图 5-17 为法国贝利埃 T60 型矿用自卸汽车车箱废气加热示意图。发动机排气管 1 经接口 3 与车箱 9 底部的废气入口相通。在自卸汽车的车箱落在车架上时,发动机排出的部分废气经排气管 1、接口 3、车箱板废气道 7,由车箱板上边梁下翼板的车箱加热废气出口 8 排出。当车箱举起时,排气管接口与车箱底部的废气入口分开。这样就可保证自卸汽车在低温条件下正常工作。

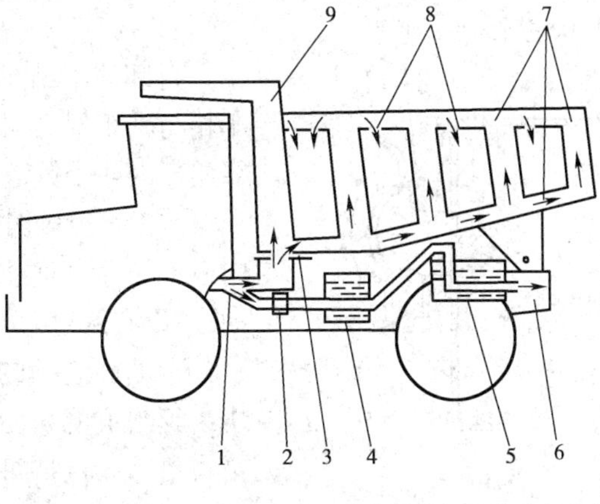

在车箱废气加热系统中设有转换阀,当环境温度较高不需对车箱加热时,可使发动机排出的高温废气不进入车箱加热气道,而直接通过发动机原排气系统排入大气。

图 5-17 贝利埃 T60 型自卸汽车车箱废气加热示意
1-发动机排气管;2-废气控制阀;3-接口;4-液压油箱;5-燃油箱;6-油箱加热废气出口;7-车箱板废气道;8-车箱加热废气出口;9-车箱

该车还利用发动机排出的废气对液压举升系统液压油箱 4 中的液压油和发动机燃油箱中的燃油进行加热,由废气控制阀 2 来控制。

北京重型汽车制造厂生产的 BJZ23480 型自卸汽车的车箱和中国北方重型汽车有限责任公司 TEREX 系列自卸汽车的车箱均设有废气加热系统。TEREX 自卸汽车的车箱的废气入口为四个,均设在车箱底架的纵梁上,这样使车箱加热较均匀,结构更合理。

四、副车架

自卸汽车副车架一般是由型钢焊接而成,用 U 形螺栓或连接支架固定在车架上。图 5-18 为自卸汽车副车架及装在副车架上的有关零件图。副车架也有两根纵梁、若干根横梁,并设有举升液压缸下支座、车箱倾卸的铰链座,车箱导向板和车箱固定锁等。

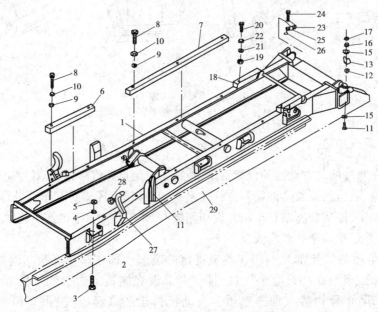

图 5-18 自卸汽车副车架及有关零件

1-副车架纵梁;2-连接支架;3-螺柱;4-垫圈;5-螺母;6、7-垫木;8、9、10-螺栓组件;11-车箱导向板;12、13、14、15、16、17-副车架后连接件;18-安全撑杆;19、20、21、22-缓冲垫组件;23、24、25、26-车箱支座铰链销组件;27-车箱固定锁;28-滚轮;29-主车架

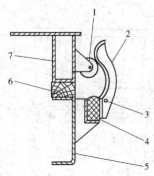

图 5-19 车箱固定锁

1-滚轮;2-压板;3-销;4-橡胶块;5-副车架纵梁;6-垫木;7-车箱底架纵梁

自卸汽车副车架主要用来安装倾卸机构,并改善其受力情况。车箱与副车架之间非固定性连接,图 5-18 所示的后倾式自卸汽车仅靠尾部的两个铰链连接。为了保证车箱准确地降落在副车架上,并防止自卸汽车行驶时车箱前端的左右摆动,在副车架上设有两个车箱导向板 11。为了防止车箱在自卸汽车空载行驶时,车箱在副车架上窜动,还设有两组车箱固定锁 27。

车箱固定锁的结构如图 5-19 所示。它是由滚轮 1、压板 2、橡胶块 4 等组成的。图示位置中,橡胶块 4 迫使压板 2 夹住滚轮 1,使车箱与垫木 6 保持可靠的接触,车箱举升时,滚轮推动压板,使橡胶块变形量增大,滚轮与压板 2 脱离。当车箱降落时,滚轮沿压板的弧形面推动压板,落入压板的下弧面而起到固定锁的作用。

第五节 高位自卸汽车

高位自卸汽车是专用自卸汽车的一种。它可以将车箱及车箱内的货物举升到一定的高度后将货物卸出。这种自卸汽车适用于高货台卸货,但结构复杂,装载质量小,造价高。

一、高位自卸汽车的结构与工作原理

高位自卸汽车设有车箱高位举升和倾卸两套机构。倾卸机构与普通自卸汽车相同；而车箱高位举升机构常用杠杆式和剪式。

1. 杠杆式高位自卸汽车

图 5-20 所示为杠杆式高位自卸汽车。它由举升液压缸 2、多级液压缸 9、倾卸液压缸 6、固定架 1、举升杠杆 4 和车箱 5 等组成。

固定架 1 与车架紧固在一起，举升杠杆 4 两端的铰支承分别与固定架和车箱托架 7 相连接，车箱托架尾部的铰支座通过销 8 与车箱 5 相连。举升液压缸 2 推动举升杠杆 4，绕铰轴 3 向上摆动，举起车箱。多级液压缸 9 的下支承装在举升杠杆上，上支承装在车箱托架的前端，使车箱托架与举升杠杆的运动保持一定的关系，即车箱托架在举升过程中保持基本水平的位置。倾卸液压缸 6 能使车箱在举升过程中任一高度时倾卸箱内的货物。

图 5-20 杠杆式高位自卸汽车
1-固定架；2-举升液压缸；3-铰轴；4-举升杠杆；5-车箱；6-倾卸液压缸；7-车箱托架；8-销；9-多级液压缸

2. 剪式高位自卸汽车

图 5-21 所示为剪式高位自卸汽车，其车箱高位举升和倾卸机构的工作原理如图 5-22 所示。它的主要结构特点是由两根长度相等的支承杆 5、6 在其中部铰接。支承杆右端分别与车箱托架 3 和车架铰接，支承的左端可在滑槽 4、7 内移动。举升液压缸 8 的上支点与支承杆的下部铰连，其下支点支承在车架上。倾卸液压缸 2 的缸筒中部的铰轴与车箱托架相连，其上支点与车箱底架相连。

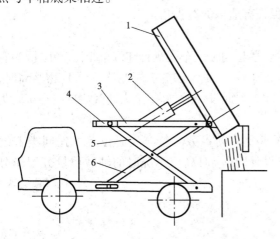

图 5-21 剪式高位自卸汽车
1-车箱；2-倾卸液压缸；3-车箱托架；4-滑槽；5、6-支承杆

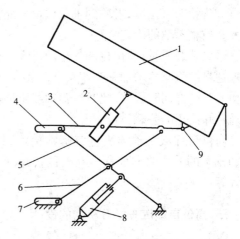

5-22 剪式高位自卸汽车车箱举升及倾卸机构原理
1-车箱；2-倾卸液压缸；3-车箱托架；4-滑槽；5、6-支承杆；7-滑槽；8-举升液压缸；9-车箱支座链

当车箱举升时，举升液压缸外伸，推动支承杆 5，使支承杆 5 绕其右端的固定铰支承按顺时针方向摆动，其左端则沿滑槽 4 滑动；同样，支承杆 6 在支承杆 5 的带动下也在作相应的

运动。这就使车箱托架垂直升高。如果举升液压缸收缩，车箱托架便垂直降落。若向倾卸液压缸2的下腔供压力油，液压缸外伸，使车箱1倾卸货物。这种举升机构具有放大液压缸行程、提高工作效率的优点。对于举升高度较高的专用自卸汽车，可采用两级或多级剪式举升机构。

利用多级剪式举升机构可以将车箱垂直举升到相当高的高度。图5-23所示为两级剪式举升机构工作原理图。图5-24所示为两级剪式举升机构。这种举升机构的液压缸作用点布置十分灵活，它既可布置在支撑杆的滑动铰接处（图5-23），也可以布置在支撑杆的中点铰接处，还可以直接铰接在支撑杆上。如果增加车箱倾卸机构，即可实现高位自卸功能。

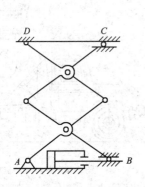

图5-23　两级剪式举升机构工作原理图

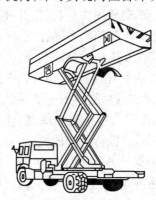

图5-24　两级剪式举升机构

二、高位自卸汽车参数确定

1. 尺寸参数的确定

高位自卸汽车一般由载货汽车的二类底盘改装设计，其主要参数与同类底盘接近。若要改变轴距，必需考虑轴距变化后对整车综合性能有影响的各因素。后悬长度主要取决于货箱长度和货箱布置位置，考虑到轴载质量分配，保证有适当的离去角。

2. 质量参数的确定

最大装载质量：高位自卸汽车的最大装载质量与同类汽车底盘自卸汽车相比略小，因为它比普通自卸汽车多增加一套车箱升高装置，整备质量增大。还应考虑到，车箱及货物升高时，其质心升高并同时后移，此时后轴轴载质量增加。因此设计时，确定最大装载质量应小于同类普通自卸汽车的装载质量。

高位自卸汽车轴载质量应基本接近原底盘允许的参数。整车质心位置可比同类普通自卸汽车的质心略向前移。在高位自卸汽车设计时，应对高位工况时的轴载质量分配作分析计算。

三、高位自卸汽车举升机构的设计

1. 高位举升机构的布置

如图5-25所示，举升机构的固定支架（底座10）固定在车架上，并用硬橡胶板衬垫。底座10前端尽量靠近驾驶室。但距驾驶室后围的距离不小于50mm，以防止固定底架与驾驶室相碰。为降低货物的质心高度，举升臂9布置在固定支架外侧。车箱底架未举升时由固定支架支承，使载荷均匀分布在固定支架上（运动分析图5-26）。

2. 高位举升机构的运动分析

高位自卸汽车在举升过程中,根据使用要求,车箱在升高过程中应保持水平状态,其运动分析如图 5-26 所示。

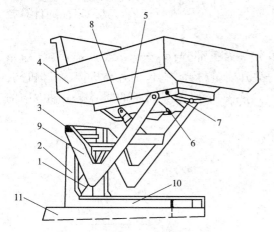

图 5-25 高位自卸汽车的举升机构布置图
1-举升液压缸;2-固定支架;3-铰接轴;4-车箱;5-车箱底架;6、7-铰接轴;8-同步液压缸;9-举升臂;10-底座;11-汽车纵梁

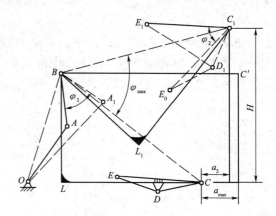

图 5-26 高位自卸汽车举升机构的运动分析图
B 点-固定支架 2 与举升臂 9 的铰接点;C 点-车箱底架 5 与举升臂 9 的铰接点;D 点-同步液压缸 8 与举升臂 9 的铰接点;E 点-同步液压缸 8 与车箱底架 5 的铰接点;A 点-举升液压缸 1 与举升臂 9 的铰接点;O 点-举升液压缸 1 与固定支架 2 的铰接点;$\overline{OA}$-举升液压缸 1 的初始长度;$\overline{DE}$-同步液压缸 8 的初始长度

当举升液压缸 $\overline{OA}$ 伸长到 $\overline{OA_1}$ 时,举升臂由初始位置 BLC 绕 B 旋转到 BL_1C_1,车箱升高到最大高度。与此同时 C 点转过到 C_1 点,图中 $H(H=h_{c1}-h_c)$ 为车箱的最大升高量。h_{c1} 和 h_c 分别为 C_1 和 C 点的高度。与此同时,举升臂绕 B 点转过 φ_{max} 角。在举升过程中,根据工作需要,车箱底架由 CE 到 C_1E_1 始终保持水平状态。因此,为保证车箱水平升高,必须保证 $\mathrm{d}\varphi_1/\mathrm{d}t = \mathrm{d}\varphi_2/\mathrm{d}t$。车箱升高的同时还伴有后移。故在计算高位举升稳定性时,须考虑车箱最大后移量 a_{max}(图 5-26)的影响。

四、高位自卸汽车举升液压缸与同步液压缸的同步条件

(1)高位自卸汽车车箱在升高过程中应保持水平状态。

(2)理论上,若采用并联双泵(双变量泵或一个定量泵和一个变量泵),只要合理控制变量泵的流量,就能实现同步条件。实际上,无论在技术上还是在经济上采用双泵实现同步条件都存在一定的难度。

(3)如果采用单级推力液压缸作为举升液压缸,串联两节伸缩式液压缸作为同步液压缸,并引入控制变量,$\Delta\varphi = |\varphi_1 - \varphi_2|$,使 $\Delta\varphi < 2°$。再采用计算机优选设计参数,便能实现准同步的使用条件。这无论从技术上和经济上都是可行的。

如图 5-27 所示。液压缸 3 和液压缸 1 串联,且与倾卸液压缸 2 并联。实践证明这种液压回路可以满足 $\Delta\varphi < 2°$ 的准同步使用要求。

五、高位自卸汽车稳定性计算

高位自卸汽车作高位升高和自卸时,整车质心位置变化较大,必须对高位自卸汽车稳定性

进行校核。高位自卸汽车稳定性主要包括车辆驻车升高过程中的纵向稳定性、最高位倾卸时的稳定性和最高位时的车辆侧向稳定性。

当高位自卸汽车举升部分质心升高、车箱后移量最大、车箱位于最高位倾卸角最大时,高位自卸汽车整车的稳定性最差,必须对后轴轴载质量、质心位置进行校核。其稳定性的计算校核参见第二章第五节。

如图 5-28 所示,高位自卸汽车总质量 m_a 可分解为三部分:m_D——汽车底盘质量(kg);m_G——改装底架(即副车架)质量(kg)和 m_j——举升质量(kg),它包括升高机构、倾卸机构、承载货物及车箱等质量。未举升时,底盘质量、改装底架质量、举升质量的质心在 x 轴方向的坐标标定为 x_D、x_G、x_j。

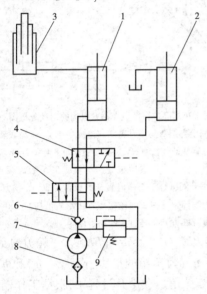
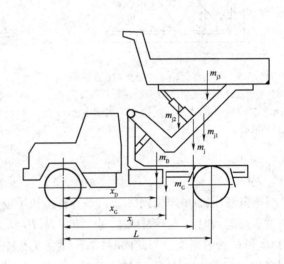

图 5-27 杠杆式高位自卸汽车液压系统原理
1-举升液压缸;2-倾卸液压缸;3-多级液压缸;4、5-二位四通换向阀;6-止回阀;7-液压泵;8-滤油器;9-溢流阀

图 5-28 高位自卸汽车稳定性计算原理图

当车箱后移量为 a_{max}[见式(5-35)]时,后轴轴载质量 m_{a2} 须小于后轴轴载质量允许值 $[m_{a2}]$,一般取原车满载时后轴轴载质量的 1.2~1.4 倍。

设车箱最大倾卸角为 θ_{max}($\theta_{max}=45°\sim55°$)。从车箱升高到最高位置开始到车箱倾卸角达 θ_{max} 为止,在这一过程中,车箱连同其内装载货物的质心位置又向后移,其后移量 Δa 为

$$\Delta a = l_2[\cos\alpha - \cos(\alpha + \theta_{max})] \tag{5-30}$$

式中:l_2——铰支点 C 到装有货物的车箱质心的距离,m;
α——车箱底架与 l_2 之间的夹角。

第六章 汽车列车

第一节 汽车列车

汽车列车是指一辆汽车(货车或牵引车)与一辆或一辆以上挂车的组合。载货汽车和牵引汽车为汽车列车的驱动车节,简称主车,而被主车牵引的从动车节称为挂车。

一、汽车列车的用途和分类

1. 用途

汽车列车是公路运输中重要的车种之一,是发展公路运输、提高经济效益最有效而简单的重要手段。汽车列车可以是专用汽车中的厢式、罐式、自卸式、起重举升式、仓棚式及特种车辆的任何一种。它具有其他运输方式无法代替的迅速、机动、灵活、安全的优势,能完成其他运输所不能或难以完成的超高、超宽、超长、有特定要求的物资运输。对高大货物运输具有高效、低耗、及时、灵活的特殊优点。因此,汽车列车早已成为经济发达国家的主要公路运输形式,而得到积极的发展。随着我国公路建设和汽车工业的迅速发展,汽车列车向着轻量化、重型化、多轴化、专用化、系列化方向发展,必将成为我国的主要公路运输工具。

2. 分类

汽车列车按其结构不同分为全挂汽车列车、半挂汽车列车、双挂汽车列车、特种汽车列车等,如图6-1所示。

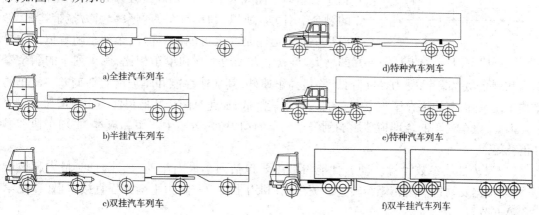

图6-1 汽车列车

全挂汽车列车是由一辆牵引汽车用牵引杆连接一辆或数辆全挂车组合而成的汽车列车,如图6-1a)所示。

半挂汽车列车是由一辆半挂牵引汽车和一辆半挂车组合的列车,如图6-1b)所示。

双挂汽车列车是由一辆半挂牵引汽车与一辆半挂车和一辆全挂车组合的汽车列车,如图6-1c)所示。

特种汽车列车是具有特殊结构或装有专用设备的汽车列车,又称专用汽车列车。如带有可伸缩牵引杆的特种汽车列车,如图6-1d)所示;由运送长尺寸货物本体将牵引车和挂车连接起来的汽车列车,如图6-1e)所示。

双半挂汽车列车是由一辆半挂牵引汽车与两辆半挂车组合的汽车列车,前一辆半挂车车架上安装牵引座,再牵引后一辆半挂车,如图6-1f)所示。

半挂汽车列车在公路运输中显示出突出的优点,因此引起世界各国的重视,各国均积极发展半挂汽车列车。我国目前半挂汽车列车发展也很快,不仅在数量、品种和性能等方面大幅度地提高,而且进一步向标准化、系列化和专业化方向发展。

二、汽车列车设计

1. 汽车列车的运行特性

汽车列车的基本运行特征主要指汽车列车的动力性、转向机动性、行驶稳定性、燃油经济性等而言。它们是衡量汽车列车技术水平及其结构完善程度的重要标志。为了正确设计汽车列车,应掌握汽车列车的运行特性。

1)动力性能

汽车列车运输的优点在于充分利用牵引车的后备功率,以增加拖挂质量的方式来提高发动机的功率利用率,从而提高汽车列车的运输效率。

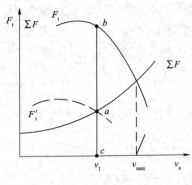

图6-2 汽车驱动力图

图6-2所示为汽车在某一挡位时驱动力和行驶阻力与行驶车速的关系曲线。图中,F_t表示发动机节气门全开时变速器在直接挡时汽车的驱动力曲线,$\sum F$表示汽车在道路上行驶时随车速而变化的行驶阻力曲线。当汽车在良好道路稳定行驶的速度为v_1时,需克服的运动阻力相当于线段$\overline{ac}$。此时节气门部分开启,发动机处于部分负荷特性状态,汽车相应的驱动力曲线为F_t'。因而$\overline{ab}$线段就是汽车在此车速下的剩余牵引力。所以,利用汽车的剩余牵引力拖带挂车,形成汽车列车运输是完全可能的。但汽车列车随着拖挂质量的增大,行驶阻力也增大。和单车相比,汽车列车的剩余牵引力和剩余功率减小,动力性能降低,除最高车速外,其加速性能和爬坡能力亦变差。汽车的平均车速下降,其原因在于汽车列车的最高车速降低、加速时间长和低挡使用次数增加。

因此,汽车列车的合理拖挂影响到汽车列车的动力性、运输生产率和成本、平均车速和燃油消耗等。

(1)动力性能参数计算。动力性能参数主要包括列车最高车速、加速时间、最大爬坡度等,可以根据发动机输出转矩与转速的关系式,利用驱动力—阻力平衡方程直接求出(参见第二章第五节)。

(2)汽车列车的运输生产率和运输成本。汽车列车的运输成本C_t(元/t·km)是指汽车列车完成单位货物周转量所需要的费用,可用下式表示:

$$C_t = \frac{\sum C}{\sum W} \tag{6-1}$$

式中:$\sum C$——某一时期汽车列车的全部运输成本费用,元;

$\sum W$——同一时期汽车列车完成的总的货物周转量,t·km。

汽车的运输生产率 E_t 是指单位时间内完成的货物运输量,可用下式表示:

$$E_t = m_q \cdot \gamma \cdot v_m \tag{6-2}$$

式中:m_q——汽车列车的额定装载质量,t;
　　γ——质量利用系数;
　　v_m——车辆平均速度,等于车辆的总行程与总行驶时间之比,km/h。

上式中的 $m_q\gamma$ 称为拖挂质量,当拖挂质量增加时,会导致平均车速下降,因此运输生产率受到拖挂质量和平均车速的共同影响。

(3)汽车列车的装载质量、平均车速和燃油消耗量。汽车列车的额定装载质量的增加导致汽车列车的最大总质量 m_t 增加。在发动机功率一定时,其比功率减小(比功率为单位总质量的功率即 P_e/m_t,P_e 为发动机的有效功率),使汽车列车的平均车速降低。比功率减小的范围:应不使运输生产率降低、运输成本提高。

汽车列车的行驶速度能跟上公路车辆的行驶速度,则认为其比功率是可行的。

一般地讲,比功率大则动力性好,但燃油消耗量增加。图 6-3 所示为一辆总质量为 24000kg 的汽车列车的比功率和平均车速 v_m(km/h) 及相应的燃油消耗量 Q_s(L/100km) 的关系,随着比功率的增加,平均车速和耗油量都增大。

2)燃油经济性

经济性是推动半挂汽车列车发展的一个重要因素。汽车列车完成单位运输工作量的燃油消耗量 Q_t[L/(t·km)] 以下式表示:

$$Q_t = \frac{Q}{m_q} \tag{6-3}$$

式中:Q——汽车列车每单位行程的燃油消耗量,L/km;
　　m_q——汽车列车的最大装载质量,t。

式(6-3)表明,汽车列车的最大装载质量 m_q 增大,完成单位运输工作量的燃油消耗量 Q_t 将随之减少。

燃油消耗比量 Q_{st} 表示汽车列车每吨总质量的百公里油耗量(L/100t·km)。这一指标不仅与百公里油耗一样可用来评价车辆的燃油经济性,而且可以反映汽车列车的运行情况。例如某一中型货车,当拖带一辆3t挂车时,每百吨公里油耗量比单车降低27%,拖两辆3t挂车时,可降低34.7%。

图 6-4 为汽车列车的总质量 m_t 和燃油消耗比量 Q_{st} 的关系曲线,由图中可见,当车辆总质

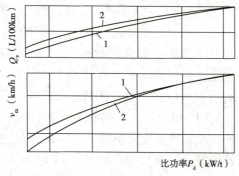

图 6-3　最大可能平均车速及其相应燃油消耗量同汽车比功率的关系

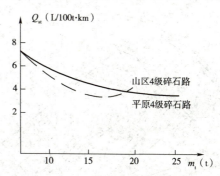

图 6-4　列车总质量对燃油经济性的影响

量增加时,每百吨公里的燃油消耗量迅速降低。这就是汽车列车或大吨位汽车的燃油经济性较好的原因。

因而,应采用大吨位汽车列车作为城际运输工具,既可达到提高运输生产率的目的,也可获得节约燃油的经济效果。

3) 转向机动性

汽车列车的转向机动性,是指在狭窄弯曲路段上改变行驶方向或绕过障碍物的能力。这一性能表示汽车列车在狭窄公路、汽车货场、码头、建筑工地的通过能力。

评价汽车列车机动性的重要指标有汽车列车的最小转弯直径 D_{tmin} 和最大通道宽度 A_{max},如图 6-5 所示。

最小转弯直径 D_{tmin} 是指汽车列车转向时,当转向盘转到极限位置时,牵引车外侧前轮所滚过的轮迹圆的直径(有左转弯直径和右转弯直径)。

最大通道宽度 A_{max} 是指汽车列车上离转向中心最远点和最近点的距离之差。

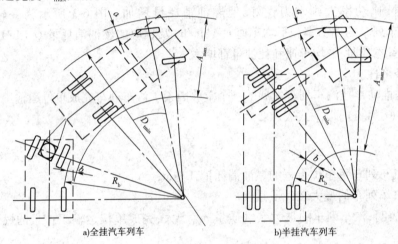

a) 全挂汽车列车　　　　b) 半挂汽车列车

图 6-5　汽车列车转弯示意图

汽车列车在曲线行驶时与单车有不同点:转向所需的面积或转向道路宽度增大。在非稳定曲线行驶中,汽车列车各点以变化的半径作曲线运动。在稳定行驶中,汽车和挂车绕同一个圆心作曲线运动。最小转弯直径 D_{tmin} 和最大通道宽度 A_{max} 越小,说明汽车列车的转向机动性越好。

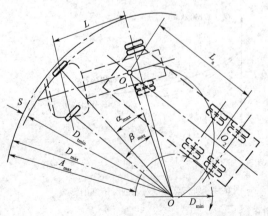

图 6-6　半挂汽车列车转向图

汽车列车在转向时,牵引车和挂车都应绕同一个回转中心作曲线运动,因而牵引车和挂车车轴的延长线亦都应交于 O 点(亦称转向中心)。理论上计算最小转弯直径 D_{tmin} 和最大通道宽度 A_{max}(图 6-6)的方法有图解法和解析法两种。

(1) 图解法。车辆在最大转向时,前外轮、前内轮各转至最大角度 α_{max} 和 β_{max},轮迹垂直延长线交后轴延长线于 O 点。以 O 点为圆心,以 O 点至前外轮中心平面的距离为半径画圆,即可求得车辆的最小转弯直径 D_{tmin}。

连接 OO_1(O_1 点为半挂牵引车连接中心),

以 OO_1 为直径作半圆,再以 O_1 点为圆心,挂车轴距 L_a 为半径画弧,交半圆弧于 O_2 点,OO_2 连线就是挂车后轴轴线,O_1O_2 连线为挂车纵向中心线,绘出轮距及车辆总宽,再以 O 点为圆心,以汽车列车最外侧点及最内侧点的距离为半径画弧,可求得车辆的最大通道宽度 A_{max}。

(2)解析法。若挂车的轴距小于 OO_1,则汽车列车的最小转弯直径 D_{tmin} 和牵引车单车时的最小转弯直径是相同的,D_{tmin} 可近似地表达为

$$D_{tmin} = \frac{2L}{\sin\alpha_{max}} \tag{6-4}$$

式中:L——牵引车轴距。

或由下式确定(图6-5):

$$D_{tmin} = 2g(A_{max} - a + R_b - b) \tag{6-5}$$

式中:a、b——前、后突伸距;

R_b——后内轮转弯半径。

尽管满足上述条件的汽车列车的最小转弯直径和牵引车相等,但牵引车因拖带挂车而使通道宽度增大。

若挂车轴距 L_a 大于 OO_1,则汽车列车的最小转弯直径增大,机动性变差。

由上述分析可知,汽车列车转向时,机动性降低,这是因为汽车列车的挂车离回转中心较近,使汽车列车的通道宽度大于单车的通道宽度。若设单车转向所需通道宽度为 A,带一辆挂车的汽车列车转向所需通道宽度就增至 A_1,带两辆挂车时则增至 A_2,且有 $A_2 > A_1 > A$。汽车列车转弯时的通道宽度,在最小转弯直径时最大。

4)汽车列车的行驶稳定性

汽车列车的行驶稳定性是指汽车列车在行驶或制动过程中,不发生侧滑、摇摆和翻倾的能力。行驶稳定性越好,汽车列车的安全车速越高,其他使用性能也能得到充分发挥,采用汽车列车的优越性也越明显。但汽车列车在行驶中,挂车常产生摇摆和冲击现象,造成各车连接处作用着交变的纵向和横向扰动力,使汽车列车的行驶稳定性下降,影响汽车列车的安全行驶。

汽车列车挂车产生摇摆和振动现象的主要原因是:

(1)牵引车后轴的横向滑移或行驶于不平路面时牵引钩的横向摆动,在牵引钩上产生横向扰动力,由牵引架传给挂车。

(2)牵引车在转向过程中,牵引钩横向摆动,其作用力传给挂车。

(3)挂车的一侧车轮遇到障碍或因阻力较大,使挂车发生横向偏出。

(4)通过不平路面,挂车车身在悬架和轮胎弹性系统上产生振动。

提高汽车列车行驶稳定性的措施:

(1)为了提高汽车列车的行驶平顺性,必须尽量降低悬架系统的振动频率,增大悬架的静挠度,减少悬架刚度。但是,悬架刚度过小,列车在不平道路上行驶时车架左右摆动加大,对稳定行驶不利。因此,要适当增大悬架刚度和轮胎侧偏刚度。

(2)连接装置中的间隙使牵引车和挂车不能保持稳定的拉紧作用,经常冲击使稳定性大大降低。采用无间隙式连接装置,有利于改善汽车列车的稳定性,并能延长连接装置的使用寿命。

(3)牵引架设计时,尽可能减少在连接装置中产生侧向力和垂直力。因此,牵引车和挂车的连接装置最好应处于同一高度,并在汽车列车的纵轴线上。

(4)挂车的质心过高、轴距过小、牵引架过短以及载荷分布不均匀等,都会增加挂车的摆

动。因此、要求挂车质心不要比牵引车高得太多,连接装置尽可能靠近牵引车后轴,均有利于挂车摆动的减小。

(5)车轮转向驱动装置的传动比越大,汽车列车行驶越不稳定。装有轴转向的挂车,其传动比 $i=1$,因此其稳定性比用轮转向装置的挂车要好。

(6)减小挂车质量,增大牵引车和挂车质量之比,以及它们相对于垂直轴的惯性矩之比,能提高汽车列车的横向稳定性。

5)制动稳定性

汽车列车制动时,若挂车产生折叠和甩尾,易使汽车列车丧失制动方向的稳定性。

制动时牵引车偏离原行驶方向,并且出现牵引车与半挂车之间有相对转角的现象,称之为折叠。产生折叠的主要原因是由于牵引车后轴车轮首先制动抱死,使牵引车后轴失去了承受横向力的能力,在横向力的作用下而产生的。产生横向力的因素很多,如半挂汽车列车转弯所引起的离心力,道路横向坡度引起的重力侧向力,左右车轮制动力不同等。牵引车与半挂汽车列车行驶方向所形成的偏离角 α 值越大,折叠越严重。折叠现象的典型例子如图6-7所示。

制动时半挂车偏离原行驶方向,并且出现牵引车与半挂车之间有相对转角的现象,称之为甩尾。产生甩尾现象的主要原因是半挂车一侧车轮制动器抱死以及路面或行驶条件而引起的横向作用力。半挂车与半挂汽车列车行驶方向所形成的偏离角 β 值越大,甩尾越严重。甩尾现象的典型例子如图6-8所示。

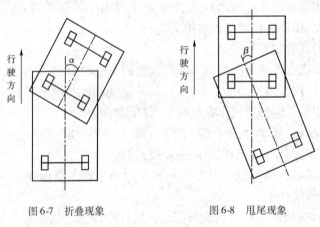

图6-7 折叠现象　　图6-8 甩尾现象

提高挂车列车制动稳定性的措施:

(1)应合理分配牵引车和半挂车的制动力。若使半挂车的制动力比牵引车的制动力相对增大,制动时牵引车就会被半挂车往后拽,从而提高稳定性;但若半挂车的制动力过大,则在制动比较强烈时,半挂车轮抱死的频率就增加,反而不稳定。半挂汽车列车各轮轴的制动抱死顺序为:首先是牵引车前轮,然后是半挂车车轮,最后是牵引车后轮。

(2)制动滞后协调,希望全挂车制动超前牵引车,而全挂车解除制动滞后于牵引车,使牵引架始终保持有拉力作用。

(3)采用制动防抱装置或各种载荷调节阀,也有在连接装置中安装机械或液压防摆机构。

2.汽车列车总体参数及主要尺寸确定

1)汽车列车最大总质量

采用拖挂运输必须合理确定汽车列车的最大总质量 m_1。牵引车拖带挂车后,尽管其总质量增加但仍要求汽车列车具有足够的动力性,在选汽车列车总质量时,除参照前面介绍的汽

车列车动力性外,还应满足汽车列车以下四方面的要求:

(1)在运行路线的最大坡道上能用Ⅰ挡起步。起步时不计空气阻力的影响,根据驱动力—行驶阻力平衡方程式,可求得汽车列车的最大总重量 m_{t1} 为

$$m_{t1} = \frac{F_{t\,I\,max}}{\left(af + i_{max} + \frac{\delta}{g}j\right)g} \tag{6-6}$$

式中:$F_{t\,I\,max}$——稳定行驶时汽车列车一挡的最大驱动力,N;
  a——起步附加阻力系数,其数值取决于运行条件(如大气温度和路面状况),据试验,夏天取 1.5~2.5,冬天取 2.5~5.0;
  f——滚动阻力系数,在混凝土或沥青路面上取 0.012~0.015;
  δ——汽车列车的旋转质量转换系数,在起步时通常取 1;
  j——汽车列车起步时的加速度,其数值可取为 0.3~0.5 m/s²;
  i_{max}——汽车列车运行路段上的最大坡度,按表6-1 选取。

各级公路纵坡度标准 表6-1

公 路 等 级	一	二		三		四
		平原微丘	山岭重丘	平原微丘	山岭重丘	
最大纵坡度(%)	4	5	7	6	8	8

注:在四级公路难行的山岭区,最大纵坡度可增加1%。

式(6-6)可简化成如下形式:

$$m_{t1} = \frac{F_{t\,I\,max}}{(i_{max} + K)g} \tag{6-7}$$

式中:K——汽车列车起步加速系数。

一般情况下,汽车列车的起步加速系数的平均值是:强烈起步时,$K = 0.067$;正常起步时,$K = 0.050$。K 值的最小值不低于 0.024。

(2)在运行路线的最大坡道上能用Ⅱ挡通过。此种工况车速较低,亦可不考虑空气阻力的影响,且以等速上坡,即 $j=0$,根据驱动力—行驶阻力平衡方程式,可求得所允许的汽车列车的最大总重量 m_{t2} 为

$$m_{t2} = \frac{F_{t\,II\,max}}{(f + i_{max})g} \tag{6-8}$$

式中:$F_{t\,II\,max}$——汽车列车Ⅱ挡的最大驱动力。

(3)在运行路线上能经常用直接挡行驶。汽车列车直接挡的最大动力因数 D_{0max} 应比沥青路上的滚动阻力系数大一些,可取 $D_{0max} = 0.025~0.03$,因而得到汽车列车在经常行驶的道路条件下,以直接挡等速稳定行驶的汽车列车最大总质量 m_{t3} 为

$$m_{t3} = \frac{F_{t0\,max} - F_W}{gD_{0max}} \tag{6-9}$$

式中:F_{t0max}——直接挡的最大驱动力;
  F_W——汽车列车的空气阻力。

(4)汽车列车运行时必须符合路面附着条件。这即要求汽车列车的驱动力 F_t 必须小于或等于牵引车驱动轮和路面之间的附着力 F_φ,当汽车列车作等速直线行驶时,有

$$m_t \psi \leq m_\varphi \varphi \rho \tag{6-10}$$

133

式中：ψ——道路阻力系数，$\psi = f + i$；
   i——路面坡度；
   φ——路面附着系数；
   m_φ——驱动轮上的附着质量；
   ρ——轴载质量转移系数，对于后轮驱动的牵引车，ρ 可取为 1。

因而，可得到在满足路面附着条件下时汽车列车的最大总质量 m_{t4} 为

$$m_{t4} \leqslant m_\varphi \frac{\varphi \rho}{\psi} \tag{6-11}$$

在确定汽车列车合理的最大总质量时，要充分满足汽车列车能正常行驶的要求。分别按式(6-6)、式(6-8)、式(6-9)、式(6-11)计算出的汽车列车的最大总质量可能不尽相同，应选取其中的最小值作为汽车列车的最大总质量。

2）比功率

比功率 P_d 是汽车列车动力特性的指标。在恰当地选择牵引车传动系统参数的条件下，比功率能客观的评价汽车列车的动力特性。在汽车或汽车列车设计中，首先从保证车辆的最高车速 v_{max} 来选取发动机的功率，而比功率是决定汽车列车最高车速的主要参数。汽车列车的最高车速越高，要求汽车列车的比功率越大。汽车列车比功率的选择，主要应由其使用条件、所配挂车的型式和挂车数及牵引质量决定。其计算公式为

$$P_d = \frac{P_e}{m_t} = \frac{2.7 \psi v_{max}}{\eta_T} + \frac{C_D A v_{max}^3}{76140 \eta_T m_t} \tag{6-12}$$

式中：C_D——汽车列车空气阻力系数；
   A——汽车列车的迎风面积，m^2；
   η_T——传动系机械效率。

由上式可以看出：在选定的比功率下，对给定的行驶条件，可求得相应汽车列车的最高车速 v_{max}。若汽车列车的行驶条件和所需要的最高车速 v_{max} 固定不变，那么汽车列车最大总质量 m_t 增加时，所需要的比功率仅由汽车列车的迎风面积 A 与其最大总质量 m_t 之比决定。若汽车列车的其他参数不变，比功率随最大总质量的增加而减少。

3）外廓尺寸

汽车列车的外廓尺寸是根据汽车列车的用途、道路条件、装载质量、外形设计、公路限制和结构布置等因素确定。在挂车总体设计时要力求减少挂车外廓尺寸，以减轻挂车本身质量，提高挂车装载能力。

各国对公路运输车辆的外廓尺寸均有规定，这是根据本国公路、桥梁、涵洞等标准及在保证车辆安全行驶的条件下确定的。表6-2列出一些国家汽车列车的外廓尺寸限值。

一些国家汽车列车的外廓尺寸限值　　　　表6-2

国　别	宽度(m)	高度(m)	长度(m)	
			半挂列车	全挂列车
俄罗斯	2.5	3.8	20.0	24.0
德国	2.5	4.0	15.0	18.0
法国	2.5	3.8	14.0	18.0
英国	2.5	4.0	15.0	18.0

续上表

国 别	宽度(m)	高度(m)	长度(m)	
			半挂列车	全挂列车
意大利	2.5	4.0	14.0	18.0
比利时	2.5	4.0	15.0	18.0
加拿大	2.59	4.12	18.3	22.2
美国	2.44	4.1	16.8	19.8*

* 美国各州规定不一致,最高的州允许列车长为21~33m,多为双挂汽车列车。

我国对公路运输汽车列车及挂车的外廓尺寸、各车轴最大允许轴荷、最大允许总质量按国家标准《道路车辆外廓尺寸、轴荷及质量限值》(GB 1589—2004)规定,见表2-1。

第二节 牵引汽车

牵引汽车是指专门或主要用于牵引挂车的汽车。它与挂车组合实现列车的运输作业。

一、牵引汽车的分类

牵引汽车可按结构和用途等进行分类。按用途不同可分为全挂牵引汽车和半挂牵引汽车。

全挂牵引汽车是指专门或主要用于牵引全挂车的汽车。全挂牵引汽车一般采用普通载货汽车,既能载货,又能牵引。在其车架后端支承架处设有牵引钩,以便用牵引杆来牵引挂车。

半挂牵引汽车是指专门用于牵引半挂车的汽车。只能牵引半挂车,其本身不能载货。车架上设有牵引座,以便牵引半挂车并承受其前部载荷。半挂牵引汽车又分为高速牵引汽车和重载低速牵引汽车。通常,又把用于飞机场、铁路站台、港口码头、大型货场内的全挂牵引汽车和半挂牵引汽车称为场内牵引汽车。

二、牵引汽车的结构及使用特点

牵引汽车都是由汽车制造厂生产或由汽车改装厂改制而成的。一般说来,载货汽车、载客汽车在大多数情况下均可作为牵引汽车使用,在其结构上不再做原则性的改变。但是,某些专用牵引汽车,为了满足牵引挂车的需要,改善汽车列车的运行性能,其结构上具有以下特点:

(1)装有增压器或增压中冷器,以提高发动机的功率。
(2)有良好的冷却系统,保证长时间拖带挂车而发动机不过热。
(3)采用主变速器加副变速器、双级主减速器和轮边减速器等,以扩大重型牵引汽车变速范围,增大其驱动转矩。
(4)设法增加牵引汽车的附着质量,也可采用全轮驱动,以充分利用牵引汽车的附着质量。
(5)重型牵引汽车常采用液力耦合器和液力变矩器。
(6)适当缩短轴距,使汽车列车有良好的机动性。
(7)制动系统应保证牵引汽车与挂车的协调。
(8)连接装置最好采用无间隙结构,以减轻挂车的冲撞,提高汽车列车的行驶稳定性。

为了改善牵引汽车的燃料经济性和牵引性，在传动系中采用可换挡的附加变速器是合理的。相对而言，附加变速器设在驱动桥内更为合理，以防止传动轴载荷过高。附加变速器一般可以做成两挡式主减速器或两挡式副变速器。

在牵引汽车上装液力变矩器，可以提高其牵引性，节省燃料，并可改善重型汽车的操纵性。试验证明，装有液力变矩器的重型汽车列车，其换挡次数比装有五挡变速器和两挡主减速器的重型汽车列车减少35%~55%，燃料消耗量低7%，发动机曲轴转数减少12%。

汽车列车是由各种不同构造和用途的牵引汽车和挂车组成的，但在其使用方面应作为一个整体运输工具来看。因此，汽车列车的驱动车节与从动车节之间最大可能地相互适应是非常重要的。

半挂牵引汽车不是独立的运输工具，因为它没有载货部分。所以，半挂牵引汽车应满足汽车列车的要求，而半挂车也应完全适应于一定的牵引汽车。

第三节 挂 车

挂车是指由汽车牵引的用以载运人员或货物而本身无动力驱动装置的车辆。挂车无法单独行驶，需由牵引汽车拖动，组成汽车列车。

一、挂车的分类及构成

1. 货运挂车的分类

1) 按挂车与牵引汽车的连接方式分类

(1) 全挂车：指最大总质量的绝大部分或全部由其本身承受的挂车，如图6-9a)所示。全挂车牵引架2上的挂环1与牵引汽车的牵引钩相连接。

全挂车的装载质量可以随其轮轴数的增加而增大，能完成特大件的运输。但是，全挂汽车列车总长较长，行驶稳定性较差。

(2) 半挂车：指由半挂牵引汽车牵引，其最大总质量的相当一部分由牵引汽车承受的挂车，如图6-9b)所示。半挂车前端的牵引销3与牵引车的牵引座相连接。

半挂车是"区段运输"、"甩挂运输"、"滚装运输"的最好工具，与牵引汽车组成的半挂汽车列车更具有整体性。但是，半挂车的装载质量受到牵引汽车牵引座载荷的限制，摘挂后需要支承装置4来支承。

(3) 特种挂车：指装有专用设备，用于特殊货物运输或完成特别作业任务的挂车。它又可分为特种全挂车和特种半挂车。图6-9c)所示为带有可伸缩牵引杆5的特种挂车，可根据所运货物的长度来调整伸缩牵引杆的长度；也有用所运长尺寸货物本身构成牵引汽车与特种挂车之间的连接部分，货物前端装在牵引汽车的旋转式枕座的货台上，货物的后部装在特种挂车上，货物本身起着与车箱同样的作用，省去了牵引杆和车箱。

2) 按货台形式分类

(1) 平台式挂车：如图6-10所示，其货台较高，但货台面积利用率高，转弯半径减小。为了降低货台高度，常采用小直径、高承载能力的轮胎。平台式挂车又可分为平台式半挂车和平台式全挂车。

在超重型平台式全挂车上，常采用液压平衡悬架来调节承载货台的高度，调整范围一般在±300mm。

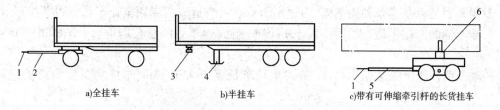

图 6-9 按连接方式分类的挂车

1-挂环；2-牵引架；3-牵引销；4-支承装置；5-可伸缩牵引杆；6-横转架式货台

图 6-10 平台式挂车

（2）阶梯式挂车：如图 6-11 所示，其货台较低，便于货物的装卸，但货台前部的阶梯部分（俗称鹅颈）不能用于装载货物，货台面积利用率较低，车身比较长。一般常用于半挂车。有的半挂车的后部轮胎罩凸出货台面之上，以进一步降低货台的高度，如图 6-11b) 所示。

（3）凹梁式挂车：如图 6-12 所示，其货台平面呈凹形，其货台的高度可以降低至相当低的程度，以降低挂车载货高度。但由于挂车的前部和后部的凸起部分均不能装载货物，要提高货台的装载面积，就需增加挂车的长度。因此，挂车的转弯直径增大，通过性变坏。一般用于超高货物的运输和飞机场、码头、货场等场内运输。

3）按车轴数分类

按挂车的车轴数分为单轴、双轴及多轴等形式。挂车的车轴数是根据其最大总质量和允许轴载质量而定的。挂车的装载质量越大，其车轴数越多。

4）按车身结构分类

按挂车车身的结构形式可分为普通挂车、厢式挂车、罐式挂车、自卸挂车、集装箱挂车、冷藏保温挂车、特种挂车等。

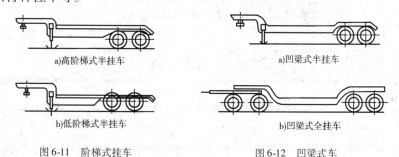

图 6-11 阶梯式挂车　　　　图 6-12 凹梁式车

2. 货运挂车构成及主要参数确定

货运挂车按其车辆长度、质量参数、车轴数的组合构成基本系列、专用系列和特殊系列。

1）基本系列

基本系列由符合 GB 1589—2004 规定的、适用于多种货物运输的、最大允许总质量不大于 20t 的全挂车和最大允许总质量不大于 40t 的半挂车组成，包括栏板式、厢式等形式。《货运挂车系列型谱》(GB 6420—2004) 规定了货运挂车的系列构成、长度限值、车轴数量及最大允许总质量等参数。

2）专用系列

专用系列是以基本系列为基础,由适用于专门货物运输的专用全挂车和专用半挂车组成。

运输车辆的专用半挂车长度不大于 14.2m;组成列车后的总长应符合 GB 1589—2004 的规定。

两轴及两轴以上集装箱半挂车、罐式半挂车长度不大于 13m;组成列车后的总长应符合 GB 1589—2004 的规定。

专用系列中的其他产品应符合基本系列中规定的车辆长度、车轴数量;不得超过基本系列中规定的最大允许总质量。

3)特殊系列

特殊系列由最大允许总质量大于 20t 的平板式全挂车、最大允许总质量大于 40t 的平板式半挂车及超过 GB 1589—2004 规定的货运挂车组成。

二、半挂车

1. 半挂车的结构形式

半挂车一般由车架总成、底板总成、车箱总成、支承总成、悬架总成、电气总成、制动总成等组成。

半挂车与全挂车相比,其主要差别在于半挂车只承受其最大装载质量的大部分,在其结构上增加了支承装置3,便于甩挂或临时支承用,车箱的前部通过牵引销2与牵引汽车相连接。图 6-13 所示为栏板式半挂车。

半挂车的车架与全挂车相比,轴距较长、宽度较窄,按其纵梁的结构型式也有直通式车架、阶梯式车架和凹梁式车架之分。

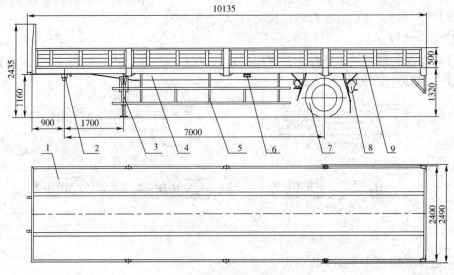

图 6-13 栏板式半挂车
1-底板总成;2-牵引销;3-支承装置;4-车架总成;5-防护栏;6-车灯;7-车轮;8-悬架总成;9-车箱总成

图 6-14 所示为直通式车架。其纵梁为钢板焊接而成的工字形结构,上翼板平直,下翼板成折线。车架的横梁采用工字型钢或轻型槽钢,也可用钢板压制成槽钢。横梁通过纵梁腹板上的孔贯穿于两根纵梁之间,纵、横梁相交处不宜全焊,应使车架既有一定的强度,又有一定的弹性。车架上设有牵引销总成、支承装置座板等。

图 6-15 所示为阶梯式车架,由于车架的前部昂起像鹅颈状,故又称为鹅颈式车架。两根

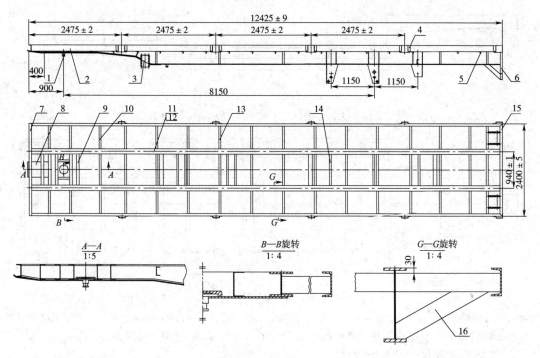

图 6-14 直通式车架

1-牵引销；2-边梁；3-支承装置座板；4-插柱盒；5-栓钩；6-后保险杠；7-端梁；8-牵引板；9-牵引横梁；10-侧横梁；11、12-纵梁；13-贯梁；14-加强内横梁；15-后端梁；16-加强侧横梁

纵梁与若干根横梁及两根边梁组成车辆的框架。纵梁呈阶梯状,其长度方向断面高度的变化除考虑强度外,还兼顾着牵引销的高度,并可降低挂车货台的高度。

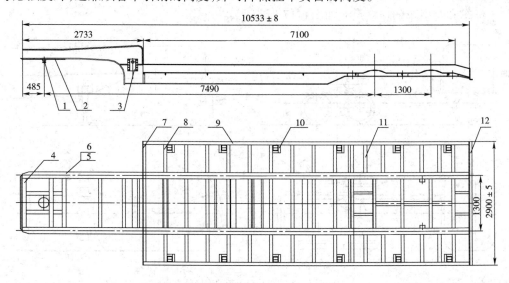

图 6-15 阶梯式车架

1-牵引销；2-牵引板；3-支承装置座板；4-前边框；5、6-纵梁；7-挡板；8-贯梁；9-边梁；10-插柱孔；11-侧边框；12-后边框

图 6-16 所示为凹梁式车架,两根纵梁与若干根横梁和翼梁及两侧边梁组成车辆的框架。纵梁呈凹状即高低高形式。该类车架一般用于运输工程机械,采用凹梁式结构可以尽量降低承载面高度,以确保工程机械的运输安全。但由于货台平面只在车架的凹处,车架长度一般会比较长。

139

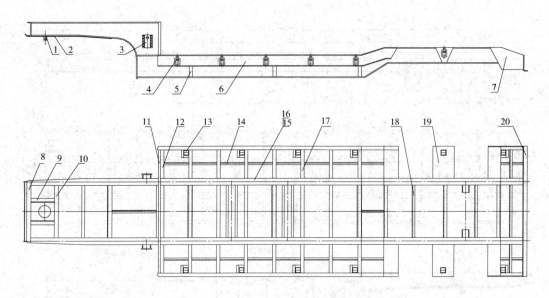

图 6-16 凹梁式车架

1-牵引销；2-牵引板；3-支承装置座板；4-栓环；5-加强侧横梁；6-前段边梁；7-后段边梁；8-前端梁；9-牵引小纵梁；10-牵引横梁；11-挡板；12-侧横梁；13-插柱盒；14-加强侧梁；15、16-纵梁；17-贯梁；18-加强内横梁；19-悬臂梁；20-后边框

2. 半挂车主要尺寸及参数设计

半挂车外廓尺寸限值应符合《道路车辆外廓尺寸、轴荷及质量限值》(GB 1589—2004)的规定；车辆长度、宽度、车轴数量的具体设计应符合《货运挂车系列型谱》(GB/T 6420—2004)的规定，见表 6-5。

1) 半挂车和牵引车的连接尺寸

半挂车和牵引车的连接尺寸如图 6-17 所示。

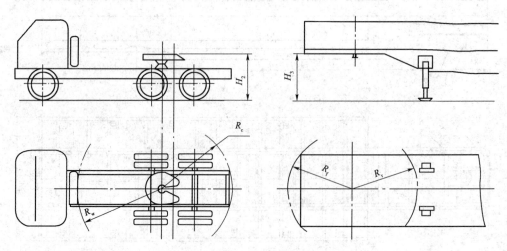

图 6-17 半挂车和牵引车的连接尺寸

R_f 是半挂车的前回转半径，指牵引销中心至半挂车前端最远点水平面内投影的距离。

R_w 是牵引车的间隙半径，指牵引座中心至驾驶室后围或备胎架(或其他附件,如空气滤清器等)的最近点水平面内投影的距离。

R_r 是半挂车的间隙半径，指牵引销中心至鹅颈或支承装置上最近点水平面内投影的距离。

R_c 是牵引车的后回转半径,指牵引座中心至牵引车车架后端最远点水平面内投影的距离。

H_2 是牵引车牵引座板上平面在满载状态时的离地高度。

H_3 是半挂车牵引板下平面在半挂车处于满载状态时的离地高度。

在牵引车相关尺寸确定后,半挂车的相关尺寸应满足:

$$R_w - R_f \geqslant 150\text{mm}$$
$$R_r - R_c > 70\text{mm}$$
$$H_2 = H_3$$

2) 半挂车和牵引车的互换性尺寸

我国《半挂车通用技术条件》(JB/T 4185—1986)和《货运半挂车通用技术条件》(JT/T 328—1998)对牵引车与半挂车之间机械连接互换性提出了具体要求。互换性尺寸的要求适用于安装符合 GB 4606—84 规定的 50 号牵引销的半挂汽车列车,并允许二轴或三轴牵引车使用相同的半挂车,不适用于低架式或倾卸式等特殊组合形式的半挂车。

(1) 半挂车前回转半径 R_f 应不超过 2040mm,如图 6-17 所示。

(2) 鹅颈外形应符合图 6-18 的要求;

半挂车架鹅颈外形的构成参数如下:

$L_2 = 750\text{mm}$;$\gamma = 4°$;$r_2 = 450\text{mm}$;$r_3 = 2300\text{mm}$。

由上述尺寸可确定半径 r_2 的圆弧中心。

如果半挂车仅与二轴或三轴牵引车的其中一种车型连接,则不需要完全满足上述构成参数的要求。

(3) 半挂车相对于牵引车的前俯角和后仰角(图 6-19)。

前俯角是指半挂车前端最外点和牵引车车架相碰时,半挂车和牵引车之间的相对夹角 α;后仰角是指半挂车鹅颈处纵梁下翼板和牵引车尾端点相碰时的夹角 β。

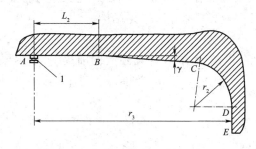

图 6-18 鹅颈外形

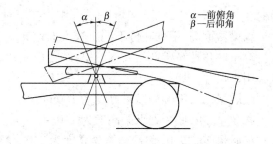

图 6-19 半挂车的前俯角和后仰角

总质量不大于 16t 的半挂车前俯角 α 不小于 14°,总质量大于 16t 的半挂车前俯角 α 不小于 8°。半挂车后仰角 β 应不小于 8°。

(4) 牵引车与半挂车之间连接装置互换性尺寸应符合表 6-3 的规定。

3) 半挂车的轴载质量及轴距

半挂车的轴荷是指牵引销支撑处和半挂车车轴上的承载质量。当轴荷计算出来后,首先校核牵引销处载荷是否符合牵引车鞍座允许载荷,然后校核轮轴载荷是否满足《道路车辆外廓尺寸、轴荷及质量限值》(GB 1589—2004)中挂车最大允许轴荷的规定。若不能满足要求,则应调整轴距 L_2 直至满足要求为止,以此来确定车轴的固定位置。

牵引车与半挂车连接装置互换性尺寸（单位：mm）　　　　表6-3

牵引车鞍座载质量(t)	半挂车前悬≤	半挂车前回转半径≤	半挂车后间隙半径≤	牵引车鞍座离地高度（空载）	半挂车与牵引车鞍座结合面离地高度（空载）
≤4	800	1400	1310	1130～1160	1080～1110
>4～6.5	900	1540	1470	1130～1187	1080～1137
≥6.5～8.5	1000	1600	1550	1187～1226	1137～1176
≥8.5～10	1000	1600	1900	1226～1315	1176～1265
≥10～17	1200	2000	1900	1250～1400	1200～1350
≥17	1600	2040	2200	≤1400	≤1350

注：牵引车鞍座载质量≥8.5t的前回转半径、后间隙半径值适用于单后轴、双后轴牵引车。

拖挂运输的发展使一辆半挂车可能会在不同的地点或不同的时间内用4×2或6×4牵引车牵引。在这种情况下，为使鞍座载质量分配合理，在同一辆半挂车车架上设有两个或三个牵引销安装孔，在必要时改变牵引销位置，从而改变前悬值，达到调整牵引座载荷的目的。

3. 半挂车车架的结构设计

半挂车车架通常采用两根纵梁、横梁贯穿纵梁腹板的焊接结构。此外，两侧边还有边横梁和边梁。

1) 纵梁设计

车架的纵梁结构形式亦可分为平板式、阶梯式、凹梁式三种，如图6-20所示。

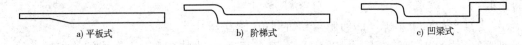

a) 平板式　　　　b) 阶梯式　　　　c) 凹梁式

图6-20　车架纵梁的结构型式

车架纵梁根据截面形状分有工字梁和槽形梁。由于工字梁具有强度高、工艺简单等特点，因此在载质量大于或等于15t的长轴距半挂车设计中应尽量采用工字梁结构。

纵梁截面高，根据吨位不同有较大的差异。

对于鹅颈处纵梁截面高度，平板结构因受货台高度的限制，在保证强度的前提下，应尽可能采用小尺寸。如：

载质量15t，鹅颈处纵梁高度为160mm；

载质量20t，鹅颈处纵梁高度为160～210mm；

载质量20t以上，鹅颈处纵梁高度为210～230mm。

对于阶梯式、凹梁式半挂车的鹅颈尺寸不受货台高度限制，为保证强度，其纵梁高度尺寸可放宽选择。

对于半挂车车架的主截面尺寸，可参考以下的选择范围：

载质量15t，主截面高度为300mm左右；

载质量20～30t，主截面高度为350～450mm；

载质量40～50t，主截面高度为450～550mm。

半挂车车架纵梁沿其长度方向截面尺寸的大小，主要根据弯曲强度计算和总体布置确定。对于平板式结构，鹅颈处的截面高度尺寸将影响货台上平面高度。对于阶梯式结构，为了降低货台上平面，将轮轴上方纵梁部位做成收缩的，以保证转盘或悬架系统的活动空间。由于悬架支座部位的纵梁高度尺寸较小,此部位承受的支座反力较大。为了保证该区域具有足够的强度,在这里可布置内、外侧加强板和下加强板,如图 6-21 所示。

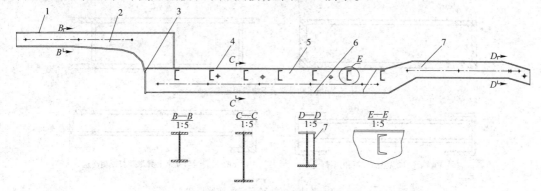

图 6-21　凹梁式车架纵梁结构图

1-前段纵梁上翼板；2-前段纵梁腹板；3-前段纵梁下翼板；4-后段纵梁上翼板；5-后段纵梁腹板；6-后段纵梁下翼板；7-纵梁外侧加强板

车架纵梁可选用 Q235（A3）24 号槽钢或工字钢,也可选用 16Mn22 号槽钢或工字钢。半挂车的轴距一般较大,对纵梁要求具有足够的强度和刚性。目前,国产半挂车的纵梁在选材上一般采用 16Mn,此种材料制造的纵梁具有较好的抗弯曲性能。

表 6-4 列出了国内外几个典型半挂车制造厂家规定的纵梁翼板和腹板尺寸。

半挂车纵梁翼板和腹板的尺寸规格（单位：mm）　　　表 6-4

制 造 厂 家	翼板规格（宽度×厚度）	腹板厚度
英国约克公司	130×12、130×16、190×16	5、6、8
美国富荷公司	127×12.7、152×12.7、152×9.5、152×19	4.2、4.6、6.4
中国汉汽	150×12、150×16	6、8

2）横梁设计

横梁是车架中用来连接左右纵梁从而构成车架的主要构件。横梁本身的抗扭性能好坏及其分布,直接影响着纵梁的内应力大小及其分布,而合理地设计横梁可以保证车架具有足够扭转强度。

半挂车车架中的横梁有冲压成形或直接用轻型型材,但前者比后者轻 15%～20%。

（1）横梁结构。横梁有四种结构：圆管形横梁、工字形横梁、槽形横梁和箱形横梁。其中,圆管形横梁具有较高的扭转刚度,但因纵梁截面高度往往较大,为使载荷从整个截面传送到横梁上,必须补焊许多连接板,故增加了车架质量、成本及工艺复杂性。圆管形横梁往往只布置在车架纵梁的两端,靠近下翼板,以增强车架整体扭转刚度；工字形横梁从载荷过渡上考虑最为理想,但纵梁翼缘和横梁翼缘连接,对扭转约束较大,翼缘可能产生较大的应力；槽形横梁多用钢板冲压成形,制造工艺简单,成本低,但扭转刚度较差；箱形横梁和圆管形横梁一样,具有较好的抗扭性,传递载荷理想。

横梁的截面尺寸通常是用类比法来确定的。同时从产品的系列化、标准化、通用化考虑,应以一两种规格尺寸的横梁,在布置时采用疏密的方式来满足不同吨位级别半挂车的要求。

（2）纵梁和横梁间的连接。车架结构的整体刚度,除和纵梁、横梁自身的刚度有关外,还直接受它们的节点连接刚度的影响,节点的刚度越大,车架的整体刚度也越大,反之也就越小。

正确选择和合理设计横梁和纵梁的节点结构,是车架设计的重要问题,下面介绍几种节点结构(图6-22)。

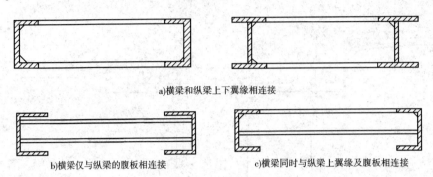

图6-22 半挂车纵梁和横梁的连接形式

①横梁和纵梁上下翼缘相连接(图6-22a)。这种结构的优点是有利于提高车架的扭转刚度,缺点是在受扭严重的情况下,纵梁翼缘会出现较大的应力。一般在半挂车鹅颈区、牵引销处、支承装置处和悬架支座部位采用这种连接方式。

②横梁仅与纵梁的腹板相连接(图6-22b)。这种结构刚度较差,允许纵梁截面产生自由翘曲,不产生约束扭转,因一般车架中部扭转变形小,所以车架中部横梁上多用于这种连接方式。

③横梁同时与纵梁上翼缘及腹板相连接(图6-22c)。这种结构兼有以上两种结构的特点,故采用较多。缺点是作用在纵梁上的力直接传到横梁上,因此要求横梁具有一定的刚度。

④横梁贯穿纵梁腹板相连接(图6-23)。这种结构称为贯穿式连接结构,是目前国内外广泛采用的半挂车车架结构。它在贯穿处点焊横梁腹板,横梁的上下翼板不焊接,并与穿孔之间留有间隙,当纵梁和横梁产生纵向弯曲时,允许纵梁相对于穿孔有微量的位移,消除应力集中现象。但车架的整体扭转刚度较差,需要在靠近纵梁两端处加横梁来提高扭转刚度。

整体贯穿式结构由于采用了整体横梁,减少了焊缝,使焊接变形减少,同时还具有腹板承载能力大的特点,在偏载较大时,能使车架各处所产生的应力分布较均匀。

3) 车架宽度

从提高整车的横向稳定性以及减少车架纵梁外侧横梁的悬伸长度来看,希望尽可能增大车架宽度。从简化制造工艺出发,车架宜采用前后等宽。车架宽度可以根据轮胎的不同型号而取不同宽度,建议采用图6-24和表6-5所示的尺寸。

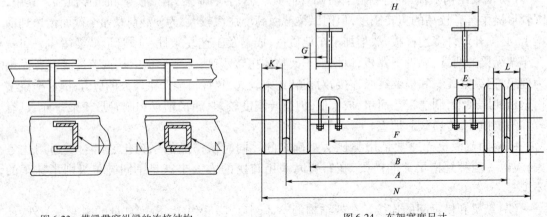

图6-23 横梁贯穿纵梁的连接结构　　图6-24 车架宽度尺寸

车架宽度尺寸(单位:mm)　　　　　　　　表6-5

轮轴负荷(t)	A	L	K	N	B	E	G	H	F
8~9	1820	310 (9.00-20 轮胎)	260 (9.00-20 轮胎)	2390	1250	75~80	≥30	1190	980
	1920	310 (9.00-20 轮胎)	260 (9.00-20 轮胎)	2490	1350	75~80	≥30	1290	1100
11~12	1820	330 (10.00-20 轮胎)	280 (10.00-20 轮胎)	2430	1210	90~100	≥30	1150	980
	1820	330 (10.00-20 轮胎)	280 (10.00-20 轮胎)	2450	1190	90~100	≥30	1130	940
13~14	1820	340 (11.00-20 轮胎)	290 (11.00-20 轮胎)	2450	1190	90~100	≥30	1130	940
	2390	340 (11.00-20 轮胎)	290 (11.00-20 轮胎)	3020	1760	90~100	≥30	1700	1450
	2390	360 (12.00-20 轮胎)	310 (12.00-20 轮胎)	3060	1720	90~100	≥30	1660	1400

注:表中的符号见图6-24。

4)车架底板结构设计

半挂车车架底板的结构主要由车架纵梁、横梁、边梁、底板等组成。而底板的结构根据不同货物运输的需要,有较大的变化。图6-25 所示是常见的几种结构。

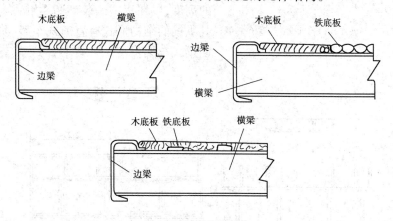

图6-25　车架底板结构

底板和横梁的连接形式如图6-26 所示。目前,国内大多数厂家采用图6-26a)的结构,以提高装配效率。

三、全挂车

1. 全挂车的结构

全挂车一般由车架、车身、牵引装置、转向装置、悬架、行走系统、制动系统、信号系统等组成。图6-27 所示为栏板式全挂车。

全挂车的种类很多,其基本型的车架、车身、行走系统等与货车基本相同。栏板式车箱一般用薄钢板制成,车箱栏板上冲压出纵向的凹棱板,横向焊有凸筋,用以增加车箱的刚度,减少车箱的质量;车箱底板一般采用木板并覆盖以薄钢板,或采用铁木混合结构底板;车架通常采用 16Mn 钢板,压制成型材焊接或铆接而成。车架的纵、横梁多采用槽形截面结构,两根纵梁前后等宽布置,使车架具有较好的抗弯性能。

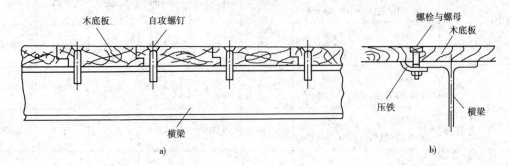

图 6-26 底板和横梁的连接

图 6-28a)所示为常见的中、小型全挂车车架。车架内侧伸出的侧悬梁一般采用变截面的槽钢。

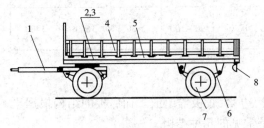

图 6-27 栏板式全挂车
1-牵引架;2、3-转向盘与转向架;4-车身;5-车架;6-悬架;
7-行走系统;8-车灯

图 6-28b)所示为总长超过 4m 的全挂车车架。其纵、横梁采用箱形截面,并铆接或焊接成整体框架结构。这种结构可以提高车架的抗扭强度,减少车架高度,降低挂车货台的高度。

重型全挂车装运的货物质量大,外形尺寸也大,一般说来,应增加车架的强度,尽量降低车架的高度,以便货物的装卸与运输。全挂车车架按其纵梁的结构形式有直通式车架、阶梯式车架和凹梁式车架。

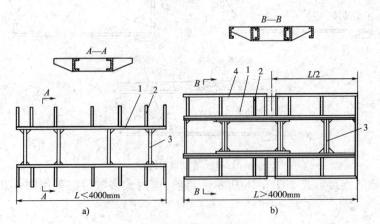

图 6-28 全挂车车架
1-纵梁;2-侧悬梁;3-横梁;4-边梁

直梁式车架纵梁的上翼面都是平直的。其优点在于挂车货台底板平整,制造工艺简单,离地间隙一般较高,纵向通过性好。重型平板式全挂车为了满足其结构和使用要求,采用如图 6-29 所示的结构。车架由主梁、横梁、支承梁和边梁组成。整车的载荷通过横梁间的支承梁、悬架、车轮轴和车轮传到地面。车架主梁、支承梁和边梁为箱形截面的焊接件,

146

具有较大的抗扭刚度。连接主梁的横梁向两侧伸出，为变截面的工字形焊接结构，具有较高的横向抗弯强度。车架主梁的高度尺寸较大，且是向下延伸，使车架在不增加货台高度的前提下，提高了车架的纵向抗弯强度。各支承梁下面设有安装平衡悬架的转盘机构，以实现全轮转向。

2. 全挂车车架设计

全挂车车架设计应符合《道路车辆外廓尺寸、轴荷及质量限值》(GB 1589—2004)，《货运挂车系列型谱》(GB 6420—2004)以及《货运全挂车通用技术条件》(GB 1725—1998)中所规定的要求。此外，在对车架作总体布置时还应考虑以下参数的确定。

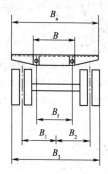

图6-29 重型平板式全挂车车架
1-主梁；2-横梁；3-支承梁；4-边梁

1) 前轴质量

前轴质量 m_1 可根据前轴质量分配系数来确定，即

$$m_1 = \mu m_b \tag{6-13}$$

式中：m_b——全挂车总质量；

μ——前轴质量分配系数，一般有：

$$\mu = (L_a - 2L_K)/2L = 0.45 \sim 0.7 \tag{6-14}$$

L_K、L_a、L——如图6-30所示。

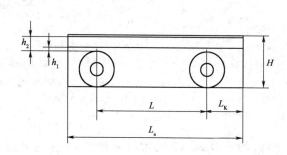

图6-30 全挂车车架总置图

2) 其他尺寸（图6-30）

装载质量为8t和8t以下的全挂车车架两纵梁宽度尺寸 $B = 1100\text{mm}$；前、后轮距系列尺寸 $B_1 = B_2 = 1740\text{mm}$（或1800mm）；钢板弹簧中心距 $B_f = 1046\text{mm}$（或1106mm）。

车箱宽度

$$B_a = B_3 - 2a \tag{6-15}$$

式中：B_3——双轮轮胎的外缘宽度；

a——车箱宽度缩小值，可取为 8～15mm。

满载时轮胎和车架底面之间的距离 $h_1 \geq 30\text{mm}$。

满载时轮胎的净跳动距离 $h_2 \geq 130\text{mm}$（9.00-20 轮胎及 CA1091 后悬架）或 $h_2 \geq 120\text{mm}$（7.50-20 轮胎或 NJ1060 后悬架）。

栏板中心立柱，当 $L_a \leq 4000$ 可不设立，当 $L_a \geq 4000\text{mm}$ 时应设立。

四、长货挂车

1. 长货全挂车

长货全挂车专门用来装载普通货车难以装载的超长货物。图 6-31 所示为单轴长货全挂车。它是由车轮 1、轮轴 10、弹性悬架 9、车架 4、牵引杆 7、横转架 2 和回转机构 3 等组成的。长货挂车的车架较短,仅能安装钢板弹簧。牵引杆 7 在车架上的牵引杆承套 6 中伸缩,以适应装运不同长度的货物,可用牵引杆锁销 5 把牵引杆锁定在某一位置上。长货挂车伸缩式牵引的长度变化范围一般为 2~4m,牵引杆的长度变化不宜太大,以免造成结构笨重。长货挂车的挂环 8 与牵引汽车的牵引钩连接在一起。

另一种是刚性式牵引杆长货挂车,其牵引杆的长度是固定不变的。该种长货挂车结构比较简单,质量小,但适用范围小。

当装运的货物又长又重时,可采用双轴或三轴长货挂车。图 6-32 所示为双轴长货挂车。这种长货挂车一般采用平衡式悬臂架,并装有气压制动装置,以提高其行驶安全性。

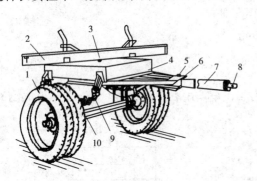
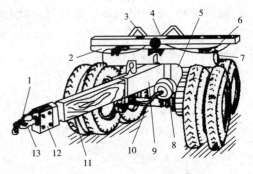

图 6-31 单轴长货全挂车
1-车轮;2-横转架;3-回转机构;4-车架;5-牵引杆锁销;6-牵引杆承套;7-牵引杆;8-挂环;9-弹性悬架;10-轮轴

图 6-32 双轴长货挂车
1-安全链;2-束货链;3-货物止推座;4-回转机构;5-支柱;6-横转架;7-横架;8-气制动装置;9-纵梁;10-轮轴;11-牵引杆;12-夹板;11-挂环

2. 伸缩式半挂车

伸缩式半挂车既能装载超长件货物(如水泥管、钢管、木材等物料)又能像普通半挂车那样装载散货。图 6-33 所示为伸缩半挂车,该车收缩时长度为 13.5m,伸长后长度可分别达 14.5m、15.5m、…、19.5m,使用时可根据货物长度自行调节半挂车的长度。

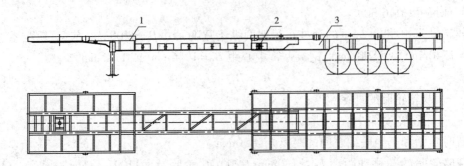

图 6-33 伸缩式半挂车车架总成
1-前段车架总成;2-锁止装置;3-后段车架总成

根据结构需要，伸缩半挂车纵梁设计成套梁，车架设计成前后车架两段，前段车架伸入后段车架内，如图 6-33 所示。伸缩半挂车打开锁止装置，向前拉动前段车架，每拉出 1 个孔车架即可伸长 1m，最多可拉出 5 个孔，即车架可伸长 5m。

图 6-34 为前段车架结构示意图，图 6-35 为后段车架结构示意图。前段车架上每 1m 间距焊一个锁止导向板，共 6 个，后段车架上安装有气动锁止装置，如图 6-36 所示。双腔制动气室的推杆与锁止销连接，根据双腔制动气室的工作原理，放气时气室推杆推动锁止销运动，将锁止销插入前段车架的锁止导向板中，前段车架即被固定，车架不可再伸长。若要解除锁止，对制动气室进行充气，气室推杆带动锁止销离开锁止导向板，车架可被拉抻或压缩。

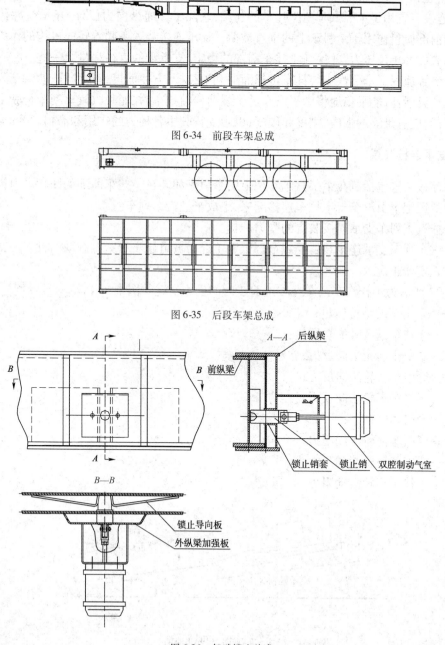

图 6-34　前段车架总成

图 6-35　后段车架总成

图 6-36　气动锁止总成

第四节 连接装置

一、连接装置的分类及使用要求

连接装置是实现全挂车与牵引汽车、半挂车与牵引汽车以及挂车与全挂车之间相互连接的装置。根据汽车列车的组合形式,连接装置可分为牵引连接装置和支承连接装置两大类。牵引连接装置用于牵引汽车与全挂车或挂车与全挂车之间的连接,其载荷特点主要表现为传递纵向力(包括牵引力和制动力),牵引连接装置中的垂直载荷,通常仅限于牵引架的部分质量;支承连接装置用于牵引汽车与半挂车的连接,它除了传递纵向力以外,还承受并传递着由半挂车的前部质量作用于牵引车上的垂直载荷。支承连接装置还起着转向机构的作用。为了减少支承表面的单位压力,并保证半挂车前部的稳定,支承盘的直径尽量大一些。

连接装置应保证牵引汽车与挂车可靠而顺利地挂接,方便而迅速地脱挂;使汽车列车具有高度的机动灵活性;能平稳地将牵引汽车的牵引力传给挂车,并能吸收汽车列车行驶中所产生的冲击载荷;应有足够的强度、刚度和硬度,以承受行驶中各种力的作用和磨损。

二、支承连接装置

支承连接装置包括装在牵引汽车车架上的牵引座和装在半挂车前部的回转牵引销。由牵引座和牵引销把牵引汽车与半挂车连接起来,组成半挂汽车列车。

1. 半挂汽车列车支承连接装置的受力分析

半挂汽车列车支承连接装置受载最严重的工况为坡道起步和紧急制动两种。

1)坡道起步工况

图 6-37 所示为半挂汽车列车在坡道起步时的受力情况。图中:

m_a——牵引车的整备质量;
m_b——半挂车满载时的总质量;
F_{Z1}——牵引车前轮法向反力;
F_{Z2}——牵引车后轮法向反力;
F_{Z3}——半挂车车轮法向反力;
F_t——牵引车驱动力;
F_{f1}——牵引车前轮滚动阻力;
F_{f2}——牵引车后轮滚动阻力;
F_{f3}——半挂车车轮滚动阻力。

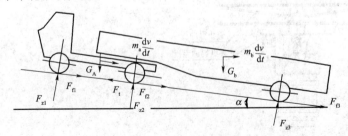

图 6-37 半挂汽车列车坡道起步时的受力分析

若忽略空气阻力,半挂汽车列车在上坡起步时要克服加速阻力 $\delta(m_a + m_b)\dfrac{dv}{dt}$,坡道阻力 $(m_a + m_b)g\sin a$ 及作用在所有车轮上的滚动阻力 $\sum F_f$,按驱动力—行驶阻力平衡条件有

$$F_t = m_a g\left(\sin a + \frac{\delta}{g}\cdot\frac{dv}{dt} + f\cos a\right) + m_b g\left(\sin a + \frac{\delta}{g}\cdot\frac{dv}{dt} + f\cos a\right) \tag{6-16}$$

若取半挂车为脱离体,则牵引车对半挂车的牵引力 F_d 为

$$F_d = m_b g\sin a + \delta m_b \frac{dv}{dt} + (m_b g\cos a - F_{Z4})f \tag{6-17}$$

式中:F_{Z4}——作用在牵引销处的法向反作用力。

当汽车列车行驶在纵坡不大的道路上时,上式可改写成:

$$F_d = m_b gi + \delta m_b \frac{dv}{dt} + (m_b g - F_{Z4})f \tag{6-18}$$

式中:i——坡度;

　　f——滚动阻力系数;

　　δ——汽车列车旋转质量换算系数;

　　g——重力加速度。

汽车列车起步时,还须克服起步时的附加阻力,此附加阻力的大小取决于外部条件,如空气湿度、路面状况、起步前的停车时间等。根据试验,此时阻力系数常用修正系数 a 乘以滚动阻力系数 f,一般在夏季 a 取 1.5~2.5,冬季取 2.5~5.0。在引入系数 a 后,上式变为

$$F_d = m_b gi + \delta m_b \frac{dv}{dt} + (m_b g - F_{Z4})af \tag{6-19}$$

汽车列车起步瞬间所需的牵引力最大,此时牵引连接装置所受的 F_d 力也为最大。

2) 紧急制动工况

紧急制动工况是满载汽车列车在挂车制动失灵时,汽车列车紧急制动,此时牵引连接装置所受冲击力最大。

设汽车列车以最大制动强度制动,则产生的最大制动减速度 j_{max} 为

$$j_{max} = g\varphi \tag{6-20}$$

式中:φ——附着系数。

此时,挂车对牵引车的冲击力 F_d 为

$$F_d = m_b j_{max} = m_b g\varphi \tag{6-21}$$

作用在汽车列车牵引连接装置上的冲击力 F_d 不会超过牵引车的总制动力。即

$$F_d \leqslant \varphi g m_{a\varphi} \tag{6-22}$$

式中:$m_{a\varphi}$——牵引车的制动附着质量。

若 $F_d > \varphi g m_{a\varphi}$,计算时应取:

$$F_d = \varphi g m_{a\varphi} \tag{6-23}$$

2. 牵引座

1) 牵引座的分类及结构

牵引座既能承受半挂车一部分垂直质量,又起着牵引半挂车的作用,同时又是半挂车的转向机构。牵引座主要由座板、分离—连接机构和支座组成。牵引座按其支座能否移动分为固定型、举升型和移动型;按允许的自由度不同,有单自由度、二自由度和三自由度之分,按其分

离—连接机构不同,又分为夹板式和钩销式。

(1) 固定型牵引座。固定型牵引座是目前应用最广泛的一种,其支座固定在牵引汽车车架上,牵引座在支座上允许有一定的自由度。

单自由度牵引座(图6-38a)又称Ⅰ轴式牵引座。它只能绕 y 轴作 $±8°$ 左右的纵向倾摆。此类牵引座具有较高的行驶稳定性,适用于在较好路面上行驶的高速、轻载和质心较高的半挂车,多用在大型集装箱半挂车及高货台、散装货运半挂车上,但车架承受的扭矩较大。

二自由度牵引座(图6-38b)又称Ⅱ轴式牵引座。它既能绕 y 轴纵向倾摆,又能随牵引座的另一根轴绕 x 轴作 $±(3°\sim7°)$ 的横向摆动,以适应道路的不平,防止车架承受过大的扭转。此类牵引座适应于在较差路面上行驶的低速、重载、低质心的半挂车。多用在低货台、倾斜自卸半挂车上。图6-39是一种二自由度牵引座的结构图。

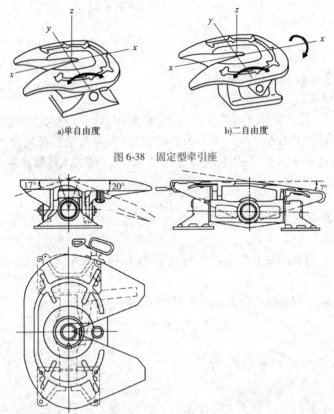

a) 单自由度　　　　b) 二自由度

图6-38　固定型牵引座

图6-39　HQW3.5型(90号牵引销)二自由度牵引座

图6-40所示为夹板式牵引座。带有Y形缺口的座板3由两个同轴线的主销10与支座连接,以允许牵引座纵向摆动;由于主销采用橡胶轴承9支承,具有良好的缓冲作用,并且它是单自由度的牵引座,因此牵引座的横向摆角很小,接近于零。座板中部固定着两个夹板6,夹板可以绕垂直于座板的夹板销轴8回转。夹板后部具有座板缺口斜度一致的斜面,其前部设有L形缺口,锁止块5可插入这个缺口内。扳动手柄7时,带动锁止块一起向前移动,并压紧弹簧4。锁止块中间有纵向槽口,紧固在座板下部的锁止块导向销11就装在该槽中。保险挡板2上开有防止锁止块滑出夹板的L形缺口。牵引座上还装有与扳动手柄7联动的第二道保险12,以防止锁止块机构发生故障而造成事故。

牵引汽车与半挂车连接后,牵引座的夹板后端并拢而紧紧地夹住半挂车的牵引销。由于

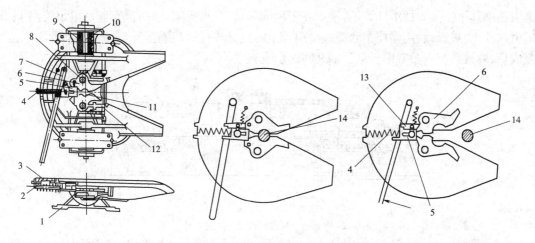

图6-40 夹板式牵引座
1-支座;2-保险挡板;3-座板;4-弹簧;5-锁止块;6-夹板;7-板动手柄;8-夹板销轴;9-橡胶轴承;10-主销;11-锁止块导向销;12-第二道保险;13-止动板;14-牵引销

锁止块插入两夹板L形缺口之间,阻止夹板的回转,所以半挂车不会与牵引汽车脱开。

若需脱挂时,应先将保险挡板拨向一边,再拉扳动手柄使锁止块向前移动至离开夹板的L形缺口,弹簧4被压缩,夹板前端在固定弹簧的拉动下而并拢,并抵住锁止块。然后驾驶牵引汽车向前行驶,即完成半挂车的脱挂。在脱挂之前还应放下半挂车的支承装置。

若需挂接时,应将牵引汽车慢慢地倒退,使半挂车的牵引销沿着座板的Y形缺口进入两夹板半圆形缺口之间,推动两夹板,使其前端张开,后端并拢。锁止块在弹簧的推动下,自动进入两夹板的L形缺口之间。同时夹板紧紧夹住牵引销,然后停车并将保险挡板放下,以防锁止块向前移动。收起半挂车的支承装置,汽车列车即可行驶。

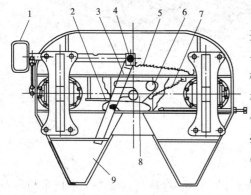

图6-41 钩销式牵引座
1-手柄;2-楔形止销板;3-联动杆;4-螺栓;5-联动杆拉簧;6-固定轴;7-钩销拉簧;8-钩销板;9-座板

图6-41所示为钩销式牵引座,其承载形式与夹板式牵引座相同,但连接部分不同,它的连动杆3与手柄1汇交在同一铰链轴线上。当用力拉动手柄时,连动杆拉簧5被拉开,连动板带动楔形止销板2沿座板9和钩销板8滑移,钩销板在拉簧7的作用下,迫使它绕钩销板固定轴6转动,半挂车的牵引销即可脱开牵引座。若使半挂车牵引销进入钩销板的槽孔内,推动手柄、楔形止销板即可通过钩销板将牵引销锁住,并将手柄用保险锁扣锁住,即完成了半挂车的挂接。

钩销式牵引座结构简单、成本低,锁钩机构安全可靠。由于钩销孔与半挂车牵引销的间隙甚小,因此行驶中的冲撞减轻。如果因磨损而使间隙增大,可通过楔形板的移动来调整。

图6-42所示为一种能在牵引座与牵引销连接的同时自动接通制动管路和电气线路的牵引座。它的支座8和13装在牵引汽车车架上,座板1由装在能承受横向动载荷的橡胶轴承6的加油轴套中的两根轴7和14固定在支座上。插销套筒2(连接件)可以上下移动,与牵引汽车电路相连的绝缘连接环3固定在插销套筒的上部。在牵引汽车与半挂车连接过程中,安装在半挂车上的套筒式牵引销压在插销套筒上,与绝缘连接环3接触使电气线路接通。套筒式

牵引销继续下压落到插销环 5 上，使装在下面的弹簧 10 被压缩，牵引汽车制动输出管路 11 的辐射状孔 12 暴露，利用半挂车套筒式牵引销上的过渡连接管接通半挂车的气制动管路。连接完成后，驾驶员在驾驶室中操纵手柄 9 将牵引座锁紧。

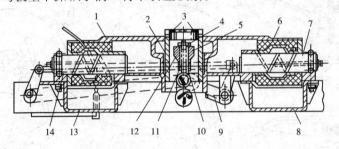

图 6-42　带有自动接通制动、电气线路的牵引座
1-座板;2-插销套筒;3-绝缘连接环;4-调整螺母;5-插销环;6-橡胶轴承;7、14-轴;8-支座;9-手柄;10-弹簧;11-牵引汽车制动输出管路;12-辐射状孔;13-支座

（2）举升型牵引座。举升型牵引座能在垂直平面内移动，改变与牵引汽车车架的相对高度。其升降机构一般为液压式或气动式，动力来自牵引汽车的液压泵或空气压缩机，由驾驶员在驾驶室内操纵升降机构。按其举升高度又分为低举升式牵引座和高举升式牵引座。

低举升式牵引座由牵引座和举升机构等组成，如图 6-43 所示。举升液压缸 1 推动杠杆系 2 使牵引座 3 举升。举升高度不大于 400mm，通常为 260mm 左右；举升时间不超过 10~12s。

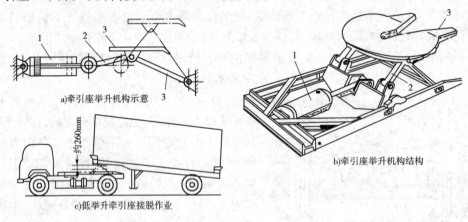

图 6-43　低举升式牵引座及接脱作业
1-举升液压缸;2-杠杆系;3-牵引座

低举升式牵引座适用于半挂车短距离移动的场合，如车场、货物装卸场等。半挂车与装有这种牵引座的牵引汽车配套使用，不必用手工调整半挂车前部的高度，在场内调度升降半挂车支腿，只需用低举升式牵引座将半挂车前部托起 200~250mm 即可，从而使半挂车接脱迅速、方便，提高了工作效率。

高举升式牵引座也是由牵引座和举升机构组成的，如图 6-44 所示。由于牵引座的举升高度较高，最大高度可达 4m，因此举升杠杆就比较庞大，底盘车架的载荷增大，需要提高其强度。该种牵引座适用于运送密度较小的粉粒状散装货物，利用高举升式牵引座可使半挂车内货物倾卸，实现自卸作业。

（3）移动式牵引座。可在牵引汽车车架上前后移动，其传动装置有机械式或气动式两种。一般最大移动距离为 300~800mm。移动式牵引座能随时改变其在牵引汽车车架上的前后位置,重新调整牵引汽车的轴荷,以获得相应驱动轮的附着质量和最佳的运输效果。特别是重型半挂汽车列车,在连续坡道和不良路面上行驶时,提高牵引汽车的牵引性能显得更为重要。

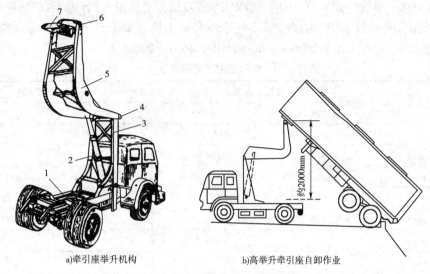

a)牵引座举升机构　　b)高举升牵引座自卸作业

图6-44　高举升式牵引座及自卸作业

1-车架;2-举升液压缸;3-固定架;4、6-销轴;5-摆杆;7-牵引座

2)牵引座的安装尺寸

通常牵引座是与牵引座安装板相连接,然后再由牵引座安装板与牵引车的车架或副车架连接。《鞍式牵引车牵引座》(QC/T 446—1999)中规定了牵引座和牵引座安装板安装尺寸及孔径和位置,如图6-45所示。

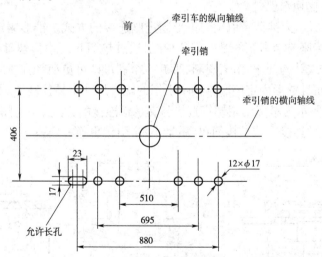

图6-45　牵引座的安装尺寸

不同厂家生产的牵引座的结构高度和安装高度尺寸各不相同,但每一个厂家都对同一种牵引座设计了几种不同的安装高度尺寸来满足用户的不同需要。牵引座的系列安装高度尺寸是通过不同高度的牵引座支架来实现的。

3.牵引销

1)牵引销的尺寸规格

牵引销分为轻型50号(直径为50.8mm,即2″)和重型90号(直径为89mm,即3.5″)两种牵引销。国家标准中的牵引销型号和尺寸与国际标准相同,见表6-6,各参数含义如图6-46所示。

GB/T 4606—2006 与 GB/T 4607—2006 中规定:最大总质量≤50t 的半挂车,选用 50 号牵引销;50t<最大总质量≤100t 的半挂车,选用 90 号牵引销。关于 50 号和 90 号两种牵引销的安装与互换性尺寸,见 GB/T 4606—2006 和 GB/T 4607—2006。

表 6-6　牵引销的尺寸标准

参　数	国际标准 ISO		国家标准 GB	
	50 号	90 号	50 号	90 号
A(mm)	$\phi 50.8 \pm 0.1$	$\phi 89 \pm 0.1$	$\phi 50.8 \pm 0.1$	$\phi 89 \pm 0.1$
B(mm)	$\phi 73 \pm 0.1$	$\phi 114 \pm 0.1$	$\phi 73 \pm 0.1$	$\phi 114 \pm 0.1$
C(mm)	$\phi 71.5 \pm 0.4$	$\phi 111 \pm 0.4$	$\phi 71.5 \pm 0.4$	$\phi 111 \pm 0.4$
D(mm)	35_{-3}^{0}	$21_{-1.5}^{0}$	$35_{-1.5}^{0}$	$21_{-1.5}^{0}$
E(mm)	$70_{0}^{+1.5}$	$59_{0}^{+1.5}$	$70_{0}^{+1.5}$	$59_{0}^{+1.5}$
F(mm)	$84_{-1.5}^{0}$	74_{-2}^{0}	$84_{-1.5}^{0}$	74_{-2}^{0}
R(mm)	$3_{0}^{+0.5}$	$3_{0}^{+0.5}$	$3_{0}^{+0.5}$	$3_{0}^{+0.5}$
α(°)	0~6	0~6	0~6	0~6

2)牵引销与半挂车的连接方式

牵引销与半挂车的连接方式有以下三种:

(1)图6-46a)所示为牵引销与固定座用螺钉连接方式。固定座2焊在牵引板3的上平面,牵引销4从下面用螺钉紧固在固定座上。这种连接方式需增加一个固定座,使更换方便,在支承板下面即可更换牵引销。

(2)图6-46b)所示为锥柄牵引销与锥形固定座连接的方式。锥形固定座7焊在牵引板3的上平面,锥形固定座与牵引销的锥柄部分相配,通过垫圈6用槽形螺母5紧固,并用开口销锁住。这种连接方式结构简单、节省材料,拆卸一个螺母即可更换带锥体的牵引销。但需增加一个锥形固定座,而且锥形固定座和锥柄牵引销的配合尺寸不易控制。

(3)图6-46c)所示为牵引销用螺钉直接与支承板连接的方式。牵引销4用螺钉1直接固定在支承板上。这种连接方式结构简单、质量小,牵引销更换方便。

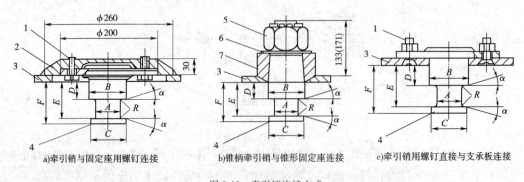

a)牵引销与固定座用螺钉连接　b)锥柄牵引销与锥形固定座连接　c)牵引销用螺钉直接与支承板连接

图6-46　牵引销连接方式

1-螺钉;2-固定座;3-牵引板;4-牵引销;5-槽形螺母;6-垫圈;7-锥形固定座

3)牵引销的强度计算

(1)牵引销材料。目前我国各厂家生产的牵引销材料均选用40Cr,也有选用碳素钢的。

在日本,对轻型半挂车,多采用碳素钢牵引销;对大型半挂车,多采用 SCM_3、$SNCM_5$ 等特殊钢。

(2)牵引销的强度计算。牵引销的强度计算以承受冲击时的水平力为依据。水平力的大小是假定牵引车紧急制动、半挂车未能制动而撞击主车的工况考虑,此时所受到的水平力 F_d 按式(6-21)或式(6-23)计算。

由图6-46可知,牵引销所承受的最大弯矩在牵引销和牵引销板的接口断面,而最危险的受剪断面在牵引销的颈部处。因此要对牵引销分别计算弯曲应力和剪应力,计算时取安全系数 $n=3$。

牵引销焊缝强度的计算。焊缝主要承受剪力,其允许的剪切力 F_s 为

$$F_s = F_{s1} + F_{s2} \tag{6-24}$$

式中:F_{s1}——塞焊焊缝允许剪切力;
F_{s2}——角焊焊缝允许剪切力。

$$F_{S1} = \frac{\pi}{4}d^2[\tau_s]\eta_1\eta_2 N \tag{6-25}$$

式中:d——塞焊孔孔径;
$[\tau_s]$——许用剪切应力;
η_1——塞焊焊接效率,一般取70%;
η_2——焊接热效率,一般取90%;
N——塞焊处数。

$$F_{S2} = A[\tau_s]\eta_2\eta_3 \tag{6-26}$$

式中:A——角焊面积。

$$A = \frac{\pi}{2}[(D+2B)^2 - D^2] \tag{6-27}$$

式中:η_3——角焊缝效率,一般取80%;
D、B——牵引销的几何尺寸,见图6-46及表6-10。

应使 $F_s > F_d$ 即可。

关于牵引销固定座和牵引销板的焊缝亦可参照此方法进行校核。

4)牵引销板的强度计算

在图6-47牵引销板的结构简图中,C 即为牵引销的中心到最近支承点的距离,对于纵向和横向(即图6-47中的 C_1 和 C_2),在计算时要取两者中的最小值。

由牵引力 F_d 形成的力矩为

$$M_1 = F_d L \tag{6-28}$$

分别作用于径向和圆周方向的最大弯曲力矩 M_r 和 M_t 在极角 $\varphi=0$ 时处于牵引销凸缘作用中心的附近。此时

$$M_r = \frac{F_d L}{2\pi B}\frac{C^2-b^2}{C^2+b^2} \tag{6-29}$$

$$M_t = \mu M_r \tag{6-30}$$

式中:μ——支承板材料的泊松比;
B——牵引销尺寸(见表6-10)。

最大法向应力 σ_r 和 σ_t 发生在牵引销凸缘表面,即

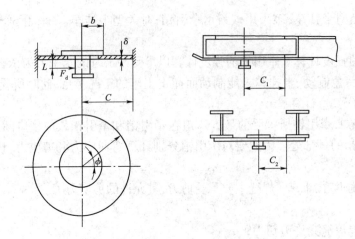

图 6-47 牵引销板的结构简图

$$\sigma_r = \frac{6M_r}{\delta^2} \quad (6-31)$$

$$\sigma_t = \frac{6M_t}{\delta^2} \quad (6-32)$$

式中：δ——牵引销板厚度。

根据最大切向应力理论，当量应力 σ 为

$$\sigma = \frac{6(1-\mu)M_r}{\delta^2} \quad (6-33)$$

牵引销板静力强度条件为

$$n_s = \frac{\sigma_s}{\sigma} > [n_s] \quad (6-34)$$

式中：$[n_s]$——屈服极限的标准强度安全系数，取 $[n_s] = 1.6$。

三、牵引连接装置

牵引连接装置包括装在牵引汽车车架后横梁及附加支承上的牵引钩和装在全挂车上的牵引架，通过牵引钩与牵引架上的挂环把牵引汽车与全挂车连接起来，组成全挂汽车列车。

1. 全挂车牵引受力分析

全挂车牵引受力分析参照半挂汽车列车支承连接装置的受力分析。

2. 牵引钩

1）钩扣式牵引钩

如图 6-48 所示，钩扣式牵引钩与牵引架挂环连接属于有间隙式连接。有间隙式牵引钩挂接方便、结构简单、成本低、通用性好，且能保证汽车列车的高度挠屈性。但是，由于间隙的存在，汽车列车在行驶中连接装置将产生冲击，导致汽车列车的行驶稳定性降低，并加速连接件的损坏。

图 6-48a) 所示为固定式牵引钩，用螺栓直接固定在牵引车车架后横梁及其附加支承上。此种牵引钩结构简单、使用可靠，但抗冲击性差。它适用于小型或重型公路运输汽车列车的连接。

图 6-48b) 所示为缓冲式牵引钩，通过缓冲件（弹簧或橡胶）固定在牵引车车架后横梁上。此种牵引钩由于通过弹簧或橡胶传递纵向力，所以对牵引连接装置的冲击载荷有一定的缓冲能力，被广泛地用在全挂汽车列车（尤其是越野汽车）的牵引连接装置上。

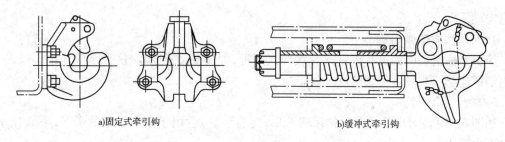

a)固定式牵引钩 b)缓冲式牵引钩

图6-48 钩扣式牵引钩

2）带有可调机构无间隙的牵引钩

如图6-49所示，带有可调机构无间隙的牵引钩在气室1的作用下，使中心推杆2向右紧靠挂车牵引杆挂环3，以保证牵引钩4与挂环之间在汽车列车纵向无间隙，减少了行驶中的冲击。长期使用磨损后可使中心推杆继续后移，压紧挂环。若磨损过大，其间隙的调整可通过调整螺母来调整中心推杆的位置来实现。

3）球销式牵引钩

球销式牵引钩是一种可实现半自动挂接的无间隙式牵引连接装置，如图6-50所示。图示位置为连接后的情况，当需要脱挂时，向上扳动手柄1，压缩弹簧2使球面插销5抬起，挂环6脱离牵引钩。此时，锁杆3向左摆动，锁住球面插销，使之停在上端位置；当需挂接时，只需向牵引钩体内送入挂环，挂环只要带有轻微的冲击力推动锁杆向右摆动，释放球

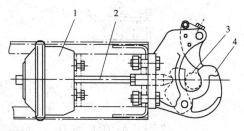

图6-49 无间隙的牵引钩
1-气室；2-中心推杆；3-挂环；4-牵引钩

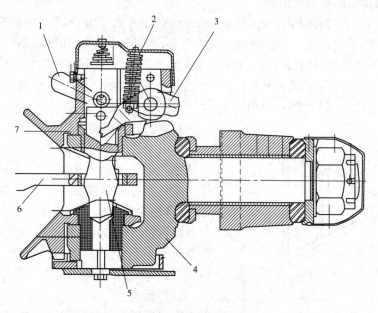

图6-50 球销式牵引钩
1-手柄；2-弹簧；3-锁杆；4-牵引钩体；5-球面插销；6-挂环；7-钟口形导向罩

面插销，球面插销即可在其重力和弹簧的弹力作用下迅速向下移动，恰好插入牵引钩体下衬套中，实现挂接。钟口形导向罩7便于挂环的挂接，起导向作用。

这种连接装置的间隙很小，牵引钩插销与挂环之间的冲击载荷降低，提高了汽车列车的行

驶稳定性。

4）简单型插销牵引钩

简单型插销牵引钩也有固定式和缓冲式两种，如图6-51所示。这种牵引钩结构最简单，适用于低速、重载、场内使用的汽车列车的连接。

5）球铰式牵引钩

如图6-52所示，球铰式牵引钩结构简单，挠屈性好，适用于小型挂车的牵引，一般挂车总质量不大于2t。

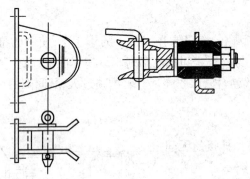
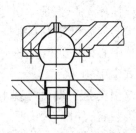

图6-51 简单插销式牵引钩　　　　图6-52 球铰式牵引钩

3. 牵引架

全挂车牵引架由架体、挂环、缓冲器（有的无缓冲器）和安全链等组成，如图6-53所示。挂环1通过缓冲装置2与牵引架体5相连接，缓冲装置的缓冲体也是用弹簧或橡胶。牵引架用牵引臂销9与挂车回转机构相连。

牵引架的长度直接影响全挂汽车列车的机动性和稳定性。当汽车列车行驶于坡道或弯道时，牵引架产生倾斜，牵引力将以一定的角度传给全挂车，不利于牵引力的传递。适当地加长牵引架的长度可以减小传力角度，但牵引架过长将会增加其自身质量，而且不利于转向和倒车。牵引架应在牵引汽车与全挂车在各种行驶状况下互不干涉的前提下，尽量短一些。牵引架的长度为全挂车车箱宽度的70%左右，一般为1500～1700mm。

4. 牵引架的摆动角

牵引架的摆动角包括回转角、纵摆角、侧摆角。回转角决定汽车列车的机动性，纵摆角和侧摆角表征汽车列车在地形陡变的不平道路上行驶的可能性，通常称为汽车列车的挠屈性。它主要取决于牵引连接装置。钩扣式和球铰式牵引连接装置的挠屈性都较好。下面仅就球销式和柱销式（与球销式结构相似）牵引连接装置的牵引架的摆动角来叙述。

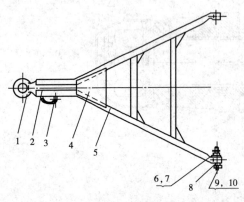

图6-53 牵引架

1-挂环；2-缓冲装置（安装部位）；3-安全链；4-加强板；5-架体；6-螺母；7-开口销；8-牵引臂；9-牵引臂销；10-油嘴

1）回转角

回转角指牵引连杆围绕一个通过连接点的、平行于牵引汽车纵轴线所形成的角度，如图6-54c）所示。它直接影响汽车列车的机动性。为了保证汽车列车的顺利转向，牵引钩必须保证牵引杆的回转角不得小于75°。

2) 纵摆角

纵摆角指牵引杆围绕一个通过连接点与牵引汽车水平轴线所形成的角度,如图 6-54b) 所示。它直接影响着汽车列车的纵向挠屈性。牵引杆的纵摆角不得小于 20°。有的柱销式牵引连接装置中设有水平铰链,以增大其纵摆角。

3) 侧摆角

侧摆角指牵引杆围绕一个通过连接点与牵引汽车水平面所形成的角度,如图 6-54a) 所示。它直接影响着汽车列车的横向挠屈性。该角度应不小于 25°。

从图 6-54 中可以看出,球销式牵引钩比柱销式牵引钩容易获得更大的纵摆角和侧摆角,有利于改善汽车列车的挠屈性,提高汽车的纵向通过能力。

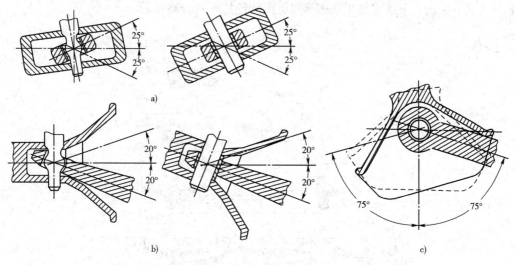

图 6-54 牵引杆摆动角

四、牵引拖台

牵引拖台是半挂车与全挂车的转换装置。它由轮轴总成 2、半挂牵引汽车牵引座 1 和全挂车牵引架 4 组成,如图 6-55 所示。

牵引拖台 7 与半挂车 3 连接组成全挂车,再与全挂牵引车组合形成全挂汽车列车。这就可以用全挂牵引车牵引半挂车。牵引拖台可根据其承载质量的不同,制成单轴、双轴和多轴型。

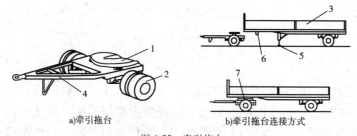

a) 牵引拖台　　b) 牵引拖台连接方式

图 6-55 牵引拖台

1-牵引座;2-轮轴总成;3-半挂车;4-牵引架;5-支承装置;6-牵引销;7-牵引拖台

第五节　挂车悬架

挂车悬架是把挂车车架与车轴式车轮连接起来的装置。其主要功能是传递作用在车轮和车架之间的各种力和力矩,并减轻和消除路面通过车轴传给车架的冲击载荷和振动,以改善挂车行驶的平顺性。

挂车悬架与牵引汽车悬架一样,也有钢板弹簧、油气悬架等,但是,一些装载质量较大的挂车轴数较多。为了保证各轴车轮均与地面有良好的接触,多采用平衡悬架;在液压全挂车上采用液压悬架等。

一、钢板弹簧平衡悬架

钢板弹簧平衡悬架有单轴悬架、双轴悬架、三轴悬架,如图 6-56 所示。每副钢板弹簧又可由不同的片数组成,以满足不同的最大装载质量的要求。按钢板弹簧相对于车轴的位置可分为上置式和下置式。下置式钢板平衡悬架可以降低挂车货台高度。

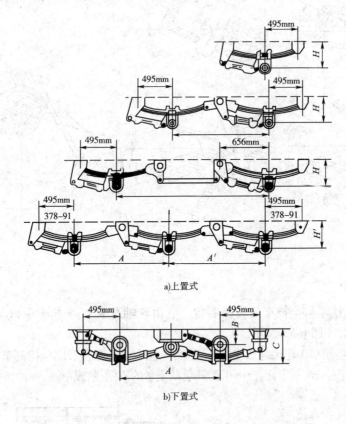

图 6-56 钢板弹簧平衡悬架

图 6-57 所示为双轴钢板弹簧平衡悬架结构。它在前后两组钢板弹簧 2 之间装有平衡臂 13,用平衡臂支架 14 将平衡臂悬吊在车架上。钢板弹簧端部采用滑板式结构与平衡臂 13 连接。在不平路面上行驶时,靠平衡臂 13 的作用(摆动)使前后车轴的位置与路面高低相适应,使其载荷保持平衡,从而使车轮与路面保持良好的接触,使挂车具有良好的附着性能。平衡臂 13、平衡臂轴 20 和平衡臂支架 14 间装有锥形橡胶衬套 12。该衬套不需润滑,并起到缓冲的作用。车轴的牵引是靠可调拉杆总成 7 或不可调拉杆总成 8 来实现的。调整拉杆的长度,可使车轴中心线调到与车架纵向对称线垂直的理想位置,从而减少因侧滑引起的车轮不正常磨损。

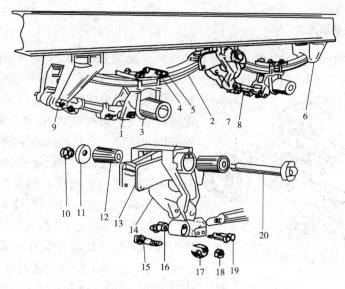

图 6-57 双轴钢板弹簧平衡悬架结构

1-弹簧座;2-钢板弹簧;3-U 形螺栓;4、10-螺母;5-钢板弹簧盖板;6-钢板弹簧后支架;7-可调拉杆总成;8-不可调拉杆总成;9-钢板弹簧前支架;11-止推垫片;12-锥形橡胶衬套;13-平衡臂;14-平衡臂支架;15-拉杆螺栓;16-夹紧螺母;17-拉杆衬套;18-拉杆螺母;19-夹紧螺栓;20-平衡臂轴

二、摆臂式平衡悬架

摆臂式平衡悬架如图 6-58 所示。其两轴仅用一副钢板弹簧2、前轴3 装在钢板弹簧上。该轴两端共装有 4 个轮胎;后轴9(只有两个轴头,无通轴)一边装一个轮胎。钢板弹簧前端卷耳通过钢板销与车架上的吊耳支架相连接;钢板弹簧的后端通过长吊耳 4 与摆臂 7 前端相连接。摆臂中部与摆臂轴 8 铰接,其后端装有后轴。这样,摆臂上的车轮,通过摆臂利用前轴的钢板弹簧获得弹性悬架,并可绕摆臂轴摆动,使车轮获得上下位移。这种悬架可以大幅度地提高其承载质量,当改变摆臂前、后段的长度时,即可改变前、后轴上的垂直载荷的分配比例,使前、后轴上的轮胎负荷相等或减少。

在摆臂式平衡悬架上安装举升机构,如图 6-59 所示,可在挂车载荷较小时将后轴提起,使后轮离开地面不承受载荷,以较少轮胎的磨损和燃抽消耗,提高汽车列车的经济性和机动性。

当汽缸4 推动举升杆5 的上端向右摆动时,举升杆下端便使摆臂 6 逆时针转动,将后轮 7 提起离开地面,只有前轮 1 起作用。

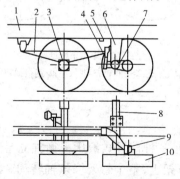

图 6-58 摆臂式平衡悬架

1-车架;2-钢板弹簧;3-前轴;4-长吊耳;5-限位块;6-支架;7-摆臂;8-摆臂轴;9-后轴;10-车轮

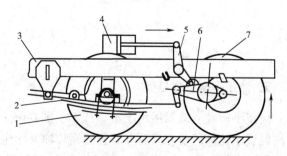

图 6-59 带举升机构的摆臂式平衡悬架

1-前轮;2-钢板弹簧;3-车架;4-汽缸;5-举升杆;6-摆臂;7-后轮

三、刚性平衡梁悬架

在低速重载的挂车上,常采用一种特有的刚性平衡梁悬架,如图6-60所示。平衡梁4左右两个箱型结构的梁与前、后车轴连接成框架结构。在左、右梁间的中央枢轴3上,有枢轴托架与挂车车架相连。平衡梁与车轴的接合部衬以橡胶衬垫或孔形橡胶部件,用以吸收行驶中产生的振动和位移。路面的纵向不平度则靠平衡梁的摆动来适应,从而保持前、后轴的相对平衡。这种悬架适用于低速运载货物的重型阶梯式、凹梁式挂车。在高速行驶时,其减振效果较差。

在超重型挂车上,采用双摆动悬架系统,它又称为四轴悬架系统或串联式枢轴悬架系统,如图6-61所示。这种悬架系统具有左右配置的大型工作梁,工作梁前后轴颈处连有十字形短轴。左右两个工作梁可绕各自独立枢轴作纵向摆动,前后4个十字形轴则可绕各自独立的纵向轴作横向摆动。这样,每个十字轴所安装的一组两对轮胎,可通过该悬架获得纵、横向摆动的两个自由度。一辆安装有双摆动四轴悬架系统的挂车,其4组轮胎在行驶中既前后平衡又左右平衡,在不平路面上也具有较好的减振效果。

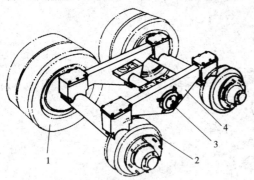

图6-60 刚性平衡梁悬架
1-轮胎;2-制动毂;3-中央枢轴;4-平衡梁

四、单点平衡悬架

单点平衡悬架包括用于安装轮胎的两个轮轴总成和一个中间轴,中间轴通过两个悬架座分别固定连接在车架上,中间轴两端分别装有两个轴承座,两轴承座上固定着两组钢板弹簧组件。单点平衡悬架装置具有防止前后倾斜功能并可以自动调节各车轴以及轮胎受力平衡的能力,如图6-62所示。

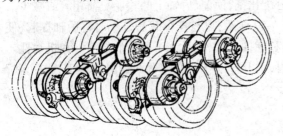

图6-61 双摆动悬架系统

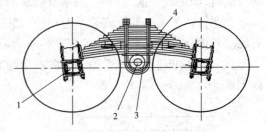

图6-62 单点平衡悬架
1-轮轴总成;2-中间轴;3-轴承座;4-钢板弹簧组件

五、液压平衡独立悬架

液压平衡独立悬架适用于重型挂车。图6-63所示是一种偏置式液压平衡独立悬架。液压缸偏置于轮轴的前方或后方。悬架旋转轴1固定在车架上,整个悬架绕该轴转动。悬挂架7的下端与平衡臂3铰接,两者之间装有悬架液压缸2,车轮的轴套铰接在平衡臂3右端的轴颈上,轴套的横向方向上两端都装有车轮,车轮借助于悬挂架和平衡臂铰接的轴套获得上下和横向摆动,以适应地面的不平。悬挂架由转向传动机构带动,并使整个悬架机构绕转轴回转,实现挂车的转向运动。

单平衡臂式悬架(图6-63a)的平衡臂是与悬挂架铰接,这就使平衡臂右端的轴线只有某一特定位置才与挂车的纵轴线平行,而其他位置则不是水平的,加剧了轮胎的磨损,破坏了车辆行驶的稳定性。

采用双平衡臂式悬架(图6-63b)可以解决单平衡臂式悬架带来的不良影响。该种悬架采用平行四杆机构作为平衡臂,使平衡架右端轴颈的轴线始终与挂车轴线保持一定的角度。

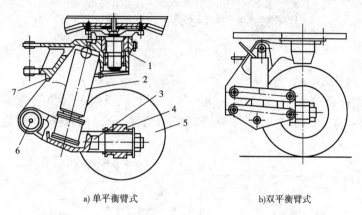

a) 单平衡臂式　　　　　　b) 双平衡臂式

图 6-63　偏置式液压平衡独立悬架
1-旋转轴;2-液压缸;3-平衡臂;4-轮轴;5-轮胎;6-销轴;7-悬挂架

重型挂车还采用一种中置式液压平衡独立悬架,如图6-64所示。其液压缸6直接装在车轴的上方,并配以四杆机构。它与偏置式相比,具有液压缸油压较低、悬架受力较好的优点,但其液压缸的行程长,结构较复杂。

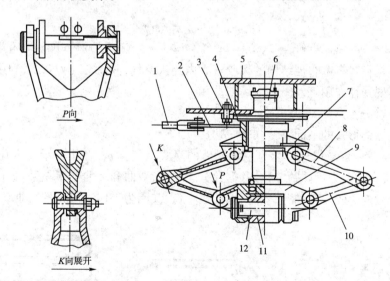

图 6-64　中置式液压平衡独立悬架
1-转向横拉杆;2-转向臂;3-螺栓;4-套筒;5-底板;6-液压缸;7-上支架;8-上悬架杆;9-下悬架座;10-下悬架杆;11-轮轴;12-销轴

此类悬架能使多轮重型挂车的载荷均匀地分布在每一个车轮上(图6-65),使每个轴载质量分配和车架受力均匀。同时,挂车货台的高度可以调节,便于装卸货物及车辆通过桥涵。

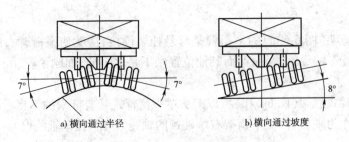

a) 横向通过半径　　　　b) 横向通过坡度

图6-65　液压平衡独立悬架通过不平路面时的情况

六、空气悬架

1. 空气悬架的组成

空气悬架由图6-66所示的压气机1、油水分离器2、调压阀3、储气筒4、高度控制阀6、控制连杆7、空气弹簧8、储气罐9、空气滤清器5、10和管路、导向传力杆、减振器、横向稳定杆等部分组成。

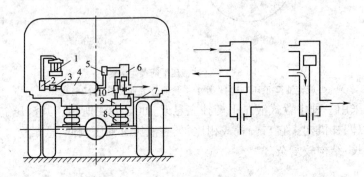

图6-66　空气悬架的组成

1-压气机；2-油水分离器；3-调压阀；4-储气筒；5、10-空气滤清器；6-高度控制阀；7-控制连杆；8-空气弹簧；9-储气罐

空气弹簧是在含有帘布层结构的橡胶气囊内充入空气，并以空气为介质，利用空气可以压缩的特点来实现弹性作用。

1) 空气弹簧分类

根据气囊结构形式的不同，将空气弹簧分类如下。

(1) 囊式空气弹簧。以橡胶囊为主要元件的囊式空气弹簧，在用来承受内压张力的钢质腰环分割下，气囊被分为不同的节数，并据此分为单曲、双曲和多曲气囊三种，如图6-67所示。囊式空气弹簧结构比较简单，制造容易，因此成本低；又因为工作时橡胶膜的曲率变化小，所以使用寿命长。

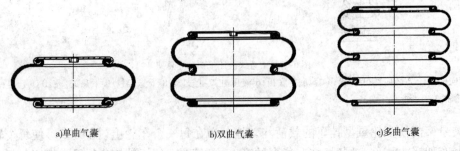

a) 单曲气囊　　　　b) 双曲气囊　　　　c) 多曲气囊

图6-67　囊式空气弹簧

囊式空气弹簧的刚度与气囊的气室容积、气体压力和气囊的曲数有关。增加气室容积能够降低刚度。在气室容积相同的条件下,气囊曲数越多弹簧刚度越低;而过多的气囊曲数,又使得弹簧的横向稳定性变坏。因此,多数情况下采用双曲气囊。囊式空气弹簧的刚度比膜式空气弹簧的要高。

(2) 膜式空气弹簧。根据橡胶气囊止口与接口的连接方式不同,膜式空气弹簧又分为约束膜式和自由膜式两种(图6-68)。约束膜式空气弹簧一般用螺栓夹紧密封,自由膜式空气弹簧则采用气囊内压力自封(图6-68a、b)。

如图6-68所示,膜式空气弹簧是由盖板和深拉钢板或铸钢制成的底座,并在它们之间安放圆柱形橡胶气囊来构成。通过气囊的挠曲变形实现整体伸缩。改变气囊长度,可增加空气弹簧的工作行程。底座表面经镀铬处理,可减小摩擦。虽然膜式空气弹簧不如囊式空气弹簧的使用寿命长,而且在相同的尺寸及空气压力的作用下承载能力也小,但是膜式空气弹簧的刚度低,并且可以通过改变底座形状的方法控制有效面积变化率来获得较为理想的弹性特性。

(3) 复合式空气弹簧。如图6-69所示,复合式空气弹簧的结构介于囊式空气弹簧与膜式空气弹簧之间,并具有膜式空气弹簧刚度较低的特点。复合式空气弹簧制造复杂,成本略高。

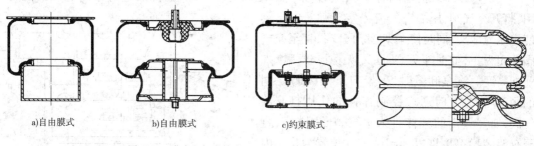

图6-68　膜式空气弹簧
a) 自由膜式　b) 自由膜式　c) 约束膜式

图6-69　复合式空气弹簧

空气弹簧气囊工作环境恶劣,不仅压力、温度不断变化,而且容易受到酸碱物质的侵蚀。因此,要求气囊能适应 -40~70℃ 的温度变化,并能抗磷化物质、酸碱溶剂和臭氧等的侵蚀。要求在24h内压降不超过0.02MPa。

2) 导向机构

由于空气弹簧只能承受垂直载荷,所以在空气悬架中必须设计导向机构来传递纵向力和侧向力。导向机构的形式很多,在半挂车中通常采用钢板弹簧导向机构。钢板弹簧不仅起导向作用,也兼起一部分弹性元件的作用。对于混合式空气悬架来说,汽车的纵向力、侧向力及其力矩均由钢板弹簧承受,这就要求钢板弹簧具有很高的强度和刚度。

2. 空气弹簧的布置

如图6-70所示,半挂车轴通过弹簧梁7、支撑架5和气囊与车架9相连接。弹簧梁通过两个U形螺栓与车轴连接,同时通过具有一定弹性且无需维护的橡胶复合轴套连接到支撑架上。弹簧梁固定车轴同时吸收横向力以及制动时的反作用力。

该双轴式结构,前轴可提升。当车辆空载或部分载货时,空气悬架系统可通过提升装置抬高半挂车前轴,使其离开地面,提高运输经济性能。

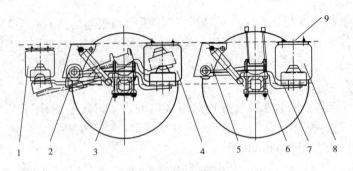

图 6-70 空气悬架系统连接示意图

1-前轴提升气囊;2-前轴提升机构;3-前轴U形螺栓;4-前轴气囊;5-支撑架;6-后轴U形螺栓;7-弹簧梁;8-后轴气囊;9-车架

3. 空气悬架的工作原理及特点

1)工作原理

空气悬架系统工作原理如图 6-71 所示。气囊所需的压缩空气通过气压制动系统的溢流阀提供给储气筒,压力调节阀可使储气筒内的压缩空气保持一定的压力。需要时,压缩空气从储气筒出来,流入固定在车架(身)上的高度控制阀内。高度控制阀上有通气源的充气阀和通大气的放气阀,这两个阀由控制连杆控制。

当汽车列车载荷增加时,车架与车桥(轴)之间的距离缩短,然后通过控制连杆机构的作用,打开充气阀,压缩空气流入空气弹簧的气囊使之压力增加,同时使车架(身)升高,直至充气阀关闭为止,此时车架(身)又恢复到载荷增加前的高度。汽车卸载时,车架与车桥(轴)之间的距离增大,此时通过控制连杆的作用打开放气阀,使气囊内的气体排入大气,压力减小,直至车架(身)高度恢复到卸载前的位置为止。因此,装有空气弹簧悬架的汽车列车的高度控制阀根据不同载荷相应调节气囊的压力,快速升降车身,适应各种装载状态的要求,使车辆总能保持恒定的高度,通过控制升降阀,可以实现对半挂车前轴的提升和降落。

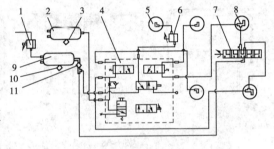

图 6-71 空气悬架系统工作原理图

1-压力调节阀;2-储气筒;3、10-排放阀;4-车轴提升控制阀;5-提升气囊;6-升降阀;7-高度控制阀;8-气囊;9-储气筒;11-空气滤清器

图 6-71 中的储气筒 9 通过管路与其他空气弹簧相通,用来保持相互联通的空气弹簧有相同的压力,以使车身处在水平状态。

2)使用特点

当挂车采用空气悬架时,在空载或部分承载工况下,能够进行单轴或多轴提升,这有利于减少提升轴和未提升轴上轮胎的磨损,同时增加驱动桥的附着力。当未提升轴过载的条件下,被提升的车轴能自动复位并参与承载。

车轴提升机构的工作原理如图 6-72 所示,提升机构安装在车架的中部,需要提升车轴 3 时,向提升气囊 6 充气,使囊内压力升高,并对提升臂 5 的左端施压,在提升臂绕中间支点转动的同时,其右端向上升并顶起车轴 3,于是轴上车轮离开路面一段距离 h(图 6-73)。

此外,通过对气囊充气或放气,可以实现变换车身高度。在汽车通过坏路面时,要求升起车身以便提高汽车的通过性;在平坦的好路面上行驶,又希望降低车身高度,以获得低的质心高度和较好的行驶稳定性以及减少空气阻力。

采用空气弹簧以后,在汽车列车左、右侧的簧载质量不均匀时,通过高度控制阀的作用,可以保证整车车身处于水平状态。在汽车高速转弯的行驶条件下,与采用钢板弹簧悬架的汽车比较,采用空气弹簧悬架的汽车车身侧倾角明显减小。

汽车列车行驶在路上,车轮对路面作用有冲击力,车速越高冲击力越大。在垂直、纵向和横向力的综合作用下,形成对路面的剪切力,使路面形成凸包、波浪等而损坏。总质量越大的汽车列车,对高速公路破坏的程度越严重,这也是造成高速公路损坏的主要原因之一。装用空气悬架的汽车列车,因空气悬架的刚度低,所以车轮对路面作用的动载荷要小,这就使路面受到的破坏程度得以减轻。

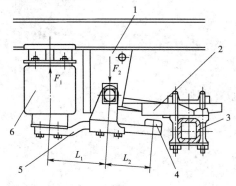

图 6-72　提升机构工作原理简图
1-提升支承架;2-车轴支架;3-车轴;4-橡胶缓冲块;5-提升臂;6-提升气囊

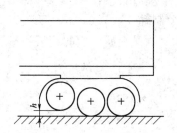

图 6-73　提升后车轴离开路面示意图

3) 空气弹簧的特点

空气弹簧有比较理想的非线性弹性特性。图 6-74 为理想的非线性特性简图。在相同的载荷(如 F_1)作用下,空气弹簧的静挠度 f_1 比钢板弹簧的静挠度 f_1' 大很多,因而可以获得较低的振动频率,提高汽车的行驶平顺性。只要合理地选取设计参数,就可以做到在满载荷附近使用时,空气弹簧的弹性特性曲线平缓、变化小、刚度比较低;而在冲击载荷作用下,弹性特性曲线又呈陡直状态变化,说明刚度增大,这在使用中能减少悬架的变形量,即减小了悬架动挠度和减少了碰撞车架的机会,改善了乘坐舒适性。

因为空气弹簧的单位质量储能量比较大,所以空气弹簧本身的质量比较轻,因而簧下质量小。又因为气囊内空气介质的内摩擦小,工作时几乎没有噪声,对高频振动的吸收和隔声性能均良好。除此之外,空气弹簧的寿命是钢板弹簧的 2~3 倍。

采用空气弹簧时,必须设置能传递除垂直力以外的其他各种力和力矩的杆系,因此悬架结构复杂;空气弹簧对密封要求严格,不得漏气。除此之外,还有悬架制造复杂、成本较高等缺点。

七、挂车车轴

1. 挂车车轴强度计算

挂车的车轴一般都是非驱动轴,它可看作一刚性横梁,支点位于轮胎中心,载荷作用于钢板弹簧座上(图 6-75)。最大应力通常发生在悬架的弹簧座附近。

上述结构的特点是整个轮轴的质量均属于非悬架质量,对车辆行驶的平顺性不利,所以在设计轮轴时,应尽量减少结构质量,并与合适的悬架匹配。

在计算车轴的强度时,应按以下几种工况考虑。

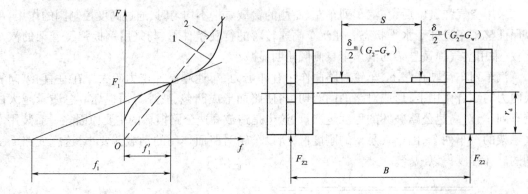

图 6-74 空气弹簧的非线性弹性特性
1-空气弹簧的弹性特性;2-钢板弹簧的弹性特性

图 6-75 挂车车轴的受载

1) 紧急制动

(1) 由垂直载荷所引起的钢板弹簧之间的弯矩 M_v 和应力 σ_v 为

$$M_v = \frac{\delta_m}{2}(G_2 - G_W)\frac{B-S}{2} \tag{6-35}$$

$$\sigma_v = \frac{M_v}{W_v} \tag{6-36}$$

式中:G_2——轮轴上的载荷,N;
δ_m——质量转移系数,可取 $\delta_m = 1.2$;
G_w——车轮自重力,N;
B——轮距,m;
S——钢板弹簧座之间的距离,m;
W_v——轮轴危险断面上垂直方向的抗弯截面模量。

(2) 由最大地面制动力在水平面内产生的弯矩 $M_h(N \cdot m)$ 和应力 σ_h 为

$$M_h = \delta_m G_2 \varphi \frac{B-S}{4} \tag{6-37}$$

$$\sigma_h = \frac{M_h}{W_h} \tag{6-38}$$

式中:φ——地面附着系数,可取 $\varphi = 0.7 \sim 0.8$;
W_h——轮轴危险断面上水平方向的抗弯截面模量。

(3) 由最大制动力所产生的反作用转矩 T_r 和应力 τ_r 为

$$T_r = \frac{1}{2}\delta_m G_2 \varphi r_d \tag{6-39}$$

$$\tau_r = T_r/W_r \tag{6-40}$$

式中:r_d——车轮动力半径,m;
W_r——轮轴危险断面的扭转截面系数。

这样,可以计算出该工况的合成应力。

2)通过不平路面

汽车列车通过不平路面时,挂车轮轴会受到最大垂直动载荷,危险断面仍然在钢板弹簧座附近,其弯矩 M_s(N·m)和应力 σ_s 为

$$M_s = KG_2 \frac{B-S}{4} \tag{6-41}$$

$$\sigma_s = M_s / W_v \tag{6-42}$$

式中:K——动载荷系数,取 $K = 2 \sim 2.5$。

轴的许用弯曲应力为 300～500MPa,许用扭转应力为 150～400MPa。可锻铸铁轴取小值,钢板冲压焊接轴取最大值。

2. 车轴结构设计及技术参数

1)挂车车轴的基本结构

图 6-76 所示为两种典型的车轴结构,一种是圆管轴,另一种是方管轴,两种轴体的断面形状如图 6-77a)、b)所示。

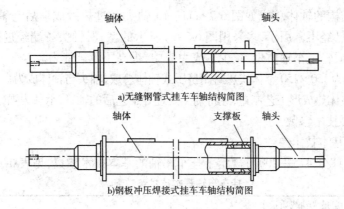

a)无缝钢管式挂车车轴结构简图

b)钢板冲压焊接式挂车车轴结构简图

图 6-76 车轴的结构

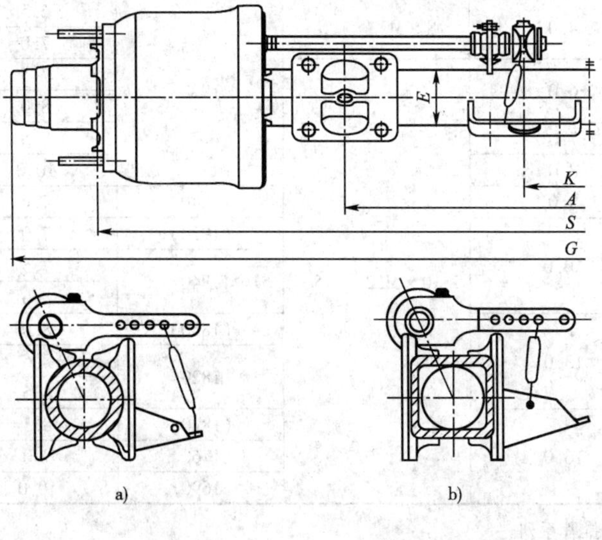

图 6-77 半挂车方轴及圆轴外形图

由钢板冲压焊接而成的车轴在焊接前需加工焊接坡口,其轴头的连接是通过轴体的支撑板

来完成的。支撑板的结构形状如图6-78a)所示,支撑板和轴体除周边焊接外,在外圈还有8个塞焊点(在轴体上钻孔)如图6-78b)所示,焊接后要进行退火处理,以消除焊接应力。热处理后加工支撑板和轴体配合的内孔至要求尺寸。轴体和支撑板用过盈配合,并与轴体端面焊接。

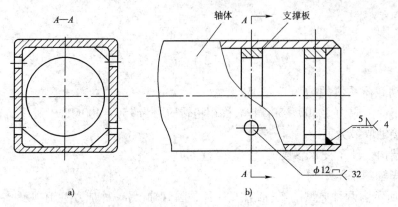

图6-78 轴体的端部结构

轴头热锻式结构的轴体总成如图6-79a)所示,轴头经过热锻成形后与轴壳焊接在一起。目前,实心的轴头已经不常用了,多采用图6-79a)所示的型式,轴头一端经过模具锻打后呈空心,该种型式轴头减轻了车轴质量,减少了应力集中,提高了承载能力。

图6-79b)所示为150×150整体式热封闭挤压式轴体总成,轴头与轴体成为一体式车轴,轴管采用优质低合金钢,整体热成形工艺制造,经特别热处理等工艺后的轴管,承载力强,质量更轻。

2)车轴的主要技术参数
(1)挂车车轴基本技术参数。
《挂车车轴》(JT/T 475—2002)规定了挂车车轴的基本技术参数,见表6-7。

挂车车轴基本技术参数表   表6-7

车轴型号	厂定最大轴载质量 $v=105km/h(t)$	车轮螺栓	轮距(mm)	适用轮辋	适用轮胎
S04	4.0	8×M22×1.5	1920	6.5	8.25-20
				7.0	9.00-20
S06	6.0			7.5	10.00-20
				8.0	11.00-20
S07	7.0			8.5	12.00-20
S08	8.0			10.0	14.00-20
D08	8.0	10×M22×1.5	1840	7.0	9.00-20
D10	10.0		(1920)	7.0	9.00-20
			1840	7.5	10.00-20
				8.0	11.00-20
D13	13.0		(1850)	8.0	11.00-20
			1820	8.5	12.00-20
				8.5	12.00-24
D16	16.0		(1820)	8.5	12.00-24
			(1760)	9.0	13.00-20
			1690	10.0	14.00-20

注:带括号( )表示不推荐系列。

(2)低拖轴。低拖轴专为低载货平台车辆所设计,装用15″、17.5″轮胎。济南塞夫车桥有限公司生产的低拖轴的外形图如图6-80所示,主要技术参数见表6-8。

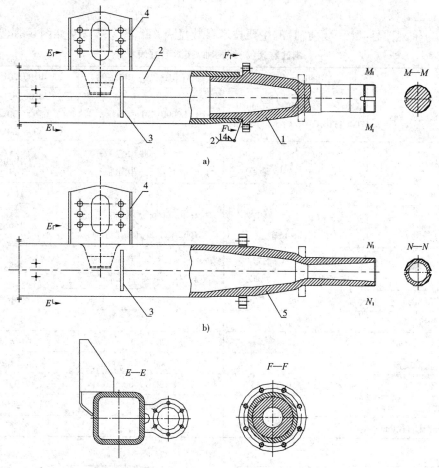

图 6-79 轴体总成图

1-轴头；2-轴壳；3-制动气室支架；4-凸轮轴支架

低拖轴主要技术参数　　　　　　　　　　　　　　　　　　　　　　表 6-8

车轴型号	轴荷(kg) 在105km/h时	轮距 S(mm)	板簧距 A(mm)	气室支架中心距 K(mm)	总宽 G(mm)	车轮连接	推荐轮胎
KRZ11030	11000	1830	980	220	2135	10/175/225/M22×1.5	235/75R17.5 8.25-15
Z11030	11000	1830	980	382	2126	10/175/225/M22×1.5	235/75R17.5 8.25-15

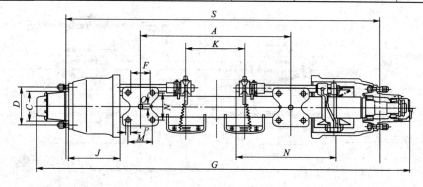

图 6-80 低拖轴外形

(3)刚性悬架(一线两轴)

约克车轴刚性悬架(一线两轴)的主要技术参数见表6-9,各参数含义如图6-81所示。

刚性悬架(一线两轴)技术参数表　　　　　　　表6-9

名　称		AGB80/15(MK2)	AGB100/20(MK2)	AGB100/20U(MK2)
额定轴载质量(kg)		60000(8.25-15 轮胎,20km/h) 70000(10.00-15 轮胎,20km/h)	80000(20km/h)	56500(65km/h) 65600(30km/h) 78000(20km/h)
中心距 B(mm)		≥1500(8.25-15 轮胎) ≥1590(10.00-15 轮胎)	≥1800(11.00-20 轮胎) ≥1850(12.00-20 轮胎)	1920
轮距 B_1(mm)		815	965	1000
B_2(mm)		1320(8.25-15 轮胎) 1410(10.00-15 轮胎)	1605(11.00-20 轮胎) 1662(12.00-20 轮胎)	1668
总宽 B_3(mm)		≥2820(8.25-15 轮胎) ≥3000(10.00-15 轮胎)	≥3405(11.00-20 轮胎) ≥3512(12.00-20 轮胎)	3588
轴距 L(mm)		1362	1562	1562
轴管尺寸(mm)		5	6	6
制动蹄尺寸(mm)		311×178	420×220	420×220
推荐车轮规格	轮辋规格	6.5×15/7.5×15	8.02×0/8.5×20	8.5×20
	轮胎规格	8.25×15/10.00×15	11.00×20/12.00×20	12.00R20
	中心孔直径(mm)	176	281	281
	轮辐螺孔直径(mm)	26	26	26

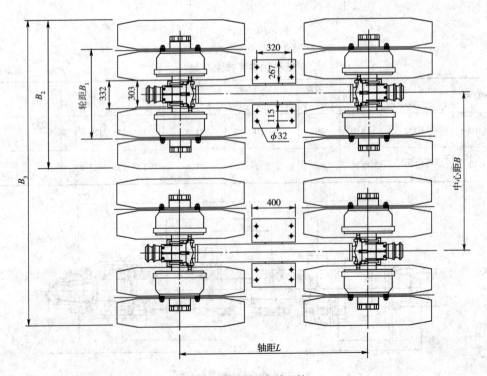

图6-81　刚性悬架(一线两轴)

第六节　挂车的附属装置

挂车的附属装置包括辅助支承装置、安全和信号装置、电气设备以及备胎固定装置等。

一、支承装置

支承装置的作用是在半挂车（或单轴全挂车）与牵引汽车脱离时，用以支承半挂车前部质量，以便半挂车独自平放；还可通过支承装置调节半挂车前部的高度，以利于牵引汽车与半挂车的挂接与脱挂（图6-13）。

1. 支承装置的分类

支承装置按操作方式分为联动支承和单动支承。前者只需一人在车的一边操纵，就可使联动的左右支承装置同时升降，一般用于轻型及中型半挂车；后者的左右支承装置的操纵杆是各自独立的，它多用于重型半挂车。

1）按传动机构的不同分类

按传动机构的不同分为单级、双级和三级齿轮传动支承装置，如图6-82所示。

单级齿轮传动（图6-82a）结构简单、质量小，其锥齿轮的传动比为3左右，多用于装载质量较小的半挂车上，如10t半挂车。

双级齿轮传动（图6-82b）结构较简单，质量较小，承载质量较大，操纵省力快捷，是目前使用最广泛的一种。该齿轮传动机构有快慢挡之分，一般其快挡齿轮传动比为0.75～1.25，慢挡齿轮传动比为3～5。

单双级混合式齿轮传动（图6-82c）综合了单级齿轮传动和双级齿轮传动的优点。该传动装置的齿轮箱外侧同时伸出上、下两个连接轴套。当操纵手柄插入上轴套时，即可实现单级齿轮传动，获得快捷升降；当操纵手柄脱离上轴套而插入下轴套时，即可实现双级齿轮减速，获得较大的传动比，使操纵更省力。这种结构比双级齿轮传动结构更简单，质量更小，工作更可靠。

三级齿轮传动（图6-82d）结构复杂、质量大，但具有转动比大、操纵省力、承载质量大的优点。适用于装载质量30～60t以上的半挂车。

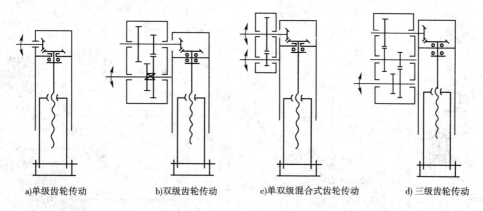

a）单级齿轮传动　　b）双级齿轮传动　　c）单双级混合式齿轮传动　　d）三级齿轮传动

图6-82　齿轮传动支承装置

2）按支承脚的形式分类

按支承脚的形式分为铰接式、橡胶垫式、球铰式和滚轮式支承装置。滚轮式支承装置可以减少牵引汽车与半挂车挂接、脱挂时对支承装置的前后冲击力，但与前三种相比，其接地比压较大，易陷入路面或造成路面的损伤。

3) 按支承管的结构

按支承管的结构分为基本式和折叠式支承装置。基本式的丝杠和支承管较长，离地间隙较小，但结构简单。折叠式可以通过支承管的折叠或放下，迅速改变其离地间隙。支承装置大都采用上述手动升降锥齿轮直立伸缩式。也有采用滚轮支承斜开式的，如图6-83所示。支承装置的型式与系列见表6-10。

支承装置的型式和系列　　　　　　表6-10

图示	型式	静载荷一对(t)	安装高度A(mm)	行程B(mm)	举升载荷一对(t)		装置质量一对(kg)(推荐值)		底座类型
					一边操纵	二边操纵	一边操纵	二边操纵	
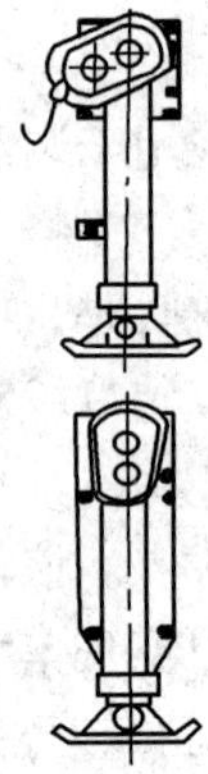	基本式 J	10		≥420	5	5	90	100	 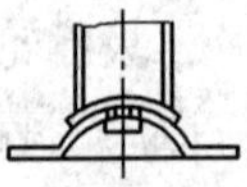  T：铰接式  G：橡胶垫式 Q：球铰式 R：滚轮式
		20	800		10	10	95	105	
		24	850		12	12	100	110	
		32	900		16	16	105	115	
		40	950		20	20	115	125	
		50	1000		24	25	120	130	
		60			24	30	150	160	
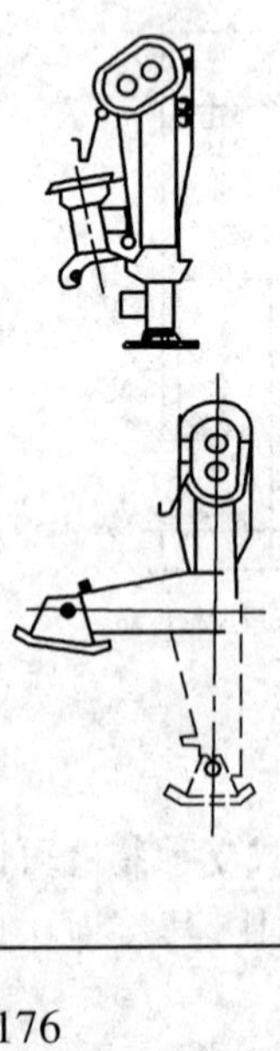	折叠式 D	20		≥600	10	10	105	115	
		24			10	10	95	105	
		32			12	12	100	110	
		40	740		16	16	105	115	
		50	780		20	20	115	125	
		60			24	25	120	130	
					24	30	150	160	

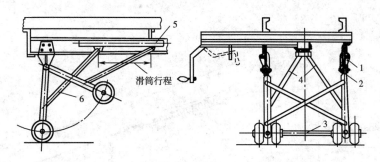

图 6-83 滚轮支承斜开式辅助交承装置
1-支架;2-支柱;3-滚轮轴;4-杠杆;5-导轨;6-活动拉杆

2. 支承装置的设计

1) 支承装置的位置

支承装置的位置应保证挂车满载时,其负荷不超过半挂车最大总质量的50%。为了保证和增大牵引车的附着质量,改善汽车列车的稳定性,半挂车的质心位于后轮轴之前,故支承装置布置在后轮轴之前。支承装置的位置还要考虑半挂车的间隙半径的大小,使之符合半挂车和牵引车连接尺寸的要求。

2) 支承装置的参数系列

(1) 互换性尺寸。支承装置的互换性尺寸如图 6-84 所示。

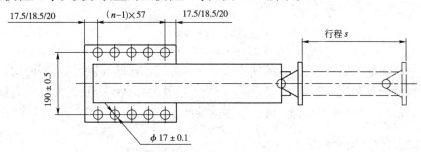

图 6-84 支承装置互换性示意图

(2) 基本参数。支承装置的高度与行程是按总布置确定的半挂车承载面的高度,并根据支承装置收起时要求的最小离地间隙确定。半挂车支承装置收起后,最低点离地高度应不小于 350mm。《挂车支承装置》(JT/T 476—2002) 规定了支承装置的基本参数,见表 6-11。

支承装置基本参数　　　　　　　　表 6-11

型 号	举升载荷 (t/对)	承载负荷 (t/对)	行程 (mm)	自重 (kg/对)	手柄力 (N)
L10	≥10.0	25.0	≥370	≤85	≤150
D10			≥450	≤95	≤75
L20	≥20.0	50.0	≥370	≤90	≤280
D20			≥450	≤105	≤140
L30	≥30.0	75.0	≥350	≤95	≤340
D30			≥450	≤110	≤170

二、随车跳板

在挂车的尾部,为了装卸货物方便,尤其是装运轮式或履带式设备的半挂车,可以选装两块对称设置的跳板,如图6-85所示。

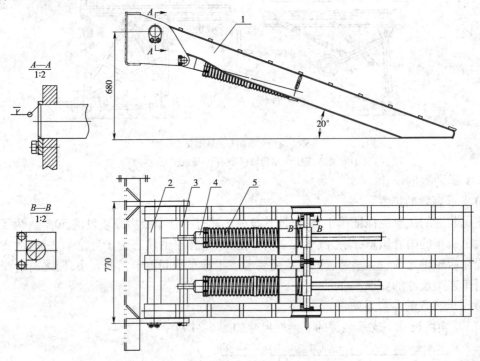

图6-85 随车跳板
1-跳板;2-跳板转轴;3-弹簧导杆转轴;4-跳板弹簧导杆;5-跳板助力弹簧

跳板1是由两根纵梁、数根冲压的横梁和钢板等焊接而成的,跳板的上表面均布有钢制的防滑条。跳板转轴2和挂车车架尾部铰接。两个跳板助力弹簧5分别为左旋和右旋。装卸货物时,可将跳板放下,形成一个斜面,便于货物的装卸。

三、挂车的信号及安全装置

挂车需设有行驶信号标志,备有转向灯、制动灯、示廓灯及电气连接插头,并装有行车制动、驻车制动、安全链和护栏等装置,保证车辆的安全行驶。

当挂车与牵引汽车连接时,需要将挂车的连接插头插到牵引汽车的插座上。

半挂车的外部照明和信号装置应符合《机动车运行安全技术条件》(GB 7258—2004)和《汽车及挂车外部照明和信号装置的安装规定》(GB 4785—2007);挂车护栏装置应符合《汽车和挂车侧面防护要求》(GB 11567.1—2001)、《汽车和挂车后下部防护要求》(GB 11567.2—2001)。

第七章 罐式汽车

第一节 概 述

一、罐式汽车的定义与用途

罐式汽车是指装有罐状容器的运货汽车。有的罐式汽车还装有某种专用设备,以完成特定的作业任务。

罐式汽车专门用来装运散装的液状、粉状、粒状、气体等具有一定流动性的货物。如液体燃料、润滑油料、液体化学品、水泥、饲料、饮食品、水等。

罐式汽车在汽车运输中发挥着重要的作用,有良好的经济效益和社会效益,是一种发展较快的专用汽车。罐式汽车具有以下特点。

1. 提高装卸运输效率

罐体是一种特殊的集装容器,便于集中装卸和装卸机械化,缩短汽车装卸货物的停歇时间,加快车辆周转,增加装运质量,提高运输效率。

2. 保证货运质量

罐体一般都是可密闭的容器,罐内货物受外部环境影响较小,货物在运输过程中受到较好的保护,不易变质、污染和泄漏。特别是对于装运具有质量要求的饮料、食品、化工等物品,罐式汽车是最理想的运输工具。

3. 利于运输安全

采用罐式汽车装运易爆、易燃、有毒或腐蚀性强的物品时,可以大大减少意外事故的发生,实现安全装卸和运输。

4. 改善装卸条件,减轻劳动强度

普通货车装运液状、粉状或粒状物品时,大都采用罐、坛、箱、袋等器皿进行包装,从工厂到使用地点,需经过多次装卸,而且工作条件差,劳动强度大。特别是在装运粉尘飞扬或有害物品时,既污染环境又有损装卸人员的身体健康。采用罐式汽车运输上述物品,则可明显改善工作条件和减轻劳动强度。

5. 节约包装材料,降低运输成本

采用罐式汽车运输散装物品,便于实现装卸、运输、储存的机械化,不仅省了劳动力,而且节约了大量的包装材料及费用,车辆装运货物的量相对增加,降低了运输成本。

罐式汽车的罐状容器一般是专用的,只能装运规定的物品,而且由于资源的限制,运输往往是单向的,使汽车实载率降低。为了便于某些物品的装卸,还需设有专用设备。罐体的维修费用较高。尽管如此,罐式汽车仍在现代汽车运输中显示出越来越大的优越性,得到了广泛的应用。

二、罐式汽车的分类

罐式汽车的种类很多,通常按其罐式容器的用途、结构、安装方法及卸货方法进行分类。

1. 按用途分类

(1)液罐汽车。用来装运燃油、润滑油、重油、酸类、碱类、液体化肥、水、食品饮料等液态物品的罐式汽车。

(2)粉罐汽车。用来装运水泥、面粉、石粉等粉状物品的罐式汽车。

(3)气罐汽车。用来装运氮气、氩气、石油气等液化气态物品的罐式汽车。

(4)颗粒罐车。用来装运谷物、豆类、颗盐、砂糖、粒状塑料等颗粒状物品的罐式汽车。

(5)其他专用罐式汽车。具有其他专用功能的罐式汽车,如消防车、混凝土搅拌车、洒水车、吸污车等。

2. 按罐式容器在车辆上的安装形式分类

(1)卧式罐车。卧式罐车的罐式容器纵轴线与汽车底盘纵轴线平行或倾斜较小的角度,如图 7-1 所示。罐体可以是一个单室,也可分隔为多个单室。卧式罐车具有结构简单、材料利用率高、质量小、质心低的优点,是目前应用最广泛的一种罐式汽车。

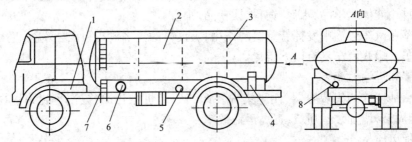

图 7-1 卧式罐车
1-汽车底盘;2-容器;3-防波板;4-灭火器;5-接地导线柱;6-出油口;7-扶梯;8-紧急阀操纵杆

(2)立式罐车。立式罐车的罐式容器纵轴线与汽车水平面垂直,如图 7-2 所示。车辆上可以装一个或多个立式罐体。立式罐车具有卸货彻底、便于单元组合,及易形成标准化、系列化生产等优点,但质心较高,结构复杂,制造成本高,应用较少。

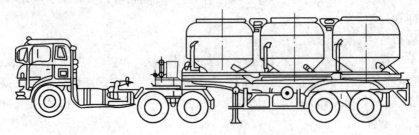

图 7-2 立式罐车

(3)斗式罐车。斗式罐车如图 7-3 所示(为斗式半挂罐车)。它的上半部是一个水平的直圆筒,下半部是多个垂直于车辆底盘的锥筒,圆筒与锥筒相交,形成一个上圆下锥的斗式罐体。斗式罐车综合了卧式罐车和立式罐车的优点,适应范围广,是一种发展较快的罐式汽车。

3. 按罐式容器内的许用压力分类

(1)低压罐式汽车。低压罐式汽车主要用来装运水、轻质燃油、润滑油、动植物油等物品,罐体承受的内压力一般为0.098MPa以下。

(2)中压罐式汽车。中压罐式汽车主要用来装运苛性碱、浓硫酸、沥青等物品,中压罐体内承受的内压力一般为0.147~0.294MPa。

(3)高压罐式汽车。高压罐式汽车主要用来装运液化石油气、液氯等物品,其罐体内承受的内压力一般为1.177~3.532MPa。

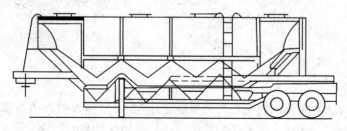

图7-3 斗式半挂罐车

气罐汽车的罐体内压力大于1.1MPa时,按照《钢制压力容器》(GB 150—1989)及有关规定进行设计。其他罐体内压力低于0.6MPa的液罐汽车、粉罐汽车等可以不按此规定进行设计。

4. 按罐式容器的卸货方式分类

按罐式容器的卸货方式分类,有重力卸货、动力卸货和真空卸货等罐式汽车。

第二节 罐体的结构与设计

罐式汽车一般都是在普通车辆的底盘上改装而成的,即在普通车辆的底盘上安装罐式容器(图7-1)和专用设备等。罐式容器一般是一个可封闭的罐体,其截面形状是圆形、椭圆形、腰鼓形、矩形等,罐体的材料也根据其装运货物的特性而异。

一、罐体承载形式

根据罐体与车辆的连接方式和承载形式,有半承载式罐体和承载式罐体两种。

1. 半承载式罐体

半承载式罐体的车辆是将罐体刚性地固定在汽车(或挂车)的车架上,汽车(或挂车)的载荷主要由车架承担,而罐体只承受一小部分载荷。通常,罐体支座与车架是通过U形连接螺栓和止推板构成的刚性固定装置刚性的固定在一起,或通过弹性元件及联锁构成的弹性固定装置弹性的固定在一起。支座的数量视罐体的总质量和长度而定,罐体支座与罐体焊接在一起。其他附属装置也相应地布置在车身上。

罐体容量较小或越野罐式汽车多采用半承载式结构。

2. 承载式罐体

承载式罐体是国内外重型罐式汽车的发展趋势,是罐体与车架合并成一体的无车架结构,如图7-4所示。罐体不仅承受着其内部所装运物品的作用力,还起着车架的作用,由罐体承受着全部载荷。

装有承载式罐体的罐式汽车的结构简单,省去了车架及相应的连接件,充分利用了罐式构件自身的强度,减轻了罐式汽车的整备质量;同时,还可有效地降低车辆的质心高度。特别是对于强度和刚度较大的承压罐体来说,优点更为突出。但是这种罐体的设计、制造要求较高。

承载式罐体多用在装载质量较大的全挂车和半挂车上,有利于提高车辆的行驶稳定性和操纵性,提高车辆的运输效率。

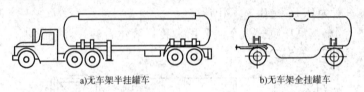

a)无车架半挂罐车　　　　b)无车架全挂罐车

图 7-4　承载式罐体

二、罐体的截面形状

罐体的截面形状是降低车辆质心的重要措施。它要根据整车的总体布置、造型协调、质心高度、装运物品的种类等因素,选用适合某种罐式汽车的最佳截面形状。表 7-1 所示为典型罐体截面形状及其特点。

罐体的截面形状及其特点　　　　表 7-1

序号	形状名称	截面形状	特点
1	圆形	 ⊕	表面积最小,材料最省,容积效率最高,容器壁中的拉应力最小,刚性好,特别适合高压罐体,工艺性好。但质心较高,液体对四壁的冲击力较大
2	椭圆形	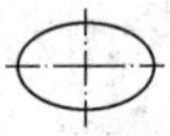 ⊖	质心较低,稳定性好。但容积效率较低,工艺性较差
3	腰鼓形	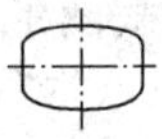 ⊖	质心低,稳定性较好。但容积效率较低,工艺性差
4	倒凸形	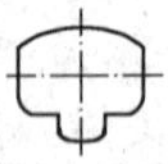 ⊕	质心更低,可以充分利用车架中的空间,集污性好,横向稳定性好。但工艺性很差
5	矩形	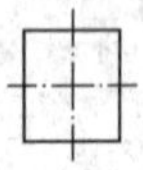 ⊡	质心最低,可降低罐体的高度乃至降低整个车辆的高度,液体对罐壁的冲击力小,工艺性好。但表面积大,材料消耗多,容积效率低,罐体的棱角部位易产生应力集中,集污性差
6	棱形	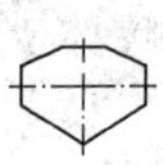 ⬡	质心低,可以利用车架中的空间,集污性好,卸货彻底,工艺性较好。但表面积较大,容积效率较低

三、罐体的封头形状

罐体的封头有椭圆形、蝶形、锥形、平板形四种形式,如图 7-5 所示。

椭圆形封头和蝶形封头一般采用冲压或旋压成形,受力好,质量小,国家有标准的封头系列,也有专业厂生产,应用最广泛;锥形封头是将罐体的两端或尾端做成锥形,有利于排净其两端或尾部剩余的物料,便于车轮的布置;平板式封头由于在受内压作用时,平板处于弯曲受力状态,一般压力罐体均不采用,就是低压罐体考虑到质量和材料的利用率,也很少采用,多用于罐体的人孔、手孔或其他开孔的密封。

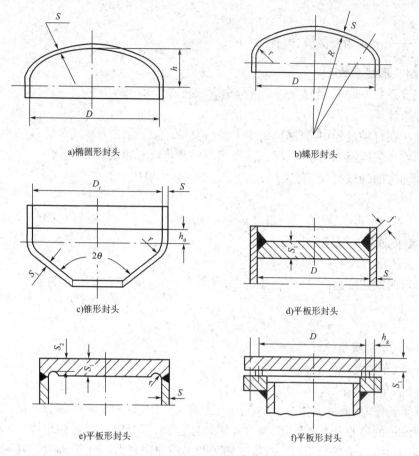

图 7-5 罐体的封头形状

四、罐体的结构计算

罐体的结构、材料、容积、截面形状、制造工艺、使用条件对其强度都有较大的影响。罐体的容积须大于额定装运货物的容积，罐体壳内应力须小于设定条件下的许用应力。

1. 罐体的壁厚

罐体的壁厚计算公式为

$$S = \frac{pR_k}{k\sigma} + l \tag{7-1}$$

式中：p——罐体内压力，kPa；

R_k——罐体截面曲率半径，mm；

k——焊缝强度系数（对于弧焊 $k = 0.8$）；

σ——材料许用应力，kPa；

l——锈蚀的附加厚度。

计算值向大的方向取整数，并按钢板厚度标准取值。

2. 罐体的封头

罐体的封头厚度计算公式为

$$S_c = \frac{pD_c C}{2k\sigma} + l \tag{7-2}$$

式中：$D_c = \frac{A+B}{2}$，A、B 为椭圆长、短直径，mm；

C——封头形状系数。

焊缝强度系数 k 取 1，当封头由几部分组焊成时，$k = 0.8$。

3. 动载荷计算

罐式汽车在行驶过程中，其罐体的受力比较复杂，不仅受结构形式等因素的影响，也受装运货物的影响。装运液态货物时，罐式汽车状态的变化就有很大的影响。

汽车制动时的动载荷 p_s 有液体的动压 p_d 和静压 p_l 组成，即

$$p_s = p_d + p_l \tag{7-3}$$

$$p_d = 0.005 l M_l \tag{7-4}$$

式中：l——罐体或每一隔室的长度，m；

M_l——液体重力，kN。

汽车转弯时的速度越高，转弯半径越小，离心力 F_a 越大，其计算公式为

$$F_a = \frac{m_a v_a^2}{R} \tag{7-5}$$

式中：m_a——汽车总质量，kg；

v_a——汽车速度，m/s；

R——汽车转弯半径，m。

液罐汽车转弯时，液体在离心力的作用下会偏向外侧，特别是液罐装载不满时，液体向外侧偏移而使液体的质心升高和外移，导致外侧悬挂过载，汽车容易失去稳定性，当离心力与力臂形成的翻倾力矩等于或大于汽车总质量和力臂形成的恢复力矩时，车辆将产生翻倾。

五、罐体材料的使用性能与防腐处理

罐体的材料根据所装运物品的种类和性质而定，应具有足够的强度和良好的工艺性，并具有一定的防腐能力，以保证罐体及附属装置的使用性能。

1. 罐体材料的使用性能

罐体的材料大都选用普通碳素钢板和低合金钢板生产。根据用途的不同也可选用合金钢板、不锈钢板、铝板、铝合金板、玻璃钢、塑料等材料。

1) 普通碳素钢板

普通碳素钢板的力学性能好，有足够的强度、韧性和良好的工艺性，价格便宜，可用于制作多种罐体。适用于装运粮食、水泥、煤粉、石油产品、水、粪尿等物理性能较稳定的物料。但在装运有腐蚀性的物料时，防腐性差，应在其内壁涂防腐材料。

普通碳素钢板在水中的腐蚀速度与溶于水中的气、二氧化碳、二氧化硫等物质有关。在常温下的稀碱溶液中，普通碳素钢板表面能生成一层不易溶解的钝化膜，从而起保护作用。但是，当氢氧化钠的质量分数高于 30% 时，钝化膜的保护能力就降低，若碱溶液的温度再升高，其钝化膜的保护能力就更差，当温度超过 80℃ 时，其表面会遭到严重腐蚀。普通碳素钢板在热碱溶液中，如果受到一定的外力作用，会产生"碱脆"现象。所以，普通碳素钢板或低合金钢板制造的罐体，在装运液氨时普遍规定要加入 0.2% 的水作为腐蚀抑制剂。而且罐体焊接完

后必须消除内应力,以保证罐体免遭腐蚀破坏。

盐酸对碳素钢的腐蚀速度随着酸液质量分数的升高而加剧,又随着酸液温度的升高而加快。因此,碳素钢不能直接作为装运盐酸的罐体材料。硫酸对碳素钢的腐蚀速度也随着酸液质量分数的变化而变化。当酸液质量分数达到47%～50%时,腐蚀速度最快;当质量分数超过50%时,腐蚀速度反而降低;而浓硫酸(质量分数超过93%)对碳素钢表面基本无腐蚀,其原因是浓硫酸能在碳素钢表面生成一层钝化膜,阻止硫酸继续与铁发生化学反应。硝酸对碳素钢的腐蚀作用也与其质量分数有关。质量分数在30%时,腐蚀速度最高;质量分数超过30%时,腐蚀速度反而下降;当质量分数超过50%时,由于碳素钢表面生成钝化膜,腐蚀速度明显下降,当质量分数超过90%时,腐蚀速度再次升高。

有机酸中的甲酸、草酸、柠檬酸和冰醋酸对碳素钢也有较强的腐蚀性,但比上述三种强酸的腐蚀性要小得多。它们的腐蚀速度一般随着进入有机酸中氧含量的增加及温度的升高而增大。

各种化工物品对碳素钢的腐蚀性各有不同,一般都要采取不同的防腐措施。

2) 低合金钢板

低合金钢板有较高的强度及韧性,由它们制成的罐体有利于轻量化,能承受较高的内压力,可用来装运液化石油气、丙酸、氨水、液氧、液化亚硫酸气和乙烯树脂等物品。低碳合金钢的耐腐蚀性比普通碳素钢要好,如16Mn低碳合金钢板的抗大气腐蚀性比普通低碳钢板好,而16MnCu的抗大气腐蚀性比16Mn还要好。如果采用加入其他微量元素制成的耐腐蚀、耐低温、耐热低合金钢板等,可以装运相应特性的物品。

3) 不锈钢板

不锈钢板耐腐蚀,不易污染,易清洗,力学性能比较稳定,工作温度范围大(-196～700℃),是一种优质的罐体材料,适用于装运食品、饮料或纯度较高的化工物品(石碳酸、甲醛、乙二醇、苛性苏打、乙烯等)和腐蚀性较强的酸类物质(浓硝酸、稀硫酸等)。但对盐酸、氢氟酸的耐腐蚀性差。

4) 铝板和铝合金板

铝板和铝合金板质量轻,可塑性好,便于成型,使用寿命长,是一种理想的罐体材料。但铝板和铝合金板制成的罐体强度较低,承载能力差。所以,多适用于装运甲醇、乙醇、航空燃料、浓硝酸、冰硝酸、醛、苯、无水酒精、有机溶剂等化工产品及食品类物品,不宜装运压缩气体、液化气体及易分解的气体。

铝或铝合金表面的耐腐蚀很好,对浓硝酸、醋酸、硫化钠氨水及其他有机溶液都很稳定。其原因是铝或铝合金表面能生成氧化铝保护膜,一旦该保护膜被破坏,又会很快重新生成。但这种保护膜易溶解于非氧化酸中,也易溶于碱中。铝在质量分数为80%以上的浓硝酸中的耐腐蚀性比不锈钢还要好。铝在浓硫酸中的腐蚀速度很快,只有在高质量分数的发烟硫酸中才稳定。铝的纯度越高,耐腐蚀性越好,但强度相对也降低。

铝和铝合金的最高使用温度为150℃。铝在-196～0℃之间的冲击韧性不减,可制成特殊用途的低温罐体。

5) 塑料

塑料耐腐蚀,质量轻,而且有一定的强度,绝热性和工艺性都较好。用塑料做成的罐体具有一定的弹性,承受冲击载荷性能较好,所以,采用塑料罐体的罐式汽车也日益增多。但大部分塑料的耐高温性能都不好,仅适用于装运常温的水、液体燃料及有腐蚀性的液态物品。

6)玻璃钢

玻璃钢质量轻,强度高,隔热性好,耐腐蚀,还具有良好的工艺性,可制成各种形状的罐体。但玻璃钢的脆性较大,耐磨性差。玻璃钢罐体适用于装运盐酸、次氯酸钠、硫铵、氢铵等化学物品。

2. 罐体的防腐处理

为了提高钢制罐体的耐腐蚀性和使用寿命,可在罐体内表面喷涂耐腐蚀材料或贴敷防腐蚀衬里。常用的处理方法有:

(1)涂锌:用于装运汽油、苯、混合二甲苯、水泥、水、粪尿等物料。

(2)涂锡:用于装运轻油、重油、润滑油等石油产品。

(3)涂铅:纯铅是一种很好的耐腐蚀材料。涂铅罐体适用于装运稀硫酸、氯化苯甲基物品,不宜装运盐酸及碱类物品。铅及其合金均有毒,不宜接触食品类物品,对人体亦有害,使用时应采取防护措施。

(4)涂铝:用于装运甲醇、乙醇、航空燃料、浓硝酸、冰醋酸、苯、醛、有机溶液等化工产品以及食品类物品等。

(5)塑料衬里:用于装运水、液体燃料及某些带有腐蚀性的物品。塑料品种不同,其适用性也有所区别。

(6)橡胶衬里:橡胶的耐腐蚀性随其种类而异。硫化天然橡胶能耐大多数无机酸、有机酸、碱类、盐类、醇类等的腐蚀,但对强氧化剂(硝酸、浓硫酸、铬酸,过氧化氢等)及某些溶剂(苯、二硫化碳、四氯化碳等)的耐蚀性差。合成橡胶中的丁腈橡胶耐油性好;氯丁橡胶耐酸、耐碱性均较好;聚醚橡胶对水、油、氨、碱等均较稳定。

为了提高铝制罐体的耐腐蚀性,可在其内壁涂以镁、锰等。

罐体在使用中应严格注意其性能,装运相应的物品。在制造中应注意喷涂层或衬里的保护,以免损坏,否则应予以修补。

第三节 液罐汽车

液罐汽车是装有罐式容器,用来装运液态物品的专用罐式汽车的统称。如油罐车、液化石油气罐车、酸(碱)液罐车、饮食液罐车等。罐体的容积一般比额定装运液体的容积大 5% ~ 10%,以补偿液体在运输过程中的膨胀。

一、油罐车的用途及主要结构

油罐车是指装运汽油、柴油、煤油、润滑油等液体油料的专用车辆,它是液罐车中用得最多的车辆。按其功能分为运油车和加油车两种,如图 7-6 和图 7-7 所示。运油车用于装运液体油料,它主要由油罐、加注口、放油阀、人孔盖、输油软管、接地链条等组成;而加油车除具有运油车的功能以外,还具有移动泵站的功能,它还增设了泵油系统、计量系统和操纵装置等。

1. 罐体

油罐车的罐体大都采用普通低碳钢板焊接而成,如图 7-8 所示。罐体的两端由封头 1 封住,中间为椭圆形截面罐体。罐体内设有隔板 5、纵向防波板 8、横向防波板 9 及相应的支承。

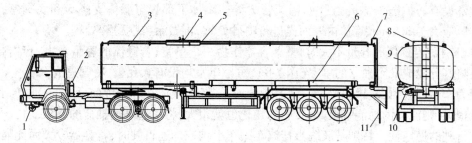

图 7-6 半挂运油车

1-排气管(连消声器);2-灭火器;3-油罐;4-加注口;5-人孔盖;6-输油管;7-扶梯;8-防护框;9-溢流管;10-放油阀;11-接地链条

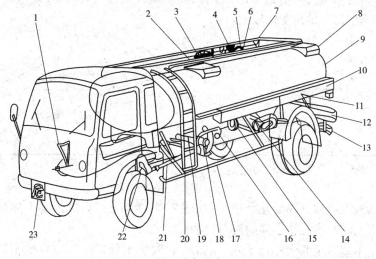

图 7-7 加油车

1-控制杆;2-栏杆;3-测尺;4-加注口;5-空气安全阀;6-人孔;7-底阀手轮;8-侧护扳;9-油罐;10-软管箱;11-紧急拉杆(装自动启闭装置);12-后保险杠;13-副后保险杠;14-灭火器(使用时要加罩);15-地线绕轴;16-压差阀手轮;17-侧保险杠;18-齿轮泵;19-管道;20-扶梯;21-传动轴;22-取力器;23-危险物标示板

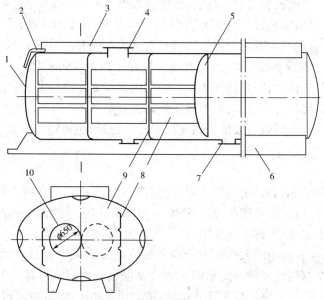

图 7-8 罐体

1-封头;2-溢流管;3-防护框;4-人孔盖口;5-隔板;6-罐体支座;7-底阀座孔;8-纵向防波板;9-横向防波板;10-人孔

187

罐体上部设有防护框 3、人孔盖口 4、溢流管 2 等。罐体下部焊有罐体支座 6 和底阀座孔。罐体的壁厚应大于 3.2mm,罐体内表面先进行喷砂处理,再做涂(或喷)锌处理。

(1)隔板:当罐体的容量不大时,整个容器作为一个单室;若罐体的容量较大,容器内部需用隔板将其分隔成几个独立的单室(图 7-8),每个单室均设有人孔盖、底阀总成。

因为车辆行驶时,液罐中留有一定的空隙或未装满,液体在容器中前后、左右波动,若容器的容量很大,则波动的动能就很大,质心的变化也就很大,将引起车辆轴荷的剧烈变化,严重影响汽车行驶的稳定性。特别是液罐半挂汽车列车上坡或加速行驶时,若容器较大而无隔板,液体流向容器的后部(图 7-9a),结果使牵引汽车驱动轴的轴荷大大减少,降低了汽车列车的通过性,使牵引汽车的牵引力得不到充分的发挥;而下坡或减速行驶时,又使液体流向容器的前部,同样也造成牵引汽车轴荷变化较大。

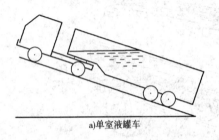 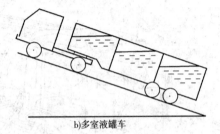

a)单室液罐车　　　　　　　　　　b)多室液罐车

图 7-9　半挂液罐车坡道行驶示意图

将大容量的液罐罐体分隔成几个单室,如图 7-9b)所示,即可以改善上述情况,还可以在同一辆液罐车上同时装运几种不同的液态货物。

罐体的每个单室容量的大小尚无统一标准,它取决于货物的性质及整个容器的总容量。当容器总容量小于 20m^3 时,每个单室的容量应小于 4m^3。

(2)防波板:为了减轻汽车行驶中液体在容器内的波动,罐体的每个单室中一般都设有防波板(图 7-8)。纵向防波板 8 是沿汽车纵轴线方向布置的,以减轻液体在容器内左右波动;横向防波板 9 是沿汽车横断面布置的,以减轻液体在容器内的前后波动。

为了便于维修,横向防波板 9 上还开有直径不小于 550mm 的人孔,为了提高横向防波板的防波效果,同一单室的两个或两个以上防波板上的人孔应交错布置。

(3)防护框:防护框设在罐体的上部,其高度应高于顶端 50mm 以上,以便于对加注口、安全阀等上部装置起保护作用;同时能使防护框内的雨水或加注油时溅出的油料汇集起来,通过罐体前端的溢流管口流出,以免污染整个罐体外表面和车身。

罐体底部的底阀座孔可以与放油管路连接形成运油车,也可以与油泵及连接管路连接形成加油车。

2. 人孔盖

人孔盖装在罐体上部,大都采用螺栓固定,如图 7-10 所示。人孔盖上设有加注口盖 7、呼吸阀 2、连通气管接头 1、加油导管 5、装满报警器和观察孔等。平常人孔盖是不打开的,只有检修内部时才卸下紧固螺栓,拆下人孔盖,便于工人出入检修或清洗。

(1)加注口:图 7-10 所示的人孔盖上有两个加注口盖 7,每个加注口盖均有各自的铰链,加注口与其盖之间垫有耐油橡胶密封垫圈 6,两个加注口盖内侧各焊有一个压块,盖住加注口时,两个压块相对但不相碰,靠压杆 9 压住压块,进而压紧加注口盖,使之密封,并用锁扣 10 和锁扣柄 11 锁住。锁扣与锁扣柄通过一根轴固定在一起,并与压杆的活动端铰接。

在使用过程中,由于橡胶密封垫圈的磨损或破裂造成漏油时,可以更换耐油橡胶密封垫圈。当锁件等磨损造成密封不严时,可在压杆9与压块8的接触处,用一块能消除磨损间隙并保证压紧橡胶密封垫圈的钢板焊在压杆的下方,也可用改变有关铰支点位置的方法来修复。

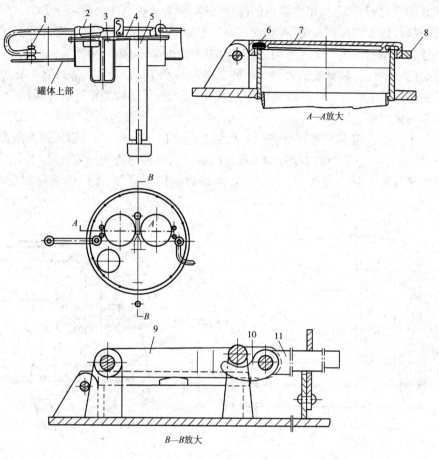

图7-10 人孔盖及其附属装置

1-连通气管接头;2-呼吸阀;3-观察孔;4-人孔盖;5-加油导管;6-橡胶密封垫圈;7-加注口盖;8-压块;9-压杆;10-锁扣;11-锁扣柄

(2)通气管:通气管又称排气管。其一端用铰接头固定在罐体上部单室的前端或后端,其另一端用铰接头固定在人孔盖4上,从而通气管便连通了每个单室两端和人孔盖。通气管的作用是当向容器的每个单室加注液体时,排出单室两端角部位的空气,也可将两个单室连通起来,使两个单室共用一个呼吸阀。该通气管一般是用无缝钢管焊上铰接头制成的。

(3)加油导管:加油导管装在加注口的下方,它的作用是缩短加注口与罐体底之间的距离,当燃油进入罐体内使加油导管淹入油液中,避免加油时油液的飞溅,从而减少或消除加油时所产生的静电。

(4)呼吸阀:呼吸阀又称安全阀,如图7-11所示。该阀能自动调节容器内的压力,使压力保持在一定范围之内。这样既能保护液罐,又能减少易挥发油液的挥发损失。

呼吸阀由吸气阀和排气阀两部分组成。吸气阀2和排气阀4为两个安装方向相反的止回阀。吸气阀受气体的作用面积小,其弹簧7的刚度也小,开启的压力较低,一般为4.9~9.8kPa;排气阀受气体的作用面积大,其弹簧8的刚度也大,开启的压力较高,一般为14.7~

24.5kPa；当容器内的气体压力低于4.9~9.8kPa，吸气阀在容器内外压差的作用下，克服弹簧7的弹力而打开，吸入部分空气，使容器内的压力升高到正常值，吸气阀关闭；当容器内的气体压力由于挥发量增大或温度升高而超过14.7~24.5kPa时，排气阀在容器内外压差的作用下，克服弹簧8的弹力而打开，排出容器内的部分气体，使容器内的压力降至正常值。

呼吸阀的阀体1用镍铬不锈钢制造，其余零件也均用不锈耐酸钢制造，以防生锈。中、小型油罐一般各个单室共装一个呼吸阀，而大型油罐每个单室各装一个呼吸阀。

呼吸阀的吸气压力和排气压力分别由调整螺母9和10来调整。密封圈3破损或发胀可以更换。钢丝网5沾满油污时可以清洗或更换，保证其通气。应经常检查呼吸阀的工作情况，确保其工作灵敏可靠。

（5）装满报警器：装满报警器也装在人孔盖上，如图7-12所示。当罐体内的液面高度变化较快时，气体便由排气管2通过双音哨3而发出响声。当液面达到额定高度时，浮球1随液面浮起而堵住排气管2，哨声停止，从而起到装满报警的作用；当罐体内的液体卸空时，哨声也停止。

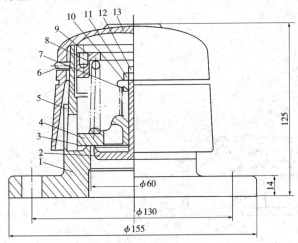
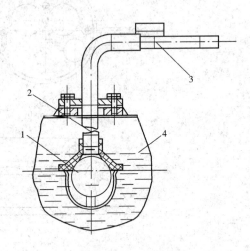

图7-11 呼吸阀
1-阀体；2-吸气阀；3-密封圈；4-排气阀；5-钢丝网；6-固定螺钉；7、8-弹簧；9、10-调整螺母；11-锁紧螺母；12-开口销；13-防尘罩

图7-12 装满报警器
1-浮球；2-排气管；3-双音哨；4-额定液面高度

3．底阀

底阀是液体排出或吸入液罐的控制阀，罐体的每个单室的底部都装有一个底阀。底阀的结构形式与罐车的类别（如运油车或加油车）及所装运的货物有关。底阀的操纵形式有手动、气动、电动和液动等。手动的简单可靠，大都选用这种操纵形式。罐体的底部还设有沉淀槽和排污阀，可根据情况不定期地打开排污阀，放掉沉积在沉淀槽中的污物。

1）手动球阀

手动球阀是液罐车常用的一种控制阀。有二通球阀和三通球阀两种。如运油车的放油阀、加油车的各种作业都是通过开启或关闭不同部位的球阀来实现的。加油车或运油车大都采用铝合金球阀，如图7-13所示。球体12中间有一个通孔，通过密封圈1、支承座4安装在左、右阀体5和11形成的空间内。球体与两端密封圈之间的接触面形成了球阀的密封面。密封圈的背部装在阀座2上，靠碟形弹簧3推动阀座2使密封圈1弹性地与球体接触，可以自行调节接触面的压紧度，消除温度变化及密封圈的变形与磨损的影响，提高了阀的密封性,是一种比较理想的结构。手柄 10 通过阀杆 7 操纵球体 12 在两个支撑座 4 和密封圈 1 中转动。当手柄平行于阀体凸缘轴线时,球体通孔与两端阀体孔径接通全开;当手柄垂直于阀体凸缘轴线时,球体堵住两端阀体,孔径关闭。球阀也可拆去手柄改成气动或多个球阀连动的操纵机构。

2) 气控式底阀

图 7-14 所示为一种气控式底阀。底阀的启闭是由气缸来控制的。当底阀关闭时,阀塞 3 在弹簧 2 的作用下下移,通过密封圈 4 压在阀体 5 上,在弹簧力和液体压力的作用下使之密封;当底阀开启时,压缩气体进入活塞 9 的下腔,推动活塞上移,由活塞推动活塞杆 8、阀杆 6、阀塞 3 克服弹簧 2 和液体的作用力,使阀塞 3 与阀体 5 形成一定的开度,底阀便被打开,液体便可通过底阀。当气控系统失灵时,可拧动螺杆 13,推动活塞杆 8 上移,使底阀打开。

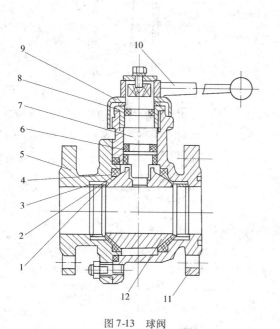
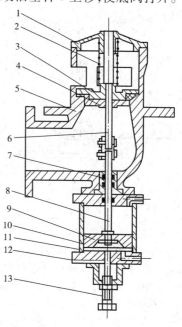

图 7-13　球阀

1-密封圈;2-阀座;3-碟形弹簧;4-支承座;5-左阀体;
6-O 形密封圈;7-阀杆;8-压盖;9-定位帽;10-手柄;
11-右阀体;12-球体

图 7-14　气控式底阀

1-阀盖;2-弹簧;3-阀塞;4-密封圈;5-阀体;
6-阀杆;7-O 形密封圈;8-活塞杆;9-活塞;
10-密封环;11-缸筒;12-缸盖;13-螺杆

3) 带紧急阀式底阀

带紧急阀式底阀的结构如图 7-15 所示。底阀的阀门 6 的正常开启或关闭是由设置在罐体 2 顶部的底阀操纵手轮 1 来操纵的,由手轮带动万向节 3、丝杠 4 使阀门 6 上升或下移。液体从上阀体 5 的侧孔中,经下阀体 7 流出。若在放油过程中出现紧急情况(如发生火灾)来不及或不可能爬到罐体顶部去关闭底阀时,可扳动紧急阀门操纵手柄,迅速地将紧急阀门 8 盖住下阀体出油口,使车辆快速离开现场。

带紧急阀式底阀或紧急阀的操纵装置一般设置在汽车的后部或侧面,保证人在地面上就能方便地操纵。

4) 紧急阀

有些油罐车单独设有紧急阀,如图 7-16 所示。此阀在正常使用时处于开启位置(见图 7-16 中手柄 5 和阀门 10 的虚线位置)。当底阀泄漏或在放油过程中发生紧急情况时,可将手柄5向上推,阀门10在弹簧9和液体的作用下关闭出油口,停止放油。此外,在油罐车进行长途运输时,也应关闭紧急阀,防止因车辆的颠簸振动而使底阀松动,造成油液大量泄漏,酿成意外事故。

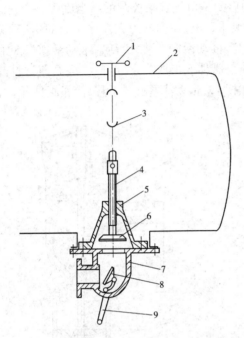

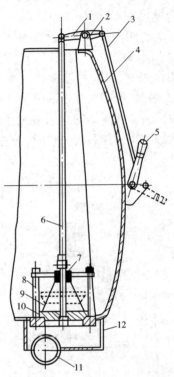

图7-15 带紧急阀式底阀
1-底阀操纵手轮;2-罐体;3-万向节;4-丝杠;5-上阀体;6-阀门;7-下阀体;8-紧急阀门;9-紧急阀门操纵手柄

图7-16 紧急阀
1-臂;2-摇臂座;3-钢丝绳;4-罐体;5-手柄;6-联动杆;7-尼龙衬套;8-组合阀;9-弹簧;10-阀门;11-排液管;12-集油槽

4. 静电消除装置及措施

为了消除油罐车在加油、放油和运油过程中产生的静电,防止静电引起火灾,保证安全生产,油罐车均设有多种静电消除装置。

1) 拖地胶带或链条

拖地胶带或链条均设在油罐车的尾部,是随车必备装置,常称接地链。其一端与罐体相连接,另一端拖地,在使用过程中绝对不允许将拖地胶带或链条离开地面,以消除油罐车在行驶过程中产生的静电。

2) 绞盘式接地装置

绞盘式接地装置是油罐车常用的一种静电消除装置,如图7-17所示。当油罐车在加油或放油的整个过程中,插头5必须插入油罐车输油管处的插座中,再将接地棒1插入地下或与油库

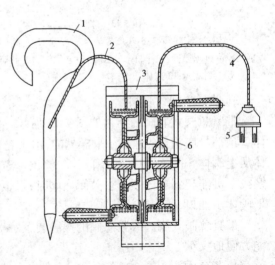

图7-17 绞盘式接地装置
1-接地棒;2、4-导线;3-外壳;5-插头;6-导线卷筒

(或加油站)的地线相接,使罐体及输油管路与大地之间形成等电位,从而达到消除静电的目的。导线 2、4 可分别用手摇卷筒进行卷放,用以调整导线各自的使用长度。

为了减轻油罐车的整备质量,现在有的油罐车上仅设有导静电连接板,使用时,将油库或加油站的地线拉出来,用其夹头夹在油罐车上的导静电连接板上即可。同样,在放油软管的末端也需装有接地导线。

3)静电中和装置

静电中和装置的工作原理是通过电离周围的介质,产生极性相反的离子来中和静电。

常用的静电中和装置有感应式中和器(或称消静电管,如图 7-18 所示)和放射性中和器。静电中和装置一般安装在过滤器的出油管路上,以消除由于油液与过滤器滤芯的相互摩擦面积增大而聚集的更多的静电。

4)高电导率涂层

罐体内壁涂履的防腐涂层应是高电导率的,决不能采用非金属高阻抗涂层。

5)限定油液流速

通常规定易燃液体进排的流速不超过 4m/s。

5. 油泵

加油车用的油泵一般采用压力较低、流量较大的自吸式涡流泵。近年来,不仅润滑油加油车采用 YCB 圆弧齿轮泵,燃油加油车也多采用 YCB 圆弧齿轮泵,如图 7-19 所示。为了进一步提高其性能,有的还采用人字圆弧齿轮泵或斜圆弧齿轮泵。圆弧齿轮泵不仅体积小,便于安装(图 7-7),且具有齿面磨损小、脉冲小、运转平稳、效率高、噪声低、寿命长、无困液现象等优点。油泵的动力一般来自汽车发动机,经动力输出装置、驱动轴带动齿轮泵旋转,将油液吸入或排出液罐。

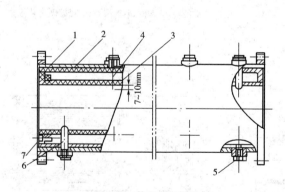

图 7-18 静电中和装置
1-管体;2-外有机玻璃管;3-内有机玻璃管;4-钨针;5-放气塞;6-定位销;7-螺钉

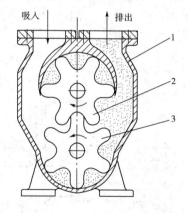

图 7-19 YCB 圆弧齿轮泵
1-泵壳;2-从动齿轮;3-主动齿轮

6. 软管绞盘

软管绞盘是加油车上均设有的专门用来卷绕橡胶油管的机构,如图 7-20 所示。其绞盘总成由大、小轴承座 6 和 1、小转动轴管 2、大转动轴管 5、卷筒 4、进油管 8、密封圈 7 及绞盘锁止装置 9 等组成。软管绞盘可以快速展开、收拢和存放橡胶油管。绞盘的操纵一般为手动。重型加油车的绞盘常采用链轮、齿轮传动机构或低速液压马达驱动。采用低速液压马达驱动,可使结构更紧凑,传动更方便,而且容易布置。

图 7-21 所示为软管绞盘的转动轴管结构。它由大转动轴管 5 和小转动轴管 2 组成,大转

动轴管的右端穿过轴承 3、4 插入固定的进轴管 8 中的密封圈 7 内,其左端用凸缘与小转动轴管 2 紧固在一起,形成一个转动轴管在轴承和密封圈内转动,实现了软管绞盘转动和密封。

7. 分水过滤器

分水过滤器是飞机加油车的主要装置。其作用是分离和过滤油中的水分、胶状物及杂质,确保加进飞机的油液高度洁净。

分水过滤器的构造及工作原理如图 7-22 所示。分水过滤器由两级滤芯和集水器等组成。

一级滤芯 2 为聚结滤芯,由疏水性和柔水性物质组成,如经过特殊处理的滤纸、玻璃纤维、合成材料、毛毡和棉制品等。油流经滤芯时,首先滤下固体物质,再将胶状物质分离,同时,将分离的小水粒聚集成大水滴,这些自由的大水滴滴入由外壳形成的水收集器——集水器中。二级滤芯 1 为分离滤芯,表面涂有一种 TEFLON 的柔水物质,当油从滤芯的外面向内流动时,油中的水沿 TEFLON 物质的表面滑下,滴在集水池中,达到彻底分离水的作用。经过分离过滤器过滤的油液,其清洁度达到飞机用油的规定标准。

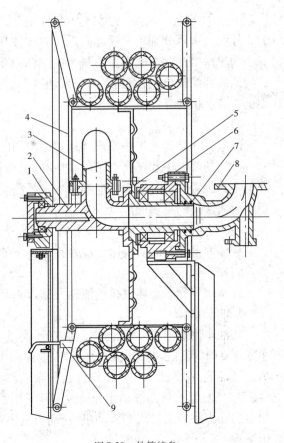

图 7-20 软管绞盘
1-小轴承座;2-小转动轴管;3-弯管;4-卷筒;5-大转动轴管;
6-大轴承座;7-密封圈;8-进油管;9-绞盘锁止装置

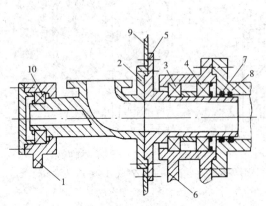

图 7-21 转动轴管结构
1-小轴承座;2-小转动轴管;3、4-轴承;5-大转动轴管;
6-大轴承座;7-密封圈;8-进轴管;9-绞盘辐板;10-轴承

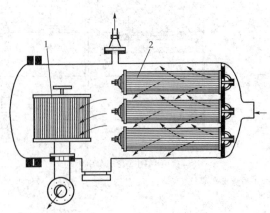

图 7-22 分水过滤器
1-二级滤芯;2-一级滤芯

8. 防火消声器

油罐车装用的防火消声器直接装在汽车前保险杠的下面,使发动机的排气经过该防火消声器,确保油罐车安全防火。若使用普通汽车所装用的消声器,使用时必须在排气口加装防火帽。

二、油罐车管路系统

油罐车油液的装卸是由其管路系统来完成的。主要有重力装卸、机械装卸和气力装卸。重力装卸是靠油液的重力流入或流出容器;机械装卸是靠管路系统的泵吸入或排出容器;气力装卸是利用压缩空气或真空泵使容器中产生压力或吸力,将油液排出或吸入。

运油车的管路系统比较简单,一般设有底阀或二通球阀,且多采用二通球阀直接装在放油管路上,实现重力装卸油液。转动球阀手柄与管路平行时为通,油液自流放油;转动球阀手柄与管路垂直时为关,停止放油。

加油车的管路系统比较复杂,此处仅介绍加油管路系统。加油车一般有普通加油车和飞机加油车。

1. 普通加油车

图 7-23 所示为普通加油车的管路系统原理图。其工作过程如下。

(1)自流放油:转动三通球阀 2,接通油罐 1 与油管接头 13 的通道,油液便通过三通球阀 2 和油管接头 13 自流放油。

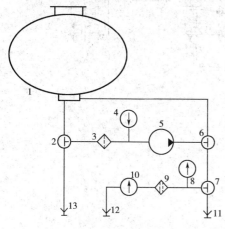

图 7-23 普通加油车管路系统原理
1-油罐;2、6、7-三通球阀;3-粗滤器;4-真空表;5-油泵;8-压力表;9-细滤器;10-流量计;11、12、13-油管接头

(2)将油液经粗滤器注入其他容器:转动三通球阀 2,接通油罐 1 与粗滤器 3、油泵 5 的通道,并转动三通球阀 6 和 7,开启油泵 5,使油液按油罐→三通球阀 2→粗滤器 3→油泵→三通球阀 6→三通球阀 7→油管接头 11 泵出,注入其他容器。

(3)将油液经细滤器、流量计注入其他容器:转动三通球阀 2、6、7,开启油泵即可将本油罐内的油液经细滤器、流量计从油管接头 12 注入其他容器。其流程为油罐→三通球阀 2→粗滤器 3→油泵→三通球阀 6 和 7→细滤器 9→流量计 10→油管接头 12。

(4)将其他容器中的油液吸入本车油罐内:转动三通球阀 2 和 6,开启油泵即可将其他容器中的油液经油管接头 13→三通球阀 2→粗滤器 3→油泵→三通球阀 6 吸入本车油罐 1 内。若需经过计量后进入本车油罐内,可在油管接头 12 处接输油胶管,将输油胶管的另一端经油罐上部的加油口投入油罐内,开启油泵,即可将其他容器中的油液经油管接头 13→三通球阀 2→粗滤器 3→油泵→三通球阀 6 和 7→细滤器 9→流量计 10→油管接头 12→输油胶管吸入本车油罐内。

(5)做移动泵站:作为移动泵站使用的操作与(4)相似,其流程为其他供油容器→油管接头 13→粗滤器 3→油泵→三通球阀 6 和 7(计量)→细滤器 9→流量计 10→油管接头 12→其他加油容器。当经过三通球阀 6 和 7 后(如不计量)→油管接头 11→其他加油容器。

(6)循环搅拌本车油罐内的油液:转动三通球阀 2 和 6,开启油泵,使油液自本车油罐吸入,经三通球阀 2→粗滤器 3→油泵→三通球阀 6 再回到本车油罐内,即可完成对本车油液的搅拌,使其混合均匀。

2. 飞机加油车

图 7-24 所示为飞机加油车的技术装备系统。其功能齐全,构造复杂,工作过程比普通加油车增加了注油管路内剩油回罐的功能。当向飞机加油结束时,其实际加油量应为流量计上的计数扣除注油管路内的剩油。因此,注油管路内的剩油必须计量回罐。剩油回罐的操作顺序为:关闭球阀 15,打开慢关阀 19、20 和球阀 6、7 及球阀 2、3、8,开启油泵。注油管路内的剩

油便吸入油泵，经过滤器、球阀3、左右流量计、球阀8回油罐，其回油量便可从流量计读出。这样加油得到的油量，才是向飞机油箱中加入的实际油量。

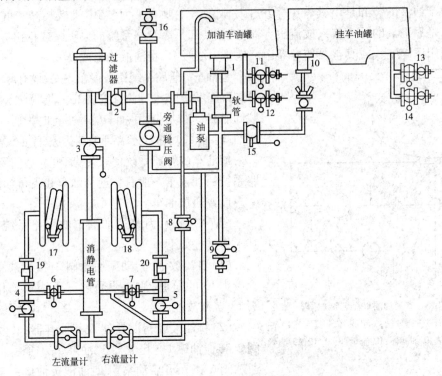

图7-24 双挂式飞机加油车油路系统

1、10-底阀；2、3、15-球阀；4、5、9、11、12、13、14、16-球阀；6、7、8-球阀；17、18-软管绞盘及自闭式加油接头；19、20-慢关阀

给飞机加注燃油的油量大、时间短。一般要求20min之内完成飞机的全部加油过程，这就给飞机加油车提出了更高的要求。为了提高加油速度，简化操作，有些加油车的控制阀采用二位二通气动阀来控制油液的流向，如图7-25所示。通过操纵集中在操作室的气动开关来迅速地启闭二位二通气动阀4、5、11、13、14和16，实现加油车的功能，减轻了劳动强度，缩短了加油辅助时间。

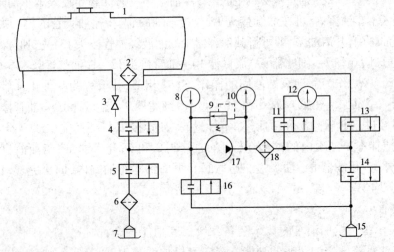

图7-25 飞机加油车气控管路系统原理

1-油罐；2、6-粗滤器；3-截止阀；4、5、11、13、14、16-二位二通气动阀；7、15-油管接头；8-真空表；9-溢流阀；10-压力表；12-流量计；17-油泵；18-分水过滤器

三、油罐车的加热系统

加热油罐是用于装运润滑油、重油等液体的油罐车,一般是在普通油罐或保温油罐的基础上增设加热系统,构成加热油罐车。油罐车的加热系统常采用废气加热、蒸汽加热、电加热等加热方法。

1. 废气加热系统

图 7-26 为废气加热系统示意图。在罐体 9 中设有若干个加热管 4,通过前扩张室 3、上控制阀 2 与发动机排气管相接。当需要对罐体中的油液进行加热时,可打开上控制阀,关闭下控制阀 1,由发动机排出的废气便经过上控制阀、前扩张室、加热管和后扩张室 8 排入,作为热交换器的加热管便对罐体中的油液加热;当不需对罐体中的油液进行加热时,可关闭上控制阀,打开下控制阀,发动机排出的废气按正常通道经消声器 11 排入大气。废气加热系统的特点是可以利用发动机废气的热量,加热比较均匀,但罐体结构复杂。

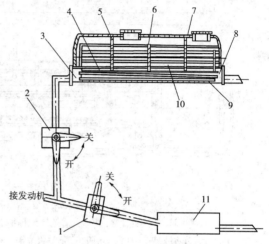

图 7-26 油罐车废气加热系统示意
1-下控制阀;2-上控制阀;3-前扩张室;4-加热管;5-前折流隔板;6-中折流隔板;7-后折流隔板;8-后扩张室;9-罐体;10-防液板;11-消声器

2. 蒸汽加热系统

蒸汽加热油罐车的罐体内设有若干缠绕式肋片管(或蛇形管)热交换器,通过专用管接头与外部蒸汽源相连接,利用外部传入的蒸汽热量对罐体内的油液加热。该系统的特点是升温快、加热均匀、结构比较简单、质量轻、应用广泛。润滑油罐车大都设有蒸汽加热系统,以保证其在寒冷季节正常工作。但是,它必须与能提供蒸汽的气源配套使用。

3. 电加热油系统

电加热油罐车的罐体内设有若干个红外线加热器,通电对罐体内的油液加热。该系统的特点是结构简单、加热效率高。但是,由于加热面集中,加热器周围易产生焦化现象。为此,可采用边加热边搅拌油液的方法来克服。

四、液体化工物品罐车

液体化工物品罐车又称为化工危险品罐车,简称化工罐车。化工罐车是液罐车的重要品种之一,是运输化工产品所必须的专用罐式车辆。它主要用来装运硫酸、盐酸、硝酸、冰醋酸、液碱、氨水、甲醛、苯、甲醇、乙醇等物品。

1. 化工罐车的排液方式

化工罐车的排放方式有重力排液和动力排液两种。化工罐车动力排液一般采用气压排液。气压排液的液罐车有压缩空气供给系统和气路控制系统。

2. 气压排液式硫酸罐车

动力排液的硫酸罐车大都采用气压式排液,如图 7-27 所示。图 7-28 所示为气压排液系统。由空气压缩机 6 排出的压缩空气经油水分离器 7 进入储气筒 8,再由空气导管 13 经卧式升降止回阀 15 分两路送入前、后单室的上部空间。

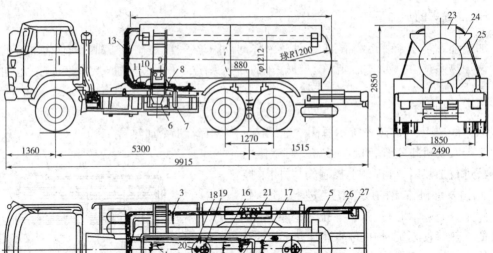

图 7-27 气压排液式硫酸罐车

1、3、4-浮动球阀;2-排液管;5-排液橡胶软管;6-空气压缩机;7-油水分离器;8-储气筒;9-气压表;10-安全阀;11-直通截止阀;13-空气导管;14-空气管道;15-止回阀;16、17、21-浮动球阀;18、19-人孔及注液孔装置;23-防护架;24-侧向防护架;25-扶梯;26-防护栏;27-集油槽

注液时,先打开浮动球阀 17,罐体内通过该球阀与大气相通。再打开注液孔 19,将基地输液软管塞入注液孔,即可充注硫酸。注液结束后,关闭注液孔 19 和浮动球阀 17。

排液时,液罐车发动机处于怠速状态,将车上的排液橡胶软管 5 的接头与容器相接,打开阀 15、16、1、3(或 4)及 12,关闭阀 17。操纵动力输出装置,驱动空气压缩机 6,随之提高发动机转速,逐步向罐体内充入压缩空气,空气压迫酸液从排液导管 22 经浮动球阀 1、排液管 2、浮动球阀 3 或 4 排入接收容器中。排液时,可以前、后单室同时排放,也可单独排放。

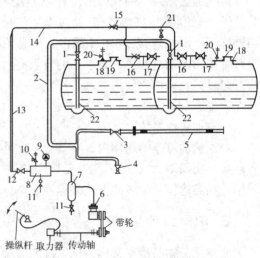

图 7-28 气压排液系统

1、3、4-浮动球阀;2-排液管;5-排液橡胶软管;6-空气压缩机;7-油水分离器;8-储气筒;9-气压表;10-安全阀;11、12-直通截止阀;13-空气导管;14-空气管道;15-卧式升降止回阀;16、17、21-浮动球阀;18-人孔;19-注液孔;20-呼吸阀;22-排液导管

排液结束后,关闭浮动球阀 1 和 16,开启浮动球阀 21,用压缩空气吹净排液软管内的剩余硫酸。然后,再操纵动力输出装置,使之置入空挡,空气压缩机随即停止转动。慢慢打开浮动球阀 17,放出罐体前、后单室内的压缩空气。关闭浮动球阀 3(或 4)及直通截止阀 12,收回排液橡胶软管 5。最后关闭浮动球阀 17。

3. 气压排液式硫酸罐车部分总成

1) 罐体

硫酸罐体的结构如图 7-29 所示。罐体一般为圆形截面,中间也用与封头相似的球面形隔板分为若干个单室,每个单室内的装置都一样。罐内两侧各设有纵向防波板 4 和 7,用螺栓固定在立柱 9 和 11 上。各个单室前端装有一根导液管,管的下部伸至罐体底部的凹槽处,上端通到罐体的上部,再经外部排液管通至排液阀。罐体底部凹槽的作用是减少排液终了时的剩余酸液。

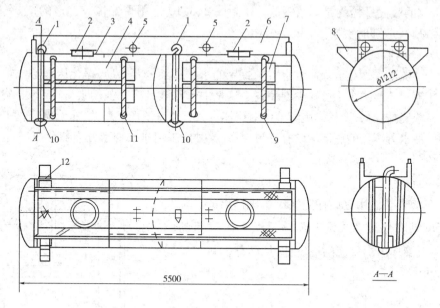

图 7-29　气压排液式硫酸罐车罐体
1-排液管;2-人孔;3-罐体;4、7-防波板;5-空气管;6-防护框;8-侧向防护架;9、11-立柱;10-凹槽;12-吊钩

罐体上部设有防护框 6,既保护罐体上部的管道及有关附件免受碰撞,又能在罐车发生倾翻事故时对罐体及上部装备起到保护作用。防护框又可兼做操作人员行走的踏板。

罐体每个单室均设有人孔、注液孔和呼吸阀。人孔及注液孔装置如图 7-30 所示。人孔盖 1 与人孔座之间用密封圈密封,并用螺栓予以紧固。注液孔盖 11 与注液孔座 12 之间用密封圈

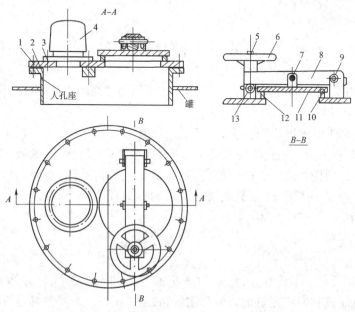

图 7-30　人孔与注液孔装置
1-孔盖;2、3、10-密封圈;4-呼吸阀;5-螺栓;6-手轮;7、9、13-圆柱销;8-压杆;11-注液孔盖;12-注液孔座

10密封。注液孔盖通过圆柱销7与压杆8相连接。旋松手轮6,即可将压杆8连同注液孔盖一起,以圆柱销9为铰支点翻开,若需关闭注液孔时,可以盖好注液孔盖11,旋紧手轮6,通过压杆8压紧注液孔盖。呼吸阀4的结构与油罐车上所使用的基本相同。呼吸阀的主要零件人孔盖、呼吸阀的紧固螺栓均是不锈钢的。密封圈2、3、10是用聚硫橡胶制造的,若有严重的变形、老化或破损,应随时更换。

2) 油水分离器

油水分离器的作用是分离压缩空气中凝聚的水分和油分等杂质,净化压缩空气。油水分离器是气压排液式硫酸罐车不可缺少的装置。这是由于硫酸具有很强的吸湿性,若压缩空气中富有水分会使浓硫酸变稀,变稀的硫酸液体对罐体及其管道系统产生腐蚀;而压缩空气中的油分会污染硫酸。油水分离器的底部均设有排污阀,应及时按规定排放油水分离器分离(过滤)下来的水、油等污物。

3) 储气筒

储气筒的主要作用是储存空气压缩机排出的压缩空气。它还可以降低活塞式空气压缩机所排出气流的脉动,提高注入罐体内的气流的稳定性,从而减少排出硫酸液体的波动性。

4) 卧式升降止回阀

卧式升降止回阀又称单向阀,如图7-31所示。它装在罐体上部气压排液系统的水平空气管道上。其作用是保证罐体内硫酸在规定气压下顺利排放,防止压缩空气倒流。阀体1用球墨铸铁制造,阀座2用聚四氟乙烯制造,阀门3及盖帽4用不锈钢制造。该阀在0.588MPa气压下进行气密性试验不得有泄漏现象,否则可以修磨阀座2和阀门3的接触面。阀座2若有损坏需更换。

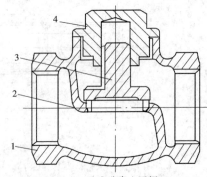

图7-31 卧式升降止回阀
1-阀体;2-阀座;3-阀门;4-盖帽

第四节 液化气罐车

液化气是指在常温下的气体经过加压或降温处理后成为液体的物质。当液化气压力降低或温度升高时仍会气化为气体。

液化气罐车的使用领域不断扩大,已涉及石油、化工、航空、煤炭、农渔、饮食和消防等行业,品种也越来越多。如液化石油气罐车、液氧罐车、液氨罐车、液氯罐车和液氩罐车等。由于液化气受压力、温度的影响,很不稳定,有些液化气还是易爆、易燃、有毒的物质,所以,在设计、制造、维修液化气罐车时,必须符合国家的有关规定,严格控制产品质量,保证使用安全。

一、液化气罐体

液化气罐车的罐体为承压容器,如图7-32所示。它是液化气罐车的重要组成部分。为了降低材料消耗,保证罐体具有足够的强度和刚度,必须采用各个方面受力均匀的圆形截面或球形罐体。

对于装运低温物质或有特殊要求的液化气罐,还必须采取隔热保温措施,防止因超温、超压而发生事故。常采用的措施有以下三种：

(1) 隔热层，在罐体外表层敷设隔热保温材料（如泡沫塑料、玻璃棉、岩棉、聚氨酯等），在其外壳上又包有蒙皮。这种隔热保温方式用途广泛，价格较低，质量也较轻，常用于装运液化乙烯、液化二氧化碳的罐车等。

(2) 真空夹层，如图 7-32b) 所示，在液化气罐的外面再加一层罐体，两层罐体之间填充干燥剂和保温材料，并抽成真空。它具有良好的隔热效果，是装运液氧、液氢等低温介质的理想罐体。

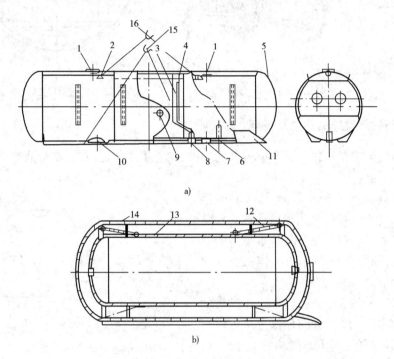

图 7-32 液化气罐车的罐体

1-安全阀凸缘；2-吊耳；3-气相管；4-防波板；5-液位警报器凸缘；6-温度计接口；7-液相紧急切断阀口；8-气相紧急切断阀口；9-液位计凸缘；10-人孔；11-整体罐座；12-吊环；13-内套罐；14-外套罐；15-满罐吊位；16-空罐吊位

(3) 遮阳板，如图 7-33 所示。它是在罐体的顶部装设防止阳光暴晒的遮阳板，遮阳板与罐体相隔一定距离，形成前后相通的夹层。罐车行驶时，利用流动气流散热。遮阳板采用反光较强的白色，以降低吸热量。这种结构多用于液化石油气罐车。

液化气罐体内也设有防波板，以增加对罐内液体的阻尼，提高车辆行驶的稳定性。有的防波板上开有若干个阻尼孔（图 7-34），以进一步增大其阻尼作用。防波板结构分为整体式和组合式。现在大都用螺栓将防波板紧固在预先焊接在罐体内壁上的角钢上。这样，可以避免因防波板直接焊接在罐体上所产生的应力集中，特别是当罐体承受较大的气体压力时，使罐体受力均匀，且便于装配与维修。与液罐车一样，液化气罐车罐体的底部也设有沉淀槽。沉淀槽的形式有平底形、椭圆形、蝶形或球形等。当人孔布置在罐底时，常把沉淀槽和人孔做成一体，使结构更加简单；人孔设在罐体的底部也便于出入，维修方便，清洗彻底。

液化气在常温、常压下极不稳定，在储运或使用过程中，液化气会随温度的升高而导致罐体内压力升高，可能会造成罐体的破裂或爆炸。因此，液化气绝对不允许充满罐体，应保留一部分气相空间。

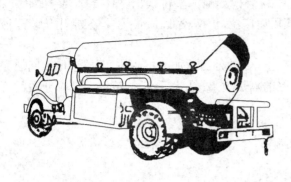
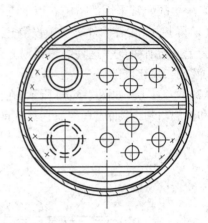

图7-33 带遮阳板的液化石油气罐车　　　　图7-34 带阻尼孔的防波板

二、液化石油气罐车的用途及类型

液化石油气罐车是液化气罐车中较多的一种,主要用来装运丙烷、混合液化石油气及其他液化气体。

液化石油气罐车也有单车、半挂车和全挂车之分。液化气罐体有承载式和半承载式。普通液化石油气罐车一般都是在其基本车型的基础上改装而成,如图7-35所示。罐体用螺栓固定在汽车车架上。

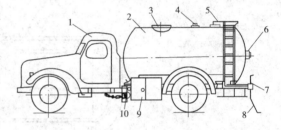

图7-35 液化石油气罐车

1-汽车底盘;2-罐体;3-人孔;4-安全阀;5-扶梯及平台;6-液位指示器接管;7-后保险杠;8-接地链;9-管路操作室;10-泵

罐体上也设有人孔3、安全阀4、液位指示器接管6、扶梯及平台5。管路操作室9内设有压力表、温度计及液相管(或气相管)的出口,而且都装有过流阀和紧急切断阀。

为了防止外界物体从后方直接碰撞罐体,在罐车的车架尾端装有与罐体不相接的缓冲装置——后保险杠。

罐车尾部装有消除静电装置——接地链,它的上端与罐体和管道连接,下端与地面接触。

三、液化石油气罐车的部分总成及装置

1. 罐体

液化石油气罐体一般采用16Mn普通低合金钢板焊接而成。检修时,应进行探伤检查,特别是检查应力集中的地方及焊缝。经焊接维修后的罐体必须消除内应力,并按规定进行水压试验。在试验过程中,罐体不得有显著变形、不均匀膨胀及渗漏现象。

2. 安全阀

液化石油气罐车采用内置全启式安全阀,如图7-36所示。该阀属于单反冲盘结构,弹簧3部分装在罐体内,降低了安全阀外露部分的高度,对降低车辆高度和安全阀自身安全是有利的。反冲盘8装在阀杆2的顶端,弹簧3装在阀体4的下方,阀杆下端与弹簧之间装有导向套1,它对弹簧起导向定位作用。弹簧下端通过弹簧座由螺母锁紧在阀杆2上,通过调整该螺母来调整弹簧3的预紧力,以调整安全阀的开启压力。弹簧3表面进行镀铬防腐处理,以延长其

使用寿命。

当罐体内压力超过安全阀开启压力时,反冲盘8在气体压力的作用下,通过阀杆2克服弹簧3的弹力,使反冲盘8离开阀体,迅速排放气体而使罐内降压,以防发生罐体爆裂等意外事故;当罐体内压力降至正常值时,反冲盘在弹簧的作用下连同阀杆下移,反冲盘重新落至阀体上,压紧密封垫7而密封。当安全阀失效时,可用反冲盘上方的顶紧螺栓把反冲盘顶紧在阀座上,防止罐内介质泄漏,这通常作为应急处理措施。

为了确保液化石油气罐体的绝对安全,每个罐体上部装有两个安全阀。

3. 液面计

液化石油气罐车的罐体上必须设置一套检测罐内液面高度的液面计,防止因罐车超量充装而造成事故,并能观察和显示罐内介质的实际容量。常用的液面计有浮球式、压力式和直观式等型式。其中以浮球式液面计应用最多。

液化石油气罐车上使用的浮球式液面计,如图7-37所示。其工作原理是:浮球1随罐体内液面的高度而升降,通过连接杆带动齿轮副2、轴3及凹形磁铁4转动,由于磁场力的作用,使液面计隔板外侧的凹形磁铁5也随着凹形磁铁4的转动而转动,从而就把罐内的液面高度间接地反映到液面计的刻度盘7上。在液面计刻度盘的涂色色带上涂有4种不同颜色,以表示4种不同的充装容积区段。黑色为零位区,绿色为正常充装区,黄色为充装注意区(即充装容积为总容积的80%~85%),红色为危险区(即充装容积已超过总容积的85%)。为了防止因浮球式液面计失效而无法确认罐内的液面高度,有些罐车在其总容积的85%、80%、40%三处分别设有指示阀,以确认罐内的液面高度,避免超载。

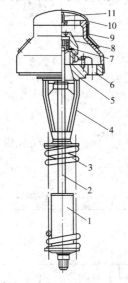

图7-36 内置全启式安全阀

1-导向套;2-阀杆;3-弹簧;4-阀体;5-垫圈;6-下调整环;7-密封垫;8-反冲盘;9-上罩;10-防护罩;11-顶紧螺栓

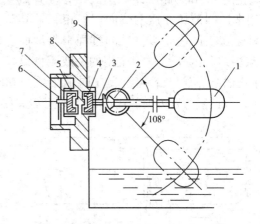

图7-37 浮球式液面计构造原理

1-浮球;2-齿轮副;3-轴;4、5-凹形磁铁;6-指针;7-刻度盘;8-壳体;9-罐体

4. 紧急切断阀

紧急切断阀是液化石油气罐车的主要安全装置之一。它的作用是:当管路系统突然破损,液化气体大量泄漏时进行紧急止漏,当液化气大量泄漏而酿成火灾,操作人员又无法接近罐车时,紧急切断阀上的易熔合金迅速熔化,自动切断液化气体的外泄通路。

图7-38所示为液化石油气罐车上使用的紧急切断阀。它装在罐车的装卸管路与罐体的

连接处。通常,紧急切断阀是处于关闭状态,当罐车装卸作业时,通过手油泵将压力油压入油缸10,推动活塞顶杆11左移,克服弹簧14的张力,使摇臂1的下端向左摆动,带动轴15及其凸轮、推动阀杆9上移,使过流阀5离开阀体2而打开紧急切断阀;当罐车装卸完毕或管路系统发生泄漏,需紧急切断液、气通道时,可通过液压控制系统,使油缸10卸压,在复位弹簧14的作用下,摇臂1逆时针摆动,过流阀5在大、小弹簧8和3的作用下复位,紧急切断阀关闭;当液化气体大量泄漏而酿成火灾时,易熔合金13在高温下熔化,使液压控制系统卸压,达到自行切断液化气体沿管路系统外泄通路的目的。

四、管路系统

图7-39所示为常用的液化石油气罐车的管路系统,有的还设有液化石油气计量系统,以达到准确装卸的目的。

管路系统是用来装卸、计量液化石油气的。它由紧急切断阀2、3及安全阀4、卸压阀6、8、10及手压油泵7、液压泵14、气相管截止阀11、液相管截止阀12和管路等组成。液相管及其截止阀12用来控制液体介质的流向。气相管及其截止阀11是在装卸液化石油气的过程中与地面上的储液罐接通,起压力均衡作用的。液压操纵机构由手压油泵、阀门及管路组成,用来控制紧急切断阀的开启与关闭。这种操纵机构具有传动阻力小、质量轻、布置方便的优点,应用较广泛。

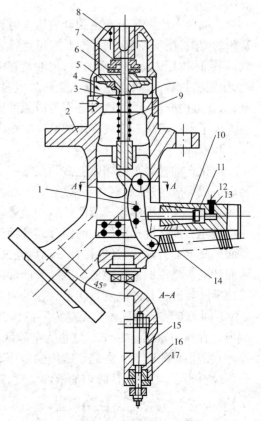

图7-38 紧急切断阀
1-摇臂;2-阀体;3-小弹簧;4-大密封圈;5-过流阀;6-小密封圈;7-先导阀;8-大弹簧;9-阀杆;10-油缸;11-活塞顶杆;12-易熔塞;13-易熔合金;14-复位弹簧;15-轴;16-轴套;17-O形密封圈

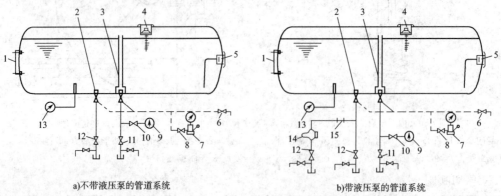

a)不带液压泵的管道系统　　　b)带液压泵的管道系统

图7-39 液化石油气罐车管路系统
1-人孔;2、3-紧急切断阀;4-安全阀;5-液面计;6、8、10-卸压阀;7-手压油泵;9-压力表;11-气相管截止阀;12-液相管截止阀;13-温度计;14-液压泵;15-滤清器

液压泵14是实现加压输送液体介质的重要元件。在液化石油气罐车中,常选用叶片泵或Y型离心泵。

管路系统中的硬管均采用无缝钢管,软管采用钢丝编织耐压耐油胶管,管路中避免使用直角管接头。接头的焊接、连接要严密,接头的O形密封圈损坏应及时更换,不允许用金属敲打罐体和管件,以免发生意外事故。

第五节 粉 罐 车

一、粉罐车的用途及分类

粉罐车是指装运水泥、煤粉、石粉、面粉、化学粉粒等散装粉料的专用车辆。按罐体与车架的连接形式,可分为固定罐体(立罐、平卧罐、斜卧罐和斗式粉槽等)和举升罐体两大类;按粉罐车的卸料方式可分为重力卸料、机械卸料、气力卸料等不同种类;按粉罐车装运的主要物品可分为水泥、煤粉、电石粉和面粉等罐车。通常按粉罐车装运的主要物品和卸粉方式命名,如重力卸料散装水泥车、气卸散装水泥车、气卸散装煤粉车,气卸散装化学粉粒车等。

粉料的散装运输是指粉料从出厂、运输、储存到使用,不用纸袋等包装,直接通过专用汽车、火车、船舶,集装箱等专用运输工具来运输。这种运输方式以其显著的社会效益和经济效益,赢得了世界上经济发达国家的青睐。

下面以应用最广泛的散装水泥运输来说明散装运输的优越性。

1. 提高生产效率,改善劳动条件

袋装水泥的装卸劳动强度大,机械化程度低,车辆等待装卸的时间长,生产效率低。

2. 不需包装材料,节约包装费用

散装水泥运输不需纸袋等包装材料,每吨散装水泥比袋装水泥可节约6kg包装纸及相应的辅助材料,同时,也节约了包装时间、人工费用及能源消耗,每吨水泥的包装费用约占销售价格的1/6。

3. 降低水泥损耗,避免环境污染

由于纸袋的破损和纸袋内的残留,造成的袋装水泥损耗达5%以上。而散装水泥因装卸、储运采用密封、无尘机械化作业,水泥消耗仅在0.5%以下。另外,袋装水泥在装卸、储运场地还会造成粉尘弥漫、污染环境。

4. 确保水泥质量,延长储存周期

散装水泥在运输、储存过程中均采用专用容器,不易受潮,储存一年也很少变质。袋装水泥在工棚内堆存3个月后,强度将降低15%~20%。

经济发达国家的水泥散装率早就达到90%以上,而我国水泥散装率虽然由2005年的36.61%提高到2011年的51.78%,但是仍与国民经济的发展不相适应。大力发展散装水泥是节约能源、保护环境的必然要求,这必将推动散装水泥运输车辆的发展。

二、气卸粉罐车及卸料原理

1. 气卸粉罐车的组成形式

气卸粉罐车主要由汽车底盘、罐体总成、动力输出装置、气源系统、气路及其控制系统等组成。

气卸粉罐车也有粉罐车(图7-40)、半挂粉罐车(图7-41)、全挂粉罐车之分。半挂粉罐车除牵引汽车和半挂车底盘以外,其余各专用部分与单车基本相同,全挂粉罐车一般不设气源系统,其罐体上设有外接气源装置,当主车(单车或半挂车)卸料结束后,可将主车气源系统的压缩空气引至全挂车的外接气源装置上,利用主车的气源系统进行卸料作业。

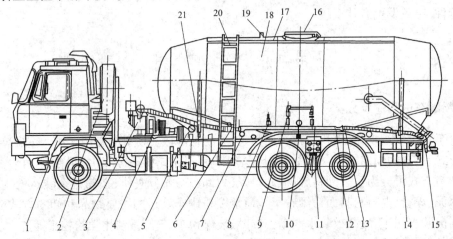

图7-40 气卸粉罐车

1-汽车底盘;2-备胎;3-压缩气源系统;4-调速装置;5-转速表;6-止回阀;7-外接气源装置;8-安全阀;9-进气阀Ⅰ;10-压力表;11-进气阀Ⅱ;12-二次风阀;13-止回阀;14-卸压阀Ⅰ;15-排料蝶阀;16-进料装置;17-平台;18-罐体;19-盖枕;20-扶梯;21-卸压阀Ⅱ

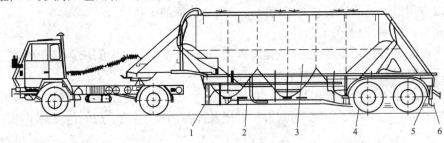

图7-41 斗式气卸粉罐运输半挂车

1-支承装置;2-气力输送系统;3-粉料罐总成;4-挂车底盘;5-进气快速接头;6-卸料快速接头

全挂粉罐车和半挂粉罐车的罐体也有承载式和半承载式之分。

2.气力卸料原理

气力卸料粉罐车是使用最广泛的一种散装粉料运输车。它具有较高的卸料速度及送料高度,能适应不同的工作场所的装卸。它的气源主要有:利用车载空气压缩机的压缩空气进行吹卸;利用外接气源进行吹卸;利用汽车发动机排出的废气进行吹卸。

气力吹卸是向粉料罐体中通入压缩气体,通过罐体内的特殊结构及一定的气流方向使粉料松散并与压缩空气混合。混合后的粉料在压缩空气中是悬浮状态,当打开出料口阀门时,粉料混合气便从罐体流入地面上的储存容器中。在储存容器中设有除尘装置。该装置可将混合气中的空气排出,使粉料积存在储存容器内。

图7-42为立式罐体的上卸料气卸原理示意图。卸料时,压缩空气从罐底的进气口6输入,通过多孔板5进入罐内,迫使粉料松散并气化,当打开出料阀4时,粉料混合气便从出料管3排出。

图7-43为卧式罐体的气卸原理示意图。卸料时,压缩空气由罐底部的多孔板2均匀地进

入罐内,使粉料松散并气化。此时,压缩空气通过粉料充满整个罐体空间,迫使粉料从罐体尾部逐渐地排出,直至罐体内的粉料全部排完为止。

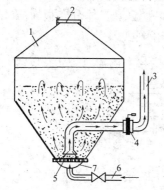
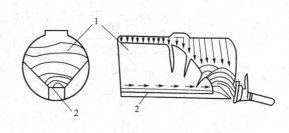

图 7-42 立式罐体气卸原理
1-罐体;2-装料口;3-出料管;4-出料阀;5-多孔板;6-进气口;7-气室

图 7-43 卧式罐体气卸原理
1-水泥;2-多孔板

在某些大吨位的粉罐车上,将卧式罐体分为几个舱,每个舱都构成一个锥形底部的容器,粉料可以为上卸式,也可以为下卸式。其工作原理都是一样的。

三、气卸粉罐车的部分总成及装置

1. 罐体

气卸粉罐车的罐体均采用圆形截面,图 7-44 为卧式罐体构造简图,图 7-45 为斗式罐体构造简图。中小型粉罐多采用圆柱形罐体。这种罐体结构简单、制造方便;大中型粉罐一般采用腰鼓形罐体和斗式罐体,该种罐体制造虽然复杂一些,但它有利于粉料的卸料。

罐体是用低碳钢板焊接而成的。在使用过程中若发生破裂可以焊修,焊修后一般要在 0.196～0.294MPa 的压力下进行水压试验。气卸粉料罐车卸料时的工作压力一般不大于 0.196MPa。

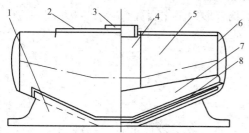
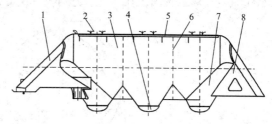

图 7-44 双锥内侧卧式罐体
1-底架;2-工作平台;3-装料口;4-圆柱筒;5-锥筒;6-封头;7-侧滑料板;8-流化装置

图 7-45 斗式罐体
1-鞍座支撑架;2-人孔;3-罐体;4-蝶形封头;5-走台;6-隔舱板;7-锥筒;8-后支撑架

2. 流化装置

粉料的流态化是使粉料变成具有流体流动特性的过程,流化装置是完成上述过程的必要部件,是完成气卸粉料罐的核心。它能使粉料在气体自下而上的作用下,穿过粉料层,使之像沸腾的液体一样,排出罐体。流化装置又称流化床。

1)流化装置的类型

流化装置分为单一型和复合型两类。单一型的外形有圆形、方形、长方形和丫形 4 种。圆形主要用于立罐,方形用于多舱罐,长方形用于倾斜罐,丫形多用于水平卧罐。上述 4 种形式可以相互结合,组成复合型流化装置。

2) 流化装置的构造

图7-46为圆形流化装置。它由滑板1、气室壳体2、多孔板3、气体分布板4、流化元件6及压盘7等组成。依据出料方式的不同分为上出料式和下出料式。

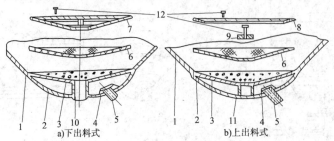

图7-46 圆形流化装置

1-滑板;2-气室壳体;3-多孔板;4-气体分布板;5-进气管;6-流化元件;7-压盘;8-压圈;9-压块;10-下出料管;11-撑管;12-压紧螺栓

滑板1为圆锥体。它既是罐体的一部分,又能起到使粉料下滑集中到流化元件上的作用,以便使粉料流态化。多孔板3也是一个用钢板制成的圆锥体,上面钻有许多通孔,排成蜂窝状。其作用是支承流化元件6,并与气室壳体2构成气室,以便气体均匀地通过。进气管5是压缩气体进入气室的通道,为了避免压缩气体直接冲击流化元件,影响流化效果,在进气管出口端设有气体分布板4。它是一个圆形盒盖,侧面有3~4个通气槽孔,压缩气体通过这些槽孔扩散地进入气室。流化元件6一般采用棉质或化纤帆布制成,用压块9、压圈8或压盘7压紧在多孔板3上。气流穿过流化元件帆布上的编织孔使粉料流态化。

图7-47所示为腰鼓形卧式罐体常用的复合流化装置。它由滑板2、支承架3、多孔板5、流化元件6、压板7等组成。

滑板2与罐体1构成气室壳体,多孔板5置于其上构成气室。滑板2与罐体1的母线平行,多孔板5向罐体的出料口倾斜。流化元件6被压板7压在多孔板上,用螺栓8将压板、流化元件和多孔板三者固定在一起。这样,便形成了长方形的流化装置。

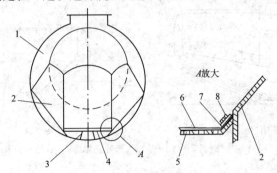

图7-47 复合流化装置

1-罐体;2-滑板;3-支承架;4-流化装置;5-多孔板;6-流化元件;7-压板;8-螺栓

3) 流化元件

流化元件是流化装置的核心,它的作用是使压缩空气通过而形成均匀、细微的气流,又称气体分布板。它对粉料的流态化有极其重要的影响,要求流化元件具有一定的透气阻力,且阻力能随着气流速度的增大而急剧增大;孔隙均匀适宜,布气分散度高,受粉料层厚度影响少;表面光滑平整,易于粉料在其表面流动,透气而不漏料,吸湿性和附着力低;长期使用性能稳定,强度高,耐磨损,耐腐蚀。

常用的硫化元件有软、硬两类。软质流化元件的材料有棉织帆布、化纤帆布、毛织物等。多层棉织帆布以及帆布夹毛毡曾被广泛地用来制作流化元件。近几年来,涤纶等合成纤维的应用越来越广泛。干燥的棉织帆布透气性很好,但容易受潮,受潮后的棉织帆布流化元件织线膨胀,透气性变坏,影响粉料的流态化。棉织帆布表面粗糙,卸料结束后布层上残留水泥较多。而且棉织帆布流化元件不耐磨,易破损,国外已很少采用。涤纶等化纤织物制成的流化元件韧性和抗拉强度高,表面光滑,且不易受潮,使用寿命长,是一种比较理想的流化元件。

硬质流化元件是用陶瓷、粉末冶金、烧结塑料等制成的。它具有很好的刚性,不需要多孔板支撑,且不易受潮和堵塞,耐磨性好。但它易破碎,制造工艺复杂,价格较高,目前还很少采用。

4）软质流化元件的压紧

气卸粉罐车的软质流化元件(如帆布)多采用图7-47所示的压紧方式,即使用螺栓穿过压板及软质流化元件压紧在多孔板上。这种压紧方式的缺点是装配、维修麻烦,使用寿命低。其一,因为多孔板的边缘与支撑板焊接,容易出现焊接变形,所以,其螺纹孔均需在焊接后重新用丝锥加工一遍；其二,软质流化元件所有穿螺栓处都需冲孔,装配时稍有位移,就会造成螺栓与软质流化元件的纤维头绞在一起,给装配带来困难；其三,由于压板与多孔板之间的不平,以及螺栓附近压得紧,远离螺栓处压得松,使流化元件受力不均,造成漏气和早期损坏,影响卸料速度,增加剩料。

为了改善上述压紧方式的不足,有的选用楔块压紧的方式,如图7-48所示。软质流化元件左右两端的压紧,只需把带有斜面的压紧楔块4用螺栓9顶紧在多孔板7下面的梯形槽弯板5中,软质流化元件8被牢固地挤在左右两端的梯形槽弯板与压紧楔块之间,并拉紧在多孔板上。流化装置气室的中部和前后两端再用压板压紧。

这种流化元件的压紧方式比螺栓压板的压紧方式拆装方便,密封性强,不漏气,且提高了卸料速度,减少了粉料剩余量,延长了流化元件的使用寿命。

3. 装料口

粉罐车上的装料口有两个作用：一是装粉料入罐；二是维修时作为人孔。装料口的直径大都在400～500mm之间。

图7-49所示为普通装料口。装料口盖4通过销3与压杆6连接在一起,松开手轮1即可打开装料口盖；关闭装料口盖：把手轮及丝杠2扳至压杆左边的开口处,旋紧手轮,通过压杆和销将装料口盖及密封圈压紧在装料口座上,装料口被密封。这种装料口结构简单,维修方便,使用寿命长。

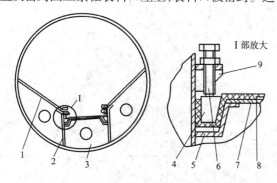

图7-48 楔块压紧方式
1-滑板；2-支撑板；3-横支撑；4-压紧楔块；5-梯形槽弯板；6-压紧螺栓；7-多孔板；8-流化元件(帆布)；9-螺栓

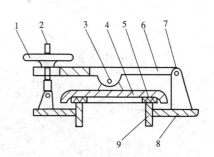

图7-49 普通装料口
1-手轮；2-丝杠；3、7-销；4-装料口盖；5-密封圈；6-压杆；8-罐体；9-装料口座

图 7-50 所示为自封式装料口。装料口盖的承压面为球面板,装料口盖关闭后,球面板 1 便与唇状密封圈 4 贴合。当气压卸料系统工作时,唇状密封圈在罐内压缩空气的作用下,进一步紧压在球面板上,形成可靠的环形密封带。在装料口座 5 与球面板所形成的楔形及密封圈唇边的综合作用下,罐内的气压越高,装料口盖的密封性越好。一般情况下,只要罐内的气压达到 49kPa 即可实现可靠的密封。

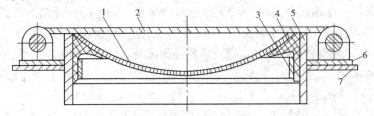

图 7-50 自封式装料口
1-球面板;2-顶板;3-压圈;4-唇状密封圈;5-装料口座;6-加强圈;7-罐体

4. 卸料口

卸料口是粉罐车的卸出装置。图 7-51 为卧式罐体尾部卸料口的结构简图,当罐内气压升到规定值时,操纵卸料口手柄 3,使阀门打开,罐内的流态化粉料便从卸料口排出。由进气口 1 进入罐体尾部的空气可使粉料得到进一步流态化。从进气口 2 进入卸料口的空气称为二次空气。它的作用是提高输出流态化粉料的速度。在卸料过程中,可以根据输送粉料的距离及高度调节进入卸料口的压缩空气量。进入卸料口的空气量越大,流态化粉料的质量分数越小,输送距离越远,高度越高。

5. 空气压缩机

气卸粉罐车常用的空气压缩机有叶片式和摆动式两种。空气压缩机由动力输出装置驱动,向粉罐内输送具有一定压力的纯净压缩空气。

图 7-52 为叶片式(或称旋转式、滑片式)空气压缩机的构造简图。空气压缩机的气缸为圆柱形,气缸内装有与气缸偏心的转子,转子上开有若干个径向槽,槽内装有叶片 5。当转子带动叶片高速旋转时,叶片在离心力的作用下,沿径向槽甩出并紧压在气缸的内壁上。由于转子与气缸偏心距的存在,使叶片在整个圆周上与气缸内壁形成的容积发生变化,从而将经过滤清的空气自进气口 4 吸进,由排气口 1 排出。随着转子的不断旋转,被压缩的空气就连续排出。由空气压缩机排出的压缩空气需经油水分离器过滤后才能送入罐体内。

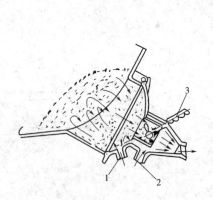

图 7-51 卸料口结构
1、2-进气口;3-手柄

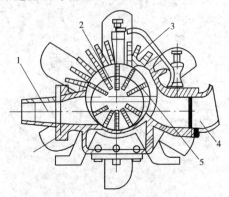

图 7-52 叶片式空气压缩机
1-排气口;2-转子;3-机壳;4-进气口;5-叶片

图 7-53 为摆动式空气压缩机的构造简图。它是一种单缸摆动式风冷空气压缩机。当动力输出装置驱动空气压缩机曲轴 2 旋转时,通过连杆 3 使空气压缩机的转子 4 往复摆动而压缩空气。

图 7-54 为摆动式空气压缩机工作原理图。当转子 10 沿逆时针方向摆动时,其叶片后方处于低压状态,外部空气便通过进气阀 8、13 的一侧阀门吸入气缸。此时,进气阀 9、12 的一侧阀门关闭;同时,将气缸内上一次工作循环吸入的空气压缩,经阀座 6 与气缸 5 形成的排气道,由排气阀 3、14 排出。当转子从一个止点摆到另一个止点时,便完成一个工作循环;当转子 3 沿顺时针方向摆动时,进、排气阀以相反的动作进行进气和排气,空气压缩机再完成一个工作循环。由于转子叶片两侧都是工作容积,所以,在转子摆动时,转子两侧都可进行吸气式压气,曲轴不断转动,气缸内就连续排出压缩空气。曲轴每转一周,转子摆动两次,完成两个工作循环。

摆动式空气压缩机的曲轴箱与往复活塞式空气压缩机的曲轴箱相似,构造比较简单。摆动式空气压缩机的气缸体用灰铸铁制造,转子用球墨铸铁制造。在转子叶片的两端和两侧均开有装密封件的槽。在转子两端的轴颈上车削有密封槽,以防轴向漏气和漏油。转子和气缸体之间靠装在转子叶片密封槽内的石墨碳精片密封,其间并无润滑油,所以排出的压缩空气比较洁净,对粉料无污染,是一种比较理想的空气压缩机。

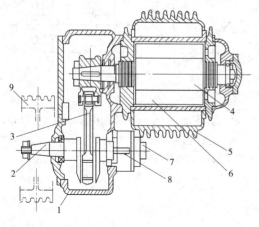
图 7-53 摆动式空气压缩机结构
1-曲轴箱壳;2-曲轴;3-连杆;4-转子;5-气缸;6-阀座;
7-油泵;8-滤油器;9-带轮

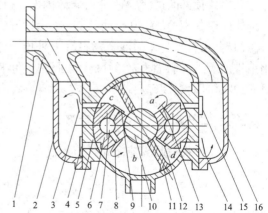
图 7-54 摆动式空气压缩机工作原理
1-集气管;2、16-排气阀室;3、4、14、15-排气阀;5-气缸;
6-阀座;7-进气孔;8、9、12、13-进气阀;10-转子;11-叶片

四、气卸粉灌车管路系统

图 7-55 所示为卧式粉罐车的气压卸料管路系统。装料时,关闭放气阀 1、卸料阀 5 和多路阀 6,开启排气口 4,打开装料口 3 即可装料入罐;卸料时,关闭装料口 3 及排气口 4,打开多路阀 6,操纵动力输出装置来驱动空气压缩机,向罐内充气加压。当罐内气压达到输送某粉料所需要的压力时,打开卸料阀 5 进行卸料。卸料结束后,关闭卸料阀 5,打开放气阀 1,放出罐内剩余的压缩空气。止回阀 9 的作用是防止在卸料过程中,空气压缩机发生故障时,流态化粉料倒流入空气压缩机。安全阀 7 的作用是控制空气压缩机的排气压力乃至罐体内的充气压力。

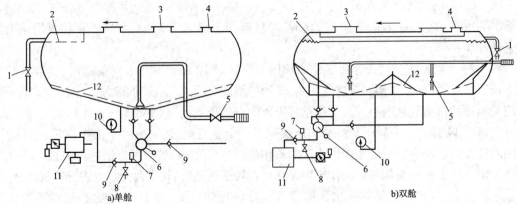

图 7-55 气卸管路系统

1-放气阀；2-滤清器；3-装料口；4-排气口；5-卸料阀；6-多路阀；7-安全阀；8-放气阀；9-止回阀；10-气压表；11-空气压缩机；12-气化床

图 7-56 所示为斗式粉罐车的气压卸料管路系统。该车气源为外接气源，通过进气管道上的螺纹连接、凸缘连接或快速接头与外接气源相连接。气体分别通过罐体底部的蝶形封头内部流化床和罐体顶部的进气管道进入罐体内部，气体与罐体内粉料混合，呈现流动状态，然后打开卸料阀卸料，粉料与气体的混合物在罐内外压差作用下排出。与卸料管相连的两个球阀用于卸料时起助吹作用，提高卸料速度。

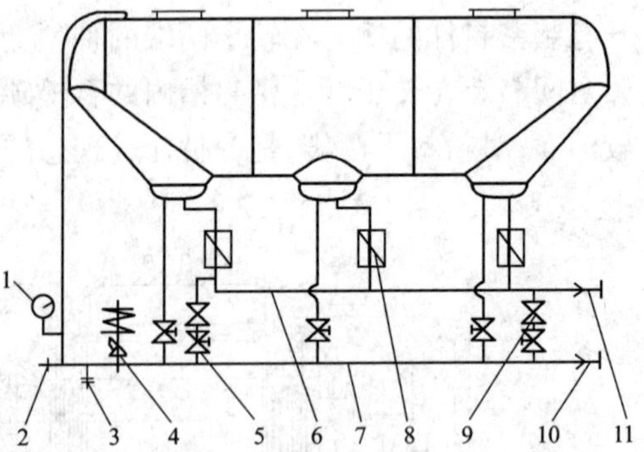

图 7-56 气卸管路系统

1-压力表；2-螺纹连接；3-凸缘连接；4-安全阀；5-球阀；6-卸料管；7-进气管；8-卸料蝶阀；9-止回阀；10-进气快速接头；11-卸料快速接头

五、气卸粉罐车气送参数的计算

1. 流化床粉料临界流态化气流速度 v_f

$$v_f = 4.08 \frac{d_s^{1.82}(\rho_s - \rho_g)^{0.94}}{(\eta \times 10^3)^{0.88} \rho_g^{0.06}} \quad (7-6)$$

式中：d_s——颗粒直径，m（水泥取 88×10^{-6} m）；

ρ_s——颗粒密度，kg/m³（水泥为 3200kg/m³）；

ρ_g——气体密度，在气体压力 $p = 0.3$MPa、气体温度 $T = 373$K、气体常数 $R_a = 29.28$ 时，$\rho_g = p/(R_a T) = 2.75$kg/m³；

η——气体的动力黏度，Pa·s（一般取 0.0218×10^{-3} Pa·s）。

现以水泥为例，其流化床粉料临界流态化气流速度为

$$v_f = 4.08 \frac{(88 \times 10^{-6})^{1.82} \times (3200 - 2.75)^{0.94}}{0.0218^{0.88} \times 2.75^{0.06}} \text{m/s} = 0.009 \text{m/s}$$

2. 流化床面积 A

流化床面积的大小与流化床结构形式、罐体形式和尺寸、所装粉料性质有关，其中起主要作用的是粉料的临界流态化速度。故流化床面积应满足下式：

$$A \leq \frac{Q}{v_f} \quad (7-7)$$

式中：Q——气体流量，m^3/s；

v_f——粉料临界流态化速度，m/s。

由式(7-7)可知，在 Q 一定时，A 与 v_f 成反比，若流化床面积过大，透过气体分布板的气流速度就会小于粉料的临界流态化速度，粉料就不能良好的流态化，流动性差，易滞留在流化床面上或产生死角。

3. 罐体最大空床截面积 A_{max}

图7-57 中的 $B-B$ 截面为卧式罐体最大空床截面，面积记作 A_{max}。若不记物料质量对流化床的影响，当 $B-B$ 截面的气流速度达到 v_f 时，则其他任一水平截面床层上的气流速度均可大于 v_f，都能进入高于临界流态化状态。最大空床面积用下式表示：

$$A_{max} = \frac{Q}{60 v_f} \tag{7-8}$$

式中：Q——空气流量，m^3/min（对于水泥 $A_{max} = 1.85Q$）。

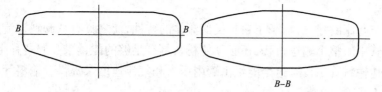

图7-57 最大空床截面

对于水泥，用式(7-8)计算 A_{max} 以判断罐体容积（流化床面积）与空气压缩机是否匹配，也可预测水泥流态化操作行为的品质。

4. 粉料带出气流速度 v_t

粉料带出气流速度即粉料开始形成稀相流态化时的气流速度。若气流速度达此值，床层的稳定操作行为将急剧偏离理想行为，导致操作失常。v_t 可按下式计算：

$$v_t = \left[\frac{4}{225} \times \frac{(\rho_s - \rho_g)^2 g^2}{\rho_g \eta} \right]^{\frac{1}{3}} d_s \tag{7-9}$$

式中：g——重力加速度，m/s^2。

水泥的带出气流速度 v_t 为

$$v_t = \left[\frac{4}{225} \times \frac{(3200 - 2.75)^2 \times 9.81^2}{2.75 \times 0.0218 \times 10^{-3}} \right]^{\frac{1}{3}} \times 88 \times 10^{-6} m/s = 0.58 (m/s)$$

5. 最小空床截面积 A_{min}

最小空床截面积出现在罐体顶部的某一位置，即流态化床顶。在床顶的气流速度不能超过 v_t，否则会导致稀相床出现。最小空床截面 A_{min} 用下式计算：

$$A_{min} \geq \frac{Q}{60 v_t} \tag{7-10}$$

6. 输送空气量 Q

系统需要的输送空气量用下式确定：

$$Q = K_a \frac{\bar{v}}{\mu \rho_g} \tag{7-11}$$

式中：K_a——输送系统的漏气系数，取 $1.1 \sim 1.2$；

$\bar{v}$——卸料速度,kg/min;

μ——固气二相流质量浓度,是单位时间内通过输送管道有效截面的粉料质量与气体质量之比,一般取 $40 \sim 80$;

ρ_g——空气密度,kg/m³。

在气力卸料过程中,从罐体内排出的固气二相流流量应等于空气压缩机的流量,才能维持罐内压力稳定。故 μ 可用下式计算:

$$\mu = \frac{\bar{v}}{\rho_g(Q - q_m)} \tag{7-12}$$

式中:Q——空气压缩机流量,m³/min;

q_m——输料管中粉料流量,m³/min。

7. 输料管内径和气流速度

我国气卸散装粉料罐式汽车的输料管直径一般都采用100mm,实践证明是可行的,也便于实现"三化"。

罐体内流态化床的建立,赋予了粉料类似流体的特性,使之具有从卸料口流出的能力。但要完成在输料管中的整个输送过程,还必须使粉料具有足够的能量来克服各种阻力,始终维持其悬浮状态到达输料管出口。这个能量由罐内压力和气流速度来提供。输料管入口处的固气二相流速度用下式确定:

$$v_1 = \frac{4(Q_1 + \bar{v}/\rho_s)}{60\pi d^2} \tag{7-13}$$

式中:Q_1——在入口处压力下空气流量,m³/min;

ρ_s——粉料密度,kg/m³;

d——输料管内径,m。

计算所得 v_1 值应大于相应工作压力时的粉料悬浮速度 v_t。

8. 输送系统压力损失

固气二相流在管道中经过直管、弯管、阀门等到达出口时有压力损失。系统全部压力损失包括动压损失 H_d 和静压损失 H_j 两部分,即两者之和。

动压损失用下式计算:

$$H_d = \frac{\rho_g v_g^2}{2}\left(1 + \mu \frac{v_s^2}{v_g^2}\right) \tag{7-14}$$

式中:ρ_g——气体密度,kg/m³;

v_g——气体速度,m/s;

μ——混合比;

v_s^2/v_g^2——粉料速度平方与气流速度平方之比,取 $0.65 \sim 0.85$,μ 值大时取小值。

静压损失 H_j 包括固气二相流与直管壁的摩擦压力损失 H_λ,垂直升高压力损失 H_h 及各局部阻力压力损失 H_ξ,即三者之和。

直管中摩擦压力损失 H_λ 用下式计算:

$$H_\lambda = \lambda \frac{L\rho_g v_g^2}{2d}(1 + C\mu) \tag{7-15}$$

式中:λ——摩擦阻力系数,查有关手册,当管道直径 $d = 100$mm 时,取 $\lambda = 0.0235$,也可用下式计算：
$$\lambda = K_\lambda(0.0125 + 0.0011/d);$$

K_λ——管道内壁系数,按表 7-2 选取;
L——直管长度,m(挠性管按长度加一倍计算);
C——气体速度修正系数,按图 7-58 查取。

管道内壁系数　　　表 7-2

输料管	K_λ
无缝钢管	1.0
新焊接管	1.3
旧焊接管	1.6

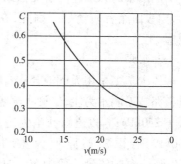

图 7-58　气体速度修正系数

垂直升高压力损失 H_h 用下式计算:
$$H_h = 9.8\rho_g(1+\mu)h \qquad (7\text{-}16)$$

式中:h——垂直升高高度,m。

各局部阻力的压力损失 H_ξ 用下式计算:
$$H_\xi = \sum \xi \frac{\rho_g v_g^2 (1 + C\mu)}{2} \qquad (7\text{-}17)$$

式中:ξ——各局部阻力系数,由表 7-3 查取。

局部阻力系数　　　表 7-3

序号	名　称	ξ 值	序号	名　称	ξ 值
1	截止阀	4~8	8	皱纹弯管 $R=3d$	0.9
2	止回阀	1.0~2.5	9	皱纹弯管 $R=4d$	0.6
3	90°弯头	1.0~2.0	10	焊接弯管($\alpha=90°$)	1.5
4	光滑 90°弯头 $R=2d$	0.7	11	三通(用于合流时) 主管	1.5
5	光滑 90°弯头 $R=3d$	0.5		三通(用于合流时) 支管	2.0
6	光滑 90°弯头 $R=4d$	0.3	12	三通(用于分流时) 主管	1.0
7	皱纹弯管 $R=2d$	1.1		三通(用于分流时) 支管	1.5

第六节　洒　水　车

一、洒水车的用途与组成

洒水汽车不仅要完成运水任务,而且在行驶过程中还要完成洒水作业。因此,洒水汽车是指装有水罐、水泵、喷嘴及管路系统,使水流具有一定压力,经喷嘴向路面喷洒的罐式专用汽车。

洒水车通常是在普通汽车底盘上改制而成的,也可制成半挂车。洒水汽车均装有喷嘴,有的还装有高射喷枪,用于洒水、冲洗、喷药、罐内药液循环拌和、浇水,可以自吸,可以用于泵站及应急消防,使洒水汽车的用途更加广泛。

二、洒水车的部分总成

1. 水罐

洒水车的水罐体与普通液罐车相似,也是用普通碳素钢板焊制而成的,横截面多为椭圆形,内表面涂有防锈层。因此,在焊修水罐后,不仅水罐的外表面要涂漆,内表面也应涂防锈层。

2. 水泵

洒水车多采用无阀混合式自吸离心泵。水泵的扬程和流量视洒水车的主要功用而定,如以道路施工洒水为主,给洒水喷嘴提供的压力可低于250kPa;若以道路扑尘为主,其压力不小于250kPa;若以清扫路面为主,其压力不小于350kPa。泵的流量一般为 $50 \sim 80 m^3/h$。图7-59所示为3ZX-8E型自吸离心泵。它是一种无阀混合式自吸离心泵,由泵体1、叶轮2、水泵轴7、支承壳体4和水封3等组成。

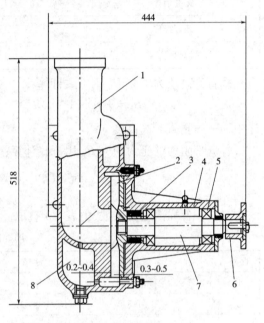

图7-59 3ZX-8E型自吸离心泵
1-泵体;2-叶轮;3-水封;4-支撑壳体;5-轴承;6-联轴器;7-水泵轴;8-气水分离室

这种泵的特点是无底阀,加注引水量较少,而且加注一次引水在短时间停止工作后再起用时,不需再加引水。其工作原理是:水泵工作前须从管道上的加水孔加注 $30 \sim 40L$ 清水(此引水在一般间断工作过程中不用再加注)。起动水泵,叶轮高速旋转,将引水排入泵体上的气水分离室8内。经气水分离室的气体被分离出来,由排水管排出,分离出的水回流到水泵进水管,经回水孔再流入叶轮腔。如此循环工作,可以将水泵吸水管内的空气不断吸入水泵,和水泵中的引水混合,再被叶轮排入气水分离室进行气水分离,气体被排出,吸水管内的空气逐渐被水泵吸出而产生真空。当吸水管内的真空度达到足以将水源的水吸入水泵内时,即可使水不断地经水泵由排水管排出。这时,该种水泵即按普通离心泵的工作原理完成抽水加压作业。

3. 五通换向阀

洒水车管路系统中的五通换向阀,如图7-60所示,该阀由五通管10、弯管11、水道阀门8及控制气缸1和12等组成。

控制气缸的操纵阀设在驾驶室内,通过操纵手动换向阀来控制气缸活塞3的位置,进而控制水道阀门8的位置,达到控制水流方向的目的。当洒水车洒水时,向左控制气缸活塞3的左腔充入压缩空气,推动活塞3、活塞杆6及水道阀门8右移至五通管10的中部(图示位置),关闭水泵出口与水罐的通道。同时,向右控制气缸12活塞的左腔充入压缩空气,推动右半部的活塞、活塞杆及水道阀门右移,离开五通管的中部而关闭水泵入口和水罐与进口管的通道。操纵动力输出装置带动水泵旋转,水泵即可将水罐中的水经五通管抽入,并经五通管由排出管排出,向洒水车喷嘴提供高压水。当洒水车靠车载水泵向其水罐内抽水时,操纵控制阀使气缸及水道阀门做反向移动,关闭水罐与排水管的通道,打开进水管与水泵入口及水泵出口与水罐的通道。起动水泵，即可通过进水管将水源的水吸入水泵，由水泵出口排出，经五通管注入水罐。

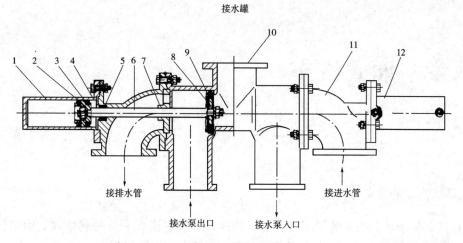

图 7-60 五通换向阀

1-左控制气缸;2-密封圈;3-活塞;4-水封压板;5-水封;6-活塞杆;7-支撑凸缘;8-水道阀门;9-密封圈;10-五通管;11-弯管;12-右控制气缸

由此可见，洒水车的工作情况除与水泵的性能有关以外，还与五通阀的密封有关。若五通阀关闭不严而漏水漏气，直接影响水泵的引水过程和工作效率。因此，应保证水泵及五通阀的良好工作状态。

第八章　厢式汽车

第一节　概　　述

一、厢式汽车的定义与功能

厢式汽车是指具有独立的封闭结构的车厢或与驾驶室连成一体的整体式封闭结构车厢，装有专用设施，用于载运人员、货物或承担专门作业的专用汽车和列车。

厢式汽车具有装运货物不易变质和不易损坏、减少货物的包装费用、改善食品运输的卫生条件、有利于运输安全等优点。但厢式汽车比一般汽车的价格高，质量利用系数低，厢体及工作装置维修工作量大、费用高，有些厢式汽车回程利用率低。随着国民经济的发展及汽车技术的提高，特别是厢式半挂汽车列车的发展，厢式汽车越来越体现出它的优越性，应用也越来越广泛，是汽车运输行业中不可或缺的专用汽车。前交通部 2001 年发布《关于道路运输业结构调整的若干意见》，在调整产业结构、整顿和规范交通秩序、加强交通运输体系建设、发展现代交通和现代物流业以适应汽车工业和国民经济协调发展等方面，出台了一系列政策和法规，最大限度地支持和鼓励发展厢式运输车，规定了实现货物运输厢式化的进程，因此，厢式汽车特别是厢式半挂汽车列车必将成为主流产品。

厢式汽车一般都在基本车型的底盘上改装或单独制造厢式挂车，据其车厢的不同可分为客厢式和车厢式。客厢式的车厢与驾驶室一般为整体式结构，如救护车、住宿车、环境监测车、餐车、电视转播车等。车厢式的车厢与驾驶室一般为分体式结构，如厢式零担运输车、冷藏保温车等。车厢的具体结构形式据其功能而异。冷藏保温车的车厢除了具有一般车厢的功能以外，还具有隔热、保温的功能；活顶式车厢的顶盖可作垂直升降，以改变车厢容积，满足不同货物的装卸要求；翼开式车厢，便于货物的装卸，提高装卸效率。

根据厢式汽车的不同用途，ZBT 50004—1989 规定了各种厢式汽车的名称和定义。

二、厢式汽车底盘与车厢的选择

1. 底盘的选择

厢式汽车大都直接选用定型的汽车底盘进行改装，它将直接影响厢式汽车的总体布置及车厢的结构形式，因此底盘的选择在设计中非常重要。

厢式汽车的用途不同，车厢的结构形式不同，所选用的底盘也不同。客厢式汽车通常选用客车专用底盘，因为这类车多数是用于载人，或提供服务或完成专门作业等，需要整体车厢结构，便于专用设施的布置。车厢式汽车主要用于载货，通常选用载货汽车的二类底盘改装。车厢式汽车底盘选择除必须考虑动力性、经济性等指标外，通常要求选用长轴距、低质心的底盘，目的是增加行驶的安全性，提高运输效率。

2. 车厢的选择

厢式汽车的车厢可分为客厢式和车厢式两类。客厢式车厢是在客车车身的基础上改装而成。车厢式车厢的外形目前多采用直角长方形,其优点是制造工艺简单、生产方便,但其空气动力性能较差。对于行驶速度要求较高的长途车厢式汽车,可采用四角为圆角和把前围表面做成曲率较小的曲面,试验表明与直角长方形车厢比较,能明显降低气动阻力。

总之,厢式汽车的车厢结构形式繁多,很难一一叙述,本章着重介绍车厢式汽车和冷藏、保温厢式汽车。

第二节 厢式汽车设计

一、厢式汽车的主要参数

1. 车厢容积

车厢容积 V 是关系到运输效率和运输成本以及使用方便性等方面的一个重要参数,设计时应考虑其用途、装载质量、货物的密度和包装方式等因素。车厢容积是指车厢内有效长度、宽度、高度的乘积;厢式汽车的最大装载质量与车厢容积和货物密度成正比,而且最大装载质量所形成的体积须小于车厢容积。

2. 车厢地板高度

厢式汽车的车厢地板高度 h_b 影响货物装卸的方便性和汽车质心高度。地板离地过高,会导致汽车的质心高度明显变高,从而影响车辆的稳定性,装卸货物困难;地板离地过低,轮胎与地板下平面及横梁易发生干涉,严重影响轮胎的使用。影响地板高度的主要因素是轮胎直径及轮胎与地板下平面间的必要间隙,这个间隙一般不小于 100～130mm。同时考虑到装载后钢板弹簧的变形,或其他意外的冲击,如道路条件不佳、偏载等,还要适当地增大这一间隙,一般为 230mm 左右。

3. 整备质量

厢式汽车的整车整备质量 m_0 是指除去货物、人员之外而保证汽车正常行驶和完成使用功能所需要的全部装备质量之和。当底盘选定之后,专用设施和车厢的结构是影响整备质量的主要因素。

底盘和专用设施的质量一般由整车厂提供或直接测取,车厢质量只能从所使用的材料估算或用类比法求得。减少车厢质量是提高其动力性、经济性和取得效益最有效的方法之一。因此,设计时应在保证车厢具有足够强度和刚度的前提下,尽量减少质量。它是评价和比较不同车型设计、制造及材料利用率的重要指标,也是车辆轻量化的方向。

4. 质心高度

厢式汽车的质心高度 h_g 对汽车的行驶稳定性影响较大,特别是对汽车的横向稳定性有着决定性的影响,因此希望质心较低为好。但由于各种条件的限制,使厢式汽车的质心比较高,设计时必须充分考虑。首先应测取或估算底盘各总成及专用件的质量和质心位置,然后利用力矩平衡原理求出汽车的质心位置和轴载质量。当车厢等部件初步布置之后,应对汽车质心位置进行计算和轴载质量分配,以满足设计要求。

二、车厢设计

车厢是车厢式汽车的主要改装部分,直接影响汽车的某些使用性能和生产成本,因此车厢的参数设计是十分重要的。

1. 设计要求

(1) 车厢设计要最大限度地利用汽车的使用面积和装载质量,其使用面积完全取决于车厢的空间和形式,空间的大小一般应与货物的标准包装成倍数关系,形状以长方形为佳。装卸货物的效率完全取决于车厢的形状和门的型式及尺寸,这些均影响厢式汽车的使用功能。

(2) 校核厢式汽车的最大装载质量和车厢容积。

(3) 合理的外形。一方面要有利于改善空气动力特性,减少空气阻力;另一方面要与驾驶室的外形相适应与协调,同时要注意美观大方。

(4) 确保货物运输的安全性,减少运输过程中货物的损失。

(5) 在保证车厢有足够强度和刚度的条件下,尽量减小车厢质量,以利于提高装载质量,充分发挥其使用功能。

(6) 具有良好的制造和装配工艺性。

2. 车厢布置

车厢在底盘上的布置合理与否,将直接影响轴载质量的分配。前面已叙述过,为保证轴载质量的合理分配,车厢与货物的质心应在后轴之前一段距离,通常对长头式后轮双胎车厢式汽车取轴距的 5%～10%,对平头式后轮双胎厢式汽车取轴距的 10%～20%。为防止车厢与驾驶室相撞,车厢与驾驶室之间至少应留有 50～100mm 的距离。

三、车厢结构

1. 车厢

车厢是厢式汽车装运货物的容器,是由车厢骨架、地板、顶板、侧板、前板、后门总成等组成的设有后门的六面箱体,有些长车厢在侧面增设侧门便于装卸货物,如图 8-1 所示。车厢的质量对厢式汽车的性能起着重要的作用,车厢的自身质量某种程度上决定着厢式汽车的轻量化。车厢的结构、材料可根据用途的不同而变化。

2. 车厢骨架

骨架对车厢的强度和刚度起着决定性作用,同时也影响自身质量。车厢的自身质量除了材料选择的因素外,与骨架的结构关系很大。骨架

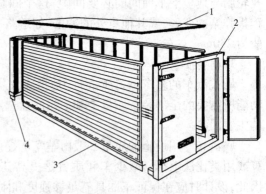

图 8-1　车厢示意图
1-顶板;2-后门总成;3-侧板;4-前板

结构及截面形状设计合理,不仅简化制造工艺,降低生产成本,提高材料利用率,而且能减轻车厢自身质量,获得足够的强度和刚度。

在材料截面积相等和壁厚保持不变的情况下,以管形截面的抗扭刚度最好,箱形次之,开口薄壁截面最差。从抗弯的观点看,闭口薄壁截面稍次于开口薄壁截面。从提高整个车厢的刚度出发,宜采用闭口截面。

骨架结构设计除了满足它自身的要求外,还要考虑蒙皮的工艺性与装配性,因为蒙皮要与车厢骨架相连接。实际上,骨架起了蒙皮的支承和固定作用。车厢骨架一般都设计成"井"字形的矩形框架结构,常常是先制成前后、上下、左右几个分总成,然后再组装焊接。骨架构件一

一般选用厚度为1.2~2.5mm的钢板制成。

底架是整个车厢承载的基础件,受力情况也最复杂,纵梁和横梁常设计成槽形截面,并采用通式结构,两者分别相互垂直焊接在两个平面上,形成完整的方框式结构,如图8-2所示。

底架纵梁间距离要与所选用的底盘车架的宽度尺寸相同,各横梁的位置应根据后轴的位置确定。后轴中心相邻的两根梁要满足轮胎跳动与运动的要求,因此间距要大一些,一般取1000mm左右。其他各横梁间距为500~700mm。为减轻自身质量,横梁两边截面可逐渐减小,与纵梁连接处局部加强,使之形成封闭式截面。

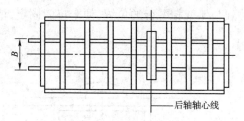

图8-2 车厢底板骨架结构图

随着专用汽车轻量化的推进,无骨架车厢得到了发展,采用夹芯复合板制作车厢,如铝合金蜂窝夹层、高强度钢塑夹层板等作为车厢的壁板,同时起到了骨架的作用,大大减轻了车厢的自身质量,简化了制造工艺,它是一种理想的材料。

3. 车厢蒙皮

蒙皮是薄壁板件,由很多不同大小、形状的薄板通过一定的固接方式覆盖在厢体骨架上。每块蒙皮的形状和大小又是根据骨架结构与板料尺寸规格确定的,蒙皮之间留有15mm左右的搭接量,一方面是结构上的需要;另一方面用来自动补偿骨架开档和蒙皮本身的尺寸误差。

蒙皮通常用厚度为0.8~1.5mm的薄钢板、彩钢板,也有用铝合金板或玻璃钢制成的。为了提高蒙皮刚度,在蒙皮板上冲制加强筋,截面形状有三角形、矩形和弧形等,如图8-3所示。从提高刚度的角度看,弧形最好,三角形和矩形次之。

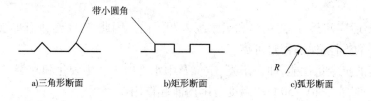

a)三角形断面　　b)矩形断面　　c)弧形断面

图8-3 蒙皮板的截面形状

车厢内饰一般采用人造夹层板制成,由于人造夹层板有一定的厚度,不可能像蒙皮那样搭接,只能对接,并采用图8-4所示的装饰压条封口。由于压条较宽,故对接缝的要求不高,允许有不大于3mm的间隙存在。

顶盖四周与壁板的交接处间隙,可用装饰角压条处理。

内饰的防护可采用在外表面加盖钢板的方法,这种钢板压制成一定的截面形状,以提高强度和刚度,且从下至上间断布置,使货物直接与这种防护板接触,从而保护内饰件。

4. 车厢附件

1) 车厢门

车厢一般设置后门,有利于货物的装卸和行车安全。对长车厢应在侧面加设侧门,对于那些不便于打开后门的地方,可以利用侧门装卸货物。

车厢门的形状采用矩形平面结构,其尺寸原则上应满足装卸货物方便。后门采用全开式,其宽度由车厢宽度决定。侧门的宽度一般为1200~2000mm,车厢门可设计成左右对开式,以减少开启空间。

为了保证行车安全,侧门应设在右侧,侧门的中心距前端的距离为车厢长度的1/3~1/2,否则将失去侧门的作用。车厢门的开启角应满足表8-1的要求,其目的在于门打开后能旋转到与侧壁相平行的位置,便于将门固定,增加安全性。

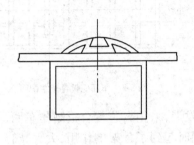

图8-4 装饰压条

表8-1 车厢门的开启角

名　　称	开启形式	开　启　角
车厢后门	对开式	270°
	单开式	
	上掀式	90°
车厢侧门	对开式	180°
	单开式	
	推拉式	

2) 车厢窗

载货厢式汽车的车厢虽然不装有开启或固定式的玻璃窗,但是为了便于驾驶员能直接观看到车厢内货物的情况,有时要在车厢前围上开设一个固定式的玻璃窗。设计时注意窗的位置要与驾驶室的后窗相对应,同时要在窗的里层设置防护装置,以免厢内货物撞坏玻璃。

车厢内应设置供车厢内空气循环的通气孔,一般设置在车厢的上部,并具有良好的防雨、防尘及密封性能。

3) 密封条

车厢门关闭后应密封,以防灰尘和雨水浸入厢体内。因此,对密封条有如下要求:

(1) 有良好的弹性,保证密封可靠。

(2) 有一定的抗老化性能,即在阳光、空气及雨水之中不发生硬化和碎裂。

(3) 有耐候性,在-40~50℃的温度范围内能起作用。

(4) 强度好且耐磨。

(5) 便于成形和装配。

根据上述要求,常选用橡胶作为门的密封材料,如VAG4-543-67黑色橡胶的硬度$H_s=60$,工作温度为-40~60℃,耐老化,基本上满足使用要求。

4) 门梯

车厢地板位置离地为1000mm左右,为了有利装卸货物,通常在门下部装有门梯,门梯一般设计成两种形式:一种是由普通钢管焊接而成,平时放在车厢下部的滑槽内,使用时拉出;另一种是将门梯固定在车厢门的下部。

四、车厢与底盘的连接

厢式汽车的车厢与底盘的连接方法采用角铁与U形螺栓并用的结构,如图8-5所示。装配时,上角铁、下角铁之间要有3~5mm的间隙,以保证螺栓将其紧固,如图8-5a)所示。如图8-5c)所示,由于上角铁、下两角铁之间未留足够的间隙而使车厢与车架紧固不牢,甚至导致车厢与车架之间有间隙。

U 形螺栓的直径一般不小于 16mm,在车架上的安装间距为 1000~1500mm。U 形螺栓的长度应根据底盘车架纵梁和车厢底架纵梁及中间垫梁的高度选取。参见第二章第四节。

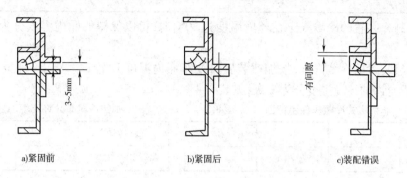

图 8-5 车厢车架连接角铁与装配

第三节 冷藏保温汽车的用途及分类

一、冷藏保温汽车的定义与用途

冷藏保温汽车是指装有冷冻或保温设备的厢式货车,用来运输易腐或对温度有特定要求的货物。

在运输过程中,使易腐货物或对温度有特定要求的货物始终处于保质所需要的较低的温度条件,即使之处于冷藏的温度环境中,这就是冷藏运输。冷藏运输是包括产地冷藏库、中转冷藏库、销售冷藏库(柜)以及冷藏运输设备等构成的"冷藏链"中的重要环节,冷藏保温汽车对于保证货物质量有着重大的经济意义。

二、冷藏保温汽车的分类

1. 按有无制冷装置分类

按是否装有制冷装置分为冷藏汽车和保温汽车。装有隔热车厢且装有制冷装置的汽车称为冷藏汽车。装有隔热车厢而未装任何制冷或加热装置的汽车称为保温汽车。

我国冷藏保温汽车的使用单位和车辆管理部门,习惯将冷藏汽车和保温汽车统称为冷藏车。日本等国则分为保冷汽车、冷藏汽车和冷冻汽车。保冷汽车即保温汽车;冷藏汽车又称高温冷藏汽车,适用于运送冷藏温度为 0~12℃ 的新鲜食品;冷冻汽车又称为低温冷藏车,适用于运送冷藏温度为 -15℃ 以下的冷冻食品。欧美各国习惯于将保温汽车、机械冷藏汽车和一般冷藏汽车并列为冷藏保温汽车的三大类,《新国际制冷辞典》就将冷藏保温汽车分为保温汽车、冷藏汽车和机械冷藏汽车。

2. 按制冷装置的制冷方式分类

按冷藏保温汽车制冷装置的制冷方式可分为机械冷藏汽车、液氮冷藏汽车、冷板冷藏汽车、干冰冷藏汽车和水(盐)冰冷藏汽车,而保温汽车又可视为无制冷装置的冷藏汽车。

3. 按专用设备的功能分类

按冷藏保温汽车隔热车厢的总传热系数分为强化隔热型和普通隔热型。

机械冷藏汽车制冷装置在环境温度为 30℃ 时,厢内温度可调控范围分为 6 级,见表 8-2。

机械冷藏汽车调温范围　　　　　　　　表8-2

级 别	A	B	C	D	E	F
调控范围(℃)	12~0	12~-10	12~-20	≤2	≤-10	≤-20

非机械制冷装置的冷藏汽车在环境温度为30℃时,可以保持的厢内温度分为3级,见表8-3。

装有加热装置的冷藏汽车,按加热装置可使车厢内温度升至12℃以上,且至少保持12h的前提下,所允许的环境温度分为2级,见表8-4。

非机械式冷藏车保温范围　　表8-3

级 别	A	B	C
保持温度(℃)	≤7	≤-10	≤-20

加热冷藏车允许环境温度　表8-4

级 别	A	B
环境温度(℃)	-10	-20

第四节　冷藏保温汽车制冷装置及其布置

运输易腐货物时,为保证货物的品质,确保整个冷藏链不中断,必须在运输工具上装有制冷装置。使用时,制冷装置先对隔热车厢内进行预冷,使车厢内温度达到货物运输的适宜温度。在运输过程中,制冷装置的制冷量用来平衡通过车厢壁的传热、车厢门等处缝隙的漏热、太阳光的辐射热、开厢门时的换热以及货物的发热(如食品的呼吸热)等。当运输环境温度低于货物运输的适宜温度时,则需使用加热装置来对车厢内加热。但是,环境温度通常总是高于易腐货物运输的适宜温度,因而在运输过程中主要是需对车厢内冷却。

一、机械制冷

1. 机械制冷装置的特点

机械制冷装置在冷藏汽车上用得最多,占80%以上。机械制冷装置之所以被广泛采用,最重要的是由于有的制冷机组既能制冷又能加热,容易实现车厢内的温度自动控制,调温可靠,而且调控温度范围较大,能运输各种不同适宜温度的冷藏货物。尽管机械制冷装置结构复杂,购置和运行费用高,操作、维修不易,运转噪声大,质量也较大,但仍不失为最可靠、有效的制冷方式。

2. 机械制冷装置的结构原理

机械制冷型式有蒸汽压缩式、吸收式、蒸汽喷射式、空气隔热膨胀式等多种,而目前冷藏汽车上多采用蒸汽压缩式。

图8-6为蒸汽压缩式制冷机原理图。它主要由压缩机、冷凝器、蒸发器、膨胀阀等组成。

制冷剂工质以低温雾状在蒸发器8中吸收周围介质的热量制冷,低温雾状制冷剂吸收汽化潜热变成气态制冷剂。这些低温低压的气态制冷剂经热交换器6和汽液分离器9被压缩机1吸入压缩成温度、压力都较高的气态制冷剂,进入冷凝器3。高温高压的气态制冷剂通过冷凝器时,被环境介质(空气或水)以及风扇的强制通风冷却降温成液态。由于经过冷凝器和热交换器的液态制冷剂温度仍高于环境温度,工作时,膨胀阀7开启,温度和压力较高的液态制冷剂经过膨胀阀节流降温降压,以雾状喷入蒸发器8,吸收汽化潜热而制冷。通过强制通风装置将蒸发器周围的冷气吹入车厢,从而使车厢内的温度下降。然后,在蒸发器中吸收汽化潜热而变成低温低压的气态制冷剂又被压缩机1吸入压缩。制冷剂在制冷系统中周而复始地循环,每个循环包括压缩、冷却、节流、蒸发四个过程。压缩机所做的机械功,则是实现制冷循环的动力。为了提高热交换效率,蒸发器和冷凝器都装有强制通风装置。

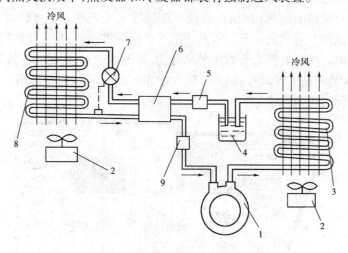

图 8-6 蒸汽压缩式制冷机原理图
1-压缩机;2-风扇;3-冷凝器;4-储液罐;5-过滤器;6-热交换器;7-膨胀阀;8-蒸发器;9-汽液分离器

下面以美国 THERMO KING N WD 型制冷机(图 8-7)来进一步说明其工作过程及主要部件的结构与作用。

压缩机 1 是将机械能转化为制冷剂内能的装置。多为往复活塞式压缩机。它是制冷系统的关键总成,从蒸发器端吸入低压过热制冷剂蒸汽,压缩成高压高温蒸汽送入冷凝器。吸气阀上装有调压阀 23,避免吸气压力过高或过低造成起动或运转困难,或降低制冷效率,甚至损坏压缩机。

冷凝器 6 是将高压高温的制冷剂蒸汽冷却成液体的热交换装置。一般为翅片盘管式,装有轴流风扇,强制通风冷却以提高换热效率。

蒸发器 18 是制冷剂液体吸热汽化的换热装置。与冷凝器一样,一般也是翅片盘管式,轴流风扇将冷风送至车厢内各处。蒸发器下装有储水盘,并用胶管将融霜的水引至车下。

膨胀阀 14 实质为节流阀,常用外平衡式热力膨胀阀。阀体内分为高、低压腔,其间有毛细管相连,制冷工况停止时,少量的液体可由此泄入蒸发器。

热交换器 13 为套管状结构。外管为圆筒形,内管为螺旋形,有的为了增加散热面积还焊有翅片。温度和压力较高的制冷剂液体在内螺旋管中流过,从蒸发器出来的低温低压制冷剂蒸汽在外管中流过。经过热交换,蒸汽的过热度提高,提高了压缩机的制冷效率,液体的温度下降,便于膨胀阀节流。

汽液分离器 20 也是套管结构。外管为圆筒形,内管为 U 形,下部弯头处有小孔。蒸发器流出的低压蒸汽进入后,气流速度由于容积增大而下降,混在蒸汽中的制冷剂液滴和压缩机油滴沉淀下来,避免液体进入压缩机造成湿冲击。制冷剂液滴经分离器外壁的加热装置加热成为气体,被压缩机吸入,压缩机油滴则从 U 形管弯头处小孔泄出,被压缩机吸回曲轴箱。分离器外套有加热管或加热块,可由发动机的废气加热。

干燥过滤器 12 用以除去制冷剂中的水分和杂质,内装过滤网和干燥剂,两端用钎焊焊死。当过滤网被堵或干燥剂吸水达到饱和时,予以拆除更换。

三通阀 5 对于兼有制冷循环和融霜循环的制冷机来说是关键部件,用以改变制冷剂的通向。

控制和显示仪表有恒温器、温度计、压差计、运转计时器等。恒温器用来调定和控制车厢内的温度,可由车厢内温度传感器自动控制制冷机的开停,也可以手动控制。恒温器旁有融霜开关,分为手动和自动(由压差计控制)、连续和断续等几个动作。温度计装在驾驶室内或制冷机组仪表板上,显示车厢内的温度。压差计用于自动融霜控制,在蒸发器的出风口和进风口分别装有压力传感器,当蒸发器盘管霜层增厚时,两者压差增大,达到一定值后,压差计发出信号,通过电磁阀24使三通阀5动作,制冷机转入融霜工况。运转计时器用来记录制冷机的工作时间,以便确定何时检修和维护。

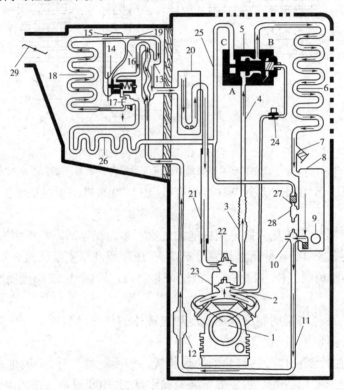

图8-7 THERMOKINGNWD制冷机结构原理图

1-压缩机;2-排气阀;3-排气胶管;4-排气管;5-三通阀;6-冷凝器;7-止回阀;8-储液罐;9-窥视镜;10-储液罐出口阀;11-液管;12-干燥管;13-热交换器;14-膨胀阀;15-膨胀阀温度传感器;16-膨胀阀感温毛细管;17-膨胀阀分配管;18-蒸发器;19-气管;20-汽液分离器;21-压缩机吸气管;22-吸气管;23-调压阀;24-电磁阀;25-热气管;26-融霜加热盘管;27-溢流控制阀;28-溢流阀;29-蒸发器风门

该制冷机的制冷工况,见图8-7,三通阀5的阀芯在弹簧力作用下处于图示左端位置,阀口A、B相通,溢流控制阀27和电磁阀24关闭,压缩机1排出的高温高压蒸汽进入冷凝器6,冷却成液体(尚存有蒸汽),经止回阀7进入储液罐8。积聚的液体经干燥管12和热交换器13进入膨胀阀14,经膨胀阀节流膨胀后的低温低压液体(含有蒸汽)进入蒸发器18,吸热蒸发成气体。再经热交换器13和汽液分离器20,经吸气管被压缩机吸入。制冷时,蒸发器风门29打开,冷空气由蒸发器轴流风扇送入车厢内。

蒸发器盘管表面结霜会影响换热效率,达到一定厚度时,应进行融霜。自动融霜由蒸发器出、进风口的压差计发出信号,电磁阀24动作,三通阀阀芯处于图示右侧位置,即阀口A、C相通。手动融霜可通过开关直接操纵电磁阀24。融霜时止回阀7关闭,溢流控制阀27打开。高温高压的制冷剂蒸汽经排气管4和三通阀5,一部分进入融霜加热盘管26,对盘管加热后再经热交换器和汽液分离器被压缩机吸入;另一部分则经溢流控制阀 27 进入储液罐。储液罐内的液体经干燥器和热交换器进入膨胀阀后被堵住。一旦制冷机转入制冷工况时,可立即由膨胀阀进行节流膨胀,再送入蒸发器。融霜时,蒸发器风门 29 关闭,轴流风扇停止运转。

加热工况,制冷剂的循环和融霜时相同,但蒸发器风门 29 打开,轴流风扇强制通风,将热空气吹入车厢内。

3. 机械制冷装置的布置

机械制冷装置在冷藏车上的布置是根据车型和制冷装置的结构形式而定的。机械制冷装置按是否带有动力装置分为独立式和非独立式;按机组的压缩机、冷凝器、蒸发器是否组成一个整体,分为整体式和分体式。

独立式制冷机组本身带有发动机(柴油机或汽油机)或电动机;非独立式制冷机组的压缩机由汽车发动机来驱动,通过汽车发动机或变速器等动力输出装置取力。

(1)整体式制冷机组均为独立式。这种制冷机组一般装在车厢的前壁上部,有冷凝器横置式和纵置式两种。采用独立式制冷机组,即机组本身带有动力驱动装置,常用的动力驱动装置为发动机和电动机。制冷机组的各组成部件安装在一个机体上,形成一个整体。制冷机组的驱动装置、压缩机和冷凝器成横向布置,称为横式或卧式,若制冷机组的冷凝器装在上部,驱动装置和压缩机安装在下部,则称为竖式或立式。一般情况下,卧式制冷机组的制冷量小于 5000W(厢内温度为 0℃,厢外温度为 38℃时),适于中、轻型冷藏汽车;立式制冷机组的制冷量大于 6000W(厢内温度为 0℃,厢外温度为 38℃时),适于重型冷藏汽车或冷藏挂车、半挂车。

(2)分体式非独立式制冷机组。这种制冷机组本身不带动力,需依靠汽车发动机来驱动压缩机,其制冷机组包括压缩机、蒸发器、冷凝器三大部件,在结构形式上表现为分体式,有时还将电动机和备用压缩机部件分别装在冷藏汽车上。分体式制冷机组的压缩机一般靠近动力装置或设置在车身下面,冷凝器装在通风比较好的地方。如车厢底部或车厢前上部,也有的与蒸发器一起装在车厢的前壁上部。

分体式机械冷藏汽车的布置按冷凝器的布置位置不同分为顶置式、前置式和下置式三种,如图 8-8 所示。

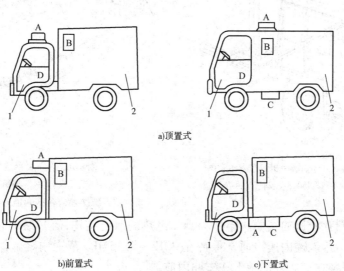

图 8-8 分体式机械冷藏汽车整车布置图

1-汽车底盘;2-隔热车厢和连接装置;A-冷凝器;B-蒸发器;C-电动机及备用压缩机;D-压缩机

顶置式和前置式的冷凝器处于汽车的迎风位置,冷凝效果较好,但与下置式相比其整车的质心位置略有提高。

下置式的冷凝器翅片间易进入灰尘,影响冷凝效果。此外冷疑器布置在汽车车架纵梁的侧边上也比较困难,因此前置式布置较好。

分体式制冷机组比整体式制冷机组的制冷量小,主要用于轻型或微型冷藏汽车。

图 8-9 所示为非独立驱动分体式制冷机组,压缩机 4 通过曲轴前带轮的 V 形带驱动,控制表盘 3 装在驾驶室内,冷凝器与蒸发器装在一个箱体内形成主机 2,冷凝器装在蒸发器的前面,蒸发器部分与车厢相连接,使冷风直接吹入车厢内,强制对流,使车厢内温度控制在设定的范围之内。

二、液化气体制冷

液化气体制冷是利用液化气体汽化时吸取汽化潜热来制冷的,常用的液化气体有液氮、液氨等。由于氮是无色无臭的气体,在空气中含量约占 79%。在大气压力下,液氮的沸点低(-196℃),汽化潜热大,且是制氧的副产品,因而得到广泛的应用。

1. 液氮制冷装置

图 8-10 为液氮制冷装置示意图。它由液氮罐 5、控制阀 3、喷液管 7、温度传感器 6 等组成。液氮经控制阀由喷液管呈雾状喷出,氮雾喷出时便吸收大量的汽化潜热,使车厢内的温度迅速降至常温和 -30℃ 之间的任意值。

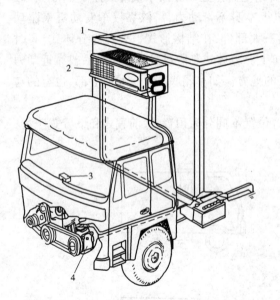

图 8-9 非独立驱动分体式制冷机组布置示意图
1-车厢;2-主机(冷凝器+蒸发器);3-控制表盘;4-压缩机

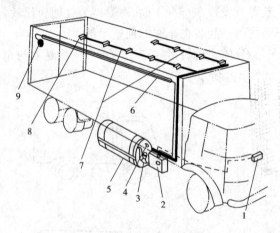

图 8-10 液氮制冷装置示意图
1-温度计;2-恒温操纵箱;3-控制阀;4-安全阀;5-液氮罐;6-温度传感器;7-喷液管;8-喷液管支架;9-紧急开关

液氮罐 5 为储存液氮的容器。罐体为真空绝热的双层结构,罐顶装有输出管、控制阀 3、安全阀 4 和加液口等。罐内压力通常保持在 0.12～0.15MPa 范围内。罐体可装在图示汽车车厢外下侧,也可装在车厢外前壁上或车厢内前部。

控制阀 3 用来调节单位时间的液氮喷射量,由恒温器来控制。当车厢内温度高于设定值时,恒温器使控制阀打开,喷氮制冷;当厢内温度低于设定值时,装在车厢内的温度传感器 6 将信号传给恒温器,恒温器发出指令使液氮控制阀关闭。恒温器可装在图示车厢外下侧或车厢外顶部。

液氮喷液管7装在车厢内顶部,一般用钢管制作,喷液管上开有许多喷雾孔,以便液氮以雾状喷出。

紧急开关9常装在车厢门口或驾驶室内,在紧急情况下,可操纵该开关停止喷液氮。

2. 液氮制冷装置的特点

液氮制冷装置结构简单,维修方便。它没有噪声和污染;液氮制冷可迅速降低车厢内温度而便于速冻;液氮汽化不会使车厢内受潮,氮气对食品保鲜和防止干耗都有利,液氮制冷控温精确,可使车厢内温度控制在±2℃范围内。但是,液氮的价格较高,氮气太多也不利于水果蔬菜的正常呼吸,使之应用受到限制。液氮制冷适用于易腐食品产地运输和需速冻而不必预冷的冷藏运输。

三、固体制冷

固体制冷是利用固体在液化或汽化时吸热来制冷的一种方式。常用的固体有水冰、盐冰和干冰,直接放在车厢内制冷。

1. 水冰及盐冰制冷

在大气压力下,水冰的融点为0℃。利用冰融化吸热制冷,可使车厢内温度保持在5~8℃范围内。

在水冰中加盐类能降低其融点,冰中盐的成分越多,融点越低,厢内的温度就越低。例如,当盐冰中的盐质量为水质量的29%时,其融点可达-21.2℃。但是,再增加盐的质量分数时,盐冰的融点不再降低。这样可根据运输货物的适宜温度来选择盐冰相应的盐的质量分数。

水冰制冷装置投资和运行费用低,但普通水冰单位质量吸热量少,盐冰融化会污染车厢和食品。因此,水冰制冷目前主要用于鱼类水产品的冷藏运输。

2. 干冰制冷

干冰(固态CO_2)在大气压力下,于-78.9℃时升华为二氧化碳气体,利用干冰升华吸热制冷。干冰的密度比水冰大,单位体积的制冷能力为水冰的3倍,用它作为隔热车厢的冷源,可使车厢内的温度低于-20℃。

干冰制冷装置的投资和运行费用也较低,运送的货物不易受潮,使用方便。干冰升华时产生的二氧化碳气体还能抑制微生物的繁殖,具有减缓脂肪的氧化,减弱水果、蔬菜的呼吸作用,有利于食品的保鲜。但是,干冰吸取周围水分后容易结霜,会影响进一步升华;二氧化碳气体过多会造成水果蔬菜呼吸困难而败死;此外,厢内温度难以调节,干冰成本高,储运时耗量大,因而实际应用较少。

四、冷板制冷装置

冷板也称蓄冷板或冷冻板。冷板制冷是利用蓄冷剂冷冻后所蓄存的冷量来制冷的。运输前将冷冻板中的蓄冷剂冻结蓄冷,在运输过程中,冷板中的蓄冷剂融化而不断吸热制冷,使车厢内的温度保持在适温范围内。

冷板制冷装置可分为独立式和非独立式两种。

1. 独立式冷板制冷装置

独立式冷板制冷装置如图8-11所示。在车厢内除装有冷板4外,还装有对冷板充冷的制冷机3。制冷机的外接电源接线箱5布置在底盘车架纵梁外侧,冷板与制冷机用管路相连接,若纵梁外侧不便布置,亦可将制冷机组布置在车厢前壁外上方。为了改善冷却效果,通常还采用强制通风装置6。

独立式冷板制冷装置不需使用外界的制冷设备,仅需使用地面上的电源就可将冷板内的蓄冷剂冻结充冷。

2.非独立式冷板制冷装置

非独立式冷板制冷装置如图8-12所示。冷板4在车厢内竖直放置,有的可将冷板和支架取下作为保温汽车使用。

非独立冷板制冷装置需依赖地面上的制冷设备向冷板充冷,车上不设制冷的动力设备。

冷板在车厢内一般竖直放置,其布置形式与所需冷板的数量有关。如需一块冷板,采取前置(即贴近前壁安装);如需二块或四块冷板,采取侧置;使用三块或五块冷板时,采取前置、侧置;顶置式冷板提高了整车的质心高度,因而很少采用。

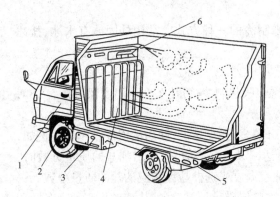 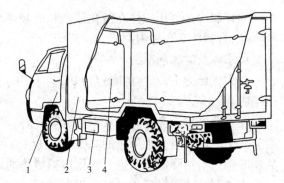

图8-11 独立式冷板制冷冷藏车
1-汽车底盘;2-隔热车厢和连接装置;3-制冷机;4-冷板;
5-电源接线箱;6-通风装置

图8-12 非独立式冷板制冷冷藏车
1-汽车底盘;2-隔热车厢和连接装置;3-冷板蒸发器盘管接口盒;4-冷板

冷板制冷装置比机械制冷装置结构简单,易于操作维修,投资和运行费用低,运输时没有噪声和污染,厢内货物干耗也较少。其缺点是冷板易腐蚀,使用年限一般为5年。可以根据货物运输的适宜温度选用蓄冷剂。冷板制冷装置较重,容积也较大,充冷一次保持低温时间短,仅为8~15h。冷板制冷装置适用于轻、中型冷藏汽车作短途运输。近年来,冷板制冷发展较快,成为仅次于机械制冷的一种制冷方式。

第五节 冷藏保温汽车隔热车厢

一、隔热车厢的结构

冷藏保温汽车的隔热车厢采用隔热壁板制成,如图8-13所示。主要由顶板、底板(又称地板)、前壁、后壁、左右侧壁、车门、底架及各种车厢附件组成。装有270°大开门铰链式后门的车厢,后壁仅为后门框。

冷藏保温汽车隔热车厢是具有一定隔热作用和承载能力的密闭型厢体。以承载为目的的骨架为主骨架,多采用强度和刚度较高的钢、铝型材或用其板材冲压件等,以断热为目的的骨架,称为辅助骨架,即所谓的"断热桥",常选用木材、胶合板、工程塑料、玻璃钢等非金属材料。主骨架多与外蒙皮连接,辅助骨架则与内蒙皮连接。它们之间形成填充隔热材料的空间。主骨架与辅助骨架固连,共同完成骨架的全部功能。在结构设计时应考虑以下要求:具有足够的强度和刚度;自身质量小;制造工艺简单;具有良好的隔热性能和便于维修等。

隔热车厢的结构形式有整体式和分片拼装式两种。整体式车厢又可分为整体骨架式和整体隔热层式两种。整体骨架式车厢适合于聚苯乙烯泡沫填充或聚氨酯喷涂发泡工艺,整体隔热层式车厢适合于用聚氨酯注入发泡工艺。

(1) 分片拼装式车厢适合于用复合板预制粘接工艺。拼装式复合板是由上下蒙皮和中间夹有隔热材料板所组成,蒙皮材料为铝合金板、不锈钢板、彩钢板或玻璃纤维强化聚酯。隔热材料为硬聚苯乙烯泡沫板或硬聚氨酯泡沫板。

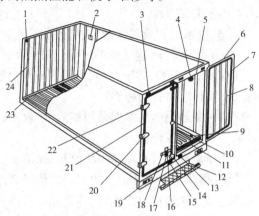

图 8-13　隔热车厢
1-前示宽灯接线;2-车厢内照明灯;3-后示宽灯;4-紧急蜂鸣器开关;5-侧壁导风条;6-右后门外密封条;7-右后门内密封条;8-后门导风条;9-后排水孔;10-铝合金门槛;11-铝型材地板;12-踏板式后保险杠;13-后门锁扣;14-门锁杆支座;15-门锁杆;16-门把手上固定座;17-门把手下固定座;18-门把手;19-尾灯;20-门铰链;21-左后门外密封条;22-门铰链支座;23-前排水孔;24-前壁导风条

由于分片拼装式车厢采用复合板预制粘接工艺,具有聚氨酯注入发泡结构的优点,隔热层密度均匀一致,断热桥设计更为合理,是冷藏保温汽车隔热车厢选择的最佳方案.但存在低泡聚氨酯胶的粘接质量和整体隔热车厢的结构强度问题。因此,隔热车厢的结构形式应根据使用要求和工厂的工艺、工装和设备的情况合理选择。

(2) 整体隔热层式车厢采用聚氨酯注入发泡工艺,使车厢隔热层形成一个整体,具有隔热性能好、车厢强度高,车厢整备质量轻、有效容积大等特点。但注入泡沫不易充满整个隔壁。

由于整体骨架式车厢采用聚苯乙烯泡沫板作为隔热层材料,具有质轻、价廉、施工方便等特点,且制造的车厢强度高,一般工厂都能制造。但镶填时块与块之间易产生装配间隙,造成车厢传热系数较大,故用于隔热性能要求不高的保温汽车上。聚氨酯喷涂发泡工艺与上述情况相似,不同的是采用喷涂发泡形成聚氨酯硬质泡沫而充满整个厢壁,形成隔热层,其导热系数比聚苯乙烯泡沫低得多。因此,在保证隔热车厢传热系数 K 值一定的前提下,允许设计时减少隔热车厢的厢壁厚度,减小车厢质量,增加其有效容积。但喷涂后的发泡隔热层易产生厚薄不均,其内表面要修整平齐。

二、隔热层

内外蒙皮间无骨架的空间均填充隔热材料,称为隔热层。车厢隔热性能主要取决于隔热层的导热性能及厚度。

1. 隔热层材料的基本要求

(1) 采用泡沫均匀、密度一致且无腐蚀性的微孔型蜂窝结构的泡沫材料,要求其密度越小越好,自重也就越轻,车厢自重利用系数也相应提高。

(2) 导热系数越小越好,一般控制在 $0.045\text{W}/(\text{m}\cdot\text{K})$ 以下。

(3)温度稳定性好,在-40~70℃的使用温度范围内,不应降低性能。如在-30℃的低温状况下,放置24h后,其尺寸变化率最大不超过±1%,隔热材料为阻燃型。

(4)有一定的机械强度,能承受汽车在各种路面条件下的振动、冲击而不损坏或变形。隔热材料的机械强度在很大程度上决定了隔热层的耐久性及使用中的可靠性,其抗弯极限强度不得小于1500MPa。

(5)吸水性和吸湿性低,抗冻性和抗生物性好,耐腐蚀。

(6)无毒无味,透气性小。隔热材料在使用和燃烧时,不得分解出有毒和有害的气体。

(7)价格低廉,成形容易,可采用充填、浇注、喷涂等工艺形成车厢隔热层。

2. 隔热层材料的种类

隔热车厢隔热层早期采用矿渣棉、软木、聚氯乙烯塑料等,目前,常用聚苯乙烯泡沫塑料和硬质聚氨酯泡沫塑料。

采用聚苯乙烯泡沫作隔热材料,简单易行,投资少,维修方便。但是,其隔热层只能采用填嵌工艺,聚苯乙烯泡沫块与块之间的拼缝必然影响车厢的隔热性能。因此,往往在填充和修补聚苯乙烯泡沫塑料块之后,在其缝隙处喷涂聚氨酯泡沫材料予以补救处理。

若采用硬质聚氨酯泡沫作隔热层材料,可采取现场发泡成形工艺。聚氨酯泡沫材料的导热系数较聚苯乙烯约低1/3。它本身又具有一定的强度,现场发泡硬聚氨酯材料与蒙皮和骨架之间有较高的粘接性能,隔热层内基本无缝隙。因而,采用聚氨酯泡沫材料能提高车厢的承载能力,简化骨架结构,节约金属材料、减轻车厢整备质量,保证车厢的隔热性能,隔热层又不易老化,是一种良好的隔热材料,应用越来越广泛。

聚苯乙烯泡沫是以含低沸点液体发泡剂的可发性聚苯乙烯颗粒,经加热预发泡后,在模具中加热成型而制得具有微孔型蜂窝结构的泡沫材料,其物理机械性能见表8-5。

聚苯乙烯泡沫的物理机械性能 表8-5

项 目	单 位	指 标	项 目	单 位	指 标
密度	g/cm³	≤0.03	尺寸稳定性(-40~70℃)	%	±0.5
吸水性	kg/m³	≤0.08	导热系数	W/(m·K)	0.44
压缩强度(压缩50%)	MPa	≥2000	自熄性	s	<2
弯曲强度	MPa	≥2200			

聚氨酯泡沫隔热材料是20余年来应用极为广泛的优质隔热材料,导热系数为0.03W/(m·K),抗拉强度为2500MPa,抗压强度为2000MPa,它与铁板的粘接力为2900MPa,与胶合板的粘接力为1400MPa。日本研制的聚氨酯泡沫隔热材料的导热系数在0.015W/(m·K)以下。

影响聚氨酯隔热材料导热系数的因素有泡沫密度、气泡直径、气泡独立率、湿度、温度等,如图8-14所示。

冷藏保温汽车在使用过程中,隔热层材料会发生老化,因此,隔热车厢在使用6年左右就应该按有关规定重新测定传热系数K值,不合规定的应降级使用。

3. 隔热层厚度

隔热层厚度应该由车厢的使用要求和所选用的隔热材料而定。增加隔热层的厚度可以降低传热系数,但隔热层的厚度过厚又会影响车厢的装载容积。对于冷藏汽车,根据汽车底盘载货吨位大小、隔热车厢的外形尺寸、厢内调温范围和车厢的隔热性能确定隔热层厚度。若选用聚氨酯泡沫隔热材料,其厚度在50~120mm之间。对于保温汽车,由于车厢隔热性能选为C

类,故隔热层厚度在 30~120mm 之间选取。若隔热材料选用聚苯乙烯泡沫,其厚度要比聚氨酯泡沫材料增加 20% 左右。

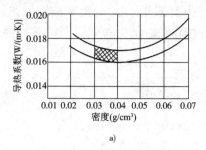

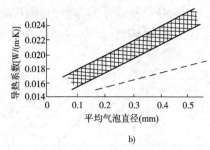

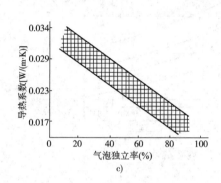

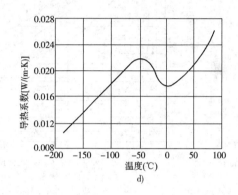

图 8-14 影响聚氨酯隔热材料导热系数的因素

在选择车厢隔热层厚度时,应尽量采用均匀隔热壁车厢。意大利帕多瓦国家研究院和制冷技术研究所的资料(图 8-15)表明,当隔热车厢容积相同时,均匀隔热壁比非均匀隔热壁车厢的传热系数要小。因此,车厢隔热壁最小厚度与最大厚度之比应大于 0.7。通常车厢的顶板和底板比其他板厚一些。

图 8-16 为聚氨酯、聚苯乙烯泡沫隔热材料的厚度与车厢传热系数 K 值之间的关系,在设计时按图示尺寸选择,然后根据传热系数公式进行校核。

三、断热桥

由隔热车厢内外蒙皮间低热阻材料构成的热流区称为热桥,而降低热桥传热系数的连接结构称为断热桥。

图 8-15 传热系数与隔热层厚度的关系
1-最大厚度 0.08m;2-最大厚度 0.10m;3-最大厚度 0.12m

热桥面积虽然仅占隔热车厢的 2%~5%,但对传热系数的影响较大,可增大 10%~25%。因此,车厢蒙皮之间增设断热桥(图 8-17),以提高车厢的隔热性能。图 8-17a)所示为分片拼装式隔热车厢断热桥,采用金属骨架与蒙皮连接,而在两边的金属骨架之间用辅助骨架相连;图 8-17b)所示为整体骨架式隔热车厢断热桥,采用主骨架与外蒙皮连接,辅助骨架与内蒙皮相连接,为了提高车厢隔热壁的强度,防止货物撞坏内蒙皮,通常在内表面上固接一层厚度为 5~15mm 的胶合板;图 8-17c)所示为复合板式隔热车厢断热桥,其主、辅骨架分别与内、外蒙皮相连接,连接的方式是采用低泡聚氨酯胶粘接。

断热桥的设计就是要消除隔热车厢蒙皮之间的金属零件直接连接,而隔热车厢蒙皮是与骨架相连接的,为断热桥设计的需要,必须将骨架分为两部分,即主骨架和辅助骨架。主骨架以承载为目的,主要由钢材(型钢或冲压件)、铝型材等制成;辅助骨架以断热为目的,主要用木材、胶合板、玻璃钢等制成。

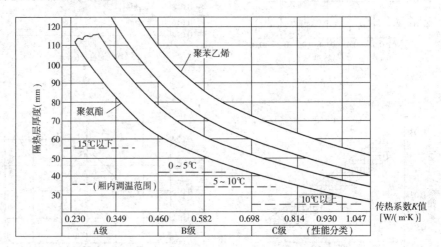

图 8-16 不同材料厚度与传热系数的关系

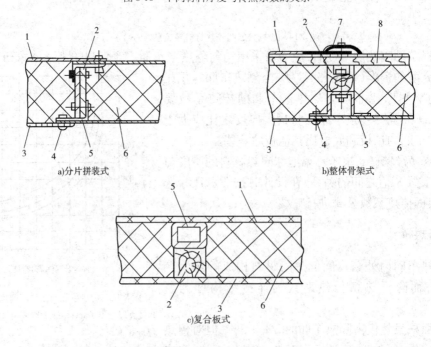

图 8-17 隔热车厢断热桥
1-内蒙皮;2-辅助骨架;3-外蒙皮;4-轴芯铆钉;5-主骨架;6-隔热材料;7-压条;8-胶合板

四、车厢蒙皮

内蒙皮均为平板形。常用的材料有防锈薄钢板、覆塑钢板、铝合金板、铝面胶合板、铝塑料板、强化玻璃纤维塑料板、不锈钢板等,金属材料的厚度为 0.8~1.5mm,非金属材料的厚度为

2~3mm。与骨架的连接方式常采用铆接或拉铆。为了防止冷冻胴体(整块的冻猪、牛、羊肉等)货物撞坏内蒙皮,有的车厢还在金属内蒙皮内装有胶合板。

外蒙皮多为平板形,但左、右侧壁及前壁常采用波纹形、瓦楞形或半圆条形筋板。这样,既可提高厢壁的强度和刚度,又可增加外表美观。

五、车厢门

隔热车厢根据装卸货物特点有后开门、侧开门或顶开门。门的结构形式有铰链式、折叠式、滑动式等。以铰链式的开门居多(图8-13)。

门锁机构形式很多,图8-18所示为常用的两种门锁机构。门锁杆一般采用直径为20~30mm的钢管或不锈钢管,两端焊有锁扣。锁扣多为凸轮形、偏心圆柱形和小块平板形。锁扣座焊接在车厢上下门框上,其形状与锁扣形状相适应,凸轮形和圆柱形锁扣座均铣有凸轮或圆柱锁扣的滑槽,锁杆转动使锁扣在槽内移动而将门锁紧。平板锁扣的锁扣座为一槽形板,焊接在门框上。这种锁紧方式结构简单、加工方便,但车厢门的锁紧和密封较差。

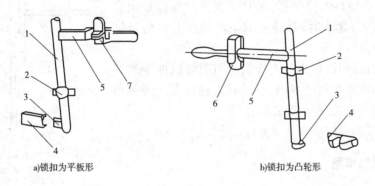

图8-18 门锁机构
1-门锁杆;2-锁杆支座;3-锁扣;4-锁扣座;5-门把手;6-把手锁紧上板;7-把手锁紧下板

隔热车厢橡胶密封条是保证车厢密封性,减少车厢漏热的重要措施。它装在车厢门边框与门框接合处或两扇门的接合处(图8-13)。隔热车厢门与门框的配合处设计成斜面或阶梯形密封等形式,提高密封效果。密封条的选用对车厢气密性影响较大,由于气密性不好而造成漏热,影响车厢的传热系数5%~30%。密封条常采用多层迷宫式橡胶密封条,以增强其密封性。密封条的截面形状如图8-19所示,其中以多层密封结构(图8-19c、d)较好。

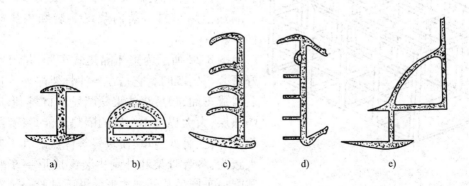

图8-19 密封条的截面形状

六、车厢附件

车厢内的前壁、侧壁和后门的内蒙皮上装有导风条(见图 8-13 中)24、5、8,以形成冷空气流动并保护内蒙皮。导风条一般用厚度为 0.8~1.5mm 的铝板或不锈钢板冲压成盆形。导风条的间距为 200~250mm,高度为 15~20mm。

车厢底板上装有 T 形或楞形等异形地板(见图 8-13 中 11),起着通风、排水、耐磨、保护底板、增大车厢强度的作用。异型地板一般用木材或铝合金型材制成,呈均匀纵向布置,高度一般大于 25mm,但不易过高,以免减少装载容积,过低又会影响冷气循环。木质地板用于微型和轻型冷藏汽车上,铝合金地板用于各种冷藏汽车隔热车厢上。

车厢底板的 4 个角上有排水口(图 8-13)。排水口下装有排水管,如图 8-20 所示。它可以及时排除车厢底板上的积水,以免积水超过异形地板污染车厢内的货物。排水管的出口处装有一个扁口的橡胶管,平时橡胶管的扁口是闭合的,空气难以流入;排水时,靠外力或积水的重力将扁口挤开,以便积水流出。

车厢内装有照明灯和蜂鸣器按钮。照明灯以便于装卸货物,蜂鸣器喇叭装在驾驶室内,一旦有人被误关在隔热车厢中,可按蜂鸣器开关,提示驾驶员开门。

车厢外前壁和后门框装有示宽灯。

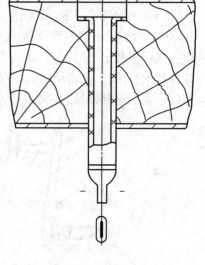

图 8-20 排水管结构

七、典型隔热车厢

隔热车厢的结构形式可分为整体结构式和分片组装式两种。

1. 整体结构式车厢

整体结构式车厢有整体骨架式和整体隔热式之分。整体骨架式车厢的各壁板主骨架(包括门框)连接成一体,通常采用焊接的方法。图 8-21 所示为后开门的车厢整体骨架。有的在主骨架的汇交处焊有三角加强板以提高其承载能力。其工艺流程大致为:各片主骨架→车厢主骨架总成→装各片辅助骨架→铆接外蒙皮→填充或喷涂隔热泡沫材料→装内蒙皮→装厢内压条及附件→装后门。

图 8-22 所示为整体隔热式车厢,是日本福禄好富公司生产的。它是在各片骨架内外蒙皮成形后组成车厢,最后浇注聚氨酯发泡材料,形成整体隔热层,大大提高了车厢的隔热性能,具有隔热层不易老化、骨架简单、质量轻等优点。其工艺流程大致为:各片骨架和外蒙皮装配成形→车厢底架装配→车厢吊装外部成形→淋雨试验→装车厢内蒙皮→浇注硬质聚氨酯发泡材料→装紧固体、附件及车门。

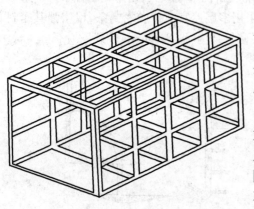

图 8-21 车厢整体骨架

2. 分片组装式车厢

分片组装式车厢,又称分片拼装式。它是将车厢各片分制成形(或基本成形)后再相互连接成整个车厢的一种结构形式。各片连接方式有铆接、螺钉连接、嵌合型材连接和粘接等。

图 8-23 所示为分片组装式车厢,是济南考格尔特种汽车有限公司生产的。它的各片厢板采用湿—湿工艺制造,整体聚酯加强,没有任何金属承重和加强构件,厢板中间的隔热层是隔热性能很好的聚氨酯泡沫塑料,内、外蒙皮均采用玻璃纤维加强的聚酯玻璃钢板。各块厢板采用双组分聚氨酯黏结剂粘接在一起,形成完整的车厢。这种隔热车厢具有隔热性能好、质量轻、强度高、耐腐蚀、使用寿命长、便于修补等优点,是当前比较理想的一种隔热车厢。

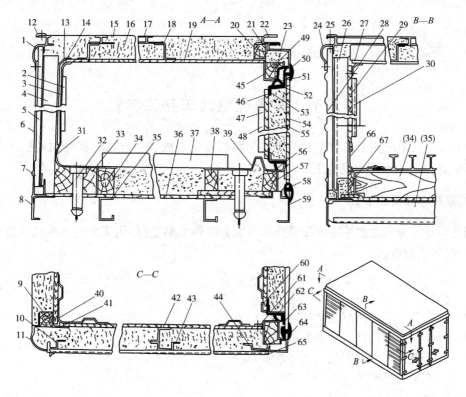

图 8-22 整体隔热式车厢

1-前上包边件;2-前壁导风条;3-前壁内板;4-前壁辅助骨架;5-前壁主骨架;6-前壁外蒙皮;7-前下包边件;8-底架前横梁;9-前侧木方;10-前侧包边件(Ⅱ);11-前侧包边件(Ⅰ);12-顶前压条;13-前角外压板;14-前角内压板;15-顶板外蒙皮;16-隔热层;17-顶板主骨架;18-顶板辅助骨架;19-顶板内蒙木板;20-顶板后木方;21-顶后上包边;22-顶后压条;23-上外后门框;24-侧上包边件;25-侧壁主骨架;26-侧壁辅助骨架;27-侧角上压板;28-侧壁外蒙皮;29-侧壁内蒙木板;30-侧壁导风条;31-前下内包边件;22-排水管;32-底板前木横梁;34-底板木横梁;35-底架横梁;36-底板外蒙木板;37-异型铝材地板;38-底板木骨架;39-底板后地板型材;40-前侧内压板(Ⅰ);41-前侧内压板(Ⅱ);42-侧壁辅助骨架;43-侧壁主骨架;44-侧壁后骨架;45-上内后门框;46-后门内蒙皮;47-后门内蒙木板;48-后门内导风条;49-后门框上木方;50-工字密封条;51-密封条横压板;52-大三角形密封条;53-后门骨架;54-后门外蒙皮;55-后门外蒙木板;56-下内后门框;57-后门框下木方;58-加强板;59-下外后门框;60-后门内蒙压条;61-底板内蒙压条;62-侧内后门框;63-密封条竖压板;64-侧外后门框;65-侧壁后骨架压板;66-内侧底包边件;67-侧底挡板

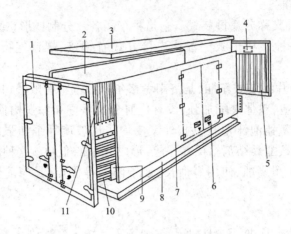

图 8-23 分片组装式车厢
1-后门及后门框;2-左侧板;3-顶板;4-制冷机开口;5-前板;6-侧门;7-右侧板;8-底板;9-护板;10-异形地板;11-空气导流槽

第六节 冷藏保温汽车热工参数

冷藏保温汽车的热工参数主要指隔热车厢的传热系数、漏气倍数、制冷(加热)装置的制冷(加热)量及厢内所需调温范围。

一、隔热车厢传热系数

隔热车厢的传热系数是冷藏保温汽车最重要的热工参数,是用来衡量车厢隔热性能的综合指标,用下式表示:

$$K = \frac{Q}{F \Delta T} \tag{8-1}$$

式中:K——车厢总传热系数,$W/(m^2 \cdot K)$;

Q——单位时间内通过车厢壁的热量,W;

F——车厢内外表面积的几何平均值,m^2;

ΔT——车厢内外平均温差,K。

隔热车厢传热系数 K 主要取决于:

(1)车厢壁的隔热性能(与厢壁结构、隔热材料和隔热层厚度等有关)。

(2)车厢的密封性能(与车厢的结构形式和车门的密封形式等有关),密封性能越好,其传热系数越小。

(3)车厢外表颜色,车厢外表色彩越淡,其发射光线的能力越强,受热辐射传热越少,车厢传热越小。

在设计隔热车厢时,根据运输的货物、运距与所要求的厢内温度调控范围来选定传热系数。按有关规定,厢内温度调控范围与 K 值的关系见表 8-6。

根据不同的传热系数 K,车厢可以分为 A、B、C 三类,见表 8-7,同时规定冷藏汽车不应采用 C 类车厢。另外由于冷藏汽车运输时不断消耗冷板积蓄的冷量,为了保持一定的运距,应尽可能提高车厢隔热性能,一般取 $K \leq 0.4 W/(m^2 \cdot K)$。

冷藏汽车厢内调温范围及传热系数　　　　　表 8-6

冷藏汽车种类	厢内调温范围			传热系数[W/(m²·K)]	
	等级	内温 t_n(℃)	外温 t_w(℃)	强化隔热型	普通隔热型
机械冷藏汽车	A	+12 ~ 0	+30	≤0.4	0.4 ~ 0.7
	B	+12 ~ -10		≤0.4	—
	C	+12 ~ -20		≤0.4	—
	D	≤ +2		≤0.4	0.4 ~ 0.7
	E	≤ -10		≤0.4	—
	F	≤ -20		≤0.4	—
非机械冷藏汽车	A	≤ +7	+30	≤0.4	0.4 ~ 0.7
	B	≤ -10		≤0.4	—
	C	≤ -20		≤0.4	—
有加热装置的冷藏汽车	A	-10 ~ +12	+30 ~ -10	≤0.4	0.4 ~ 0.7
	B	-20 ~ +12	+30 ~ -20	≤0.4	—

车厢 K 值分类　　　　　表 8-7

货厢类别	A	B	C
传热系数 K[W/(m²·K)]	≤0.4	>0.4 ~ 0.6	>0.6 ~ 0.9

二、车厢漏气倍数

漏气倍数 L 是用来衡量车厢的气密性能的指标，它由下式确定：

$$L = \frac{V_L}{V_x} \tag{8-2}$$

式中：V_L——单位小时内车厢泄漏的空气量，m³/h；

V_x——车厢容积，m³。

按漏气倍数的不同，车厢也可分为 A、B、C 三类，并规定冷藏汽车不得采用 C 类车厢。不同种类车厢的漏气倍数见表 8-8。

各类车厢漏气倍数　　　　　表 8-8

内外压差(Pa)	传热面积(m²)	漏气倍数(h⁻¹)		
		A	B	C
100 ± 10	>40	1.2	3.0	4.8
	20 ~ 40	1.5	3.8	6.0
	<20	2.1	5.3	8.4

对于运输新鲜水果、蔬菜等需呼吸的货物，为保证车厢内空气成分，必须在车厢上设计通风口，引入新鲜空气以确保正常换气。水果和蔬菜正常呼吸所需的车厢换气量与其品种、车厢内外温度有关。水果和蔬菜排出的二氧化碳越多，车厢内温度越高，以及车厢内外温差越大，所需的换气量也就越大。一般来说，中、重型冷藏保温汽车长途运输水果和蔬菜，如果途中不开门，换气量需 50 ~ 80m³/h。短距离运输，所需换气量为 10 ~ 20m³/h。

漏气与换气均反映单位时间车厢内外空气对流的程度。漏气倍数反映车厢达到的气密性。换气量则是反映车厢引入厢内的空气量，以满足运输水果和蔬菜类呼吸保鲜的需要。

三、车厢内调温范围与精度

车厢内调温范围是指冷藏保温汽车的制冷(加热)装置工作时,在某一环境温度下,车厢内温度由控制系统可自动调定的范围。

车厢内调温精度也是冷藏汽车的热工性能指标之一。其精度一般定为±2℃。调温精度越高,厢内温度就能更好地满足货物适宜温度的要求。主要易腐食品运输时的适宜温度见表8-9。

主要易腐食品运输适宜温度　　　　　　　　　　　　　表8-9

品　名	适宜温度(℃)	品　名	适宜温度(℃)
冷冻食品		新鲜水果类	
冰结涟	−20～−18	葡萄	1～4
冷冻鱼类	−18～−16	苹果	3～6
冷冻鸡肉	−18～−12	樱桃、西洋梨	4
冷冻牛肉	−18～−12	甜瓜、梨、李子	4～7
冷冻猪肉	−18～−12	柑桔、桃、菠萝	10
新鲜肉类		柠檬	12～14
鲜羊肉	1～6	香蕉	13～16
鲜猪肉	2～5	新鲜蔬菜类	
鲜牛肉	3～6	西洋蘑	0～2
鲜火腿	3～6	龙须菜	4
蛋	3～7	胡萝卜、碗豆、菜花	4～7
腊肉、腊肠	4～7	白菜、莴苣、芹菜	4～10
咸火腿、熏腊肉	15～18	菠菜、土豆	7～16
乳制品		洋葱	10～16
人造奶油	1～2	甘薯、南瓜	12～16
炼乳、干酪	4～7	西红柿	12～21
黄油	7～10	糖果类	
新鲜鱼贝类		巧克力、糖果	20～21
鲜鱼、牡蛎	0～2	蜂蜜	7～10
熏鱼类	4～7		

四、制冷(加热)装置的制冷(加热)量

冷藏保温汽车制冷(加热)装置的制冷(加热)量是指制冷(加热)装置正常工作时,单位时间内所摄走(供给)车厢内的热量。制冷(加热)量与工况有关,可由传热系数、车厢传热面积、厢内调控温度采用类比法选定,较精确的还需通过计算来确定。制冷(加热)量确定后,则可根据运输条件确定制冷(加热)方式,选定合适的制冷(加热)设备。

五、冷藏保温汽车热工参数的计算

冷藏保温汽车热工参数的计算包括隔热壁传热系数计算、隔热车厢平均传热系数计算、冷藏保温汽车制冷(加热)设备热负荷计算。

1. 车厢隔热壁传热系数的计算

车厢隔热壁传热系数 K 可以按稳定传热和非稳定传热两种方法计算。由于冷藏保温汽车在实际运行过程中其温度场是随时间而变化的,因此按非稳定传热计算更符合实际情况。然而在实际运行过程中的环境温度、空气对流速度、厢内温度的不均匀性等多种因素的变化极为复杂,加上非稳定传热计算也很繁琐,故传热系数一般采用稳定传热的方法计算。

稳定传热是指隔热壁中温度分布和热流大小不随时间而改变,即具有稳定的温度场。实际上真正的稳定传热在自然条件下是不存在的,如果把某个周期内的环境温度作为固定值,并借助于制冷或加热设备使隔热车厢内的温度达到相对的稳定,这样按稳定传热计算是可行的,而且还可以大大简化计算。

1) 车厢隔热壁的传热过程

隔热车厢各壁板(顶板、底板、左右侧壁、前壁、后门等)均视为隔热平壁,由于车厢隔热壁内外存在一定的温差,故热量从隔热壁一侧的热流体中传至另一侧的冷流体中有三个过程:高温一侧空气中的热量传至高温一侧隔热壁表面;隔热壁内的导热,即热量从隔热壁的高温一侧表面传至低温一侧表面;热量从隔热壁低温一侧表面传到低温一侧的空气中。上述传热过程包含了以导热为主要形式的隔热平壁内部的传热和以对流换热、热辐射为主要形式的隔热平壁边界的传热。

对于均匀平壁,单位时间内通过隔热壁的热量为

$$Q = KF\Delta T \tag{8-3}$$

式中:K——隔热壁的传热系数,$W/(m^2 \cdot K)$,

$$K = \frac{1}{R}$$

R——隔热壁的传热热阻,$(m^2 \cdot K)/W$;

F——隔热壁的传热面积,m^2;

ΔT——隔热壁两侧温差,K。

K 值反映车厢隔热壁传热的强烈程度,K 值越大,传热过程越强烈,在同样的传热面积和车厢内外温差的情况下,传过的热量就越多,隔热性能就越差。反之,K 值越小,隔热性能就越好。

2) 车厢隔热壁内部的传热

车厢隔热壁内部的传热形式主要是热传导,若把单位时间和单位面积所通过的热量称为热流密度,用符号 q 表示,则傅里叶定律可表述为

$$q = -\lambda \frac{\partial T}{\partial X} \tag{8-4}$$

式中:$\frac{\partial T}{\partial X}$——温度梯度,$K/m$;

λ——材料的导热系数,$W/(m \cdot K)$。

式中负号表示热量传递的方向同温度梯度的方向相反,即指向温度降低的方向。导热系数 λ 的定义为热流量密度除以温度梯度,即表示物体导热能力的大小,其值与材料的种类有关,金属材料的导热系数最高,液体次之,气体最小。非金属固体的导热系数变化范围较大,数值高的同液体接近,数值低的(如隔热材料)与空气的导热系数具有同一数量级。隔热车厢结构中常用的一些材料在常温常压下的导热系数值见表 8-10。

常用材料的导热系数值 表 8-10

材料名称	密度 ρ (kg/m³)	导热系数 λ [W/(m·K)]	材料名称	密度 ρ (kg/m³)	导热系数 λ [W/(m·K)]
纯铝	2 710	236	纤维板	245	0.048
铝合金	2 660	162	木屑板	179	0.083
碳钢($\omega_c \approx 0.5\%$)	7 840	49.8	松木(垂直木纹)	496	0.15
碳钢($\omega_c \approx 1.0\%$)	7 790	43.2	松木(平行木纹)	527	0.35
碳钢($\omega_c \approx 1.5\%$)	7 750	36.7	聚苯乙烯泡沫	25~30	0.044
不锈钢	7 820	15.2	聚氨酯泡沫	40~60	0.029
软木板	105~437	0.044~0.079	空气		0.0259

(1) 单层均匀平壁导热的计算。当隔热壁的长和宽比厚度大得多，而且两侧表面分别保持着温度 T_1 和 T_2，则热量沿着壁面的法线方向传导，即温度只沿垂直于壁面 x 的方向变化，如图 8-24 所示。离左侧壁 x 处，厚度为 dx 的薄层温差为 ΔT，根据傅里叶定律，经过该薄层的热流密度 q 为

$$q = \lambda \frac{T_1 - T_2}{\delta} = \frac{\Delta T}{R} \tag{8-5}$$

式中：R——隔热壁的热阻，$(m^2 \cdot K)/W$。

(2) 多层均匀平壁导热的计算

车厢壁板除隔热层外还有蒙皮，可视为多层均匀平壁，如图 8-25 所示。假设平壁面积很大，各层厚度分别为 δ_1、δ_2、δ_3，导热系数分别为 λ_1、λ_2、λ_3，并且均为常数。已知内外表面的温度分别保持为 T_1 和 T_4，且 $T_1 > T_4$。多层平壁各层之间接触良好，没有接触热阻，则分界面接触处不会发生温度骤降，在稳定导热的情况下，平壁释放出的热量和吸收的热量相等，因此，通过各层的热量也必然相等，根据式(8-5)，每一层的热流密度为

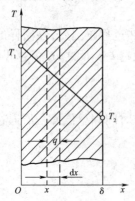

图 8-24 单层均匀平壁导热示意图

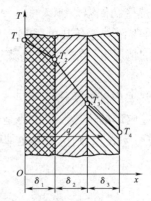

图 8-25 多层均匀平壁导热示意图

$$\left. \begin{array}{l} q = \dfrac{\lambda_1}{\delta_1}(T_1 - T_2) \\[4pt] q = \dfrac{\lambda_2}{\delta_2}(T_2 - T_3) \\[4pt] q = \dfrac{\lambda_3}{\delta_3}(T_3 - T_4) \end{array} \right\} \tag{8-6}$$

将上述各层温差叠加并简化,得

$$q = \frac{T_1 - T_4}{\sum_{i=1}^{3} \frac{\delta_i}{\lambda_i}} \tag{8-7}$$

由此得出 n 层均匀平壁的热流密度为

$$q = \frac{T_1 - T_{n+1}}{\sum_{i=1}^{n} \frac{\delta_i}{\lambda_i}} \tag{8-8}$$

(3) 多层非均匀平壁导热的计算

当出现热桥而形成热流短路时,其温度分布不能按一维稳定温度场来研究。热桥短路可以用实验方法为依据的圆弧热流法进行计算。圆弧热流法基于下列假设:

① 与外壁金属板相连接的所有金属骨架,其温度与外壁金属板相同,细小金属连接体的导热不予考虑;

② 热流在金属骨架两侧按圆弧状流线从高温流向低温,在转过 90° 后,热流垂直于板面,圆弧的圆心在骨架延伸至隔热壁内部最远点;

③ 不同材料间相互密接,接触热阻不计,另外,嵌在金属骨架内的隔热材料的热阻不计。

图 8-26 所示为有金属骨架的隔热壁,在此结构中,可将两根骨架之间的区域划分为一个单元,该单元含 4 个热流区,即 Ⅰ、Ⅱ、Ⅲ、Ⅳ 区,各区的传热过程如下。

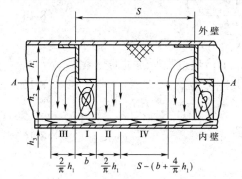

图 8-26 具有金属骨架的隔热平壁

第 Ⅰ 区:此区的宽度 b 是金属骨架的宽度(木楞的宽度),假设沿 b 方向的温度和外壁表面的温度相同,当内外壁面的温差为 1K 时,则通过传热面积 F 的热量为

$$Q_{\Delta T=1}^{\mathrm{I}} = \frac{F}{\sum \frac{\delta_i}{\lambda_i}} \tag{8-9}$$

取隔热壁的长度(垂直于该截面的长度)为 1m,则第 1 区的面积 $F = b \times 1 (\mathrm{m})$,因此,通过传热面积 F 的热量为

$$Q_{\Delta T=1}^{\mathrm{I}} = \frac{b}{\frac{h_1}{\lambda_{\mathrm{D}}} + \frac{h_2 + h_3}{\lambda_{\mathrm{m}}}} \tag{8-10}$$

式中:h_1——金属骨架厚度,m;

h_2——断热桥(木楞)厚度,m;

h_3——断热桥(木夹板)厚度,m;

λ_{D}——金属材料的导热系数,W/(m·K);

λ_{m}——断热桥材料的导热系数,W/(m·K)。

第 Ⅱ 区:设金属骨架为一矩形块,热流从右缘向右沿圆弧方向通过隔热材料到达 A—A 线,然后沿着垂直于 A—A 线的方向流向内壁。金属骨架传出热流的路程是逐渐增大的,也就是热流最小圆弧半径 $r_{\min} = 0$,热流最大圆弧半径 $r_{\max}$ 则根据从外壁面传出的热流与金属骨架

右缘传出的热流抵达 $A—A$ 线时，两者热阻相等，即

$$h_1 = \frac{2\pi r_{\max}}{4} \tag{8-11}$$

$$r_{\max} = \frac{2h_1}{\pi} \tag{8-12}$$

由此可知，此区间传热面积通过的热量为

$$Q_{\Delta T=1}^{\mathrm{II}} = \int_0^{\frac{2h_1}{\pi}} \frac{\mathrm{d}r}{\frac{h_3}{\lambda_m} + \frac{h_2}{\lambda_g} + \frac{1}{\lambda_g}\frac{\pi}{2}r} = \frac{2}{\pi}\lambda_g \ln \frac{\frac{h_1+h_2}{\lambda_g} + \frac{h_3}{\lambda_m}}{\frac{h_2}{\lambda_g} + \frac{h_3}{\lambda_m}} \tag{8-13}$$

式中：λ_g——隔热材料导热系数，$W/(m \cdot K)$。

第Ⅲ区：与第Ⅱ区情况相同。

第Ⅳ区：此区间内的热流方向均与 $A—A$ 线垂直，其方向由外壁流向内壁，传热面积通过的热量为

$$Q_{\Delta T=1}^{\mathrm{IV}} = \frac{F}{\frac{h_1+h_2}{\lambda_g} + \frac{h_3}{\lambda_m}} = \frac{S - \left(b + \frac{4h_1}{\pi}\right)}{\frac{h_1+h_2}{\lambda_g} + \frac{h_3}{\lambda_m}} \tag{8-14}$$

综上分析可知，在宽度为 S、长度为 $1\mathrm{m}$ 的单元中，整个传热过程所通过的热量为

$$Q_{\Delta T=1} = Q_{\Delta T=1}^{\mathrm{I}} + Q_{\Delta T=1}^{\mathrm{II}} + Q_{\Delta T=1}^{\mathrm{III}} + Q_{\Delta T=1}^{\mathrm{IV}} \tag{8-15}$$

在该单元内隔热壁的传热系数为

$$K = \frac{Q_{\Delta T=1}}{F} = \frac{Q_{\Delta T=1}}{S} \tag{8-16}$$

3）车厢隔热壁边界的传热

(1) 空气与隔热壁表面的对流换热。对流换热是流体与某一物体表面相接触时，两者间的换热过程。它是流体的对流和流体分子间的导热联合作用的结果。对流换热可分为自然对流和强制对流。自然对流是由于流体冷热各部分的密度不同而引起的流动；强制对流是由于风机或其他的压差作用而造成的流体流动。无论那一种形式的对流换热，单位时间内单位面积上所交换的热量可用牛顿公式计算，即

$$\left.\begin{array}{l} q = \alpha_K \Delta T \\ Q = \alpha_K \Delta T F \end{array}\right\} \tag{8-17}$$

式中：ΔT——流体与隔热壁表面的温差，K；

F——隔热壁表面面积，m^2；

α_K——对流传热系数，$W/(m^2 \cdot K)$。

对流传热系数 α_K 是表示对流换热过程强弱的物理量，它表示单位表面积单位时间内在 1K 温差作用下，通过对流换热所能传递的热量，α_K 常用下式计算：

$$\alpha_K = 6.31 v^{0.656} + 3.25 \mathrm{e}^{-1.91 v} \tag{8-18}$$

式中：v——靠近隔热壁外表面处的空气流速，取决于汽车行驶速度和风速，m/s；

e——自然对数的底。

车厢隔热壁内表面与厢内空气发生对流换热时，换热系数 α_K 用下式计算：

当 $\Delta T < 5\mathrm{K}$ 时， $\alpha_K = 3 + 0.08\Delta T \tag{8-19}$

当 $\Delta T \geqslant 5K$ 时,
$$\alpha_K = \beta \Delta T^{0.25} \tag{8-20}$$
式中：ΔT——隔热壁内表面与厢内空气的温差,K；
β——与厢内空气流动和温差有关的系数,在自然循环时,$\beta = 2.3 \sim 2.8$。

（2）空气与隔热壁表面间的热辐射。物体的热辐射与温度有关,若车厢隔热壁表面温度为 T_1,单位时间内从单位面积上辐射的热能由斯蒂芬—玻尔兹曼定律得
$$E_1 = \varepsilon_1 \sigma T_1^4 \tag{8-21}$$
式中：ε_1——隔热壁外表面的黑度,其值 $\varepsilon_1 \leqslant 1$,并与物体的种类表面状态有关；
σ——斯蒂芬—玻尔兹曼常数,其值为 $5.67 \times 10^{-8} W/(m^2 \cdot K^4)$；
T_1——隔热壁外表面的热力学温度,K。

当车厢隔热壁周围的空气温度为 T_2 时的辐射热能为 $E_2 = \varepsilon_2 \sigma T_2^4$,则车厢隔热表面所得到的辐射热 q_v 为
$$q_v = E_1 A_2 - E_2 A_1 = \varepsilon_1 \varepsilon_2 \sigma (T_1^4 - T_2^4) = \varepsilon \sigma (T_1^4 - T_2^4) \tag{8-22}$$
式中：A_1——隔热壁表面的吸收率,$A_1 = \varepsilon_1$；
A_2——隔热壁周围空气的吸收率,$A_2 = \varepsilon_2$；
ε——当量黑度,$\varepsilon = \varepsilon_1 \varepsilon_2$。

为了计算方便,采用类似于对流换热的公式表示辐射换热 q_v
$$q_v = \alpha_r \Delta T \tag{8-23}$$
式中：α_r——辐射传热系数,$W/(m^2 \cdot K)$；
ΔT——辐射换热物体间的温差,K。

辐射传热系数 α_r 用下式表示：
$$\alpha_r = 0.2\varepsilon \left(\frac{T_m}{100}\right)^3 \tag{8-24}$$
式中：T_m——隔热壁表面的湿度和周围空气的绝对温度的平均值,K。

若将边界的对流换热和辐射换热合并考虑,其总的换热量为
$$\left. \begin{array}{c} q = (\alpha_K + \alpha_r)\Delta T = \alpha \Delta T \\ Q = \alpha \Delta T F \end{array} \right\} \tag{8-25}$$
或
式中：α——总的传热系数,$W/(m^2 \cdot K)$；
ΔT——隔热壁表面温度和与之接触的空气温度之差,K；
F——隔热壁表面面积,m^2。

若隔热壁外侧的总传热系数为 α_w,内侧的总传热系数为 α_n,则车厢隔热壁两侧的总换热量分别为
$$Q_w = F\alpha_w \Delta T \tag{8-26}$$
$$Q_n = F\alpha_n \Delta T \tag{8-27}$$

在使用上述公式时,未考虑太阳辐射热。

4）车厢隔热壁传热系数的计算

冷藏保温汽车隔热车厢各壁板均可作为隔热平壁进行计算,设 T_w、T_n 分别为隔热壁两侧的空气温度,且 $T_w > T_n$；T_1、T_2 分别为隔热壁两侧壁面的温度；α_w、α_n 分别为两侧壁面的传热系数。由于在稳定条件下,每小时通过面积为 F 的隔热壁所传递的热量是相等的,根据式（8-9）和式（8-26）、式（8-27）,得下列关系式：

$$\left.\begin{array}{l}Q = \alpha_w F(T_w - T_1)\\ Q = \dfrac{1}{\sum\limits_{i=1}^{n}\dfrac{\delta_i}{\lambda_i}}F(T_1 - T_2)\\ Q = \alpha_n F(T_2 - T_n)\end{array}\right\} \quad (8\text{-}28)$$

整个传热过程的热流量为

$$Q = \dfrac{1}{\dfrac{1}{\alpha_w} + \sum\limits_{i=1}^{n}\dfrac{\delta_i}{\lambda_i} + \dfrac{1}{\alpha_n}} F(T_w - T_n) \quad (8\text{-}29)$$

车厢隔热壁的传热系数为

$$K = \dfrac{1}{\dfrac{1}{\alpha_w} + \sum\limits_{i=1}^{n}\dfrac{\delta_i}{\lambda_i} + \dfrac{1}{\alpha_n}} = \dfrac{1}{R_w + R_g + R_n} = \dfrac{1}{R} \quad (8\text{-}30)$$

式中：R_w——隔热壁外表面的传热热阻，$(m^2 \cdot K)/W$；

R_g——隔热壁的传热热阻，$(m^2 \cdot K)/W$；

R_n——隔热壁内表面的传热热阻，$(m^2 \cdot K)/W$；

R——隔热壁的传热热阻，$(m^2 \cdot K)/W$。

2. 隔热车厢传热系数的计算

隔热车厢传热系数 K 是在先求出车厢隔热壁（前壁、后门、左右侧壁、顶板、底板等）的传热系数之后，再根据传热面积求出。

隔热车厢的总传热系数 K_Σ 为

$$K_\Sigma = \dfrac{\sum\limits_{i=1}^{n} K_i F_i}{F} \quad (8\text{-}31)$$

式中：K_i——车厢各隔热壁的传热系数，$W/(m^2 \cdot K)$；

F_i——与 K_i 相对应的隔热壁的传热面积，m^2。

隔热壁的总传热面积可由下式确定：

$$F = \sqrt{F_w F_n} \quad (8\text{-}32)$$

式中：F_w——车厢外表面的总面积，m^2；

F_n——车厢内表面的总面积，m^2。

3. 隔热车厢热负荷计算

冷藏保温汽车隔热车厢热负荷的计算是设计、选用制冷装置和加温设备的依据，对于冷藏保温汽车而言，隔热车厢各种情况下的热负荷计算分述如下。

(1) 从车厢隔热壁传入车厢内的热量 Q_1 为

$$Q_1 = K_\Sigma F(T_w - T_n) \quad (8\text{-}33)$$

式中：K_Σ——隔热车厢的总传热系数，$W/(m^2 \cdot K)$；

F——隔热车厢的传热面积，m^2；

T_w——隔热车厢外的空气温度，K；

T_n——隔热车厢内的空气温度，K。

(2) 车厢的漏热量 Q_2 为

$$Q_2 = \frac{1}{3600} L\rho V [C_p(T_w - T_n) + \gamma(\varphi_w x_w + \varphi_n x_n)] \tag{8-34}$$

式中：L——车厢的漏气倍数，h^{-1}；

ρ——车厢内空气密度，kg/m^3；

V——车厢内空气容积，m^3；

C_p——空气的定压比热容，$J/(kg \cdot K)$；

γ——水蒸气的凝固热，J/kg；

φ_n、φ_w——车厢内、外空气的相对湿度，%；

x_n、x_w——车厢内、外的饱和空气相对湿度，%。

实际计算时一般采用下面的经验公式：

$$Q_2 = (0.1 \sim 0.2) Q_1 \tag{8-35}$$

(3) 太阳辐射的热流量 Q_3 为

$$Q_3 = KF_y(T_y - T_w)\frac{T}{24} \tag{8-36}$$

式中：F_y——车厢受太阳辐射的面积，一般取车厢传热面积的35%～50%，m^2；

T_y——车厢受太阳辐射表面的平均温度，取 $T_y = T_w + 20$，K；

T——车厢每天受太阳照射的时间，取 $T = 12 \sim 14h$。

(4) 装卸货物时开门传入的热量 Q_4 为

$$Q_4 = f(Q_1 + Q_3) \tag{8-37}$$

式中：f——开门频度系数。运输途中不开门，取 $f = 0.25$；开门 1～5 次，取 $f = 0.5$；开门 6～10 次，取 $f = 0.75$；开门 11～15 次，取 $f = 1$。

(5) 车厢内装载货物的发热量 Q_5 为

$$Q_5 = \sum m_i q_i \tag{8-38}$$

式中：m_i——车厢内某种货物的质量，kg；

q_i——车厢内某种货物的发热量，W/kg（表 8-11）。

主要蔬菜、水果的发热量 （单位：W/t）　表 8-11

食品名称	温度(℃)			食品名称	温度(℃)		
	0	5	10		0	5	10
白菜	32.5	50.5	77	橘子	10.5	18.6	35
土豆	19.7	24.5	25.5	苹果	18.6	31	60
菠菜	82	198	300	梨	19.2	46.6	62.5
菜花	62.5	78	138	桃	18.6	40.5	92
西红柿	17.5	26.7	40.5	葡萄	9.2	24.5	36
莴苣	38	51	102	草莓	53.6	92	17.1
青豌豆	104	138	265	树莓	92	166	290
菜豆角	80	92	183	李子	2.8	65	126
黄瓜	19.7	33.5	60	樱桃	22	53	107
干酪	73	95	133	柠檬	9.2	19.7	32.5

(6) 车厢内风机和照明灯的热流量 Q_6 为

$$Q_6 = \frac{1}{24}(P_d t_d + P_j t_j) \tag{8-39}$$

式中：P_d——照明灯的功率，W；

P_j——风机的功率，W；

t_d——平均每天照明的时间，h；

t_j——风机每天使用的时间，h。

(7) 车厢厢体预冷时所消耗的热量 Q_7 为

$$Q_7 = \frac{m_x c_x \Delta T}{2t} \tag{8-40}$$

式中：m_x——车厢需冷却部分的质量，kg；

c_x——车厢需冷却部分的平均比热容，J/(kg·K)；

ΔT——厢外气温和厢内温度之差，K；

t——车厢预冷时间，h。

(8) 车厢内货物预冷时摄取的热流量 Q_8 为

$$Q_8 = (m_h c_h + m_b c_b) \frac{\Delta T}{t} \tag{8-41}$$

式中：m_h——厢内货物的质量，kg；

m_b——厢内包装容器的质量，kg；

c_h——货物的比热容，J/(kg·K)；

c_b——包装容器的比热容，J/(kg·K)，计算时取 $c_b = 2500$ J/(kg·K)。

对于保温汽车，通常装运冷冻货物，其热负荷按下式计算：

$$Q = Q_1 + Q_2 + Q_3 + Q_4 + Q_7 \tag{8-42}$$

4. 制冷(加热)装置的制冷量(加热量)的计算

1) 制冷装置的制冷量计算

冷藏保温汽车车厢内外温差的维持，必须利用制冷装置的制冷才能使车厢内的温度达到或保持一定的范围。

(1) 运送冷冻货物。冷藏汽车运送冷冻货物时，只须保持厢内温度所需的范围，而不需对货物进行预冷，货物的呼吸热为零，故制冷装置的制冷量为

$$Q = Q_1 + Q_2 + Q_3 + Q_4 + Q_6 + Q_7 \tag{8-43}$$

若车厢已冷却到要求的温度时，Q_7 可以不考虑。

(2) 运送水果、蔬菜和鲜蛋。当冷藏汽车运送水果、蔬菜和鲜蛋时，要求制冷装置同时预冷隔热车厢和货物，这时制冷装置的制冷量为

$$Q = Q_1 + Q_2 + Q_3 + Q_4 + Q_5 + Q_6 + Q_7 + Q_8 \tag{8-44}$$

考虑到制冷装置不能连续地工作，在设计和选择制冷量时应考虑安全系数 n，即制冷量为 nQ，一般冷藏汽车取 $n = 1.3 \sim 1.5$。

2) 加温装置的加热量计算

在寒冷地区运送保鲜货物时，要求厢内温度高于外界环境温度，需要加温装置对车厢进行加热。由于太阳的辐射热，货物的呼吸热以及风机工作时的发热均已成为热源，故加温装置的加热量为

$$Q = Q_1 + Q_2 + Q_4 + Q_7 + Q_8 - Q_3 - Q_5 - Q_6 \tag{8-45}$$

若太阳的辐射热和货物的呼吸热忽略不计，则上式简化为

$$Q = Q_1 + Q_2 + Q_4 - Q_6 \tag{8-46}$$

第九章　混凝土专用汽车

随着大规模建筑工程日益增多，对环境保护及能源消耗等要求的提高，混凝土专用汽车得到了迅速发展，以适应混凝土集中搅拌、商品化供应和机械化施工的需要。混凝土专用汽车主要指散装水泥车（在第七章中已叙述过）、混凝土搅拌车和混凝土泵车等。本章仅就后两种专用汽车加以叙述。

第一节　混凝土搅拌车

一、混凝土搅拌车的用途与分类

1. 混凝土搅拌车的用途

现代筑路和大型建筑工程中，为了保证混凝土的质量，提高工作效率，减少环境污染，常设有专门的混凝土搅拌厂（站），利用厂内的混凝土搅拌楼等专用设备生产混凝土，然后用自卸汽车送往施工场地，直接浇注。但是，如果混凝土的运输距离和运输时间稍长，水泥将会沉淀而与水分离，破坏混凝土的均匀性；同时，沉积在车厢底部的水泥很难卸掉，增加了货损，减少了自卸汽车的实际装运质量。而混凝土搅拌车就克服了用一般自卸汽车运输混凝土的这一缺点，保证了混凝土的浇注质量。

混凝土搅拌车是一种在运输过程中，或在施工场地上，不断地对所装运的混凝土进行慢慢搅拌的专用汽车。所以，又称混凝土搅拌运输车。

2. 混凝土搅拌车的分类

按混凝土搅拌车所装运的混凝土含水量来分，有湿料式、干料式和半干料式三种搅拌运输车。

国内大都采用湿料式混凝土搅拌车，它可装运由搅拌厂（站）生产的混凝土或按配比混合的集料（砂、石子）、水泥和水，在运输过程中，不断对湿料慢慢搅拌，防止混凝土在运输过程中初凝和离析。但是，混凝土从生产到浇注的时间一般不能超过 1.5h，以免混凝土凝结。所以，在更远距离运输的情况下，需采用干料和半干料式搅拌运输车来运送。

干料式混凝土搅拌车可按配比将干状集料和水泥直接装入该车的搅拌筒内，在运输过程中对筒内的干料进行搅拌，当车辆将要到达施工场地或在施工场地再加水完成混凝土的搅拌。

半干料式混凝土搅拌车所装运的混凝土中的集料和水泥也是按配比配制的，并含有一定的水，但水的含量达不到浇注要求，还需在车辆将要达到施工场地或在施工场地加水搅拌。

按混凝土搅拌车的搅拌驱动形式及其动力源分，有专用内燃机—机械传动、汽车发动机—液压传动等。前者结构比较简单，搅拌筒转速便于控制，成本较低，但其质量和体积较大，布置不便；后者的标准化程度高，布置方便，质量较轻，可以装用更大的搅拌筒，但其成本较高。随着液压技术的发展和液压元件质量的提高，混凝土搅拌车的搅拌驱动，越来越多地采用汽车发动机—液压传动的驱动形式。

二、混凝土搅拌车的结构

混凝土搅拌车一般是在基础车型的底盘上改装而成的。图9-1所示为共用汽车发动机—液压传动搅拌装置的混凝土搅拌车。它由汽车底盘2、搅拌筒7、进出料装置9、供水系统6和液压传动系统等组成。

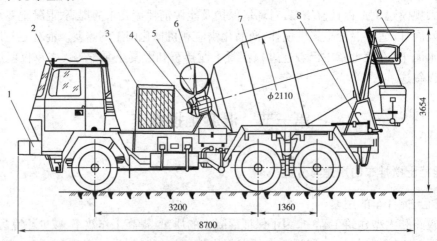

图9-1 混凝土搅拌车(单位:mm)

1-液压泵连接组件;2-汽车底盘;3-液压油散热器;4-减速器总成;5-液压系统;6-供水系统;7-搅拌筒;8-操纵系统;9-进出料装置

1. 搅拌筒的结构

搅拌筒的主要作用是搅动和搅拌混凝土,安装在汽车车架的后半部,主要由筒体、连接凸缘、滚道及搅拌叶片组成。搅拌筒的外部结构如图9-2所示。

其外部结构大多是两端锥体、中间为圆柱体,其外形酷似梨形。两端锥体不同:后锥体较短,根据搅动容积的大小由单锥或双锥组成,端面封闭并焊接着凸缘,通过连接凸缘用螺栓与减速器连接;前锥体较长,过渡部分有一条环形滚道,焊接在垂直于搅拌筒轴线的平面圆周上。整个搅拌筒通过连接凸缘和环形滚道倾斜卧置在固定在机架上的减速器壳体和一对支撑滚轮所组成的三点支撑结构上,由减速器带动绕其轴线平稳的转动。

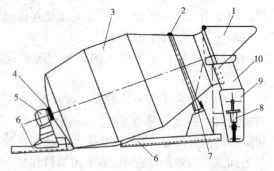

图9-2 搅拌筒的外部结构

1-装料斗;2-环形滚道;3-滚筒壳体;4-连接凸缘;5-减速器;6-机架;7-支承滚轮;8-调节机构;9-活动卸料溜槽;10-固定卸料溜槽

搅拌筒的内部结构如图9-3所示,从筒口到筒底的内壁对称焊接着两条连续的带状螺旋叶片,当搅拌筒转动时,两条叶片即被带动作围绕搅拌筒轴线的螺旋运动,这是搅拌筒对混凝土搅拌或卸料的根本装置。另外,搅拌筒前端筒口中焊有进料管7,为了加强搅拌效果,在搅拌筒的中下部两条螺旋叶片间加装有辅助搅拌叶片9,以提高进料或出料速度。

由搅拌筒体和叶片焊接成的搅拌筒,再加上动力装置,就是一个罐式搅拌机。当搅拌筒以前端支承为轴心,沿着托轮顺着叶片螺旋角的旋向旋转,即正转时,混凝土被均匀地搅拌后装

250

入;当搅拌筒逆着叶片螺旋角的旋向转动,即反转时,混凝土被排出。

目前搅拌筒在汽车底盘上有三种布置形式,一种是筒口朝向汽车的后方倾斜设置,混凝土从车尾部装进和卸出;另一种是搅拌筒向前倾斜,在搅拌筒前方装料和卸料;还有一种是整个上车可以回转的斜置搅拌筒。其中以搅拌筒后倾布置的结构形式最多。前倾式虽有驾驶员操作方便之利,但搅拌筒口必须超越驾驶室上方,使搅拌筒过长过高,并使机构复杂,搅拌筒容积利用率也下降,设计时一般选用搅拌筒后倾布置。

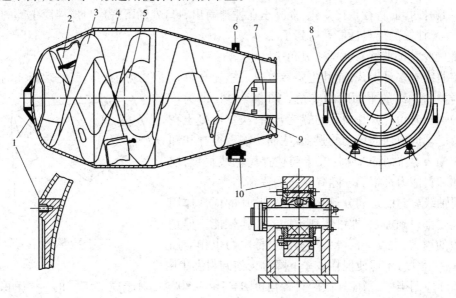

图9-3 搅拌筒内部结构

1-连接凸缘;2-搅拌板;3-叶片;4-搅拌筒体;5-人孔;6-滚道;7-进料管;8-夹套管;9-辅助搅拌叶片;10-托轮

2. 搅拌叶片

叶片是搅拌装置中的主要部件,损坏或严重磨损会导致混凝土搅拌不均匀。另外,叶片的角度如果设计不合理,还会使混凝土出现离析。

1)螺旋曲线形式

搅拌筒内部的两条连续螺旋叶片直接影响搅拌筒的工作性能,因此必须恰当确定叶片曲线的形式。目前采用两种叶片螺旋曲线形式,即阿基米德螺旋曲线和对数螺旋曲线,如图9-4所示。

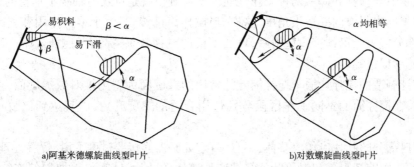

a) 阿基米德螺旋曲线型叶片　　b) 对数螺旋曲线型叶片

图9-4 搅拌筒叶片曲线示意

(1)阿基米德螺旋曲线。在传统的搅拌筒结构设计中,叶片都采用等螺距的阿基米德螺旋线。阿基米德螺旋曲线的叶片与搅拌筒各部分的交角,随搅拌筒各部分直径的不同而有所变化。从图9-4a)中可以看出,叶片与搅拌筒轴线的夹角是不相同的。在搅拌筒的中间部分,叶片与轴线的夹角 α 较大,混凝土就易于从叶片上滑下;在搅拌筒出料口处,叶片与轴线的夹角 β 减小,混凝土就不易从叶片上滑下而淤积在叶片表面。这种叶片对低坍落度的混凝土不易排出。

(2)对数螺旋曲线。即等升角的螺旋曲线,如图9-4b)所示。这种叶片的螺旋升角始终不变,螺距却随搅拌筒直径正比变化,混凝土在搅拌筒出料口处的下滑角与搅拌筒中部的下滑角一样,这样搅拌筒的出料性能就得到了改善。

2)螺旋叶片的曲线参数螺旋升角

螺旋曲线有多种形式,而其主要参数都是螺旋升角。所谓螺旋升角,就是螺旋线的切线与垂直于搅拌筒轴线的平面间的夹角。图9-5 中 α 即为该处叶片的螺旋升角。叶片曲线的螺旋升角,决定混凝土在搅拌筒内沿轴向或切向运动的强度,从而影响着搅拌和卸料性能。当 α 角很小时,叶片几乎与搅拌筒轴线垂直,搅拌作用和卸料能力都很弱。随着 α 角的逐渐增大,混凝土沿搅拌筒轴线方向的运动分量逐渐提高,叶片的搅拌作用和卸料能力都得到加强,即可实现预期的工作性能。但是随着 α 角的增大,混凝土沿叶片滑移的摩擦阻力也相应加

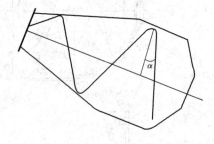

图9-5　螺旋升角

大,达到一定程度,不但使搅拌效率下降也会使卸料发生困难。

在实际应用当中,当搅拌筒的斜置角度 β = 16°~20°时,对于搅拌工作的,一般可使叶片曲线的螺旋升角 α = 30°;对于卸料工作,则需视混凝土的性质而定,一般都使 α < 30°;对于坍落度低于5cm 的干硬性混凝土,甚至要求 α ≤ 15°。

搅拌筒不同工作部位的工作性质各有侧重,上部锥体为卸料引导区段,而中下部分则是搅拌区段,可以按功能将整个搅拌筒大致划分为两个区段。按这种划分功能区段的原则,近年来,在一些新的搅拌运输车上,叶片在采用对数螺旋曲线的同时,在搅拌筒的不同工作区段分别选择适用的螺旋升角,改善搅拌筒的性能。

3)搅拌叶片常用的螺旋面

目前,应用于搅拌运输车的搅拌筒叶片螺旋面的形式有:正螺旋面和斜螺旋面两种。正螺旋面就是母线垂直于轴线的螺旋面,当螺旋升角选定之后,在搅拌筒正、反转两种工况下,正螺旋面叶片很难兼顾搅拌和卸料两种工作性能。斜螺旋面就是母线与轴线不垂直的螺旋面。假设螺旋母线斜向出料方向一适当角度,这样,当搅拌筒正转时,由于重力作用和斜螺旋面的性质,将有一部分混凝土沿搅拌筒壁滑跌,增加了横向搅拌效果,提高了搅拌效率。当搅拌筒反向旋转时,能够促进卸料。

我国设计制造的搅拌运输车搅拌筒叶片常用的螺旋面为斜圆锥对数螺旋面,按划分工能区段的原则,在搅拌筒的不同工作区段分别选用合适的螺旋升角,以其达到比较理想的工作性能。

搅拌筒口部分的叶片应作成整体,不宜多接,如必需连接要过度平滑,焊缝处理平整,以防结垢造成堵塞,影响卸料。卸料口叶片终端应加装辅助叶片,使卸料更加均匀连续,平稳而不造成飞溅,为了减少叶片的磨损,增加使用寿命,可在叶片边缘加焊高强度耐磨合金钢丝,加强叶片边缘的抗磨性。

搅拌筒和叶片多采用高锰耐磨钢板焊接而成,以提高耐磨性,延长其使用寿命。在使用过程中,搅拌筒和叶片各部分磨损量不同,根据等寿命的设计原则,各部分的材料和厚度也不相同,使搅拌筒的结构更为合理、经济,如图9-6所示。

3. 供水系统

供水系统的主要作用是清洗搅拌筒,有时也用于运输途中进行干料搅拌。供水系统还对液压系统起冷却作用。如要作干料注水搅拌运输,由于需要供给搅拌用水,故应适当增大水箱容积。

混凝土搅拌车的供水系统有两种做法:一种是离心水泵供水系统,一种是压力水箱供水系统,因后者可以不必另设离心水泵,既简化了结构又减少了易损的零件,故以后者应用较为普遍。

图9-7所示为压力喷水系统原理图。它是利用汽车制动系统中的储气筒1内的压缩空气,通过充气阀2和顺序阀3引入密闭的压力水箱5。压力水箱中的水在压缩空气的作用下,经喷水阀8和计量水表7喷入搅拌筒。关闭喷水阀8,打开冲洗阀9,压力水箱中的水便经冲洗阀和冲洗软管10喷出,即可进行冲洗作业。关闭充气阀、喷水阀和冲洗阀,打开排气阀4,即可放出压力水箱中的压缩空气,然后将引水接头与水源管路相接并打开进水阀,即可将水源的水注入压力水箱,进行充水作业。压力水箱上有液位计可以观测充注水的量,充足水后关闭进水阀和排气阀即可。

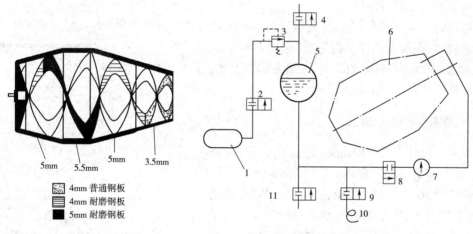

图9-6 搅拌筒和叶片的材料与厚度

图9-7 压力喷水系统原理图
1-储气筒;2-充气阀;3-顺序阀;4-排气阀;5-压力水箱;6-搅拌筒;7-水表;8-喷水阀;9-冲洗阀;10-冲洗软管;11-进水阀

为了防止压力喷水导致汽车制动系储气筒内的气压下降过低,影响汽车的制动性能,在压力喷水系统中设有一个顺序阀。当储气筒中的压缩空气的压力低于0.6MPa时,顺序阀便自动关闭,待汽车的空气压缩机对储气筒加压到额定压力时,顺序阀重新开启,向压力水箱充气,喷水系统重新喷水。

图9-8所示为QDZ5320CJBS8混凝土搅拌车供水系统。

4. 进出料装置

进出料装置的主要作用是向搅拌筒内供料和把混凝土卸到相应的位置。它装在混凝土搅拌车的尾部。其结构如图9-9所示。

进料斗 5 在搅拌筒口上面,进料斗出口通过圆环 6 与搅拌口相接,出料斗 4 在搅料口的下面。进、出料斗均由 16Mn 钢板制成,并固定在机架上。

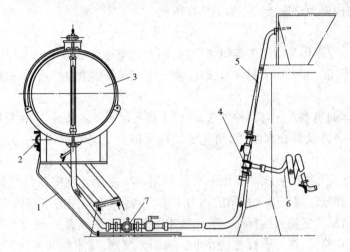

图 9-8　QDZ5320CJBS8 混凝土搅拌车供水系统
1-进气管;2-减压阀;3-水箱;4-三通接头;5-进水管;6-冲洗管;7-加水管及阀

卸料溜槽 3 和加长溜槽 1 通过挂钩 2 相互连接在一起,由支座 7 支承,并可在水平 180°范围内摆动。拨动止动手柄 10 可使伸缩杆 11 在套筒 9 内移动,以改变卸料溜槽 3 和加长溜槽 1 与车架水平面的倾斜角度。

进料时,混凝土沿着进料斗的出口和圆环 6,经搅拌筒进料管(图 9-3)装入搅拌筒。

卸料时,混疑土经搅拌筒卸出,经出料斗流入卸料溜槽;混凝土在重力的作用下,沿着卸料溜槽、加长溜槽流到设定的位置。

三、搅拌筒的驱动形式

混凝土搅拌车的搅拌筒,为完成加料、搅拌(或搅动)和卸料等不同工况时,将作不同速度和不同方向的转动,都需要动力供给,并由驱动装置(传动系统)引取动力,按工况而控制动力的传递。由于混凝土搅拌车的搅拌装置是安装在汽车底盘上,并在运输途中工作,因此,其动力的供给、动力设备的配制以及驱动装置的结构都有其相应的特点。

1. 搅拌筒的动力供给和动力引出形式

1)以载货汽车发动机为动力源,由汽车发动机前端取力

发动机曲轴前端直接通过联轴器带动变量轴向柱塞液压泵,柱塞泵以高压油驱动定量柱塞液压马达,再经由行星传动而带动搅拌筒转动。这种方式应用较早,特点是构造简单,出力大,灵活可靠,耐用和维修方便。此外,采用这种方式还可压缩搅拌筒与汽车驾驶室之间的空间,使搅拌筒的重心略向前移,汽车轴荷载的分

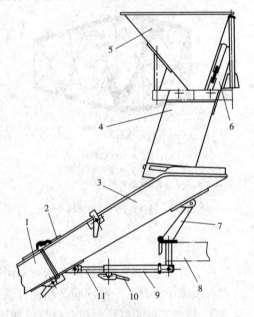

图 9-9　进出料装置
1-加长溜槽;2-挂钩;3-卸料溜槽;4-出料斗;5-进料斗;6-圆环;7-支座;8-机座;9-套筒;10-止动手柄;11-伸缩杆

布可更趋合理。但会给液压泵等液压系统元件的安装布置带来困难,因液压泵要安装在发动机曲轴前端,底盘的机架(保险杠)须经少许改造。由于系统管路增长而压力损失增大,且意外机械损伤和内部缺陷概率的提高导致可靠性下降。

2)以载货汽车发动机为动力源,但由发动机后方飞轮轴端取力

通过联轴器驱动变量柱塞液压泵,并进而驱动定量柱塞液压马达经由行星传动而带动搅拌筒转动。这种方式的特点是构造较为简单,布置紧凑,即能克服上车独立驱动的缺点,又能弥补发动机前端取力形式的不足。但采用该种方式的前提条件是所选底盘必须安装有发动机飞轮端取力装置。

3)以载货汽车发动机为动力源,由发动机后端取力

通过分动箱、离合器以带动变量轴向柱塞液压泵和定量柱塞液压马达,再通过行星传动而带动搅拌筒转动。目前这种方案应用较为广泛。

4)以专用发动机为动力源

优点是构造简单,不受汽车底盘发动机制约,便于保证商品混凝土的运输和搅拌质量,但有造价较高、燃油量较大、运营费用较高等缺点,搅拌车的早期发展曾有过这种配置方式,但其原因在于当时缺乏理想的全功率取力方式,随着取力器的应用,这种驱动方式已经被淘汰。如前所述,这种驱动方式对大容量的混凝土搅拌车还是比较适宜的。

2. 搅拌筒的驱动装置

由于液压传动技术的飞速发展,大多数混凝土搅拌车都已经采用了液压传动。一种是通过发动机驱动液压泵、液压马达,然后直接驱动搅拌筒,而不需要机械的减速机构的全液压驱动方式;另一种所不同的是液压马达必须通过机械的减速机构(一般通过行星减速原理减速)驱动搅拌筒,把这种方式成为液压—机械传动。

目前我国生产的混凝土搅拌车中普遍应用液压—机械混合式驱动装置。液压—机械方式,由以下几部分组成:

发动机→取力装置→液压泵→控制阀→液压马达→减速器→搅拌筒
↘补油泵

其特点是利用液压传动易于控制的特点,通过液压传动部分对系统进行调速和控制,然后利用减速机的大减速比进行增扭减速,从而驱动大惯量的搅拌筒。机械传动部分的结构,一般都由与液压马达连接的一个闭式减速器和连接搅拌筒的一对终端传动件组成,搅拌筒的末级传动除了采用链轮、链条之外,还有采用齿轮、齿圈开式传动的,如图9-10所示。

为了提高传动效率,消除开式传动的缺陷,近几年来,开始推广一种搅拌筒直接驱动的结构,也就是将液压马达减速器输出轴直接与搅拌筒的底端凸缘相连接,形成一套闭式传动系统,如图9-11所示。

其结构特点是解决了减速器与搅拌筒的浮动连接,它采用一种能浮动的支承结构,这种支承能保证搅拌筒的驱动轴即减速器的输出轴可在一定的范围偏转。这样,使搅拌筒的传动不受汽车底盘在行驶途中产生变形影响,并且提高了传动效率。

图9-12所示为NJC-13型混凝土搅拌车专用减速器,采用了鼓形齿和自由轴承支承,其与拌筒相连的输出轴(凸缘轴)最大摆动角为±4°。

3. 搅拌筒转速的控制

1)混凝土搅拌车行驶条件对转速的影响

混凝土搅拌车在运送混凝土时,为了保持混凝土的品质,在运送的过程中需要对其进行搅

拌,搅拌筒始终保持恒速转动最好。这样既保持了混凝土的质量,又可减少搅拌系统的磨损和功率消耗。对于用专门设置的发动机来驱动搅拌筒的系统来说并不难,只要调定节气门开度,控制发动机转速即可实现;而对于动力来自汽车发动机的搅拌筒驱动系统来说,搅拌筒的转速一般要受到发动机转速和汽车行驶条件的影响。

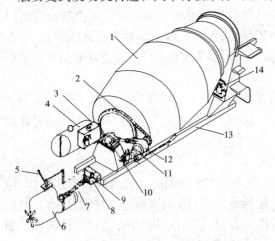

图9-10 混凝土搅拌车的搅拌装置

1-搅拌筒;2-链传动;3-油箱;4-水箱;5-液压传动系统操纵手柄;6-发动机;7-万向节传动轴;8-液压泵;9-集成式液压阀;10-中心支承装置;11-液压马达;12-齿轮减速器;13-机架;14-支承滚轮

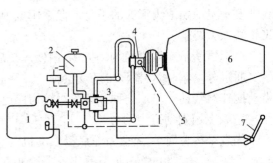

图9-11 混凝土搅拌车驱动系统

1-发动机;2-油箱;3-液压泵;4-液压马达;5-减速器;6-搅拌筒;7-操纵杆

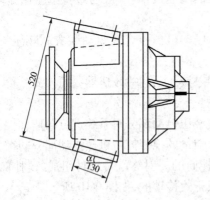
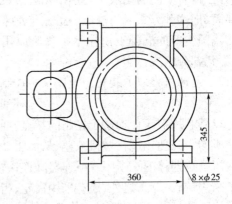

图9-12 NJC-13型混凝土搅拌车专用减速器

混凝土搅拌车在以经济车速行驶时,发动机的转速一般能符合搅拌筒的需要。但在汽车起步或上坡时,发动机转速提高,液压泵即按比例增大供油量,搅拌筒的转速相应地提高,搅拌筒的磨损加快,功率消耗也增大,影响混凝土搅拌车的行驶性能。当混凝土搅拌车处于等待状态,发动机长时间以怠速运转,搅拌筒的转速远远低于正常值时,就难以保持混凝土的质量。因此,必须设有搅拌筒的转速控制装置(又称恒速装置),使搅拌筒的转速在发动机工作转速范围内保持已调定的转速基本不变。

2)搅拌筒转速的选择

混凝土搅拌车搅拌筒的转速影响混凝土质量、搅拌系统的磨损以及功率消耗。试验证明,搅拌筒的转速范围在 $0 \sim 16 \text{r/min}$ 为宜,功率消耗一般不超过 60kW。下面以 6m^3 混凝土搅拌车装运某一坍落度的混凝土时的情况来说明转速及功率消耗情况。

(1)装料时:搅拌筒以 15r/min 正转,转矩随着混凝土的装入量而增大,最大功率为 51kW 左右。装料率为 $3m^3/min$。

(2)运输时:搅拌筒以 4r/min 正转,在整个运输过程中,搅拌筒的转矩基本不变,要求其转速基本恒定,功率约为 11kW。运输时间视运距而定。

(3)搅拌筒换向时:即由搅拌状态转入卸料状态时,搅拌筒转入 15r/min 的反转,转矩陡然增大,瞬间功率消耗最大可达 58kW,而后迅速跌落。

(4)卸料时:搅拌筒以 15r/min 反转,驱动转矩随着混凝土的卸出而降低,功率消耗约为 46kW,卸料率为 $1.2m^3/min$。

(5)空筒运转时:搅拌筒内加入适量的水,以 4r/min 正转,清洗搅拌筒,此时功率消耗为 4kW 左右。

混凝土搅拌车搅拌筒的常用转速:装料为 8～10r/min,运输为 2～4r/min,卸料为 8～12r/min。

3)搅拌筒转速的控制

带有转速自动控制的搅拌筒液压系统如图 9-13 所示。发动机 10 带动双向变量液压泵 1,变量液压泵排出的压力油,经管路及控制阀通至液压马达 6,驱动液压马达转动,液压马达经变速机构驱动搅拌筒顺时针或逆时针旋转。

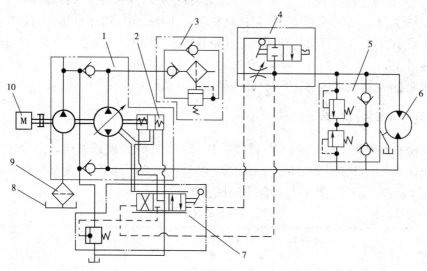

图 9-13 搅拌筒液压系统原理

1-双向变量液压泵;2-伺服液压缸;3-滤油器总成;4-手动换向阀;5-溢流阀;6-液压马达;7-控制阀;8-油箱;9-粗滤器;10-发动机

该系统可以使搅拌筒的转速实现自动控制或手动控制。

(1)手动控制:控制阀 7 处于中位(图示位置),操纵手动换向阀 4,使其阀芯左移接通回路。起动双向变量液压泵 1,双向变量液压泵 1 中的补油泵空循环,变量液压泵的斜盘与轴线垂直,故无高压油输出。液压马达 6 不转动,搅拌筒也不转动。

控制阀 7 左移,接通控制油路,来自补油泵的液压油推动伺服液压缸 2 的活塞右移,从而带动变量液压泵的斜盘偏转,高压油由变量液压泵的上油口输出,经滤油器 3 和手动换向阀 4,驱动液压马达 6 转动,进而驱动搅拌筒正转(一般为顺时针转动),完成装料或搅拌工作。

控制阀 7 右移,来自补油泵的液压油推动伺服液压缸 2 的活塞左移,同样使变量液压泵的斜盘反向偏转,高压油从变量液压泵的下油口输出,推动液压马达 6 反向转动,进而驱动搅拌筒反转(一般为逆时针转动),完成卸料工作。

当手动控制时,即手动换向阀 4 的阀芯左移,接通回路。混凝土搅拌车搅拌筒的转速随其发动机转速的升高而升高。

(2)自动控制:控制阀 7 处于中位,操纵手动换向阀 4,使其阀芯右移切断回路(图示位置)。起动双向变量液压泵 1,双向变量液压泵无高压油输出,液压马达 6 则处于静止状态,搅拌筒也不转动。

控制阀 7 左移,来自变量液压泵 1 上油口的高压油,经滤油器 3 和手动换向阀 4 中的可调式节流器,驱动液压马达 6 正转。由于在主油路上设有可调式节流阀,靠节流阀前后所产生的压差推动控制阀 7 的阀芯。当发动机转速升高时,变量液压泵的转速随之升高,流量增大。此时,节流阀前后产生的压差也增大,来自可调式节流阀两端的控制油路的油压便推动控制阀的阀芯继续左移,使伺服液压缸 2 活塞左腔的油压降低。其活塞左移,减少了变量液压泵 1 的斜盘斜度,使每转的排量减少,从而减少了变量液压泵的输出流量,使液压马达 6 的转速基本不变;反之,当发动机转速降低时,变量液压泵 1 的输出流量也随之减少,节流阀前后的压差也减少,使控制阀 7 的阀芯右移,伺服液压缸 2 活塞左腔的油压升高,其活塞右移,加大了变量液压泵 1 的斜盘斜度,也就增大了变量液压泵的输出流量;同样,也使液压马达 6 的转速基本不变。这就实现了自动控制,使搅拌筒的转速稳定在最佳转速范围内,可以通过节流阀的调整来调定搅拌筒的转速。

控制阀 7 右移,可使液压马达 6 反转,同样也能自动控制搅拌筒的转速。

四、混凝土搅拌车的故障与排除

应定期检查各运动件的磨损情况,搅拌叶片、滚道、托轮磨损或失圆时,应及时修理和更换。搅拌筒体上一般设有两个人孔,当人进入搅拌筒内检修时,必须使发动机熄火,确保人身安全。混凝土搅拌车的常见故障与排除方法见表 9-1。

混凝土搅拌车的故障与排除　　　　　　表 9-1

常见故障	故障原因	排除方法
进料斗堵塞	进料搅拌不均匀,出现"生料",放料过快	捣通堵塞处 控制放料速度
搅拌筒不能转动	液压泵发生故障	检修液压泵 　若混凝土已装入搅拌筒时,液压泵发生故障,则应采取如下紧急措施: 　将一辆救援混凝土搅拌车驶近有故障的车,将有故障的液压马达油管接到救援车的液压泵上,由救援车的液压泵带动故障车的液压马达旋转,紧急排除故障车搅拌筒内的混凝土
	液压管路损坏	修理或更换管路
	操纵失灵	检修操纵系统

续上表

常见故障	故障原因	排除方法
搅拌筒转动不出料	混凝土坍落度太低	加入适量水,搅拌筒以 30r/min 搅拌速度搅拌,然后反转出料
	叶片磨损严重	修复或更换
搅拌筒上下跳动	滚道和托轮磨损不匀	修复或更换
	夹卡套太松	调整夹卡套螺母

第二节 混凝土泵车

一、混凝土泵车的用途与分类

1. 混凝土泵车的用途

混凝土泵车是装备有混凝土输送泵和输料管道,利用这些装置对混凝土进行泵送和浇注的专用汽车。也称为混凝土输送泵车。

混凝土泵车可以用其输送泵将混凝土泵送至作业半径 650m 以内、高度 150m 以下的使用场地。特别是在高层建筑领域,混凝土泵车以其特有的性能而得到迅速发展和广泛使用。

2. 混凝土泵车的分类

按混凝土搅拌车的整车形式分为车载式和拖挂式两种。车载式混凝土搅拌车,是在其基本车型底盘上装备工作装置,具有机动性好的优点,适用于施工场地较多,工作量较小的作业;拖挂式混凝土搅拌车,是在普通挂车底盘上或专门设计的挂车底盘上装备工作装置,具有结构简单、成本低的优点,适用于施工场地集中的大型工程。

按混凝土搅拌车输送泵形式分,有挤压式和活塞式两种。挤压式混凝土输送泵是利用滚轮滚动挤压橡胶管,使其吸入和泵送混凝土;活塞式混凝土输送泵则是利用活塞在缸体中往复运动来吸入和泵送混凝土。前者,结构简单,成本低,使用方便;后者,使用性能优良,泵送高度高、距离长,最大输送高度可达 150m,应用广泛。

二、混凝土泵车的结构

1. 挤压式混凝土泵车

挤压式混凝土泵车,如图 9-14 所示。它由挤压式混凝土泵 10、臂架混凝土管 6、臂架 4、转台 3、料斗 12、支腿 13 和汽车底盘等组成。

混凝土倒入料斗 12 内,由挤压式混凝土泵 10 将料斗中的混凝土吸入并泵出,通过臂架式混凝土管 6(又称布料管)和前端软管 5,送至使用场点。为了防止混凝土泵车远距离输送混凝土时翻倾,均设有支腿,一般为 4 个,而且大都为十字结构。

1) 挤压式混凝土泵

图 9-15 所示为挤压式混凝土泵。驱动轴 4 带动滚轮架和三个橡胶滚轮旋转,由橡胶滚轮 3 滚动挤压橡胶软管 6,使橡胶软管 6 具有吸入和输出混凝土的能力,完成输送作业。混凝土泵的壳体上设有真空吸气口 7,与车上的真空泵相连接,使混凝土泵体内形成负压,可使软管扩张,以提高混凝土的吸入性能。支承辊子 8 的作用是扶持、协助挤压后的橡胶软管迅速复

原,也有利于提高混凝土的吸入性能。橡胶软管的外侧装有弹性垫,以缓冲混凝土中集料对橡胶软管壁的挤压,有利于混凝土的输送。

2)布料装置

用混凝土泵车输送混凝土,单位时间输送量大,而且是连续供料。因此,浇注地点要及时把混凝土进行分布和摊铺。完成混凝土输送布料、摊铺工作的装置称为臂架系统,又称布料装置,如图9-16所示。它是一种三节臂式布料装置,主要由回转台、臂架、臂架液压缸、臂架混凝土管和软管等组成。

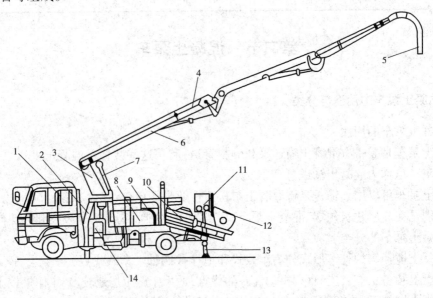

图9-14 挤压式混凝土泵车

1-汽车底盘;2-底架;3-转台;4-臂架;5-前端软管;6-臂架混凝土管;7-液压缸;8-工具箱;9-水箱;10-挤压式混凝土泵;11-操纵盘;12-料斗;13-支腿;14-阀组

布料装置的臂架2、3、4支承着混凝土输送管,由臂架液压缸8、10、11控制臂架之间的夹角,实现臂架的伸折及变幅。布料装置通过臂架的旋转、俯仰来变化浇注工作点,可以完成一定空间范围浇注混凝土的工作。

3)转台及其控制系统

图9-17所示为转台及其控制系统。它由回转支承6、回转接头11、制动器10、回转马达5、控制系统等组成。

液压马达5的驱动轴与主动小齿轮相连接,经变速机构驱动回转台的齿圈,带动布料装置在360°范围内旋转。在液压系统向回转液压马达供高压油的同时,也向制动液压缸12供油,使制动液压缸克服其弹簧的作用力,放松制动,回转马达才驱动布料装置转动。当液压系统停止向回转马达供高压油时,二位四通阀复位而卸荷,制动液压缸在弹簧力的作用下,使制动器处于制动状态,使布料装置固定在该位

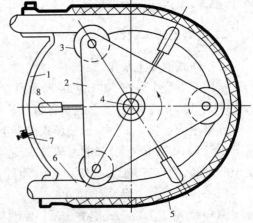

图9-15 挤压式混凝土泵结构

1-壳体;2-滚轮架;3-橡胶滚轮;4-驱动轴;5-弹性垫;6-橡胶软管;7-真空吸气口;8-支承辊子

置上。

混凝土在输运过程中,是通过转台回转接头中心的混凝土输运管送出的,并保证布料装置转到任何位置都能正常送料。

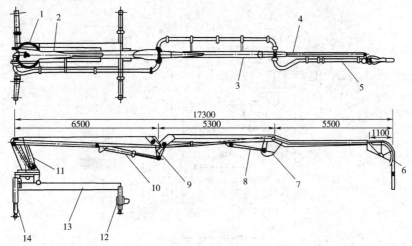

图9-16 布料装置

1-回转台;2-下臂架;3-中臂架;4-上臂架;5-臂架混凝土管;6-软管;7-上铰链;8-上液压缸;9-中部铰链;10-中液压缸;11-下液压缸;12-后支腿;13-底架;14-前支腿

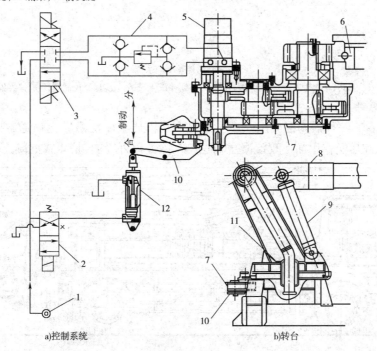

a)控制系统　　b)转台

图9-17 转台及其控制系统

1-臂架液压泵;2-二位四通阀;3-三位四通阀;4-旋转制动阀;5-回转马达;6-回转支承;7-减速器;8-下臂架;9-下液压缸;10-制动器;11-回转接头;12-制动液压缸

4)搅拌及冷却系统

混凝土泵车料斗中都设有搅拌系统,以保证混凝土的质量,防止混凝土的初凝及离析,便于混凝土的输送。图9-18所示为搅拌及冷却系统。搅拌器液压泵7的液压油通过控制阀6

推动液压马达5,由液压马达驱动料斗中的搅拌器;液压油通过二通阀3推动液压马达1,由该液压马达驱动液压油冷却系统的风扇2,对液压系统进行冷却。搅拌器叶片与料斗间隙不应大于最大集料尺寸。

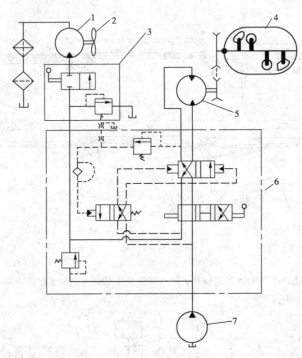

图9-18 搅拌及冷却系统
1-冷却液压马达;2-冷却风扇;3-二通阀;4-料斗;5-搅拌液压马达;6-搅拌器控制阀;7-搅拌器液压泵

2.活塞式混凝土泵车

图9-19所示为一种活塞混凝土泵车。它是利用液压缸驱动混凝土输送缸的活塞作往复运动,靠其吸入和压送作用而实现混凝土输送的。除此以外,均与挤压式混凝土泵车相同。

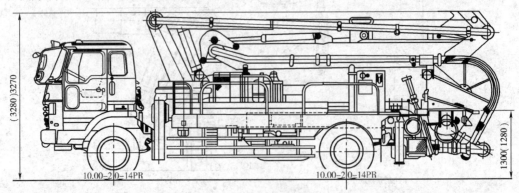

图9-19 活塞式混凝土泵车(尺寸单位:mm)

1)混凝土输送管

图9-20为活塞式混凝土泵车的混凝土输送管的布置图。它与挤压式混凝土泵车的差别主要是多了一个"丫形管"6。

混凝土泵车用的混凝土输送管包括直管、锥管、弯管、软管和管卡等。输送管要随着臂架及转台动作,结构较复杂。由于混凝土对输送管内壁磨损严重,有些弯管采取增加壁厚、外壁补强和内壁表面淬火等措施,提高输送管的耐磨性和强度,延长其使用寿命。有些输送管用低合金无缝钢管制成,这样既提高了强度和耐磨性,又降低了输送管的壁厚。

管道口和排料口处一般都采用软管,以便在不改变臂架位置的情况下,扩大混凝土的布料范围。

软管分高压和低压两种:高压软管是用钢丝和橡胶制成的,能承受较高的压力;低压软管则采用普通橡胶制成。软管对混凝土的流动阻力大,一般场合应用很少。

2)活塞式混凝土泵和料斗

图9-21所示为活塞式混凝土泵和料斗。它由主液压缸3、洗涤室5、混凝土输送缸8、滑阀9、滑阀换向液压缸10、料斗11和搅拌装置等组成。

洗涤室5将并列组成的两个主液压缸3和两个混凝土输送缸8连接起来。主液压缸活塞和混凝土输送缸活塞分别装在活塞杆的两端,由主液压缸活塞通过活塞杆带动混凝土输送缸的活塞往复运动。两个滑阀9由滑阀换向液压缸10驱动,有规律地启闭滑阀的吸、排料口。滑阀换向时,滑阀换向液压缸驱动阀门,开启该混凝土输送缸的进料口,关闭其吸料口;同时,另一个滑阀液压缸驱动另一个阀门,关闭该混凝土输送缸的进料口,开启其吸料口。液压缸的往复运动都由先导阀4来控制,使两个混凝土输送缸交替往复运动,将料斗中的混凝土经滑阀阀门吸入混凝土输送缸内,并经滑阀阀门压入丫形管,从而将混凝土连续不断地压送到混凝土输送管中,并送至作业点处。

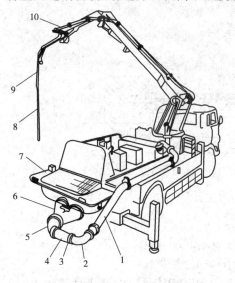

图9-20 活塞式混凝土泵车输送管
1-输送管;2-弯管;3-管接头;4-锥形管;5-弯管;6-丫形管;7-料斗;8-长端部软管;9-连接软管;10-输送管

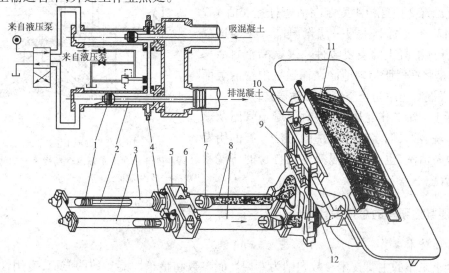

图9-21 活塞式混凝土泵和料斗
1-主液压缸活塞;2-活塞杆;3-主液压缸;4-先导阀;5-洗涤室;6-定位销;7-混凝土输送活塞;8-混凝土输送缸;9-滑阀;10-滑阀换向液压缸;11-料斗;12-丫形管

主液压缸的作用是利用液压来驱动混凝土缸活塞,做往复运动。图 9-22 所示为主液压缸结构。液压缸体采用无缝钢管制成,内壁镀铬,提高耐磨性和延长使用寿命。主液压缸活塞和活塞杆分别采用球墨铸铁和碳钢制造。活塞上有两个支撑环装在液压缸的内壁上。为改善活塞杆的耐磨性和耐蚀性,一般在其表面镀有硬铬层。

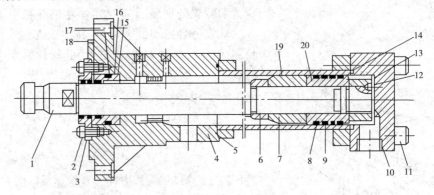

图 9-22　主液压缸结构

1-活塞杆;2-防尘圈;3-前盖;4-缸头;5、14-O 形密封圈;6、7-撞块;8-支承环;9-U 形密封圈;10-缸盖;11-螺栓;12-防松螺钉;13-锁紧螺母;15-干式轴承;16-套;17-螺纹孔;18-压盖;19-液压缸;20-活塞

混凝土输送缸是混凝土泵车的主要部件。缸体一般采用高碳钢管,内壁表面淬火 RC55 左右,也可在内壁上镀一层 0.2mm 厚的硬铬,以提高其抗磨损和耐腐蚀的能力,延长其使用寿命。装配时,要检查主液压缸和混凝土输送缸的圆柱度,并保证两者的同轴度。

混凝土输送活塞的往复运动速度快,承受压力高,易磨损和腐蚀,一般使用寿命为输送 7000 ~ 10000m³ 混凝土。因此,在活塞的结构上具有拆卸和更换方便的特点,如图 9-23 所示。整个活塞由卡环 8 通过凸缘 2 由螺栓 4 固定在活塞杆上。活塞 7 是在其钢基体表面上注塑一层聚氨酯。在输送缸内,它是接触混凝土的主要零件。聚氨酯密封活塞 6 的作用是将润滑脂均匀地涂在输送缸内壁的表面上,并在吸混凝土时防止空气进入输送缸内。

混凝土泵车工作完毕后,须对混凝土管路及整车进行清洗,常采用水洗和气洗的方法。有的用专门清洗设备清洗,也有的用混凝土泵自身的清洗系统进行清洗。

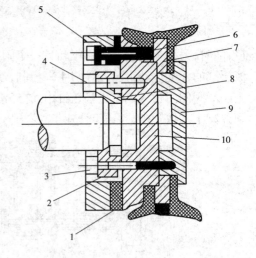

图 9-23　混凝土输送活塞

1-缓冲垫;2-凸缘;3、4-螺栓;5-凸缘;6-密封活塞;7-活塞;8-卡环;9-前板;10-活塞凸缘

三、混凝土泵车的总体设计

1. 主要技术参数

混凝土泵车的主要技术参数归纳为专用性能参数和整车性能参数两方面,专用性能参数主要有:混凝土排出量、混凝土泵送压力、泵送能力指数、布料装置的工作范围、混凝土坍落度的适应范围、料斗工作高度等。整车性能参数除必须满足国家交通安全法规要求外,还应根据工作环境的要求,着重考虑混凝土泵车的最小转弯直径、最大爬坡度、最小离地间隙和混凝土

泵车的稳定性等。当然整车改装后应尽量不影响原车辆底盘主要技术性能。

混凝土泵车行驶时必须满足《机动车运行安全技术条件》(GB 7258—2004)规定的各项要求,这里不一一叙述了。本节主要讨论混凝土泵车的专用性能参数。

1)混凝土排出量

混凝土排出量 Q 是指混凝土泵车在单位工作时间内输送混凝土的量,即混凝土泵车的生产率,用 m^3/h 作为度量的单位。

由于混凝土泵车的发动机转速和驱动液压泵的输出流量是可以变化的,通过调节发动机转速和液压泵流量,则混凝土排出量可以在一定范围内变化。通常以最大排出量作为混凝土泵车混凝土排出量的参数值。按照排出量的大小,可分为小排量($<40m^3/h$)、中等排量($40\sim80m^3/h$)、大排量($>100m^3/h$)三种。混凝土排出量标准系列为理论排出量 $10m^3/h$、$20m^3/h$、$30m^3/h$、$40m^3/h$、$50m^3/h$、$60m^3/h$、$80m^3/h$、$100m^3/h$、$125m^3/h$、$150m^3/h$。在设计时,可选择其中的任一种。

采用高低压切换的混凝土泵车,有两个混凝土排出量。在高压输送时,有一个小的最大排出量,以实现较远距离的输送;而在低压输送时,则有一个大的最大排出量,以实现较近距离的大排量输送。在混凝土泵车铭牌上标出的是最大排出量。

有的混凝土泵车采用恒功率变量液压泵,则混凝土泵的输送输出特性有如下规律,即混凝土排出量和泵送压力的乘积为一常数,混凝土排出量随泵送压力的变化而变化。混凝土泵车的排出量仍按最大排出量来标定。

活塞式混凝土输送泵的混凝土理论排出量 $Q_L(m^3/h)$ 可用下式求得:

$$Q_L = 60KVn \tag{9-1}$$

式中:K——混凝土输送泵的吸入效率,一般取值范围在 $0.7\sim0.9$;

n——混凝土输送缸活塞每分钟往复工作次数,一般在 45 次/min 以下;

V——混凝土输送缸的有效容积,$V = \frac{1}{4}\pi D^2 L \times 10^{-9}$,$m^3$;

D——输送缸缸径,mm;

L——输送缸的有效工作行程,mm。

混凝土输送泵的吸入效率 K 是混凝土泵的实际排出量 Q 与理论排出量 Q_L 的比值,即

$$K = \frac{Q}{Q_L} \times 100\% \tag{9-2}$$

影响吸入效率的因素很多,首先是混凝土的坍落度。坍落度越小,吸入效率越低,坍落度在 15cm 以上时,吸入效率较稳定,可高达 $0.85\sim0.90$,国家标准规定要求坍落度在 18cm 时,吸入率在 0.85 以上。其次混凝土输送泵活塞的工作速度影响,活塞速度小,则混凝土在输送缸中的流动速度也小,有利于混凝土的吸入;反之活塞速度增大,混凝土在输送缸中的流动速度滞后,则吸入效率降低。一般设计时,选择混凝土输送泵活塞速度在 1m/s 左右。此外,分配阀的结构形式、阀的密封性能、吸料口的大小和形状、通道的方向和截面形状等都会影响吸入效率。

2)混凝土泵送压力

混凝土泵送压力是指混凝土泵工作时,输送缸出口处的混凝土流出压力。

混凝土泵送压力反映了混凝土输送距离远近的能力,由于泵送距离还受多种因素影响,所以在混凝土泵车的铭牌上不标明输送距离,而标明泵送压力。

混凝土泵送压力分为三个等级:$p<4\mathrm{MPa}$ 为低压、$4\mathrm{MPa}\leqslant p\leqslant 7\mathrm{MPa}$ 为中压、$p>7\mathrm{MPa}$ 为高压。一般活塞式混凝土泵车的最小泵送压力不小于 2MPa。

混凝土泵送压力主要用于克服输送管路中的压力损失,即流动的混凝土与管壁的摩擦力,在垂直布管时,还要克服混凝土的重力等。

混凝土在输送过程中的压力损失除与管道长度、布管状况有关外,还与混凝土在管道中的流速、输送管的直径、混凝土坍落度、配合比等因素有关。

实际试验结果表明:流速越高,则压力损失越大;输送管直径越大,则压力损失越小。混凝土的水灰比小、坍落度小、水泥用量少时,压力损失增大。

3)泵送能力指数

泵送能力指数 M 是指混凝土输送泵工作时,输送缸出口处的混凝土泵送压力与实际混凝土排出量乘积的最大值,即

$$M = \{p_1 \cdot Q_1\}_{max} \tag{9-3}$$

式中:p_1——混凝土泵送压力,MPa;

Q_1——在 p_1 压力下混凝土泵车的实际排量,m^3/h。

泵送能力指数的推荐值见表 9-2。

表 9-2 泵送能力指数的推荐值

基本参数 \ 排出量(m^3/h)	10	20	30	40	50	60	80	100	125	150
泵送混凝土压力(MPa)	≥2.0	≥2.0	≥2.5	≥3.0	≥3.5	≥4.0	≥5.0	≥5.0	≥5.0	≥5.0
泵送能力指数 [MPa·(m^3/h)]	≥20	≥40	≥75	≥120	≥150	≥200	≥250	≥300	≥300	≥300

4)布料装置的工作范围

对混凝土泵车,要求能在一定空间内的任何位置进行布料工作,图 9-24 所示的是臂架式混凝土泵车臂架工作范围。臂架工作范围由高度 H、水平工作圆半径 R 和工作深度 D 等参数确定。这些参数都与臂架的长度 L 有关。

臂架长度是指各节臂杆在同一轴线上时,臂架与转台的铰点中心至臂端混凝土输送管管口中心的距离。目前国内常用的泵车臂架的长度为 15~25m,有三节臂杆组成,折叠形式多种多样。国外 25~50m 的长臂架发展较快,50m 以上的超长臂架也有生产。一般 32m 以上的臂架多采用四节臂杆,超长臂架则为五节。

工作高度 H 是指各节臂杆全部垂直于地面时,从地面至臂端混凝土输送管口距离。

水平工作圆半径 R 是指各节臂杆全部水平放置时,从转台的铰点中心至泵车臂端混凝土输送管口中心的距离。

工作深度 D 是指泵车臂架伸入地面以下作业时,地面至臂端混凝土输送管管口中心的距离。

5)混凝土坍落度的适应范围

混凝土坍落度的适应范围是指泵车对不同坍落度的混凝土的可泵性。它与混凝土泵车中混凝土分配阀的吸入性能和混凝土输送缸缸径大小等有关。

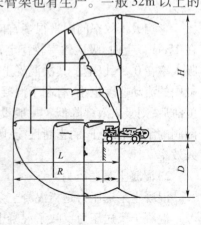

图 9-24 臂架的工作范围

目前混凝土泵车的分配阀基本类型有两种：一是摇摆式管形阀,二是滑式板形阀。它们对混凝土坍落度的适应范围均为5~23cm。

6）料斗工作高度

料斗工作高度是指混凝土泵车工作状态下,料斗口与地面间的距离。一般在1.2~1.7m范围内。为便于混凝土搅拌车给混凝土泵车上料,料斗工作高度尽可能设计得低一些。

2. 对混凝土泵车底盘的要求

混凝土泵车一般是用载货汽车二类底盘或专用底盘改装。选用的汽车底盘应满足下列要求：

（1）发动机的功率应满足混凝土泵车各装置要求的驱动功率。

（2）混凝土泵车的总质量及其轴载质量的分配应在原汽车底盘前、后轴的容许承载质量范围内。

（3）有足够的空间配置动力输出装置。

（4）能合理安装布料装置转台底座和布置混凝土泵装置。

混凝土泵车各工作装置的动力源一般取自本车发动机。在进行混凝土泵送作业时,汽车发动机动力经变速器和万向传动装置输入分动器,通过分动器操纵杆将动力传递给各液压泵,同时切断通往后桥的动力,汽车处于驻车状态。计算和确定各工作装置的驱动功率,合理的进行功率组合是正确选择底盘、发动机功率的依据之一。混凝土泵车动力传递图如图9-25所示。

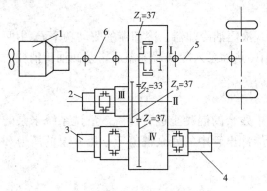

图9-25 混凝土泵车动力传递图

1-汽车发动机；2-双联泵；3-主液压缸；4-悬架液压泵；5-传动轴；6-万向传动装置

1）混凝土泵的驱动功率 P_1

混凝土泵的驱动功率一般占总功率的80%左右。计算泵送功率时,首先根据混凝土泵车的混凝土泵送压力 p 和混凝土排出量 Q 计算液压系统的压力 p_1 和流量 Q_1,即

$$p_1 = p \frac{D_2^2}{D_1^2} \tag{9-4}$$

$$Q_1 = Q \frac{Q_{T1} \eta_{V1}}{Q_T \eta_V} \tag{9-5}$$

式中：D_1、D_2——混凝土主缸和主液压缸的内径,m；

Q_T、Q_{T1}——混凝土的理论排出量和主液压泵的理论流量；

η_V——混凝土缸容积效率；

η_{V1}——液压系统的容积效率（包括主液压泵,主液压缸及管道等）。

再根据 p_1 和 Q_1 求出主液压泵的驱动功率 P_1,即

$$P_1 = 277.8 \frac{p_1 Q_1}{\eta} \tag{9-6}$$

式中：p_1——主液压泵压力,MPa；

Q_1——主液压泵流量,m³/h；

η——主液压泵传动效率。

2)布料装置的驱动功率 P_2

布料装置臂架变幅、转台回转、支腿伸缩等均由发动机通过臂架液压泵驱动。但支腿的伸缩是在混凝土泵车作业前、后动作,故其驱动功率不计入 P_2 内。

3)搅拌装置的驱动功率 P_3

搅拌装置通过搅拌液压泵驱动。通常情况,搅拌装置有四种工况:

(1)搅拌装置正常工作,这时液压泵的驱动功率是 P_3,主要用于克服搅拌阻力;

(2)搅拌叶片被集料卡住不转,液压系统油压升高,使反转溢流阀工作,搅拌换向阀换向,叶片反转而排除卡阻,叶片又恢复正常转动,此工况时间短,一般增加功率不计入 P_3 内;

(3)搅拌叶片被集料卡住而无法反转排除时,油压上升,打开溢流阀,液压泵驱动功率达到最大值 P_{3max},此工况很短;

(4)搅拌装置不工作,液压油经换向阀流回油箱,液压泵空转,驱动功率为最小值。

4)冷却系统的驱动功率 P_4

为使液压油冷却,在液压系统内需设置强制式液压油冷却器。冷却器的驱动功率 P_4 由两部分组成:一是驱动冷却风扇的功率;二是将油箱中热油泵入冷却器降温后再泵回油箱消耗的功率。

5)清洗系统的驱动功率 P_5

混凝土泵车作业完毕后,需对车辆和输料管中残余的混凝土进行清洗。清洗系统水泵的压力要大于混凝土在输料管中的压送力,这样才能冲出管中的残余混凝土。由水泵的压力和流量确定清洗系统的驱动功率 P_5。

3. 发动机功率选择

1)工况Ⅰ

混凝土泵车连续正常作业,臂架不变幅,转台不回转,搅拌装置正常运转,这时混凝土泵车所需的驱动功率为

$$P_t = P_1 + P_2 + P_3 + P_4$$

式中:P_t——工况Ⅰ的驱动功率,W;

P_1——布料装置液压泵空转功率,W。

汽车发动机连续运转的最大持续功率 P_{e1} 应满足下式:

$$P_{e1} \geq \frac{P_t}{\eta} \tag{9-7}$$

式中:η——传动效率。

2)工况Ⅱ

混凝土泵车连续正常作业,臂架变幅,转台回转,搅拌装置可能同时出现短暂卡住,这时混凝土泵车短时间内所需的驱动功率为

$$P_C = P_1 + P_2 + P_{3max} + P_4 \tag{9-8}$$

汽车发动机连续运转1h的最大有效功率 P_{e2} 应满足下式:

$$P_{e2} \geq \frac{P_C}{\eta} \tag{9-9}$$

3)工况Ⅲ

混凝土泵车输送混凝土完毕,开始清洗,主液压缸、布料装置的臂架液压泵、搅拌装置的液压泵均为空转状态,水泵工作,这时消耗的功率也较大,需进行校核,即

$$P_{\text{III}} = P'_1 + P'_2 + P_{3\min} + P'_4$$

式中：P_{III}——工况Ⅲ时混凝土泵车所需的功率，W；

P'_1——主液压泵空转功率，W。

从上述3种工况中所需的驱动功率计算结果中，取最大值来选择汽车底盘、发动机功率。

用上述方法计算发动机功率，有时会遇到困难，也不方便。现推荐下列经验公式来估算发动机功率，即

$$P_e = 0.044Q\left[0.088L + \frac{12}{(D/D_1)^2}\right] \tag{9-10}$$

式中：P_e——所需发动机功率，kW；

Q——混凝土排出量，m³/h；

L——泵送混凝土最大水平距离，m；

D、D_1——混凝土主缸、主液压缸内径，m。

4. 混凝土泵车总质量和臂架质量

混凝土泵车总质量主要由汽车底盘质量、混凝土泵质量、布料装置质量及清洗系统质量等组成。影响混凝土泵车总质量的关键是臂架质量，而混凝土排出量的影响不大，见表9-3。所以在选择底盘和计算泵车总质量时，首先计算臂架的总质量。

部分国内外混凝土泵车质量统计表　　　　　　表9-3

型号		最大排出量 (m³/h)	臂架长度 (m)	臂架质量 (kg)	臂架单位长质量 (kg/m)	$\dfrac{G_{\text{非}}}{G_{\text{回}}}$	混凝土泵车质量 (kg)	臂架形式
中国	B-HB20	20	17	1800	105.88	4.36	16000	三节折叠
	HBQ-60	60	17.7	2000	112.99	4.02	15066	三节折叠
日本	DCS115B	70	17.4	2000	114.94	4.12	15350	三节折叠
	PTF85B	85	17.4	2000	114.94	4.11	15330	三节折叠
	NCP9F8MC	90	17.5	2000	114.28	4.04	15120	三节折叠
德国	M25/29	90	29	6400	220.69	1.97	22000	三节折叠
	M26/30	105	30	6000	200	2.14	22000	三节折叠
	M26/30	114	30	6700	223.33	1.86	22000	三节折叠
	M29	98.5	28.1	4700	167.26	2.33	19000	三节折叠
	M30	64	30	6250	208.33	1.41	16000	三节折叠
	V30	76	28.5	6200	217.51	1.42	16000	三节折叠
	KVM29	80	29	5600	193.1	1.88	16000	三节折叠
	KVM45	110	45	11800	262.22	1.81	36000	四节折叠
	KVM32	66	30	6000	200	1.82	19000	四节折叠

对现有混凝土泵车的统计分析，推荐用下列公式估算臂架质量，即

$$m = \frac{1}{10}(K_1 L + K_2)L \tag{9-11}$$

式中：m——臂架质量，kg；

L——臂架长度；

K_1——系数，当 $L<30\text{m}$ 时 $K_1=4$，当 $L\geqslant 30\text{m}$ 时 $K_1=5$；

K_2——系数，当 $L<30\text{m}$ 时 $K_2=40$，当 $L\geqslant 30\text{m}$ 时 $K_2=45$。

5. 混凝土泵车的总体布置

混凝土泵车总体布置除动力传送中分动箱的布置外,主要涉及混凝土泵车泵送机构的布置、操纵系统的布置和布料装置的布置。

1) 取力装置布置

取力装置布置中,最重要的是分动器的设计和布置。通常分动器布置在变速器之后,将原传动轴截为两段。由万向轴传动,如图9-26所示。

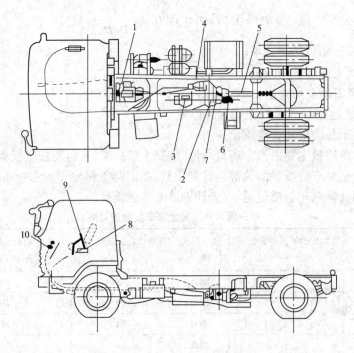

图9-26 分动器在底盘上的位置
1-变速器;2-分动器;3-主液压泵;4-搅拌液压泵;5-传动轴;6-臂架液压泵;7-驻车制动器;8-定位器;9-分动操纵杆;10-制动闸

2) 混凝土泵车泵送机构的布置

混凝土泵送机构是混凝土泵车的主要工作机构,通常将其布置于汽车车架纵梁之间,固定在混凝土泵车的车架上。为便于上料应尽量使料斗的工作高度低一些,而使混凝土泵送机构中心线与汽车车架平面成一定角度(一般在10°以内)。

泵送机构布置时易与后桥制动气室发生干涉,所以最好选用轮边制动形式的汽车底盘。另外,由于泵送机构斜后置,要保证车辆的最小离地间隙、离去角和后悬尺寸等应符合有关规定。

3) 操纵系统的布置

混凝土泵车的操纵系统要求布置在靠近料斗和混凝土分配阀附近,便于观察混凝土泵送机构的工作状况和供料情况,根据操作台上压力表指示的泵送混凝土压力变化,随时调整混凝土排出量。

布料杆的操纵装置应布置在操作人员站在地面上可以操作的位置,一般设在混凝土泵车前部。同时还应设有不少于20m导线相接的线控开关盒或无线电控制开关盒,用以控制混凝土输送泵和臂架,以便操作者可以在最佳视线位置上进行布料作业。

4) 布料装置的布置

布料装置包括旋转台、折叠臂、驱动液压缸、液压马达、减速器、回转支承以及混凝土输送管等。

旋转台的布置主要有两种形式:一种是前置式,即转台布置在靠近前桥处,布料杆向后倾置,这种布置的最大优点是混凝土泵车臂架的净工作幅度大;另一种是转台后置式(即转台布置在靠近后桥处),由于后部布置有泵送机构,工作时振动冲击较大,故目前基本上不采用后置布置形式。

折叠臂架有多种折叠形式,如图 9-27 所示。图 9-27a)为上折叠 S 形,这种形式的中、上段臂可以做得较长,折叠后可悬置于驾驶室上;图 9-27b)和 d)分别为下卷 O 形和下折叠 Z 形,具有折叠后重心低等优点;图 9-27c)为上卷 O 形,具有 S 形折叠的优点,中、上段臂可做得较长,折叠后可悬置于驾驶室上,但上卷 O 形折叠臂架质心较高,对混凝土泵车的行驶稳定性不利。

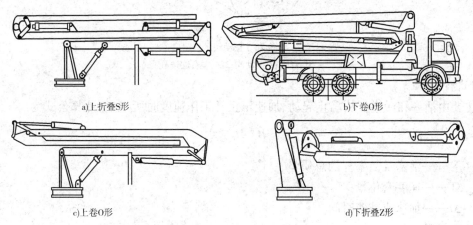

图 9-27 臂架的折叠形式

四、泵送机构的设计

泵送机构包括主液压缸、混凝土输送缸、混凝土分配阀、料斗和搅拌装置等。

主液压缸将液压能将转化为推动混凝土输送缸的机械能;混凝土输送缸是压送混凝土的主要工作部件;分配阀的作用是根据输送缸吸入或压出混凝土的要求而启闭吸料口或排料口;料斗是供应混凝土缸吸料用的储料装置,料斗内装有搅拌装置,用于对混凝土进入料斗后作二次搅拌,并向混凝土输送缸的吸料口送料。

目前应用的混凝土分配阀有许多种,阀的运动形式有摆动式和滑动式等两类。图 9-28 和图 9-21 分别表示出了摆动阀和滑动阀的工作原理图。

1. 泵送机构推力的确定

泵送机构推力由主液压缸产生,用来克服混凝土在管道中的流动阻力(即混凝土输送缸出口处的压力),同时需要克服推送机构的摩擦力、惯性力和吸料阻力。

1) 摩擦力 F_m

活塞杆的两端分别装有主液压缸活塞和混凝土输送缸活塞,在运动中有活塞与缸体的摩擦力,近似用下式计算:

$$F_m = \mu S_m \Delta p \tag{9-12}$$

式中：μ——摩擦系数，橡胶密封，动摩擦$\mu=0.05$，静摩擦$\mu=0.1$；

S_m——摩擦面积，$S_m = D\pi L n$，D为缸径、L为接触长度、n为输送缸数目；

Δp——工作缸的工作腔和非作腔的压力差。

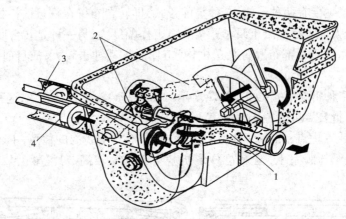

图9-28 摆动阀示意图
1-管阀；2-摆动阀；3、4-左右输送缸

2）惯性力 F_g

主要由活塞和活塞杆从静止起动、加速至正常工作速度时所产生，计算公式为

$$F_g = G \sum \frac{\Delta V}{\Delta t} \tag{9-13}$$

式中：$G\sum$——活塞及活塞杆的总质量；

ΔV——速度变化量；

Δt——加速或减速时间。

3）吸料阻力 F_b

目前混凝土输送泵均采用双列单动油压式，两个液压缸的非工作腔是相互连通的，即闭合油路，闭合油路中的压力主要用于克服吸料阻力、活塞摩擦力和回油阻力，主要是吸料阻力，故可表示为

$$F_b = \frac{\pi}{4} D^2 p_f \tag{9-14}$$

式中：D——输送缸缸径；

P_f——负压压力（即吸料时混凝土缸中负压力）。

于是，根据已确定的推送压力 p 与混凝土输送缸的作用面积，便可确定输送缸的工作载荷 $\left(\frac{\pi}{4}D^2 p\right)$；加上摩擦力、惯性力和吸料阻力，就可得到所需的主液压缸推力。

2. 泵送机构各部件的设计要求

1）混凝土输送缸

混凝土输送缸是混凝土泵车作业主要部件，要求耐磨损、耐腐蚀，并有足够的强度和刚度。为此：

（1）缸体采用高碳钢，内壁淬火（HRC55），或在内壁上镀一层硬铬（>0.2mm）；

（2）缸体要进行强度校核；

（3）为保证主液压缸和混凝土输送缸的同轴度，要控制两缸连接件的精度。

2)混凝土输送活塞

混凝土输送活塞的工作速度高、承受压力大、往复运动易磨损、腐蚀,因此,通常用钢材制作活塞基体,采用聚氨酯橡胶作密封件。活塞要求抗压并有韧性,密封件要耐磨、耐腐蚀并有一定强度。在结构上要考虑拆卸和更换的方便性。

3)料斗

用于接收并储存来料,供混凝土泵吸料。料斗要有较大的容积,一般都大于 $0.35m^3$,料斗底部装有滤网,网眼尺寸为泵送混凝土最大集料的 1.5 倍,料斗的出料口应能防止空气进入混凝土输送缸,应有利于减少混凝土的起拱现象,便于混凝土自流。

4)搅拌装置

搅拌装置的目的是防止混凝土在料斗中存入时产生离析现象和帮助混凝土输送缸的进料。搅拌叶片的搅拌速度应与混凝土输送缸吸料口处混凝土的流速相等,叶片旋转扫过的空间形状应与料斗的形状相似,叶片与料斗间隙不应大于最大集料的尺寸。

5)混凝土分配阀

当前应用的主要有两种分配阀,一种是滑动式板形阀,一种是摆动式管形阀,它们各具优缺点,一般对分配阀的设计要求是:

(1)应具有良好的吸入、排出性能,如吸入通道短、吸入口大、通道通畅、截面和形状不变化以及通过分配阀的压力损失小等。

(2)应具有良好的转换性,即吸入与排出动作协调、及时、迅速。转换动作宜在 $0.3s$ 内完成,以防止灰浆倒流,这对垂直输送尤为重要。

(3)阀门和阀体的相对运动部位,应具有良好密封性,防止漏浆。

(4)分配阀的工作条件恶劣,工作中始终与混凝土进行强烈摩擦和冲击,容易磨损。因此,要求有良好的耐磨性。

(5)要求结构简单,便于加工和维修。

第十章　起重举升汽车

起重举升汽车是指装有起重设备或可升降作业台(斗)的专用汽车,包括起重汽车、高空作业汽车等。

第一节　汽车起重机和随车起重运输车

一、起重汽车的用途与分类

1. 起重汽车的定义与用途

起重汽车是指装有起重设备、完成吊装任务的专用汽车。

起重汽车广泛用于运输、建筑、矿山等货物分散、吊装工地狭窄、不宜安装起重设备的场地或临时吊装作业。

2. 起重汽车的分类

(1)按起重装置在汽车水平面的转动范围(或转台回转范围)分:全回转式和非全回转式两种起重汽车。前者的转台可在360°内任意转动,后者的转台回转角度小于270°。

(2)按起重汽车用途分:汽车起重机、随车起重运输车和后拦板起重运输车。

通常所称的汽车起重机是起重汽车的一种主要型式。它一般只用来完成吊装作业,应用最广泛。而随车起重运输车和后拦板起重运输车,除装有较简单的起重设备以外,还带有装运货物用的车箱,具有吊装和运输货物的功能。机动灵活,使用方便,但只适用于轻、中型汽车和短途运输。

下面分别简要介绍汽车起重机、随车起重运输车的基本结构和设计。

二、汽车起重机

汽车起重机构造如图10-1所示,主要包括起重装置、回转装置、传动装置和行走装置等部分。起重装置用来完成货物的吊起和降落作业,包括提取装置(如吊钩、抓斗等)、钢丝绳、滑轮组、起重绞车、起重臂、起重臂伸缩液压缸和变幅液压缸等;回转装置用来完成转台及货物的转动作业,包括转台(其上装有起重臂、起重铰车及起重操作室等)、回转机构及其驱动装置等;传动装置是指发动机到起重装置和回转装置的传动机构;行走装置包括汽车底盘和支腿。

三、随车起重运输车

随车起重运输车是在普通载货汽车基础上改装而成,带有载货车箱,仍然具有普通载货汽车的功用。除完成本车车箱的货物装卸之外,随车起重运输车还能完成车箱与车箱之间的货物装卸,以及其他作业。随车起重运输车的起重装置有前置式、中置式和后置式三种布置型式,如图10-2所示。

(1)前置式:起重装置布置在驾驶室和车箱之间(图10-2a)。车箱面积利用率高,适用于装箱件物品,起重装置离汽车发动机较近,其液压系统管路短、工作效率高、便于布置,应用较多。但车箱的前轴易超载。

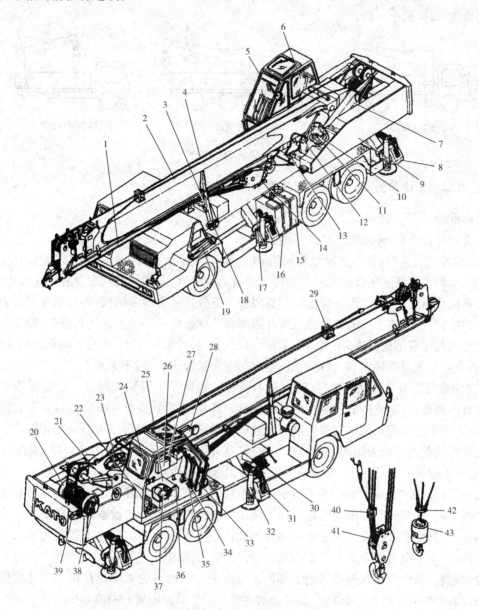

图 10-1 汽车起重机构造

1-副起重臂;2-起重臂;3-起重臂支架;4-钢丝绳;5-操纵室;6-座椅;7-起重臂固定架;8-支腿水平外梁;9-回转台;10-回转变速器;9-回转液压马达;12-中心回转接头;13-变幅液压缸;14-吊钩托架;15-液压油箱;16-液压油箱固定装置;17-液压泵进油管;18-加速器控制装置;19-液压泵传动轴;20-液压卷筒;21-蓄能器;22-回转台锁;23-伸缩臂液压缸;24-卷筒操纵拉手门;25-箱盖;26-自动超重防止装置;27-控制开关;28-臂杆长度和角度检测装置;29-托轮;30-下车操纵杆;31-支腿液压管路;32-支腿;33-上车操纵杆门;34-加速踏板门;35-自由降落踏板;36-卷筒离合器操纵杆;37-卷筒离合器控制阀;38-卷扬机液压马达;39-控制手柄;40-主吊钩过卷限位装置;41-左吊钩;42-副起重臂过卷限位装置;43-副吊钩

(2)中置式:起重装置布置在汽车车箱的中部(图 10-2b)。起重装置的起重臂短,可以不改变原车的质心位置,适用于装管、条状货物。但车箱面积的利用率低。

(3)后置式:起重装置布置在车箱后部(图 10-2c)。车箱面积利用率高,并可以方便地装卸全挂车中的货物。但后轴易超载，车架受力不好，液压管路太长且布置不便。

随车起重运输车与汽车起重机一样，也有起重装置、回转装置、传动装置和行走装置，只不过其结构简单，体积小一些。

a)起重装置前置式　　　　b)起重装置中置式　　　　c)起重装置后置式

图 10-2　随车起重运输车

四、汽车起重机和随车起重运输车主要总成

1. 起重臂

起重臂有折叠式、伸缩式和架式等型式。

（1）折叠式起重臂：折叠式起重臂如图 10-3 所示，主要由主臂 1、中间臂 2 和端臂 6 三节组成。中间臂和端臂靠液压缸控制展开程度。主臂为固定臂，下端的滑动配合装于基座 9 内，并由回转机构液压缸 10 带动齿条齿轮控制其回转。折叠式可为伸缩结构，即在端臂内再装一节或两节伸缩臂，形成单级伸缩端臂或双级伸缩端臂。伸缩臂一般是由液压缸控制伸缩的。

折叠式起重臂结构紧凑，不用时起重臂可以折叠起，外形尺寸小，多用于随车起重运输车。但是，折叠式起重臂铰接点多，强度较低，额定起重质量较小，一般不大于 5t。

（2）伸缩式起重臂：伸缩式起重臂由基本臂和伸缩臂及附属装置组成。由变幅液压缸控制起重臂的仰俯，伸缩液压缸控制伸缩臂的位移。伸缩臂可由多个液压缸控制每一节臂的伸缩，也可用液压缸和绳索机构同时控制各节臂的伸缩。后一种方法结构简单，应用较广。

起重臂的截面一般为矩形，为了进一步提高其强度，近年来有的采用五边形，即在"冂"形的基础上，下面接有"V"形。一般都采用低合金钢板焊接而成。

起重臂伸缩机构原理如图 10-4 所示。基本臂 9、第二节伸缩臂 8、第三节伸缩臂 6 逐节滑动套装在一起，各节臂间用滑块支撑。伸缩液压缸 5 的缸筒前端的铰轴固定在第二节伸缩臂的内侧壁上，其活塞杆铰接端固定在基本臂的铰接点上。两个伸出滑轮 1 固定在第二节伸缩臂的外侧，一个平衡滑轮 7 水平固定在第三节伸缩臂上部内壁上，一根粗钢丝绳 2 绕过平衡滑轮和伸出滑轮，端部固定在基本臂前上部的拉索座上。缩回滑轮 4 固定在第二节伸缩臂的尾部，一根细钢丝绳 3 绕过缩回滑轮，端部分别固定在第三节伸缩臂和基本臂上。

当第二、三节伸缩臂伸出时，伸缩液压缸无杆腔进高压油带动第二节伸缩臂伸出。通过固定在第二节伸缩臂上的伸出滑轮，牵动绕于第三节伸缩臂平衡滑轮上的粗钢丝绳，将第三节伸缩臂同时拉出，并使第二、三节伸缩臂的伸出速度相等，同步伸出。

当第二、三节伸缩臂缩回时，伸缩液压缸反向移动，第二节伸缩臂被伸缩液压缸拉回。

固定在第二节伸缩臂尾部的缩回滑轮牵动细钢丝绳，将第三节伸缩臂同时拉回，两伸缩臂等速同步缩回。

在伸缩式起重臂末节臂的前端，可以连接一个副起重臂，以进一步伸长起重臂。平常不用时，副起重臂折回并固定在基本臂上。当伸缩臂全伸出后，长度仍然不够时，可将副起重臂的大端用销轴接到末节臂（按图示为第三节伸缩臂）的前端。副起重臂可采用低合金型钢焊接成的桁架结构。

伸缩式起重臂结构简单,承载能力大,使用方便,中型起重汽车几乎均采用伸缩式起重臂。起重质量100t的超重起重汽车,采用伸缩式起重臂的也与日俱增。

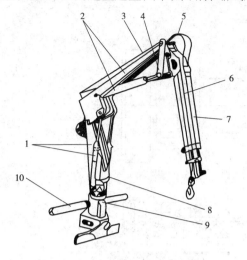
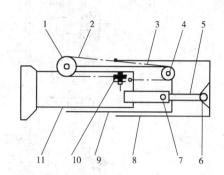

图10-3 折叠式起重臂

1-主臂;2-中间臂;3-输油管;4-连接板;5、8-输油软管;6-端臂;7-端臂伸缩液压缸;9-基座;10-回转机构液压缸

图10-4 起重臂伸缩机构原理

1-伸出滑轮;2-粗钢丝绳;3-细钢丝绳;4-缩回滑轮;5-伸缩液压缸;6-基本臂伸缩铰点;7-第二节伸缩臂伸缩铰点;8-基本臂;9-第二节伸缩臂;10-平衡滑轮;11-第三节伸缩臂

(3)桁架式起重臂:桁架式起重臂是由型钢焊接或铆接而成的整体式起重臂。它与伸缩式起重臂相比,具有刚性好、应力小的特点,但其体积较大,灵活性差,多用在重型起重汽车上。

2.起升机构

起升机构又称卷扬装置或绞车,是起重机的重要部分。目前,起重汽车大都采用液压起升系统,由液压马达、减速装置、离合器、制动器、卷筒、钢丝绳等组成。常用的减速装置有蜗轮蜗杆减速、圆柱齿轮减速、行星齿轮减速等。行星齿轮减速结构紧凑,传动力矩大,并可将减速装置装到卷筒内,但维修不便,成本高;蜗轮蜗杆减速装置,结构简单,并可以自锁,但传动效率太低;圆柱齿轮减速结构较简便,传动效率高,维修方便,成本低,使用较多,但体积大。

图10-5所示为圆柱齿轮减速液压驱动的起升机构。该机构有主、副两个卷筒,共用一个液压马达1和一个减速器7。液压马达1经两级齿轮减速,带动两根卷筒轴6同向转动。卷筒9由滚动轴承支承在卷筒轴上,并通过接盘10与制动鼓11固定在一起。离合器12的转动部分固定在卷筒轴上,当离合器与制动鼓接合时,卷筒便与卷筒轴一起转动,实现吊钩的升降。主副两个卷筒、离合器、制动器等结构完全相同,该起升机构采用带式常闭制动器。

图10-6所示为行星齿轮减速液压驱动的起升机构。它由液压马达1、制动器2、第一级行星齿轮11、第二级行星齿轮12、卷筒10等组成。减速器壳体5装在卷筒10中,并与卷筒固定在一起。在液压马达输出轴处,设有液压控制弹簧加载多片式制动器2。当起升机构不工作时,制动器在弹簧的作用下起制动作用。当起升机构工作时,需向液压马达供高压油,同时,向制动器供高压油,使制动器控制活塞压迫弹簧解除制动,液压马达才驱动行星齿轮及卷筒正反旋转,实现重物的上升与下降。若液压系统突然卸压(如液压油管爆裂等),制动器中油压也同时降低,制动器在弹簧力的作用下迅速制动,确保工作安全。

3.回转机构

回转机构是完成起重臂及转台转动的装置,由液压马达和减速机构组成,一般都采用行星齿轮减速机构,以获得较大的减速比。

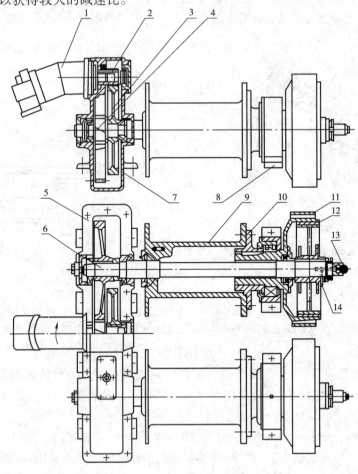

图 10-5 圆柱齿轮减速起升机构

1-液压马达;2-齿轮套;3-齿轮;4-齿轮轴;5-齿轮;6-卷筒轴;7-减速器;8-轴承座;9-卷筒;10-接盘;11-制动鼓;12-离合器;13-回转接头;14-通油管

图 10-7 所示为 IQJM1A1-0.4 液压马达与 THJl2 减速器组成的回转机构。整个回转机构固定在转台上,转台与回转支承的内圈或外圈(动圈)固定在一起,回转机构的输出小齿轮与回转支承的齿圈(不动圈)开式啮合,驱动转台回转。不动圈固定在车架上。回转机构内设液压控制弹簧加载多片式制动器,也是常闭式。

图 10-8 所示为齿轮齿条式回转机构,由液压缸 5、齿条 3、齿轮 2 等组成。通过液压缸推动齿条,由齿条带动起重臂回转。这种回转机构结构简单,工作可靠,成本低,多用于轻型汽车起重机和随车起重运输车。

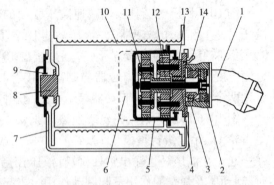

图 10-6 行星齿轮减速起升机构

1-液压马达;2-制动器;3-制动控制油孔;4-输入轴;5-减速器壳体;6-附加行星齿轮级;7-支架;8-轴头;9-支承轴承;10-卷筒;11-第一级行星齿轮;12-第二级行星齿轮;13-固定行星架;14-加油口

4. 回转支承

起重机的回转支承有立柱式、转柱式和滚

珠或滚柱式。滚珠或滚柱式回转支承如图10-9所示,在动圈和不动圈之间装有滚珠或滚柱,像一个大型滚珠或滚柱轴承,所以又称回转转盘。由于回转转盘的滚动阻力小,承载能力大,在起重汽车上得到了广泛应用。

按回转转盘中滚动体的排数分为单排式和双排式。

单排式滚珠转盘(图10-9a)、b))是由内、外座圈合成一个曲面滚道,滚珠与滚珠之间装有隔离块,滚珠和隔离块均由内座圈或外座圈的圆孔中装入滚道,然后将孔堵住,即形成一个回转转盘。单排式滚珠转盘具有质量小、结构紧凑、成本低等优点,但承载能力较小。

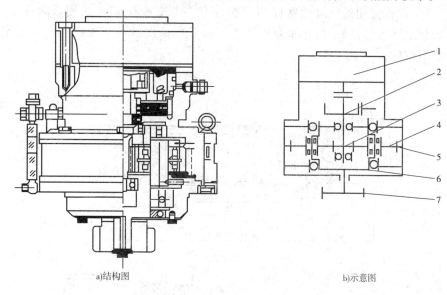

a)结构图　　　　　　　　　　b)示意图

图10-7　齿轮减速回转机构

1-液压马达;2-多片式制动器;3-中心齿轮;4-行星齿轮;5-齿圈;6-行星架;7-输出小齿轮

图10-9c)、d)所示为单排滚柱式转盘,滚动体为圆柱体或圆锥体,成单排排列,相邻滚柱轴线呈90°交叉排列。按滚柱交叉排列数的比例可分为一对一、二对一、三对一和三对二等几种排列形式。单排滚柱式转盘的滚道为锥面,易加工和保证精度,滚柱与滚道的接触面积大,

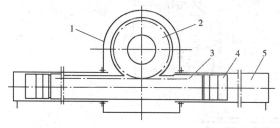

图10-8　齿轮齿条式回转机构

1-回转支承壳;2-齿轮;3-齿条;4-活塞;5-液压缸

大大地提高了转盘的承载能力,延长了使用寿命。这不仅能承受轴向和横向载荷,还能承受较大的力矩。但对转盘的安装刚度和精度要求较高。

双排滚珠转盘由上、下两排滚珠,内、外座圈,隔离块和润滑密封装置组成,如图10-9e)、f)所示。与同样直径的单排滚珠转盘相比,承载能力大为提高,而且装配、维修方便。但其结构复杂、质量大。

5. 支腿

支腿是大多数起重举升汽车所必备的工作装置,以满足其作业的需要,提高其稳定性和安全性。现在大都采用液压支腿,通过控制阀将液压泵产生的压力油供给支腿液压缸,从而使液压支腿工作。支腿一般设置在车辆的前后,可从其两侧伸出并升降,有的可根据车辆所带的水平仪把机体调整到水平状态,以适应地面的不平。

支腿的结构形式很多,常用的有 H 式支腿、X 式支腿和蛙式支腿三种。

1) H 式支腿

H 式支腿如图 10-10 所示。它对地面的适应性最好,易于调平,且在反力变化过程中支腿基本无爬行现象,是一种较理想的应用最广泛的支腿形式。每个 H 式支腿一般都设有垂直支承液压缸 1 和水平伸缩液压缸 2,对于跨距较小的轻型支腿,也可人工拉出或推进,不设水平伸缩液压缸。为了保证支腿结构体系的稳定,垂直支腿与伸缩支腿 3 固接在一起,为了取得更大的外伸距离,前面或后面的左、右伸缩支腿相互错开且平行布置;为了增大支腿的接地面积,垂直支腿液压缸活塞杆的下部设有一个支承脚 4,多采用万向球铰连接,以保证支承脚与地面接触良好,防止垂直支腿液压缸承受横向载荷。H 式支腿一般用钢板焊接成矩形截面结构。

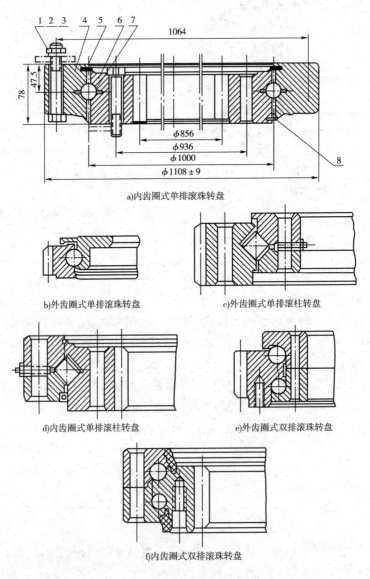

图 10-9 回转转盘

1-螺母;2-螺栓;3-垫圈;4-上滚圈;5-上密封圈;6-内齿圈;7-滚珠;8-下密封圈

2) X 式支腿

X 式支腿的垂直支承液压缸 1 作用在固定支腿 3 的外侧，当伸缩支腿 5 伸出后，垂直支承液压缸实际作用在整个支腿的中部，将支承脚 6 压向地面，完成支承作业，如图 10-11 所示。垂直支承液压缸作用在整个支腿的中部，因此，其行程可大幅度缩短。这种支腿也可方便地将车体调平。但在支起车体时，支承脚会产生水平位移，对伸缩液压缸也有推入的趋势，垂直液压缸的油压较高。

3) 蛙式支腿

蛙式支腿的伸缩和支起动作由一个液压缸 7 来完成，如图 10-12 所示。活动支腿 4 在液压缸 7 的作用下，以固定支腿 3 下部的销轴 9 为圆心，支承或收起支承脚 5。液压缸尾部的铰支承与固定支腿上部的销轴 2 铰接，液压缸活塞杆头部的连接销 8 在活动支腿的滑槽中滑动。当支承脚着地起支承作用时，活塞杆头部的连接销 8 沿着活动支腿滑槽滑至最外端，支起车体（图 10-12 活动支腿的虚线位置）；当支承脚收起时，活塞杆头部的连接销 8 沿着活动支腿滑槽滑至最里端，直至把活动支腿连同支承脚收起到最高位置。

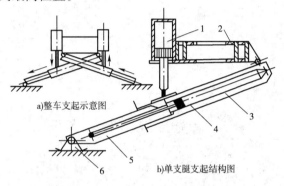

图 10-11　X 式支腿

1-垂直支承液压缸；2-车架；3-固定支腿；4-伸缩液压缸；5-伸缩支腿；6-支承脚

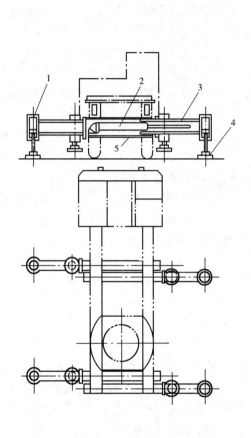

图 10-10　H 式支腿

1-垂直支承液压缸；2-水平伸缩液压缸；3-伸缩腿；4-支承脚；5-固定大梁

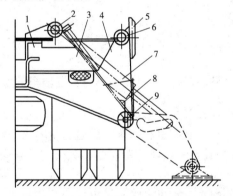

图 10-12　蛙式支腿

1-车架；2、6、9-销轴；3-固定支腿；4-活动支腿；5-支承脚；7-液压缸；8-连接销

蛙式支腿结构简单、质量小，液压缸数量少。但活动支腿尺寸有限，支承时水平位移量较大，调平性能差，且在支反力变化过程中有爬行现象。一般用于中、小型作业车。

6. 液压系统

起重举升汽车的工作装置大都采用液压控制，液压系统由液压泵、操纵阀、安全阀、液压缸

281

和管路等部分组成,形成多种闭合工作回路,其中对其工作安全性影响比较大的是锁紧回路和平衡回路。

1)锁紧回路

为了使起重举升汽车支腿的垂直液压缸在移动过程中,能在任意位置上停止,防止停止后在外力作用下发生位移,导致意外事故的发生,在起重举升汽车支腿液压缸的进回油路上设有双向液压锁,形成锁紧回路。液压锁实质是由两个液控止回阀组成的。

2)平衡回路

为了使液压缸或液压马达在负载变动时仍能平稳运动,防止因重力使液压缸活塞突然下落或液压马达出现"飞速"等很危险的现象,特别是液压起重举升汽车的举升机构、变幅机构等,这就需要在这类回路中安装一个限制负载下降速度的平衡阀,形成平衡回路,如图10-13所示。

操纵换向阀右移时,压力油通过止回阀3进入液压缸下腔,使活塞上移,吊起重物;当换向阀向左移时,压力油进入液压缸上腔,另一股压力油由平衡阀的C腔进入经e孔推动导控活塞2右移,导控活塞2推动滑阀1右移而打开回油路,使活塞下移,放下重物。由于滑阀1上开有节流槽,滑阀开度越大,节流作用越小,滑阀1移至左端压至阀座上就封闭油路。所以,当重物在自重的作用下下降过快时,液压缸上腔油压降低,导控活塞2在滑阀1弹簧和油压的作用下左移,滑阀1的节流作用增大,降低了活塞的下降速度。

当换向阀处于中间位置时,液压缸上腔迅速卸压,平衡阀迅速关闭,活塞即停止下降,并被锁定在该位置。

由此可见,平衡阀就是使负载作用腔产生一定的背压,以平衡负载的作用力。

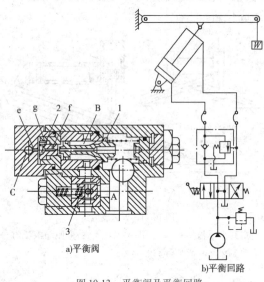

图10-13 平衡阀及平衡回路
1-滑阀;2-导控活塞;3-止回阀

五、汽车起重机和随车起重运输车的设计

1. 主要参数的确定

汽车起重机和随车起重运输车的主要参数,应根据使用要求和条件进行初步确定,要符合或参照《汽车起重机和轮胎起重机安全规程》(JB 8716—1998)、《起重机械超载保护装置安全技术规范》(GB 12602—1990)、《随车起重运输车》(QC/T 4510—2004)等有关标准的规定。

汽车起重机和随车起重运输车行驶状态时整车的外廓尺寸、车辆的最大允许总质量、最大设计总质量和最大允许轴荷,必须符合《道路车辆外廓尺寸、轴荷及质量限值》(GB 15810—2004)的规定(最大设计总质量超过26000kg的汽车起重机除外)。

如果汽车起重机和随车起重运输车是在载货汽车二类底盘上改装而成,确定标定起重量时,应使车辆最大设计总质量不超过载货汽车的厂定最大总质量;轴载质量的分配应尽量与原货车接近。

最大起升高度应根据使用要求和条件,参照有关标准和规定确定。

确定起升速度要考虑标定起重量和最大起升高度。标定起重量越大,起升速度应越低;最大起升高度越大,起动和制动过程所占的比例相对较小,起升速度可以适当提高,以提高工作效率。最大起升高度不大时,起动和制动过程所占的比例相对较大,起升速度不宜过大,以减小动载荷,一般可取 0.3m/s。

起重装置和货物的回转速度受旋转过程离心力和切向力限制。回转速度高,工作效率高,但是旋转起动和制动时切向力大、动载荷大,旋转过程中的离心力大,摆动也大,对稳定性影响也大。因此,回转速度不能过高,在 10m 左右幅度内可取 2.5r/min,一般不超过 3r/min;随着回转半径加大,回转速度应适当降低。

起重臂变幅速度与其结构形式有关。对于折叠臂式起重臂,变幅速度指起重臂角度的改变速度,一般不超过 12°/s。对于伸缩臂式起重臂,变幅速度指起重臂直线伸缩速度,可参照起升速度确定。

支腿伸缩速度用时间表示,伸出时间一般为 15~20s,缩回时间约为伸出时间的一半。

2. 起重装置等部分的设计

起重装置等部分的结构,决定了起重举升汽车的工作性能。在保证足够强度和刚度情况下,应使起重装置等部分结构尽量简化,减少质量,提高制造和装配方便性。

起重臂的类型主要根据标定起重量、最大起升高度和回转范围确定。标定起重量较小、最大起升高度和回转范围不大的随车起重运输车,可以采用折叠式起重臂;最大起升高度和回转范围较大的随车起重运输车、中重型汽车起重机可以采用伸缩式起重臂;重型和超重型汽车起重机还可以采用桁架式起重臂。

起重臂的类型确定后,利用标定起重量、最大起升高度和回转半径等参数,按照强度和刚度条件进行结构设计,确定相应零件的材料、结构和尺寸等。

起升机构和回转机构一般采用液压驱动。根据标定起重量等初步确定系统压力,根据起升速度、回转速度等确定系统流量,然后确定油泵规格,再结合最大起升高度和回转范围等确定液压缸工作行程、直径等。

确定随车起重运输车起重装置的安装位置,要考虑轴载质量分配、主要货物种类、是否带全挂车等因素。

回转机构可以采用液压缸齿轮齿条形式,也可以采用液压马达蜗轮蜗杆形式或行星齿轮形式,后者可以适应更大的回转范围,具体可以根据传动比的范围、传动方向等进一步确定。

除了一些轻型支腿采用人工机械拉出或收回外,一般可采用液压缸驱动,H 形布置。支腿必须与车架纵梁或横梁牢固连接。支腿跨距确定的原则是,在标定起重量、最大起升高度、最大回转速度和回转范围内,特别是在起升的加速或制动过程中,保证整车的纵向和横向稳定性,具体方法可以参照本章第三节。

在根据强度设计支腿结构时,支腿压力应按最危险工况考虑,即汽车临近倾翻时的状态。这时,整车呈现三点或接近两点支撑状态,受力最大的支腿承受的载荷可能超过整车重力的一半。所以,进行强度校核的支腿压力可取满载时整车重力的一半。

第二节 拦板起重运输车

一、拦板起重运输车的结构

拦板起重运输车是利用本车的动力源,以汽车车箱的拦板(或附加起重拦板)作为起重装置来实现装卸功能的,如图 10-14 所示。拦板起重运输车一般采用后拦板起重方式或者附加拦板起重方式。前者的起重拦板就是经加固的车箱后拦板,它具有双重功用;后者的起重拦板仅作为起重装置使用,不起车箱后拦板的作用,一般适用于厢式汽车的后拦板起重装置。拦板起重运输车适用于箱、袋、桶、捆等包装方式的货物运输。

拦板起重运输车除了包括发动机、传动装置和行走装置外,最主要的组成部分是拦板起重装置。

升降机构是拦板起重装置重要的组成部分,拦板起重装置进行装卸作业时,汽车发动机处于工作状态,装在汽车变速器上的动力输出装置获取动力,带动液压泵工作。由液压泵输出的压力油,经控制阀推动液压缸伸缩,进而带动升降机构运动,使起重拦板完成升、降作业。

图 10-15 所示为单缸杠杆式升降机构。升降机构由支架 5、升降架 3、液压缸 6 及其连接件等组成。支架 5 固定在汽车车架的尾部,升降架 3 的前端铰接于该支架上,后端与起重拦板 1 铰接。升降架经双臂杠杆 4 与液压缸 6 活塞杆端铰接,液压缸的另一端与支架前部铰接。双臂杠杆 4 的转动中心轴线与升降架和支架的连接轴中心线重合。

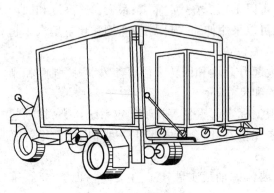

图 10-14 拦板起重运输车

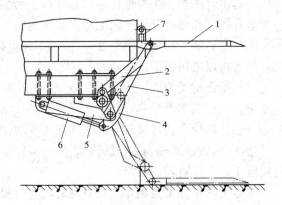

图 10-15 单缸杠杆式升降机构
1-起重拦板;2-导向杠杆;3-升降架;4-双臂杠杆;5-支架;
6-液压缸;7-中间连接件

导向杠杆 2 的前端铰接于支架的连接件上,导向杠杆的后端经中间连接件 7 与起重拦板 1 连接。

当液压系统向液压缸输送高压油时,液压缸活塞杆推动双臂杠杆转动,带动升降架及导向杠杆摆动。由于升降架与导向杠杆等组成的是平行四杆机构,当升降架及导向杠杆摆动时,起重拦板平行地上升或下降,便于货物装卸。

这种拦板升降机构具有结构简单、安装方便、质量小、通用性好等优点,但其起重量较小。起重拦板多用薄壁型钢焊接而成,具有一定的强度和刚度,但使用时应避免较大的冲击载荷。

二、拦板起重运输车的设计

拦板起重运输车的设计主要是拦板起重装置的设计。

1. 对拦板起重装置的要求

(1)拦板起重装置升降机构应能上下平移,起重拦板应能完成翻转启闭和着地倾斜等不同形式的运动。

(2)拦板起重装置必须安全可靠,在液压系统停止工作时,升降机构不得有明显的自动沉降现象。

(3)拦板起重装置工作时,与发动机工况的匹配应当合理,以减少燃油消耗,提高经济性。

(4)结构简单紧凑,质量小。

(5)安装拦板起重装置后,对原型车的轴载质量分配及离去角、纵向通过半径(或纵向通过角)等均有影响。因此,在设计拦板起重装置时应使其在原车型性能允许范围内。

2. 拦板起重装置类型的选择

拦板起重装置按升降机构中驱动液压缸的数量及布置形式分,有单缸对中式、双缸对称式以及多缸驱动式等布置形式,主要根据起重举升力和布置空间的大小决定。

3. 拦板起重装置性能参数的选择

下面以常用的后拦板起重举升装置为例,说明其参数的选择。

拦板起重运输车的主要参数包括额定起重量、升降速度等,应根据使用要求和条件进行初步确定,要符合《翼开启式起重运输汽车技术条件》(QC/T 466—1999)、《车用起重尾板》(QC/T 6910—2004)、《后拦板起重运输车技术条件》(JB/T 41910—1986)等有关标准的规定。

1) 额定起重量

它是反映拦板起重装置基本性能的主要技术指标。额定起重量越大,表明该拦板起重装置的起重举升能力越大。但受拦板起重运输车结构特点及原车型有关性能的限制。当后拦板上承载负荷时,汽车质心的水平位置将朝后轴方向移动,若载荷使整车质心移过后轴中心线,汽车将发生纵向倾斜。确定拦板起重装置的额定起重量时应考虑汽车底盘的结构和性能,保证汽车在装卸货物时的整车稳定性。由于拦板起重运输车一般是在载货汽车二类底盘上改装而成,确定标定起重量时,应使车辆最大设计总质量不超过载货汽车的厂定最大总质量;轴载质量的分配应尽量与原货车接近。

2) 升降速度

起重拦板在额定起重量时升降货物的速度,是衡量该装置经济性的技术指标之一。在确定升降速度时,既要充分发挥机械化装卸作业的优势,又要保证运动的安全性、平稳性。在很多场合下装卸工人利用小推车将箱、袋、桶等包装的货物推到起重拦板上并随同升降以便作业。因此要使人感到安全、舒适。另外,当升降机构运动到上下止点位置时会受到限位装置和地面的阻挡,为减轻这种阻挡作用造成的撞击强度,也应对升降速度有所限制。在确定起重拦板的升降速度时,应能保证在额定起重量时全程升降的时间均在 10~15s 之间。

4. 后拦板起重装置的设计

按照升降机构中驱动液压缸的数量和布置形式分,后拦板起重运输车的起重装置主要有单缸对中式和双缸对称式两种,可以根据起重能力等性能要求和安装空间大小等底盘结构特点进行确定。驱动液压缸的数量和布置形式确定后,就可以进行升降机构的结构设计。

后拦板升降机构简图通常如图 10-16 所

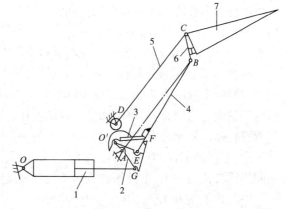

图 10-16 后拦板升降机构简图

1-液压缸总成;2-中间拐臂;3-主动摇杆;4-下杆;5-上杆;6-连杆;7-拦板总成

示,液压缸活塞作往复直线运动时,通过中间拐臂2驱动由主动摇杆3、下杆4、上杆5和连杆6组成的平行四杆机构绕支撑中心A和D上下摆动,带动后拦板实现平移升降运动。下面介绍升降机构的主要位置和形状参数的确定方法。

1) 支架的长度和宽度

升降机构的支架是安装液压缸、连杆机构等零件并和车架连接的基础件,其长度和宽度要根据车架的结构和升降机构的形式确定。从图10-17可以看出单缸对中式升降机构支架和车架之间的相对位置关系,a、b 分别为支架长度和宽度,a_0、b_0 分别为车架最后两根横梁之间的距离和纵梁宽度。

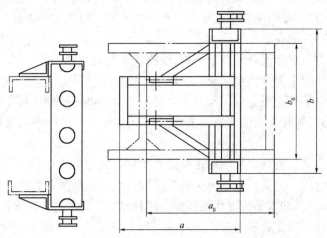

图10-17 单缸对中式升降机构支架和车架的位置关系

在确定支架的长度和宽度时需要留出足够的安装空间。支架的长度可以依据车架的具体结构确定,当车架后悬部分没有安装备胎和其他附件时,为了便于支架和车架连接,可以使支架长度 $a = a_0$。

由于支架一般用螺栓和铆焊在车架纵梁腹板上的连接角钢固定,应根据螺栓的规格留出适当的扳手空间,可以使支架宽度 $b = b_0 + (110 \sim 120)$ mm。

2) 上杆和下杆的长度

上杆和下杆的长度分理论长度和实际长度。升降机构连杆部分简化为平行四杆机构后,两摇杆平行且长度相等,称为理论长度。理论长度大小直接影响拐臂转角、所需液压缸推力和行程大小,理论长度越大,起升同样高度对应的拐臂转角和液压缸行程越小,但起重拦板上载荷对拐臂轴所形成的力矩和所需液压缸推力越大;反之,理论长度越小,虽然起重拦板上载荷对拐臂轴所形成的力矩和所需液压缸推力越小,但要求起升同样高度对应的拐臂转角和液压缸行程越大。所以,应根据所选底盘的结构和改装车箱的布置,依据车箱地板平面的高度和中间拐臂转角的要求进行确定。

设:上杆和下杆的理论长度为 L_0,车箱地板平面离地高度为 H,上杆与水平线的夹角 α 为中间拐臂转角的一半,平行四杆机构的连杆长度为 C,如图10-18所示。

一般取 C 为 $0.15L_0$,得

$$L_0 = \frac{H}{2\sin\alpha + 0.15} \tag{10-1}$$

通常中间拐臂转角为 $90° \sim 100°$,$L_0 = (0.6 \sim 0.7)H$ \tag{10-2}

上杆的实际长度就是理论长度。为了便于货物从地板移动到起重拦板,可以使起重拦板在最低位置时最右端触地。为此,起重拦板在最低位置时下杆和支架实际铰接点在理论铰接点 A 的右偏下位置,如图 10-19 所示,实际铰接点位置可以根据起重拦板和支架的结构确定,这时下杆的实际长度就略小于理论长度。

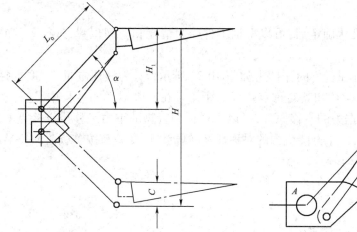

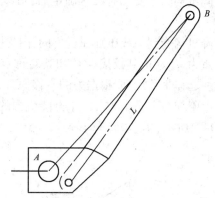

图 10-18　平行四杆机构几何参数关系　　　　图 10-19　下杆的实际长度和理论长度

3)液压缸长度和拐臂半径

液压缸长度和拐臂半径 r 主要根据液压缸活塞伸出系数、液压缸传动角、支架上液压缸铰接点 O 与中间拐臂铰接点 A 之间的距离 d 等确定。

设液压缸活塞伸出系数 λ,拐臂在两极限位置时,拦板升降机构几何关系如图 10-20 所示,液压缸长度(活塞杆与拐臂的铰接点到液压缸铰接点 O 的距离)分别为 L_1、L_2,OA 与拐臂夹角分别为 φ_1、φ_2。

设拐臂在两极限位置时,液压缸传动角分别为 γ_1、γ_2,如图 10-21 所示。在液压缸伸出过程中,液压缸传动角从 γ_1 逐渐增大到最大值 $90°$,然后又逐渐减小到 γ_2。根据几何关系,得

$$L_1^2 + r^2 - 2L_1 r\cos(\pi - \gamma_1) = L_2^2 + r^2 - 2L_2 r\cos\gamma_2 \tag{10-3}$$

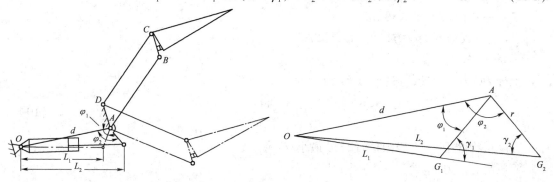

图 10-20　升降机构几何关系　　　　图 10-21　液压缸传动角

将 $L_2 = \lambda L_1$ 代入式(10-3)并根据余弦定理,得

$$L_1 = \frac{(\cos\varphi_1 - \cos\varphi_2)}{(1+\lambda)(\cos\gamma_1 + \cos\gamma_2)} d \tag{10-4}$$

$$r = \frac{(\lambda-1)(\cos\varphi_1 - \cos\varphi_2)}{2(1+\lambda)(\cos\gamma_1 + \cos\gamma_2)^2} d = \frac{(\lambda-1)}{2(\cos\gamma_1 + \cos\gamma_2)} L_1 \tag{10-5}$$

一般 φ_1 在 20°~30°之间,φ_2 又等于中间拐臂转角与 φ_1 之和,液压缸活塞伸出系数 λ 可取 1.5~1.7,为了保证传力效果,传动角 γ_1、γ_2 都不小于 40°,铰接点 O、A 之间的距离 d 可以根据支架的长度和结构确定。这样根据式(10-4)、式(10-5)就可以确定出液压缸长度和拐臂半径。

4) 结构设计

升降机构的主要几何尺寸确定后,可以根据零件受力情况和空间位置,进行零件的结构设计。

升降机构受到的液压缸和货物的作用力如图 10-22 所示,F_G 为液压缸推力,W 为挡板和货物的重力,L 为 W 到铰接点 C 和其对称点连线的距离。在升降运动的过程中,连杆和挡板始终在一起作平移运动,根据力的平移原理,可以将挡板和货物的重力平移至铰接点 C,并在连杆 2 上附加一个力矩 M_L,由于升降机构的对称性,一侧机构所受载荷按总载荷的一半计算,如图 10-23 所示,$M_L = 0.5WL$。

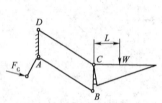

图 10-22　液压缸和货物的作用力　　图 10-23　升降机构受力简图

按照理论力学中截面法或节点法可求出图 10-23 中铰链 B 处的约束反力为

$$F_{1x} = \frac{WL}{2l} \tag{10-6}$$

$$F_{1y} = \frac{W}{2}\left(1 - \frac{L}{l}\cot\theta\right) \tag{10-7}$$

式中:F_{1x}——铰链 B 处 x 方向的约束反力,N;
　　　l——连杆 BC 的长度,m;
　　　F_{1y}——铰链 B 处 y 方向的约束反力,N;
　　　θ——杆 3 与垂直线的夹角,(°)。

上杆 DC 为二力杆,所受拉力 F_3 为

$$F_3 = \frac{WL}{2l\sin\theta} \tag{10-8}$$

升降机构处于上、下极限位置时,θ 最小,F_3 最大。

液压缸总推力 F_G 为

$$F_G = \frac{W(L_0\sin\theta + L)}{r\sin\gamma} \tag{10-9}$$

式中:L_0——下杆 AB 的长度,m;
　　　r——拐臂半径(即 AG 的长度),m;
　　　γ——液压缸传动角,(°)。

通过受力分析知道,上杆是一个拉力杆,先根据式(10-8)按等截面拉压杆的强度条件计算

截面积,然后确定形状和尺寸。上杆截面可以是圆形,也可以是矩形,根据经验其厚度与高度的比例取 1/7～1/6。

$$S \geq \frac{F_{3\max}}{[\sigma]} \quad (10\text{-}10)$$

式中:$F_{3\max}$——上杆受到的最大轴向力,N;
　　　S——上杆横截面面积,m^2;
　　　$[\sigma]$——杆件材料的许用应力,Pa。

下杆与拐臂构成组合摇杆,虽然既受弯曲力矩作用又受轴向压力作用,但一般情况下,下杆失效的主要形式是弯曲变形,故下杆通常设计成工字形或盒形截面,如图 10-24 所示。可先根据式(10-11)确定下杆横截面对中性轴 z-z 的抗弯截面模量 W_z,再根据具体形状确定相应尺寸。

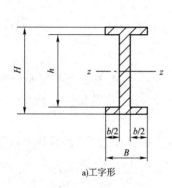 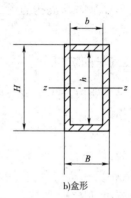

a)工字形　　　　　　　　　b)盒形

图 10-24　下杆横截面

$$W_z \geq \frac{M_{\max}}{[\sigma]} \quad (10\text{-}11)$$

式中:$M_{\max}$——下杆受到的最大弯矩,N·m。

因下杆属于薄壁断面梁,必要时还需根据弯曲剪应力强度条件进行校核。

由于拐臂轴同时受扭矩和弯矩作用,应按弯扭组合变形的强度条件对其进行设计。拐臂轴任一截面处扭矩 T 均为图 10-23 所示的力矩 M_L,即

$$T = M_L = 0.5WL \quad (10\text{-}12)$$

拐臂轴受到的弯矩 M 在中间拐臂处最大,为

$$M = 0.5 F_G b_1 \quad (10\text{-}13)$$

式中:b_1——两拐臂间的距离,m。

所以,拐臂轴的抗弯截面模量根据式(10-14)就可以确定,根据圆管的抗弯截面模量,再选取相应规格的材料。

$$W_z \geq \frac{\sqrt{M^2 + T^2}}{[\sigma]} \quad (10\text{-}14)$$

根据液压缸推力、升降速度等确定液压系统压力、流量、液压缸直径等参数,完成液压系统部分的设计。

第三节　高空作业汽车

一、高空作业汽车的用途和分类

1. 高空作业汽车的定义与用途

高空作业汽车是用来运送工作人员和器材到达指定现场，进行作业的专用汽车。

高空作业汽车广泛用于邮电通信、市政建设、消防救护、建筑装饰、高空摄影以及造船、石油、化工、航空等行业，它具有机动灵活、转移迅速、覆盖面广、便于接近、到达作业地点能迅速投入工作等优点。而且高空作业汽车结构较简单，改装较容易，因而发展较快。

2. 高空作业汽车的分类

高空作业汽车按其举升机构的形式分为：伸缩臂式（直臂式）、折叠臂式（曲臂式）、剪式、套筒式和云梯式等，如图10-25所示。

二、高空作业汽车的结构

高空作业汽车主要由基车车型底盘、回转机构、举升机构、支腿及控制系统等组成，有许多结构与起重汽车相似。因此，本节仅对高空作业汽车的部分总成和装置予以叙述。

1. 举升机构

举升机构分为：伸缩臂式、折叠臂式、剪式、套筒式和云梯式等，如图10-25所示。

（1）伸缩臂式举升机构又称直臂式举升机构（图10-25a），由多节套装、可伸缩的箱形臂构成。它与汽车起重机伸缩式起重臂一样，也包括基本臂、伸缩臂和液压缸等。只不过在其末端装有作业斗或其他作业装置，而不是起重吊钩而已。它也有变幅液压缸和伸缩液压缸，以实现臂架的变幅和伸缩。伸缩臂节数依据高空作业汽车的最大作业高度而异，对于作业高度不大的汽车，只有1~2节伸缩臂。这种形式的作业车最大作业高度可达60~80m。由于伸缩臂式举升机构可获得较大的作业高度和变幅，因此，被广泛地用于各种高空作业汽车上。但是，这种作业车的越障能力差。

（2）折叠臂式举升机构又称曲臂式举升机构（图10-25b），通过多节箱形臂折叠而成。一般采用2~3节折叠臂。其折叠方式可分为上折式和下折式两种。各节臂的折叠与展开运动均由各节间的液压缸来完成。这种举升机构可完成一定高度和幅度的作业，下折式举升机构还可以完成地平面以下的空间作业（如立交桥涵下的维修与装饰等作业），扩大了高空作业汽车的作业范围。由于折叠臂式举升机构具有灵活多样、适应性好、越障能力强等优点，应用非常广泛。

（3）剪式举升机构如图10-25c）所示，多组交叉连杆框架铰接成剪形。一般是通过装在连杆框架间的液压缸的伸缩来改变连杆交叉的角度，从而改变举升机构的升降高度。这种垂直升降的剪式举升机构，能完成较低高度的作业，工作平稳，作业平台较大，被广泛用于飞机、船舶制造、室内维修、维修和清洁电车线路等作业场地。但是，这种作业车越障能力差、工作范围小。

（4）套筒式举升机构如图10-25d）所示，由桁架式、箱式或圆筒式套筒套合在一起，利用液压缸、钢丝绳或链条带动多节套筒的伸缩，完成升降动作。这种举升机构的使用特点与剪式举升机构相似。

（5）云梯式举升机构如图10-25e）所示，由多节桁架式梯子套合在一起，利用液压缸和钢索控制云梯的升降,通过变幅液压缸控制云梯的变幅。这种举升机构结构简单,质量小,功能全,适应性强,工作可靠,能迅速到达作业场点,被广泛用在消防汽车上,即云梯消防车。

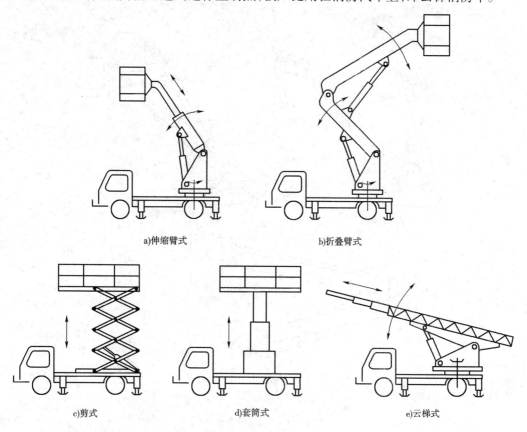

图 10-25 高空作业汽车的基本型式

2. 作业斗平衡机构

为了保证高空作业汽车作业斗(作业平台)底平面在动臂的任一位置,始终处于水平状态,使工作者能正常作业,且有安全感,必须设有作业斗平衡机构。常用的作业斗平衡机构有重力平衡式、液压缸等容积式、四杆平衡式,如图 10-26 所示。

3. 回转机构

高空作业车通常采用全回转式回转机构,正、反回转方向可根据作业需要进行选择。一般由液压马达带动具有减速作用的机械回转装置旋转。回转机构的回转部分和作业平台均安装在回转支承即转台上,图 10-27 所示为某种转台的局部结构。驱动装置(即液压马达和减速器)固定在转台 5 上,其下端装有主动齿轮 4。回转支承由转台和与车架固定连接的内齿圈 2 组成。当驱动装置转动时,经主动齿轮 4 与固定内齿圈 2 啮合,齿轮 4 沿固定内齿圈 2 滚动,带动转台 5 回转。在转台 5 与固定内齿圈 2 之间装有滚球或滚柱,减少转台 5 的摩擦阻力。回转机构的机械传动形式有蜗杆蜗轮传动、摆线针轮传动或行星齿轮传动等。

三、高空作业汽车使用参数的确定

(1)作业高度:作业高度为作业斗(作业平台)底平面离地高度与作业人员进行安全作业所能达到的高度(国家标准规定为 1.7m)之和。通常把作业高度分为最大作业高度和最大作业幅度时的作业高度。

(2) 作业范围：作业范围是指高空作业汽车在不移位的条件下，其工作装置(如作业斗)将工作人员和器材送达作业场点进行作业的范围。

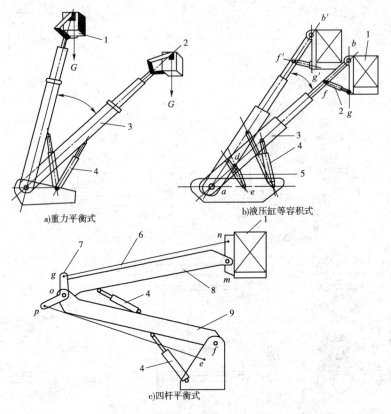

图 10-26 作业斗平衡机构
1-作业斗；2-副调液压缸；3-伸缩式动臂；4-变幅液压缸；5-主调液压缸；6-平衡拉杆；7-平衡拉杆；8-上折叠臂；9-下折叠臂

(3) 作业斗装载质量：高空作业汽车作业斗装载质量是指额定装载质量，但不含作业斗(作业平台)自身的质量。

(4) 作业幅度：作业幅度是指高空作业汽车旋转中心线(对于垂直升降的高空作业汽车为升降的中心线)至平台外边缘的水平距离。它表示在高空作业汽车不移动的条件下，将作业人员和器材送达水平距离的远近程度。一般表现为最大作业幅度和最大作业高度时的作业幅度。

(5) 工作速度：高空作业汽车的工作速度包括作业斗垂直升、降的平均速度和回转速度。GB 94652—88 中规定：作业斗升、降速度≤0.5 m/s，回转机构的最大回转速度≤2r/min。

四、高空作业汽车的设计

1. 支腿机构的设计

为满足高空作业车的作业能力和整个作业范围内的作业稳定性及其调平作用，高空

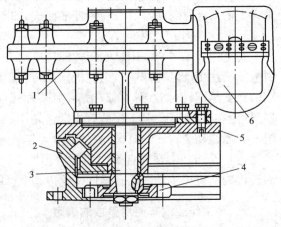

图 10-27 转台的局部结构
1-减速器；2-固定内齿圈；3-轴；4-主动齿轮；5-转台；6-旋转用液压马达

作业车的支腿要求坚固可靠,操作方便。支腿设计内容主要包括跨距确定、压力计算和支承脚接地面积确定。

1) 支腿跨距的确定

高空作业车的支腿一般为前后设置,并向两侧伸出,形成矩形,如图10-28所示。高空作业车的工作范围通常是全方位的(但举升臂在车辆前方作业时,即图10-28中的Ⅰ区,举升载荷一般不超过额定值的50%)。支腿纵横方向选取要适当,原则是作业平台额定载荷工作在最大幅度时,应保证其稳定性,即在最不利的载荷组合条件下,各项稳定力矩之和仍要大于或等于倾覆力矩之和。在支腿全部外伸时,支腿中心连线所形成的矩形四边就是倾覆边。

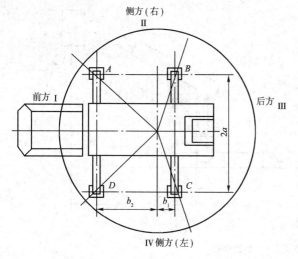

图10-28 高空作业车支腿布置

支腿横向跨距应保证高空作业车在如图10-29a)所示的侧向作业时的稳定性,绕左右倾覆边 AB 和 DC 的稳定力矩大于倾覆力矩,即

$$(Q+q)K(R-a)+G_b(r-a)+M_\tau \leq G_2 a + G_1(a+L_1) \tag{10-15}$$

式中: Q ——作业平台额定载荷,N;

q ——作业平台的重力,N;

K ——考虑起升速度变化等产生的垂直方向附加动载荷而引入的系数,可取 $K=1.2$;

R ——最大工作半径,m;

a ——支腿横向跨距的一半,m;

G_b ——臂架重力,N;

r ——臂架重心到回转中心线的距离,m;

M_τ ——风力、回转惯性力等水平载荷产生的倾覆力矩(可根据迎风面积、风压和各回转部分的回转速度、回转半径、质心高度等计算确定),N·m;

G_1 ——转台重力,N;

G_2 ——底盘重力,N;

L_1 ——转台重心到回转中心线的距离,m。

所以支腿横向跨距应满足式(10-16):

$$支腿的横向跨距 \geq \frac{2\times[(Q+q)RK+G_b r + M_\tau - G_1 L_1]}{G_1+G_2+G_b+(Q+q)K} \tag{10-16}$$

支腿纵向跨距应保证高空作业车在如图10-29b)所示的汽车后方或前方作业时的稳定性,由绕前后倾覆边 AD 和 BC 的稳定力矩大于倾覆力矩可以导出,回转中心到后支腿连线和前支腿连线的距离 b_1、b_2 分别满足:

$$b_1 \geq a - \frac{G_2 L_2}{G_1+G_2+G_b+(Q+q)K} \tag{10-17}$$

$$b_2 \geq a + \frac{G_2 L_2}{G_1+G_2+G_b+(Q+q)K} \tag{10-18}$$

$$\text{支腿的纵向跨距} = b_1 + b_2 \geq 2a \tag{10-19}$$

即支腿纵向跨距应不小于横向跨距。

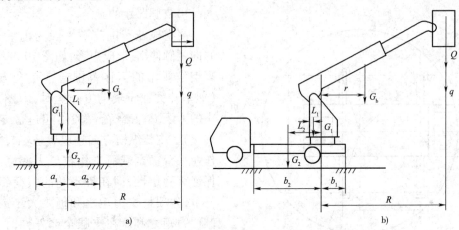

图 10-29 高空作业车支腿跨距确定

2) 支腿压力的计算

计算支腿压力是求高空作业车工作时支腿所承受的最大支反力,该力是支腿强度计算的依据。在计算时,一般都是按弹性支承的假定条件,不考虑风力、水平方向惯性力和变速动载荷来计算支腿压力的。

假定高空作业车在工作时支承在 A、B、C、D 四个支腿上,臂架竖直平面与高空作业车纵轴线(x 轴)夹角为 φ,如图 10-30 所示。

设高空作业车底盘(重力为 G_2)重心位置 O_2 距离支腿对称中心(坐标原点 O)e_2,回转中心 O_0 离支腿对称中心的距离为 e_0,回转部分的合重力为 G_0,G_0 作用线至 O_0 的距离为 r_0,作用在臂架平面内的倾覆力矩为 M,即

$$e_2 = b_1 + L_2 - b \tag{10-20}$$

$$e_0 = b - L_1 - b_1 \tag{10-21}$$

$$G_0 = G_1 + G_b + Q + q \tag{10-22}$$

$$r_0 = \frac{G_b r + (Q+q)R - G_1 L_1}{G_1 + G_b + Q + q} \tag{10-23}$$

于是可求得四个支腿上的压力为

$$F_A = \frac{1}{4}\left[G_2\left(1 - \frac{e_2}{b}\right) + G_0\left(1 - \frac{e_0}{b}\right) - M\left(\frac{\cos\varphi}{b} + \frac{\sin\varphi}{a}\right)\right] \tag{10-24}$$

$$F_B = \frac{1}{4}\left[G_2\left(1 + \frac{e_2}{b}\right) + G_0\left(1 + \frac{e_0}{b}\right) + M\left(\frac{\cos\varphi}{b} - \frac{\sin\varphi}{a}\right)\right] \tag{10-25}$$

$$F_C = \frac{1}{4}\left[G_2\left(1 + \frac{e_2}{b}\right) + G_0\left(1 + \frac{e_0}{b}\right) + M\left(\frac{\cos\varphi}{b} + \frac{\sin\varphi}{a}\right)\right] \tag{10-26}$$

$$F_D = \frac{1}{4}\left[G_2\left(1 - \frac{e_2}{b}\right) + G_0\left(1 - \frac{e_0}{b}\right) - M\left(\frac{\cos\varphi}{b} - \frac{\sin\varphi}{a}\right)\right] \tag{10-27}$$

按四点支承计算支腿压力时,若有一支腿压力出现负值,就应改用三点支承来重新计算。设举升臂在 II 工况位置作业时,支腿 A 被抬起,支腿 B、C、D 受力,如图 10-31 所示,三支腿压力分别为

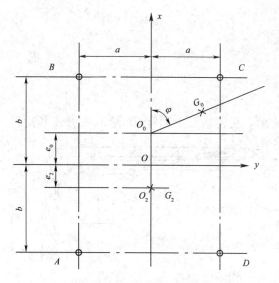

图 10-30 支腿压力确定　　　　图 10-31 支腿三点支承

$$F_B = \frac{1}{2}\left(G_2 + G_0 - M\frac{\sin\varphi}{a}\right) \tag{10-28}$$

$$F_C = \frac{1}{2}\left[\frac{G_0 e_0 - G_2 e_2}{b} + M\left(\frac{\cos\varphi}{b} + \frac{\sin\varphi}{a}\right)\right] \tag{10-29}$$

$$F_D = \frac{1}{2}\left[G_2\left(1 - \frac{e_2}{b}\right) + G_0\left(1 - \frac{e_0}{b}\right) - M\frac{\cos\varphi}{b}\right] \tag{10-30}$$

这时，支腿 C 受力最大，并且当 $\varphi = \arctan\frac{b}{a}$ 时，F_C 获得最大值为

$$F_{C\max} = \frac{1}{2}\left(\frac{G_0 e_0 - G_2 e_2}{b} + M\sqrt{\frac{1}{a^2} + \frac{1}{b^2}}\right) \tag{10-31}$$

若举升臂转到 I 工况位置作业时，φ 为钝角，设支腿 B 被抬起，只有支腿 A、D、C 受力，可求得受力最大的支腿 D 的压力为

$$F_D = \frac{1}{2}\left[M\left(\frac{\sin\varphi}{a} - \frac{\cos\varphi}{b}\right) - \frac{G_0 e_0 - G_2 e_2}{b}\right] \tag{10-32}$$

当 $\varphi = \pi - \arctan\frac{b}{a}$ 时，F_D 获得最大值为

$$F_{D\max} = \frac{1}{2}\left(\frac{G_2 e_2 - G_0 e_0}{b} + M\sqrt{\frac{1}{a^2} + \frac{1}{b^2}}\right) \tag{10-33}$$

如果 $G_0 e_0 \geq G_2 e_2$，按式 (10-39) 求 $F_{C\max}$，确定为最大支反力 $F_{\max}$；如果 $G_0 e_0 < G_2 e_2$，按式 (10-33) 求 $F_{D\max}$，确定为最大支反力 $F_{\max}$。

3) 支承脚接地面积确定

为了使高空作业汽车工作时能在规定的地面承受压力不下陷，且保证在不同地面能可靠支承，支承脚要有足够的接地面积 S_j，保证在最大支反力 $F_{\max}$ 下对地面的压力不大于地基强度，即

$$S_j \geq \frac{F_{\max}}{[\sigma_d]} \quad \text{m}^2 \tag{10-34}$$

式中：$[\sigma_d]$——地基强度，一般取 1.6MPa。

支腿与支承脚采用球式铰接，以适应不同地形。

2. 举升机构设计

以折叠式动臂举升机构为例。

1）举升机构运动范围的选取

常用的上折叠式动臂举升机构如图 10-32 所示。它包括三个动臂：下臂 3、上臂 4 和折臂 7。下臂下端铰接在回转台上，由下臂液压缸驱动；上臂下端与下臂上端铰接，由撑臂液压缸 5 和四杆机构驱动；折臂头部与上臂上端铰接，由折臂液压缸 6 驱动；作业斗 8 与折臂尾部铰接，由内藏式四连杆机构使作业斗保持水平。下臂 3、上臂 4 和折臂 7 在铅垂平面内的运动范围一般为：

下臂相对于回转台：0°~82°；
上臂相对于下臂：0°~160°；
折臂相对于上臂：0°~90°。

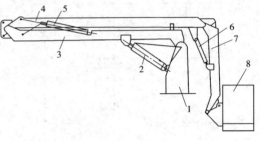

图 10-32 折叠式举升机构简图
1-回转台；2-下臂液压缸；3-下臂；4-上臂；5-撑臂液压缸；
6-折臂液压缸；7-折臂；8-作业斗

2）驱动液压缸设计

下臂液压缸设计时，以其所承受最大力的工况为设计工况，同时应校核下臂处于最大仰角时的工况，此时液压缸轴线至下臂铰接点距离最近，液压缸将出现反拉现象，且在作回缩动作时，是由杆腔工作，液压缸活塞杆受拉力。

撑臂液压缸一般与四连杆机构配合，组成撑臂机构，以减小液压缸体积，左边的两个连杆分别是上臂和下臂的一部分，简化后如图 10-33 所示。但采用此种机构，会使上臂动作速度不均匀，设计要特别注意。设撑臂液压缸的工作速度为 v，上臂绕铰接点的回转角速度为 ω_3，撑臂液压缸与上下臂之间的连杆长皆为 l_1，下连杆绕下臂铰接点的回转角速度为 ω_1，撑臂液压缸在下臂上的铰接点到下连杆铰接点的距离为 l_0，上臂和下臂铰接点与上下连杆的距离皆为 l_3，下臂上撑臂液压缸铰接点与连杆铰接点连线和左下连杆的夹角为 φ_0，撑臂液压缸铰接点的距离为 u，则有

$$u^2 = l_0^2 + l_1^2 - 2l_0 l_1 \cos\varphi_1 \tag{10-35}$$

$$l_1^2(1 - \cos(\varphi_3 + 2\varphi_0 - 2\varphi_1)) = l_3^2(1 - \cos\varphi_3) \tag{10-36}$$

$$\omega_1 = \frac{uv}{l_0 l_1 \sin\varphi_1} \tag{10-37}$$

$$\omega_3 = \frac{2\omega_1}{1 - \left(\dfrac{l_3}{l_1}\right)^2 \dfrac{\sin\varphi_1}{\sin(\varphi_3 + 2\varphi_0 - 2\varphi_1)}} \tag{10-38}$$

由式（10-35）~式（10-38）可见，通过合理确定 φ_0、l_0、连杆长度等参数，可使上臂速度变化小，以保证作业斗的平稳性。

有关液压传动和液压系统设计，应符合《高空作业机械安全规则》（JG 5099—1998）要求。

3）动臂的结构设计和主要尺寸确定

动臂受弯扭复合作用，为获得较大强度和刚度，一般采用薄壁箱形结构。为减少焊接变形，臂架采用两根冲压成形的槽形板对接而成，槽形板折边采用大圆角形式，增强板件的局部

刚度。为使主受弯截面获得较高的抗弯截面模量,可加布上下加强筋板,获得渐近的等强度受力状态,动臂横截面如图 10-34 所示。

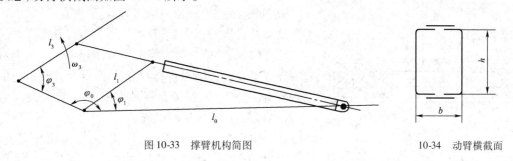

图 10-33　撑臂机构简图　　　　　　　　10-34　动臂横截面

动臂截面高度 h 可按经济条件(结构质量最小)计算确定,有

$$h = \sqrt[3]{\frac{M}{[\sigma]\gamma_n}} \tag{10-39}$$

式中:M——动臂承受的最大合成弯矩(以作业斗的额定载荷处在最大臂幅时计算),N·m;
γ_n——腹板的厚高比。
一般推荐 $b = (0.7 \sim 0.8)h$。
动臂的尺寸确定后,还应进行强度校核。根据动臂的工作情况,正应力 σ 为

$$\sigma = \frac{M_{xmax}}{W_x} + \frac{M_{ymax}}{W_y} \tag{10-40}$$

式中:M_{xmax}——主受弯截面的最大弯矩,N·m;
M_{ymax}——由水平力引起的最大弯矩,N·m;
W_x、W_y——主梁截面对中性轴 x 和 y 的截面模量,m³。
剪应力 τ 为

$$\tau = \frac{Q_{xmax}S_x}{2I_x\delta} + \frac{M_n}{2A\delta} \tag{10-41}$$

式中:Q_{xmax}——主受弯截面的垂直剪力,N;
M_n——截面的转矩,N·m;
I_x——截面对中性轴的惯性矩,N·m;
S_x——截面的最大静矩,N·m;
A——由板的中线围成的面积,m²;
δ——腹板的厚度,m。
最后,根据合成应力验算动臂强度,即

$$\sqrt{\sigma^2 + 3\tau^2} \leq [\sigma] \tag{10-42}$$

3. 回转机构的设计

按照有关专业标准,高空作业汽车的回转机构应能进行正反两个方向的 360°回转,回转速度不大于 2r/min,回转过程中的起动、回转、制动要平稳、准确、无抖动、晃动现象,微动性能良好。转盘是回转结构最重要的零部件,在设计时必须考虑到支承能力,以及强度和刚度的要求。下面以目前应用得最为普遍的交叉圆柱滚子转盘为例,说明其设计计算要点。

圆柱滚子的接触角一般为 45°,相邻的两圆柱滚子轴线成 90°交叉。这不但使回转装置能承受轴向和径向载荷,而且还能承受翻倾力矩。

1) 确定圆柱滚子的最大载荷

圆柱滚子在工作时要受到三种作用载荷,如图 10-35 所示。第一种为轴向力 Q,即垂直力,它由转台及举升机构的重力、举升货物的重力以及升降时的惯性力等组成;第二种为径向力 H,即水平力,该力由举升装置及转台的回转离心力、风载荷及回转齿轮的啮合力而产生;第三种为翻倾力矩 M_{ov},它由轴向力和径向力的偏心作用而引起。

将方向交叉的两组圆柱滚子,用 I 和 II 组表示。假定每组的圆柱滚子数目各占一半,并作一对一的间隔排列,则 I 组圆柱滚子在 A 点受力最大,如图 10-36 所示。其中任一圆柱滚子的最大法向载荷 $F_{I\max}$ 为

$$F_{I\max} = F_{IQ} + F_{IH} + F_{IM} \quad (10\text{-}43)$$

式中:F_{IQ}——由轴向力 Q 引起的 I 组任一圆柱滚子最大法向载荷,N;

F_{IH}——由径向力 H 引起的 I 组任一圆柱滚子上最大法向载荷,N;

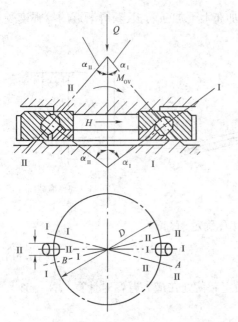

图 10-35 圆柱滚子外载荷及承载最大的滚子位置

F_{IM}——由翻倾力矩 M_{ov} 引起的 I 组任一圆柱滚子上最大法向载荷,N。

对内圈做受力分析,如图 10-36 所示,由力系平衡条件可以求得 F_{IQ} 和 F_{IH}。为求得 F_{IM},可以近似地把座圈看成直径为 D 的圆圈,如图 10-37 所示,并假定圆柱滚子对座圈的压力在座圈上连续分布,按圆柱滚子接触压力沿圆圈弧长的比压,列出平衡方程可求得 F_{IM} 值。

对于 II 组圆柱滚子,处于图 10-35 中 B 位置时受到的载荷最大。此时滚子不承受由水平力传来的载荷,且由于轴向力 Q 引起的法向载荷与翻倾力矩 M_{ov} 引起的法向载荷方向相反,因此 II 组中任一圆柱滚子的最大法向载荷为

$$F_{II\max} = F_{IIM} - F_{IIQ} \quad (10\text{-}44)$$

2) 确定圆柱滚子的允许载荷

根据赫兹公式,滚道与圆柱滚子的线接触应力为

$$\sigma = 0.418\sqrt{\frac{FE}{L}\sum\rho} \quad (10\text{-}45)$$

式中:F——圆柱滚子在接触线上的法向载荷,N;

E——弹性模量,一般座圈材料采用碳素钢或低碳合金钢,圆柱滚子材料采用轴承钢。故可取 $E = 2.1 \times 10^5 \mathrm{MPa}$;

L——圆柱滚子与滚道的接触长度,一般情况下 $L = 0.85d$,m;

$\sum\rho$——圆柱滚子与滚道接触表面主曲率之和;

d——圆柱滚子直径,m。

座圈一般用优质碳素钢或低碳合金钢轧制或锻造而成,其滚道表面热处理硬度为 HRC 59~60。依据所选用材料的许用应力值 $[\sigma]$,便可求得圆柱滚子的允许载荷 $[F]$。

3) 确定滚盘直径和接触角

滚盘直径 D 和接触角 α 应根据下列两个条件来确定。

首先,转盘中任一圆柱滚子的最大载荷均不得超过允许载荷 $[F]$,即 $F_{I\max} < [F]$,$F_{II\max} <$

$[F]$。

其次,为了充分利用两组圆柱滚子及两对滚道的最大承载能力,达到应力均衡的理想状态,应使Ⅰ组圆柱滚子可能出现的最大载荷尽量与Ⅱ组圆柱滚子可能出现的最大载荷相等,即 $F_{\text{I max}} = F_{\text{II max}}$。

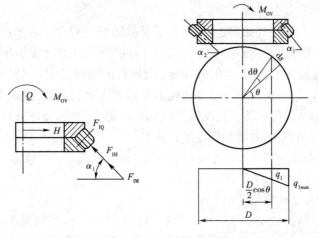

图 10-36　圆柱滚子内圈受力图　　图 10-37　翻倾力的计算

根据上述两个条件,可以确定合理的 D 和 α 值,当滚盘直径 D 值按结构需要确定后,合理的接触角 α 应为

$$\alpha = \arctan \frac{8M_{\text{ov}} + 2QD}{8M_{\text{ov}} - 2QD - 5FD} \quad (10\text{-}46)$$

D 与 d 的比值越少,则圆柱滚子相对于滚道的滑移越大,而且对安装精度的要求也越高。因此,一般要求 $D \geqslant 35d$,否则滚柱在滚道上的滑动摩擦就不能忽视。在结构允许的条件下,可取 $D = 37d$。

4) 滚动体总数目的确定

设滚动体的总数目为 n_x,则有

$$n_x = \frac{\pi D}{d + b} \quad (10\text{-}47)$$

式中:b——隔离套厚度,m;若无隔离套,则 $b = 0$。

滚动体之间可以设隔离套,也可不设。隔离套常用粉末冶金或尼龙组成,厚度为 2~3mm。在无隔离套的交叉滚柱式支承装置中,滚柱数应为偶数,其最后间隙可用调隙隔离套填充。

交叉滚柱式回转支承装置,其滚子的间隔排列可以设计成一对一、二对一、三对一或三对二等多种交叉形式,这些结构已得到广泛使用。

5) 回转机构的布置形式

回转机构的布置形式主要有以下两种:

(1) 将回转机构布置在回转平台上,并随回转平台一起绕回转支承装置的大齿圈回转,回转小齿轮既作自转运动又作公转运动。由于这种回转支承装置的大齿圈是固定在汽车底盘车架上,因此该布置对回转机构的维修比较方便,但有时会使得回转平台上比较拥挤。

(2) 将回转机构固定在汽车底盘车架上,回转小齿轮带动大齿圈回转,而大齿圈和回转平台连接在一起。这种布置对回转机构的维修不利,但回转平台上的其他机构比较好布置。

6）紧固螺栓的确定

紧固螺栓有两组：带有内齿圈的转盘用一组螺栓紧固；外圈由上、下座圈组成，与转台底座用另一组螺栓紧固。带有外齿圈的转盘则相反。在一般情况下，内、外圈所选用的两组螺栓，其规格和数量相同，螺栓总数为偶数，并均匀分布在圆周上。显然，内圈这一组螺栓受载较外圈大，应按内圈螺栓的受力计算为准。

无论是内圈固定，还是外圈固定，螺栓均承受脉动交变载荷。为了提高其疲劳强度，在安装时要求有足够的预紧力，一般取为 2~3 倍的螺栓的最大拉力。预紧力太大会使螺栓的静强度降低，故一般限定预紧应力 $\sigma_p \leq 0.6\sigma_T$（$\sigma_T$ 为材料的屈服极限）。当上述两个条件不一致时，不应随便降低预紧力，而应采取增加螺栓数目或加大螺栓直径，或改变螺栓材料或加工工艺等措施，提高其力学性能。为了提高螺栓的抗冲击能力，在可能的条件下，希望尽量增加螺栓数，减少单个螺栓的直径，并增加螺栓的长度。

转盘的径向力不应由螺栓直接承受，而应由定位止口或支承面传递。此时，应保证支承面上由螺栓预紧力产生的摩擦力大于径向力。

4. 整车稳定性和结构强度要求

高空作业车应符合《高空作业机械安全规则》（JG 5099—1998）要求。设有防超载保护装置的，该装置不可人为失效，其静稳定性载荷值为测试工况能够起升的最大载荷。其强度测试载荷值为测试工况能够起升的最大载荷。

第十一章　集装箱及集装箱运输车

第一节　概　　述

货物的集装箱运输是交通运输现代化的重要组成部分。它能实现装卸和运输机械化、标准化,是传统运输方式上的一项重大改革。它是一种可将品种众多、形状各异、大小不等的货物在运输前装入标准尺寸的特制箱内以便于水、陆、空联运的运输方式。这种用以装运货物的特制箱子就是集装箱,专门用来运输集装箱的车辆就是集装箱运输车。集装箱是一种能反复使用的便于快速装卸的标准化货柜。

一、集装箱的定义及功能

1. 集装箱的定义

集装箱是一种长期重复装运货物的标准容器。它的使用已有几十年的历史,我国1955年开始进行零担货物的集装箱运输,并进行了联运试点,现在已形成了一个比较完整的集装箱运输体系。

1970年,国际标准化组织104技术委员会(简称ISO/104)对集装箱所下的定义是:凡具有以下5项条件的运输容器都可称之为集装箱:能长期重复使用、且有足够的强度;途中转运,不动容器内的货物,可以直接换装;可以快速装卸,并可以从一种运输工具直接方便地换装到另一种运输工具上;利于货物的装满与卸空;具有1m以上的内容积。

2. 集装箱的功能

归纳起来,集装箱具有以下四大功能:货运的聚集单位;车辆的活动车箱;货物的外部包装;货站的临时仓库。

3. 集装箱的计算单位

(1)标准箱。集装箱的计算单位,简称 TEU(Twenty Equivalent Unit),又称国际标准箱单位。为使集装箱箱数计算统一化,把20ft(英尺)集装箱作为一个计算单位,40ft集装箱作为两个计算单位,以利统一计算集装箱的营运量。

(2)自然箱,也称实物箱。自然箱是不进行换算的实物箱,即不论是40ft集装箱、20ft集装箱或10ft集装箱均作为一个集装箱统计。

二、集装箱运输的特点

集装箱运输是一种成组运输。简单地说,它就是将零散件货物聚集在一个标准化的大箱子(或其他容器)里,以现代物流模式来进行运输;在更换运输工具时,箱内的货物不需倒装,而只需将装有零散货物的集装箱从一种运输工具挪到另一种运输工具上,实现了货物的"门到门"运输。因此,集装箱是公路、铁路、水路和航空等运输方式联运的良好工具。

与一般运输方式相比,集装箱运输有以下四大优点。

1. 简化了装卸作业

集装箱在转运时,只需换装运输工具,不需倒装集装箱的货物,大大地简化并减少了装卸作业,便于实现装卸机械化。集装箱的换装一般只需几分钟,缩短了等待装卸的时间,提高了劳动生产率,加快了货物和运输工具的周转速度。

2. 节省了包装费用

由于货物直接装在集装箱内,换装运输工具不需倒装集装箱的货物,而集装箱本身就是一种坚固密封的包装,使用集装箱可以简化包装,有的甚至无须包装,可节省了大量的包装费用。

3. 减少了货损与货差

由于集装箱是一个坚固密封的箱体,在整个运输过程中,只有起始运输和最终运输才打开集装箱装卸货物,在其中间物流环节,货物无须倒装,所以集装箱装运货物减少了货损与货差。

4. 降低了整个运输成本

集装箱运输不仅提高了运输生产效率,还保证了运输质量,降低了整个运输成本。据统计,集装箱运输比普通运输的全过程可降低运费 40%～60%。

20 世纪 60 年代以来,集装箱运输在许多国家得到了迅速发展,现在已成为国际运输中重要的运输方式。

从物资流通的过程来看,在多数情况下,汽车总是担负着物资的起始运输和最终运输。也就是说发展集装箱运输必将推动汽车集装箱运输的发展,否则整个流通领域的集装箱运输则会受到制约。因此,随着我国国民经济产值的增长、汽车工业的崛起和公路条件的改善,特别是高等级公路的兴建,集装箱运输的发展将越来越快。

第二节 集 装 箱

一、集装箱标准化

国际间开展集装箱运输以来,各个地区,各个国家,甚至各个生产厂家制造的集装箱在其结构、规格和强度等方面差异很大,种类繁多,严重地影响着集装箱在国际上的流通和集装箱运输业的发展。因此,需要制定一个集装箱标准,国际标准集装箱简称标准集装箱。

1978 年国际标准化组织(ISO)重新修订了集装箱标准,制定了两个系列(第Ⅰ、Ⅱ系列)共 11 种规格的集装箱。其标准见表 11-1。

第Ⅰ系列集装箱的外部尺寸、公差和总质量　　　表 11-1

箱型	高				宽				长				最大总质量
	(m)	公差(mm)	(ft)	公差(in)	(m)	公差(mm)	(ft)	公差(in)	(m)	公差(mm)	(ft)	公差(in)	(t)
1A	2.438	0 -5	8	0 -0.1875	2.438	0 -5	8	0 -0.1875	12.192	0 -10	40	0 -0.375	30.480
1AA	2.591	0 -5	8.5	0 -0.1875	2.438	0 -5	8	0 -0.1875	12.192	0 -10	40	0 -0.375	30.480
1B	2.438	0 -5	8	0 -0.1875	2.438	0 -5	8	0 -0.1875	9.125	0 -10	29.94	0 -0.375	25.400
1C	2.438	0 -5	8	0 -0.1875	2.438	0 -5	8	0 -0.1875	6.058	0 -6	19.87	0 -0.250	20.320

续上表

箱型	高				宽				长				最大总质量
	(m)	公差(mm)	(ft)	公差(in)	(m)	公差(mm)	(ft)	公差(in)	(m)	公差(mm)	(ft)	公差(in)	(t)
1CC	2.591	0 / −5	8.5	0 / −0.1875	2.438	0 / −5	8	0 / −0.1875	6.058	0 / −6	19.87	0 / −0.250	20.320
1D	2.438	0 / −5	8	0 / −0.1875	2.438	0 / −5	8	0 / −0.1875	2.991	0 / −5	9.81	0 / −0.1875	10.160
1E	2.438	0 / −5	8	0 / −0.1875	2.438	0 / −5	8	0 / −0.1875	1.968	0 / −5	6.46	0 / −0.1875	7.110
1F	2.438	0 / −5	8	0 / −0.1875	2.438	0 / −5	8	0 / −0.1875	1.450	0 / −3	4.79	0 / −0.125	5.080

第Ⅱ系列集装箱是引用国际铁路联盟的标准,见表11-2。第三种集装箱是欧洲地区铁路上使用的标准,属于地区标准的集装箱。

第Ⅱ系列集装箱的外部尺寸、公差和总质量   表11-2

箱型	高度(H)			宽度(W)			长度(L)			总质量(R)	
	(mm)	公差(ft)	(in)	(mm)	公差(ft)	(in)	(mm)	公差(ft)	(in)	(kg)	(lb)
2A	2100	6	10.5	2300	7	6.5	2920	9	7	71.00	15 680
2B	2100	6	10.5	2100	6	10.5	2400	7	10.5	7110	15 680
2C	2100	6	10.5	2300	7	6.5	1450	4	9	7100	15 680

第Ⅰ系列集装箱的宽×高,除1AA型及1CC型高箱的箱高为2.591m(8.5ft)以外,其他各型均为2.438m×2.438m(8ft×8ft)。

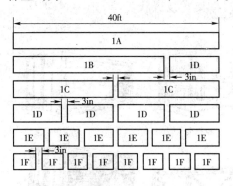

图11-1 国际标准Ⅰ系列集装箱长度比例示意

为了充分利用各种运输工具的装载面积,各型集装箱的长度之和应少于12.192m(40ft)。而且小集装箱长度之和与相应的大集装箱均少76mm(3in),即有76mm的空隙。第Ⅰ系列各种集装箱的长度比例如图11-1所示。

目前,在集装箱运输中,多采用1A(40ft箱)、1AA(40ft高箱)、1C(20ft箱)、1CC(20ft高箱)型,其他型应用较少,欧美等经济发达国家开始使用45ft、48ft、53ft的集装箱,以提高集装箱运输效率和效益。我国国家标准GB 1413—1985中规定的集装箱外部尺寸和额定质量见表11-3。

GB 1413—1985 集装箱外部尺寸和额定质量标准   表11-3

集装箱型号	高度(H)		宽度(W)		长度(L)		额定质量(最大总质量)(kg)
	尺寸	极限偏差	尺寸	极限偏差	尺寸	极限偏差	
	(mm)						
1AA	2 591	0 / −5	2 438	0 / −5	12 192	0 / −10	30 480
1A	2 438	0 / −5	2 438	0 / −5	12 192	0 / −10	30 480

续上表

集装箱型号	高度(H) 尺寸	高度(H) 极限偏差	宽度(W) 尺寸	宽度(W) 极限偏差	长度(L) 尺寸	长度(L) 极限偏差	额定质量(最大总质量)(kg)
			(mm)				
1AX	<2 438		2 438	0 −5	12 192	0 −10	30 480
1CC	2 591	0 −5	2 432	0 −5	6 058	0 −6	20 320
1C	2 438	0 −5	2 438	0 −5	6 058	0 −6	20 320
1CX	<2 438		2 438	0 −5	6 058	0 −6	20 320
10D	2 438	0 −5	2 438	0 −5	4 012	0 −5	10 000
5D	2 438	0 −5	2 438	0 −5	1 968	0 −5	5 000

国际标准化组织(ISO)是一个非政府机构,所制定的标准均是以建议的方式提出来的,并没有强制性。但各国均以ISO标准为参考,各国要求相互承认,以顺利地开展国际间集装箱联运。

二、集装箱的分类及结构

1. 集装箱的分类

根据集装箱的用途可分为通用型、保温式、冷藏式、框架类及罐状类等。图11-2所示为ISO1C系列集装箱。

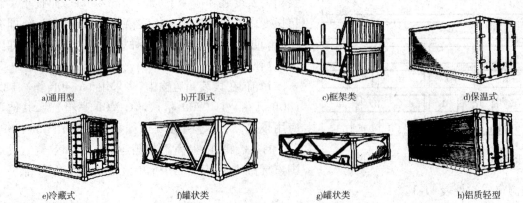

图11-2 ISO1C系列集装箱

(1)通用集装箱:通用集装箱又称干货集装箱(图11-2a)。它以装运成件、贵重、高档、易碎等日杂百货为主,除了某些货物在运输和保管过程中有特殊要求以外,绝大部分日杂百货(如文化用品、日用百货、医药、防织品、化工制品、五金交电、机械等)均可使用该种集装箱。它占集装箱总数的70%~80%。

(2)开顶集装箱:开顶集装箱(图11-2b)的箱顶可以很方便地取下来,成为顶部敞开的集装箱。这种集装箱有硬顶和软顶两种。硬顶的一般用钢板制成,软顶的多用帆布制作,帆布边缘用绳索扎紧,以免雨水浸入。这种集装箱适用于装运玻璃板、钢制品、机械类等重货,可以利用起重机从箱顶装卸。

(3)框架类集装箱:框架类集装箱(图11-2c)只有箱形六面体的框架和底板,只靠箱底和角柱来承受载荷。它适用于装运较大、较重、轻泡等不宜在箱门掏装的货物,如重型机械、钢材、木材、设备等。

(4)冷藏保温类集装箱:冷藏集装箱(图11-2e)实际上是一个便于装卸的活动冷库,近几年发展较快。它是专门为用来装运需冷冻或保温货物而设计的。一般由隔热结构的集装箱和制冷装置构成。

保温集装箱(图11-2d)的特点是能与外界温度隔绝,并可利用回空装运一般货物。

(5)散货类集装箱:散货类集装箱是用以装载粮食、水泥、化学制品等各种散装的粉粒状货物。它与用袋装或桶装相比,能节约包装费用,提高装卸效率。如散装水泥集装箱由框架、箱体、储气排灰装置几部分组成。

(6)罐状集装箱:罐状集装箱(图11-2f、g)是用框架将罐体固定起来,其外部尺寸按集装箱标准制作。它主要用来装运液态货物。

2. 集装箱的结构

(1)六面一门:除了框架类和罐状集装箱以外,其他各类集装箱的外部形状都是六面均有壁板且具有水密性的箱形六面体,并且至少有一端部开门,以便装卸货物。

(2)部分可折叠:集装箱除了固定式的以外,还有折叠式的。折叠式集装箱的主要部件是铰链连接的,在回空和保管时,可以简单地折叠起来,缩小箱体的体积(一般可缩小到原体积的1/5),提高运输的经济效益。但这种集装箱的强度受到影响。图11-3所示为折叠式集装箱。

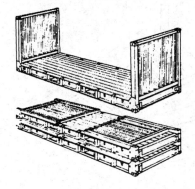

图11-3 折叠式集装箱

(3)侧柱有内柱和外柱式之分:集装箱的侧柱有内封式和外露式的,分别称为内柱式和外柱式。

内柱式的集装箱的外部特点是立柱位于箱壁之内。因此,外表平滑,受斜向外力不易损伤,印制标志也比较方便。外板与内衬板之间留有空隙,故隔热效果好,并能减少货物的损伤率。在修理或更换外板时,箱内衬板不需取下。

外柱式集装箱,其立柱位于箱壁式端壁之外,故立柱受外力时,不易损伤外板。这种结构的集装箱有时可以不要内衬板。

(4)高强度的集装箱框架:集装箱框架是承受外力的主要构件。例如,在集装箱运输船内堆码六层集装箱时,最下层集装箱要承受上面5层重箱的负荷,负荷很大。以1A、1AA型集装箱为例,其承受的静负荷将达150余吨。船舶航行时,由于产生纵、横向摇摆,其动负荷要比静负荷增加80%。这就要求集装箱的前后端框架结构具有较高的强度,而不产生永久变形,一般采用高强度钢制成矩形结构。

(5)用于吊装和连接的角件:为了便于起吊集装箱,以及在运载集装箱时用于集装箱之间、集装箱与运载工具之间的固定连接,在集装箱的每个角上均设有一个角件,如图11-4所示。它是一个三面有孔,具有良好的焊接性能和足够强度的铸钢件。角件外露的3个平面上都开有长槽孔。其槽孔两端以圆弧过渡。角件外侧上平面或下平面上的长槽孔较其他两个长槽孔大一些。长槽孔用来连接集装箱吊具或集装箱运输车转锁。

为了保护箱壁、箱门和箱顶,角件焊接在箱体8个角的最外部。据ISO标准要求,上部角件要高出箱顶平面 6mm 以上。当箱内装载额定质量时,箱底面的弯曲变形量不能超过下部角件的外廓(即在 6mm 之内)。

(6)叉槽:集装箱底部设有便于铲车装卸作业的叉槽。叉槽的标准尺寸如图 11-5 所示。

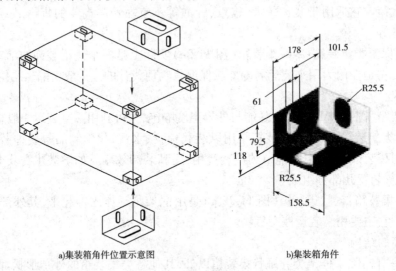

a)集装箱角件位置示意图　　　　　　　b)集装箱角件

图 11-4　集装箱角件(单位:mm)

(7)沟槽:对于 1AA、1CC(高度为 2.591m)集装箱,为了使集装箱半挂车装载集装箱时,其总高度不超过公路运输的高度限制,在集装箱底的前下部设有能容纳半挂车鹅颈部分的沟槽。沟槽的标准尺寸如图 11-6 所示。

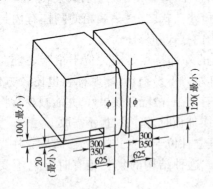 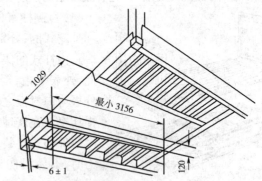

图 11-5　集装箱叉槽标准尺寸(单位:mm)　　　图 11-6　集装箱前下部沟槽尺寸(单位:mm)

第三节　集装箱运输车

一、集装箱运输车的类型与特点

1. 集装箱运输车的类型

集装箱运输车有普通载货汽车、半挂汽车列车、全挂汽车列车、双挂汽车列车 4 种类型。目前,公路集装箱运输一般采用鞍式牵引汽车牵引半挂车的形式,这也是集装箱专用汽车的最佳形式。集装箱半挂汽车列车具有良好的机动性,适用于"区段运输"、"甩挂运输"和"滚装运输"。图 11-7 所示为集装箱半挂汽车列车。

集装箱半挂车按其车架的形式分为鹅颈式和平直式两类。鹅颈式集装箱半挂车主要用于运输底前下部设有沟槽的集装箱,以降低集装箱的装载高度;平直式集装箱半挂车是目前世界上使用最广泛的形式,按其结构特点又可分为骨架式和平板式。各国均以骨架式的集装箱半挂车作为正规的公路运输集装箱半挂车。

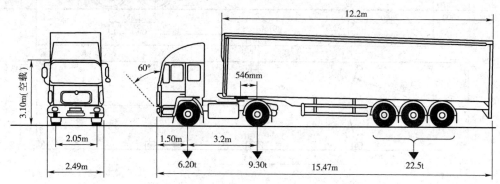

图 11-7　集装箱半挂汽车列车

2. 集装箱运输车的特点

骨架式集装箱半挂车具有结构简单、制造容易、整备质量小、成本低等优点,但其用途受限。图 11-8 所示为骨架式集装箱半挂车,车架是由两根纵梁和若干根横梁组成的骨架式结构,不设半挂车底板,集装箱直接落在半挂车骨架上,用横梁端部装备的转锁装置 1 将集装箱固定并锁紧。

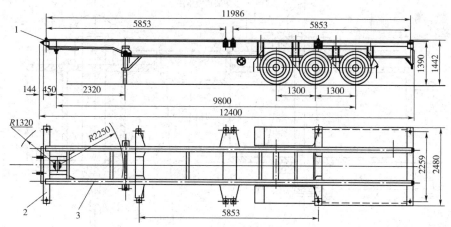

图 11-8　骨架式集装箱半挂车
1-转锁装置;2-横梁;3-纵梁

平板式集装箱半挂车具有用途较广、适应性强等优点,但其整备质量大、制造成本高。图 11-9 所示为平板式集装箱半挂车,它是在框架式车架的基础上铺设半挂车底板,大都采用钢板铺设。该种车除了能装运标准集装箱以外,还可以插上立柱装运钢材、木材、长大件货物等。

二、集装箱运输车的转锁装置

1. 转锁装置

转锁装置是用来固定集装箱的。在集装箱运输过程中,用 4 个转锁装置通过集装箱的角件将集装箱固定在其运输车辆上。转锁的结构如图 11-10 所示。

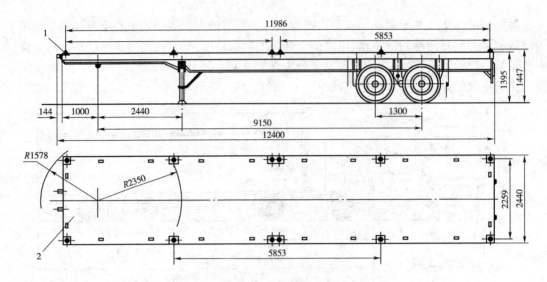

图 11-9 平板式集装箱半挂车
1-转锁装置；2-车架平台

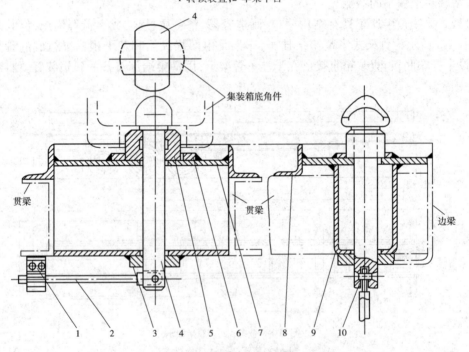

图 11-10 转锁装置
1-弹簧夹；2-手柄；3-底套；4-夹头；5-转锁体；6-底板；7-托板；8-边框；9-U 形板；10-销钉

集装箱往集装箱运输车上放置时，集装箱底角件上的长槽孔沿着转锁装置夹头 4 上的锥形导向落在车架上，转锁装置的夹头插入集装箱角件的长槽孔中，集装箱即可定位。转动手柄 2，将其夹入弹簧夹 1 内，即可将集装箱锁住（如图示位置）；将手柄 2 反转 90°，就可卸下集装箱。若需运载普通长件货物时，可将夹头 4 连同转锁体 5 一起卸下。

图 11-11 所示为翻转式转锁装置。夹头 1 可在转锁体 2 中转动，下部通过梯形螺纹和锁紧螺母 25 连接。当夹头与集装箱底角件的长槽孔对正时，搬动旋转手柄 23，转动 90°，即可锁住集装箱。此时，限位锁销 18 自动插入夹头下部轴颈的键槽起定位作用。然后再转动扳手

33,通过棘轮 27 推动螺母 25 转动,带动夹头 1 下移锁紧集装箱。压下杠杆 20,提起限位锁销 18 后,按上述相反程序操作即可解除锁紧,卸下集装箱。当运载普通货物时,转锁体通过自身的转轴和夹板 9 连接,提起翻板 4,转锁可在夹板内旋转 90°翻入车辆底板之下,然后再盖上翻板,上平面即与车辆货台成为一个平面,便于装载普通货物。图 11-12 所示为双锁止式转锁装置。夹头 1 下部有螺纹,锁紧手轮 6 中间有螺孔,通过锁紧手轮 6 可以调整夹头 1 的高度。锁紧手轮的圆柱表面上有若干个纵向定位槽,每转动一定的角度都由钢球 5 锁住,防止锁紧手轮自行旋松;转锁体 2 上的定位处有一个横向槽,可以防止夹头自行转动而失去锁住集装箱角件的功能。这就是双锁止。当集装箱装卸时,夹头 1 与转锁体 2 定位横向槽的位置(图 11-12a)。当需要锁紧集装箱角件时,可通过手柄 7 使夹头 1 旋转 90°(图 11-12b),夹头 1 连同锁紧手轮 6 一块下落,使夹头的上部落入转锁体 2 的横向槽内,转动锁紧手轮即可锁紧集装箱角件。在集装箱运输过程中,不管车辆如何颠簸振动,夹头始终被转锁体的横向槽限制住,不会转动;锁紧手轮被钢球锁住,也不会旋转。因此,这种双锁止装置工作非常可靠。

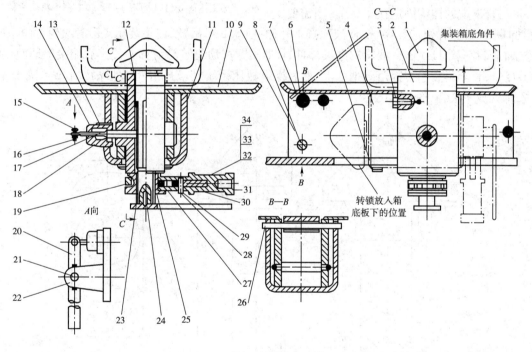

图 11-11　翻转式转锁装置

1-夹头;2-转锁体;3-螺钉;4-翻板;5-托板;6-翻板轴套;7-翻板轴;8-支柱;9-夹板;10-面板;11-侧横梁(或垫梁);12-衬套;13-销套;14-螺塞;15-销子;16-开口销;17-弹簧;18-限位锁销;19-平键;20-杠杆;21-销子;22-支座;23-手柄;24-螺钉;25-螺母;26-开口销;27-棘轮;28-销子;29-开口销;30-棘爪;31-弹簧;32-销子;33-扳手;34-垫圈

2.转锁装置的易损件

夹头和转锁体是锁止装置的主要件,也是易损件。它们的工作图分别如图 11-13 和图 11-14 所示。夹头是用 30 钢模锻成形,再经机加工而成的。转锁体的材料也是 30 钢,可用圆钢加工而成。

三、自装卸集装箱运输车

集装箱运输车一般都需与集装箱码头、车站、仓库等地的专用起重设备配合,才能完成集装运输车的正常装卸。这就使集装箱的公路运输受到一定的限制,而自装卸集装箱运输车就能弥补这方面的不足,独立完成装卸和运输作业。

自装卸集装箱运输车的保有量不大,但种类很多。根据自装卸机构的结构不同可分为倾斜伸缩杆提升式、高位液压缸推举式、龙门框架举升式、侧面起吊式、L形吊臂式等自装卸集装箱运输车。

图 11-15 为 L 形吊臂式自装卸集装箱运输车的卸箱过程示意图。该种车的自装卸机构由 L 形吊臂 2、液压缸 1、滚轮 3 等组成。图 11-15a)为正常运输状态,集装箱由 L 形吊臂末端的挂钩固定在车架上;当需要自卸集装箱时,操纵液压系统,使液压缸 1 外伸,推动 L 形吊臂,使集装箱 4 沿着滚轮 3 向车后下方向滑移(图 11-15b);液压缸继续外伸,L 形吊臂推动集装箱滑移并使其后端接触地面(图 11-15c),直至集装箱全部落到地面上,然后操纵液压系统使液压缸将 L 形吊臂收回到原始位置,即完成集装箱的自卸作业。

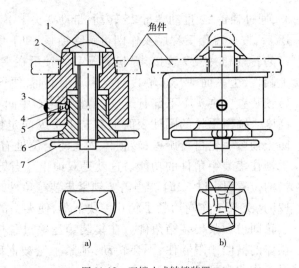

图 11-12 双锁止式转锁装置
1-夹头;2-转锁体;3-螺钉;4-弹簧;5-钢球;6-锁紧手轮;7-手柄

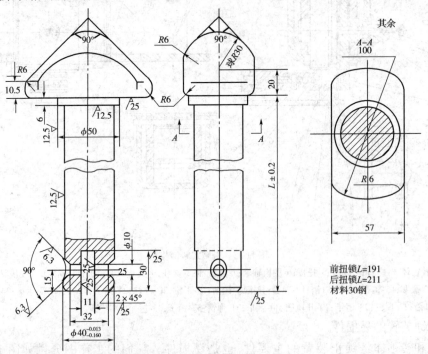

图 11-13 夹头(单位:mm)

当需要自装集装箱时,可操纵液压系统,使 L 形吊臂末端的挂钩挂住集装箱上部角件,按卸箱时的反向动作即可完成集装箱的自装作业。

图 11-16 所示为侧面起吊式自装卸集装箱运输车的自装卸机构。该机构由支腿 1、起升液压缸 5、上吊臂 6、下吊臂 4、变幅液压缸 3 和支腿液压缸 2 等组成。若需自装集装箱时,先将该

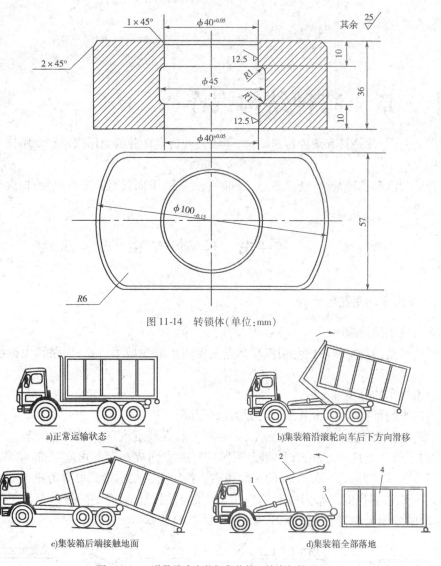

图 11-14 转锁体(单位:mm)

a)正常运输状态 b)集装箱沿滚轮向车后下方向滑移

c)集装箱后端接触地面 d)集装箱全部落地

图 11-15 L形吊臂式自装卸集装箱运输车卸箱过程
1-液压缸;2-L形吊臂;3-滚轮;4-集装箱

车平行停靠在集装箱 7 的侧面 300~400mm 处,放下支腿撑于地面上,用吊链(或钢索)上的旋锁或吊钩装入集装箱下部角件孔中。缓慢起吊集装箱,上吊臂举起,下吊臂不动或稍微内倾,使集装箱下底面高于车辆货台时再控制起升液压缸和变幅液压缸,使集装箱落至车辆货台上,并锁住集装箱,即完成集装箱的自装作业。反之,则可完成其自卸作业。

自装卸集装箱由于增设了自装卸装置及相应的液压系统,使车辆的结构复杂、整备质量增大,成本加大,一般仅适用于装运轻泡货物,且没有装卸设备的短途集装箱运输。

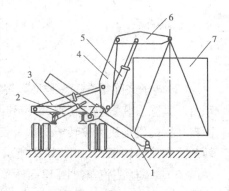

图 11-16 侧面起吊式自装卸机构
1-支腿;2-支腿液压缸;3-变幅液压缸;4-下吊臂;5-起升液压缸;6-上吊臂;7-集装箱

第十二章 特种结构汽车

从广义上讲,凡是具有某种特殊结构、完成某种特定任务的专用汽车和专用挂车均可称为特种结构汽车。

特种结构汽车品种繁杂,结构各异,很难——叙述,下面仅对除雪汽车、清扫汽车和清障车予以叙述。

第一节 除雪汽车

一、除雪汽车的用途与分类

1. 除雪汽车的用途

除雪汽车是指清除积雪的专用汽车。它主要用于清除城市道路、公路和飞机场等地面上的积雪。

2. 除雪汽车的分类

除雪汽车的种类繁多,按其结构可分为以下几种:

(1) 犁式除雪汽车。如图 12-1 所示,是将犁刀装在载货汽车(或清扫车、装载机、平地机、推土机等)上改装而成的。除雪时,犁刀车辆的行驶方向成一定的角度铲推、堆积或掷抛雪,主要用于清除厚度为 0.2~0.3mm 的松软积雪。按犁刀的结构形式可分为单向式、V 形式、单向翼形式和双向翼形式。犁刀一般均装在车辆的前端;但是,有的除雪汽车为了增大除雪宽度,在车辆的侧面也加装了除雪犁刀,如图 12-1c)、d) 所示。

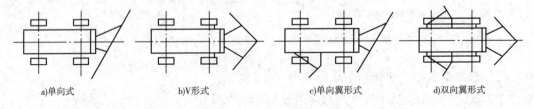

a)单向式　　b)V形式　　c)单向翼形式　　d)双向翼形式

图 12-1　犁式除雪汽车

(2) 转子式除雪汽车。是将除雪装置装在车辆前端的专用汽车。它主要用于清除较厚的积雪。其除雪装置包括切雪、集雪和抛雪等。除雪装置的动力来自车辆本身的发动机或专用除雪装置的发动机。按转子式除雪装置的结构形式不同可分为犁板转子式、螺旋转子式、铣刀转子式和滚筒转子式,如图 12-2 所示。

(3) 刷式除雪汽车。图 12-3 所示是一种清除较薄积雪的专用汽车。它利用旋转的滚刷将积雪扫到路边,又称扫雪汽车。这种除雪汽车的最大优点是能将略有凹凸不平的路面上的积雪清扫干净。但除雪速度较低,不适应较厚雪层的清扫。

(4) 气流式除雪车。气流式除雪车是用高压气流清除道路和机场的雪,具有生产效率高、抛雪距离远、工作装置可靠的特点。但是噪声大、能耗高,除雪厚度较薄(不大于 0.2m)。

气流式除雪车有风机式和气轮机式,气轮机式主要用于机场路面除雪。图 12-4 为机场用气流式除雪车示意图。

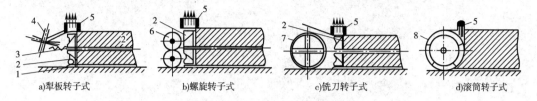

图 12-2　转子式除雪汽车的除雪装置
1-小犁;2-转子;3-螺旋疏松器;4-疏松转子;5-抛雪喷管;6-螺旋集雪器;7-铣刀带;8-铣刀滚筒

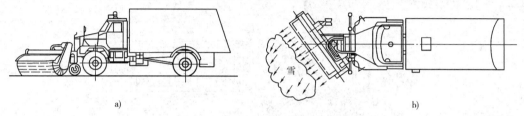

图 12-3　刷式除雪汽车

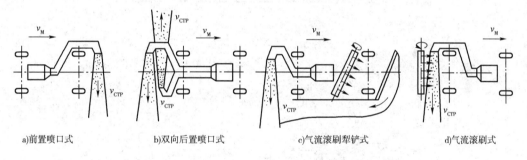

图 12-4　机场用气流式除雪车示意图

二、犁式除雪汽车的结构与计算

犁式除雪汽车是利用安装在汽车前方的犁铲将积雪推到道路的一侧或两侧。

犁式除雪汽车作业时所需克服的总阻力称为除雪汽车的除雪阻力,等于犁铲除雪阻力和行驶阻力之和。因此,除雪汽车的牵引力应大于或等于其除雪阻力,才能保证除雪汽车的正常工作。

除雪汽车的功率 P 可由下式求得:

$$P = \frac{F_{cx}v}{3600\eta_T} \tag{12-1}$$

式中:F_{cx}——除雪阻力(犁铲阻力+行驶阻力),N;
　　　v——除雪汽车的作业速度,km/h;
　　　η_T——机械效率。

除雪汽车的行驶阻力与一般汽车的行驶阻力计算方法相同,犁铲除雪阻力 F_e 的影响因素较多,计算复杂,可用下列经验公式估算:

$$F_e = 9.8 N_R S \gamma \qquad (12\text{-}2)$$

式中：N_R——除雪比阻力，N/m^2；

S——除雪断面面积，m^2；

γ——积雪密度，kg/m^3。

除雪比阻力 N_R 与除雪汽车作业速度 v 有如下关系：

$$N_R = 0.0942 v^2 - 2.44 v + 65.5 \qquad (12\text{-}3)$$

三、转子式除雪汽车的结构与计算

转子式除雪汽车的基本结构如图 12-5 所示。它主要由铣刀式集雪器 2、抛雪器 3、挡雪板 4、抛雪筒 5 及汽车底盘组成。

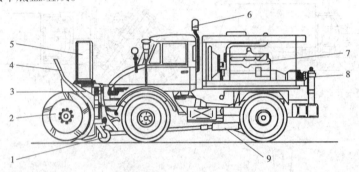

图 12-5 转子式除雪汽车
1-支承轮；2-铣刀式集雪器；3-抛雪器；4-挡雪板；5-抛雪筒；6-工作指示灯；7-发动机；8-齿轮箱；9-传动轴

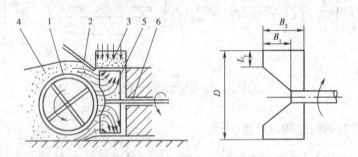

图 12-6 转子式除雪装置
1-铣刀式集雪器；2-挡板；3-抛雪筒；4-积雪层；5-转子；6-转子轴

转子式除雪装置(图 12-6)安装在汽车的前方。装有螺旋叶片铣刀式集雪器 1，在行进过程中，旋转着切削积雪，并将切松的积雪集拢传送到抛雪器。抛雪器中装有高速旋转的转子，雪在转子离心力的作用下，沿抛雪器的圆弧表面经抛雪筒 3 被抛出。其中抛雪筒 3 可绕转子 5 的轴线转动，转动抛雪筒 3 的出口方向即可改变抛雪方向；调整抛雪筒 3 的倾斜角度和转子的转速可改变抛雪距离。

转子直径 D 取决于除雪汽车的生产能力、转子边缘的圆周速度，并考虑雪在转子叶片间的充填程度，可按下式计算：

$$D = \frac{1}{30} \sqrt{\frac{Q_e}{v_y K_c K_B \gamma n_2}} \qquad (12\text{-}4)$$

式中：Q_e——除雪汽车的除雪量(生产能力)，t/h；

K_c——充填系数,通常 $K_c = 0.3 \sim 0.45$；

v_y——转子叶片圆周速度,m/s；

K_B——通常取 $0.325 \sim 0.375$,与转子叶片宽度有关,宽度大可取大一些；

γ——积雪密度,t/m³；

n_2——转子叶片数。

转子叶片长度 L_y 按下式计算：

$$L_y = \frac{D}{2}\left(1 - \frac{1}{K_1}\right) \tag{12-5}$$

式中：K_1——卸载角影响系数。

转子式除雪汽车的抛雪距离是抛雪器的重要参数。单向抛雪距离一般都大于路面宽度,限制在 $15 \sim 17$m。

将转子抛雪近似看成无空气阻力的空间抛掷固体运动,抛雪距离 L_0 可用下式计算：

$$L_0 = \frac{v_0^2 \sin 2\varphi_0}{g} + H_0 \tan \varphi_0 \tag{12-6}$$

式中：v_0——抛出瞬间雪粒运动的绝对速度,m/s；

φ_0——抛出运动的切线方向与水平面的夹角,(°)；

H_0——转子壳体抛雪口导向装置的离地高度,m。

实际上空气阻力对抛出雪流影响较大,故实际抛雪距离 L_{max} 可按下述经验公式确定：

$$L_{max} = \frac{v_0^2}{g} - 0.00239 v_0^2 \tag{12-7}$$

抛雪距离不仅与转子直径的大小和转速有关,也与风速、风向、雪的压实程度、除雪汽车的生产能力、转子抛出的雪流密度等因素有关。因此实际抛雪距离可根据试验数据确定。

螺旋叶片大都采用低合金钢板拉制成形,然后再焊接。螺旋叶片集雪器的直径一般不大于 $400 \sim 500$mm。螺旋线的升角不大于 $45°$,通常为 $24° \sim 25°$,以免雪粒粘附在螺旋叶片上。在给定螺旋线的升角的条件下,螺旋节距 t_e 与集雪器直径 D_e 有下列关系：

$$t_e = (0.8 \sim 1) D_e \tag{12-8}$$

螺旋式集雪器的转速 n_e 按下式计算：

$$n_e \geq \frac{Q_c}{\frac{\pi}{4}(D_e^2 - d_e^2) t_e \gamma \psi} \tag{12-9}$$

式中：d_e——集雪器螺旋刀轴直径,m；

ψ——滑动系数,$\psi = 1 - 1.2\sin^2\left[\arctan\frac{2t_e}{\pi(D_e - d_e)}\right]$。

除雪汽车大都采用全驱动,并装用防滑轮胎,以增加附着力,提高车辆的通过性。

转子式除雪汽车总功率消耗分配：抛雪器占 $65\% \sim 80\%$；集雪器占 $15\% \sim 30\%$；除雪汽车行驶动力占 $5\% \sim 10\%$。

总功率 P 可按经验公式估算,即

$$P \approx 0.007355 Q_c L_0 \tag{12-10}$$

抛雪器转子所需的功率 P_2 按经验公式确定,即

$$P_2 \approx \frac{0.00919 Q_c v_y^2}{(10.5 + v_y) \eta_2} \tag{12-11}$$

式中：η_2——驱动转子的传动系统的机械效率。

铣刀式集雪器所需功率 P_{x1} 按经验公式计算，即

$$P_{x1} = \frac{0.000404 Q_c v_{x1}}{\eta_{x1} n} \tag{12-12}$$

式中：v_{x1}——集雪器的圆周速度，m/s；

η_{x1}——集雪器的传动系统的机械效率；

n——集雪器转速，r/min。

铣刀式转子除雪汽车行驶功率 P_x 由下式计算：

$$P_x = \frac{272v}{10^9 \eta_T}(F_x + F_{1\max} + F_2) \tag{12-13}$$

式中：η_T——汽车行驶机械效率；

F_x——汽车行驶阻力，N；

F_2——附加切削反应力，N，$F_2 = KBh$；

$F_{1\max} \approx 1500 AB \left(\dfrac{v}{nz}\right)^{0.6}$，N；

B——切削宽度，m；

K——切削阻力系数，N/m²，通常对于松雪 $K = 0.2 \sim 0.5$，对于实雪 $K = 1.8 \sim 3$；

A——系数，对于松雪取 $A = 1.9K$，对于实雪取 $A = 1.3K$；

h——除雪高度，m；

z——集雪器铣刀常数。

第二节 清扫汽车

一、清扫汽车的用途与分类

1. 清扫汽车的用途

清扫汽车是指完成道路清扫保洁作业的专用汽车。它主要用于清扫高等级公路路面、城市道路和广场上的尘土和常见垃圾。一般具有喷水、清扫、吸入垃圾和自动卸料等功能。

2. 清扫汽车的分类

清扫汽车的种类很多，一般分为清扫式和真空吸扫式两类。由于真空吸扫式比普通清扫式的清扫汽车具有工作行驶速度快、清扫效率高及环境污染小等优点，是当前发展比较快的一类清扫汽车。

真空吸扫式清扫车分为湿式和干式两种除尘方式。

(1)湿式除尘清扫汽车的清扫原理：如图 12-7 所示，它是在清扫汽车上装有喷洒水系统，在吸尘风道中装有多个喷淋点，垃圾尘土在引风的作用下高速运动并与雾化的水珠碰撞，粉尘被水湿润后发生凝聚并增重，当运动至集料箱中时，由于箱内的容积突然增大，风速骤减，粉尘与垃圾重力下沉，达到除尘和收集垃圾的效果。

(2)干式除尘清扫汽车的清扫原理：如图 12-8 所示，它是利用布袋式除尘器，将其安装在风机的出口处，捕捉细小的粉尘，达到除尘的效果。为了清除布袋上阻留的粉尘，该装置设有脉冲装置，使布袋发生抖动，把粉尘抖落在集料室里。吸集垃圾与湿式的相同。

干式除尘清扫汽车具有使用方便,不受天气温度的限制等优点,但雨天使用,易将布袋糊住,而湿式除尘清扫汽车冬天使用不便,容易冻结。

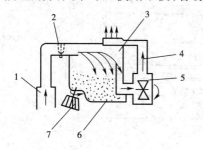 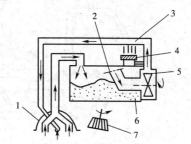

图 12-7　湿式除尘清扫汽车的清扫原理图　　　图 12-8　干式除尘清扫汽车的清扫原理
1-吸盘;2-喷水喷头;3-粗滤网;4-风道;5-风机;　　1-吸盘;2-粗滤网;3-风道;4-布袋除尘器;5-风
6-集料室;7-盘刷　　　　　　　　　　　　　　　机;6-集料室;7-盘刷

二、真空吸扫式清扫汽车的结构

图 12-9 所示为英国施米特公司生产的 SK-150 型小型清扫车。它由盘刷 1、吸嘴 5、集料箱 4、风机 3 及汽车底盘组成。该车采用全液压驱动,结构合理,操纵方便,小巧灵活,特别适用于狭窄街道的清扫。

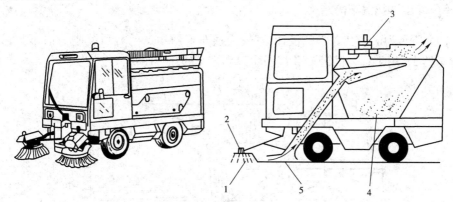

图 12-9　SK-150 型清扫车
1-盘刷;2-液压马达;3-风机;4-集料箱;5-吸嘴

两把盘刷装在清扫车的最前面,用刷盘将聚丙烯刷丝固定在一起,刷盘的上方装有液压马达 2,带动盘刷 1 旋转收集垃圾。盘刷中间有喷水嘴,湿润垃圾和粉尘。盘刷的位置和接地压力由液压缸及控制装置来完成。吸嘴 5 将经喷洒过水的粉尘和垃圾吸入车厢,垃圾和大部分被湿润的粉尘集落在车厢内。该车的风机 3 由液压马达驱动,装在车厢顶部。

图 12-10 所示为 CQJ-SHZ22 清扫车。它是在 NJl061A 二类底盘上增设了喷水、清扫、吸收、集尘、举升及卸料装置而成的。

清扫作业时,盘刷 6 下降并外伸,滚刷 5、吸嘴 4 下降。几个装在车头和盘刷、滚刷前的喷嘴将路面喷洒潮湿。盘刷和滚刷再将路面上的垃圾扫至设定位置。吸尘系统在风机 2 的作用下,使吸嘴 4 处形成较大的真空度,高速运动的气流将垃圾和粉尘经吸嘴 4 和管道吸入集料箱 3。由于集料箱容积突然增大,气流速度骤减,密度大的颗粒在重力作用下沉至箱底,纸张、树叶等密度较小的杂物则被集料箱内的铁丝网挡住。集料箱隔板使气体进一步净化,最后符合环保要求的气体被引风机排入大气。

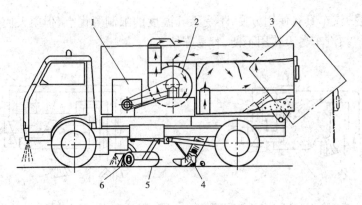

图 12-10　CQJ-SHZ22 清扫车
1-副发动机；2-风机；3-集料箱；4-吸嘴；5-滚刷；6-盘刷

CQJ-SHZ22 型清扫车的风机 2 由副发动机 1 经 V 形带传动,并固定在副车架上。集料箱用薄钢板焊接而成,可由举升系统控制其倾翻卸料。集料箱上还设置了侧吸管,以适应路边缘处的吸扫。盘刷、滚刷的刷丝用高强度尼龙丝制成。盘刷、滚刷由液压马达驱动。吸嘴 4 上装有滚轮,使吸尘口与路面保持一定的间隙。

该车的结构合理,清扫速度较高(8～20km/h),清扫宽度达 2.2m。

三、旋风除尘清扫汽车的结构

图 12-11 所示为山东交通学院设计、泰安交通车辆厂生产的旋风除尘清洁车。它由风机 3、旋风除尘器 5、滤网 6、集料箱 7、狭缝吸尘口和汽车底盘等组成。

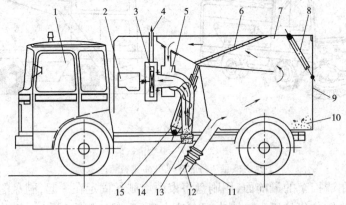

图 12-11　旋风除尘清扫车
1-主车；2-发动机；3-风机；4-出风口；5-通风除尘器；6-滤网；7-集料箱；8-料门液压缸；9-卸料门；10-大块垃圾；11-软管；12-狭缝吸尘口；13-出尘门；14-尘土颗粒；15-倾卸液压缸

该车采用狭缝吸尘口 12,吸尘真空度大,直接收集垃圾,免去了清扫刷。狭缝吸尘口 12 通过软管 11 与集料箱 7 相通,旋风除尘器 5 的进气口与集料箱 7 相通,风机 3 的引风口与旋风除尘器 5 的出气口相连接。风机 3 由装在主车 1 上的发动机 2 带动。狭缝吸尘口 12 的长度方向与车轴平行,其长度为清洁车的有效清洁宽度,卸料门 9 通常是关闭的,并保证集料箱的密封。倾卸液压缸 15 是用于举升集料箱 7 使之倾卸垃圾的。集料箱内设有滤网 6,以滤下纸张、树叶等杂物。

工作时,从狭缝吸尘口吸入垃圾和粉尘,密度较大的垃圾被高速运动的气流抛至集料箱的后部,密度很小的杂物被滤网滤下,而粉尘经旋风除尘器收集,落至旋风除尘器的下部,可通过出尘门 13 定期排放,除尘净化后的气体经风机出风口排入大气。

该车采用旋风除尘器除尘,克服了湿式除尘和干式除尘的缺陷,不受天气的限制。它没有清扫刷,采取较大的真空吸扫,与地面不接触,可以大幅度地提高清扫速度,使用方便,成本低。

第三节 清障车

一、清障车的用途与分类

1. 清障车的用途

清障车是指装有道路抢险作业装备的专用汽车。由于汽车在道路上行驶时,故障和事故是不可避免的,特别是在高等级公路上,这种现象时常发生。清障车的任务就是将故障车或事故车及时地拖离现场,确保道路的畅通无阻。因此,道路清障车又称道路抢险车。随着高等级路面和在用汽车的增多,清障车也得到了发展。

2. 清障车的分类

清障车按其使用特点可分为运载类、起吊牵引类。运载类是将损坏的车辆牵引到运载车上运走;起吊牵引类是用车上安装的起吊牵引装置把损坏汽车的一端托起(或吊起)离开地面,另一端仍然着地,然后由起吊牵引式清障车拖离现场。

清障车基本上都是采用载货汽车的二类底盘改装的,按清障车结构形式可分为拖运、装运、吊运、救援(单臂式和双臂式)式清障车。

3. 最大托举质量

清障车的最大托举质量是衡量清障车作业技术性能的重要参数之一。QC/T 645—2004 标准规定清障车"最大托举质量:托臂有效长度为最小值时清障车的额定托举质量",而"在最大托牵状态下时,后轴轴荷不得超过其允许载荷的 20%"。这是按后轴条件来计算清障车的最大托举质量,可合理地进行总体布置,也可在清障车底盘前端增加配重来提高其最大托举质量。

二、清障车的结构

图 12-12 所示为 ST5100TQZ 型清障车。它是在汽车二类底盘的基础上加装了吊臂总成 8、推栏 2、液压绞盘 6、多路换向阀 9 等组成。

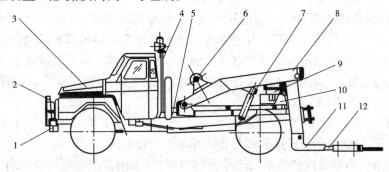

图 12-12 ST5100TQZ 型清障车

1-配重总成;2-推栏;3-汽车二类底盘;4-护栏;5-副车架;6-液压绞盘;7-举升液压缸;8-吊臂总成;9-多路换向阀;10-吊臂支承座;11-折叠臂;12-伸缩臂

吊臂总成 8 装在副车架上，吊臂的前部装有液压绞盘 6，吊臂下装有变幅液压缸 7，吊臂后端通过铰链连接折叠臂 11，折叠臂内装有伸缩臂 12，伸缩臂可直接或通过加长臂与横担相连接。折叠臂的折叠与伸缩臂的伸缩动作分别由各自的液压缸完成。为了适应不同损坏车辆的抢险作业，还设有不同的附件。

清障车上所有的执行机构的动作均由液压执行元件通过控制阀来控制。其液压系统原理如图 12-13 所示。液压泵 14 由装在汽车变速器上的动力输出装置驱动，向多路换向阀 1 供油，该阀上的 A、B 口经相应的控制阀分别与各液压执行元件相连接。多路换向阀 1 的进油口处设有安全阀以限制系统的最高工作压力，回油口连接回油箱。同时，通过多路换向阀 1 的过桥阀体将压力油接至液压绞盘 2，液压铰盘是由方向控制阀和气动换向阀控制的。当操纵多路换向阀 1 和气动换向阀 3 的手柄时，即可使执行机构完成：支腿的收、放、锁止，以及折叠臂的折起、平稳下落及锁止；液压铰盘钢丝绳的收、放、停留；伸缩臂的伸出、收回、锁止，吊臂的举起、平稳下落以及锁止。

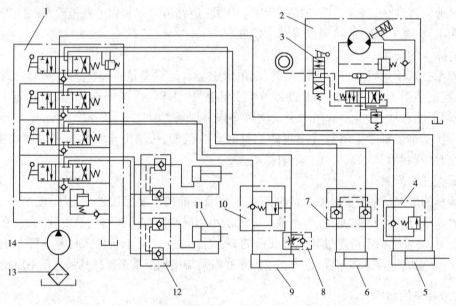

图 12-13　ST5100TQZ 型道路清障车液压系统

1-多路换向阀；2-液压绞盘；3-气动换向阀；4-平衡阀；5-伸缩液压缸；6-折叠液压缸；7-液压锁；8-单向节流阀；9-举升液压缸；10-平衡阀；11-支腿液压缸；12-液压锁；13-滤油器；14-液压泵

该种清障车的副梁是用 16Mn 钢板轧制成"["形后焊接而成，吊臂、折叠臂是用 16Mn 钢板焊成矩形截面，其他结构件大都是普通钢板。吊臂支承座是将吊臂较长时间地支承在某一工作位置的机构，以防变幅液压缸及控制阀因液体泄漏而下落。吊臂支承座的支承板与变幅液压缸的控制阀连接，只有当该支承板打开时，吊臂才能下移，以防误动作，损坏吊臂支承座。

该车能完成以下几种作业：

(1) 牵引杆拖运：车辆在行驶过程中，发动机、传动系等发生故障不能自行，而车轮、制动、转向等功能正常，可使用牵引杆把故障车和清障车连接起来，拖离现场。

(2) 托载拖运：当事故或故障车比较严重时，可将有关附件装在清障车的伸缩臂上，托起车辆的前部或后部，使其前轮或后轮离开地面，但至少有两个轮仍然着地，由清障车拖载拖运故障车。对于大型客货车辆，可以拖载前钢板弹簧或后钢板弹簧，也可以拖载前纵梁或后纵梁；对于轿车，可以拖载前轮或后轮。

(3)绞盘牵引:主要用于远距离事故车的救助。例如,事故车掉入路边坡下时,可采用绞盘牵引的办法将其拖上路面。

(4)顶推:在清障车前设有顶推装置,用于特殊情况下道路的疏通,把事故车推到路边或便于救助的位置。推栏前面装有橡胶条,以保护被推的车辆。

图12-14所示为山东交通学院与泰安交通车辆厂联合开发的ST5060TQZ型清障车。它主要是在汽车二类底盘的基础上增设了起重装置、回转机构和牵引装置。在该车的副车架上装有回转机构7,回转台上方与基本臂2铰接。基本臂内装有伸缩臂4,由基本臂内的液压缸控制伸缩臂4的伸缩。回转台的中部设有液压绞盘,其钢丝绳通过导向轮与吊具5相连接。起重臂的仰俯是由起重臂下的变幅液压缸9来控制的。该车的尾部设有牵引架6、支架3。

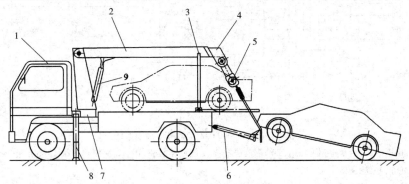

图12-14 ST5060TQZ型清障车

1-汽车二类底盘;2-基本臂;3-支架;4-伸缩臂;5-吊具;6-牵引架;7-回转机构;8-液压支腿;9-变幅液压缸

由于该车增设了一套与随车起重运输车相似的起重装置及其他工作装置,因此,比ST5100TQZ型清障车增加了吊装和装运功能。图12-14中实线所示为拖载拖运状态。当车辆损坏至无法拖运时,可将支架3铰接处的锁销拔出,支架3即可向后平放,按事故车的轴距和轮胎直径,用两根支承管插入支架合适的孔中,托住后轮,即可完成事故车的装运。事故车的吊装可由该清障车自带的起重装置来完成。这种清障车可以将事故现场的事故车迅速吊运至路边,疏通道路,然后再逐个拖运或装运至维修点。

该车的回转机构采用齿条齿轮结构形式,齿条两端各装有一个液压缸,由液压缸内的加长活塞推动齿条,进而驱动齿轮带动回转台及起重装置回转。齿条承孔内装有一个浮动滑套,以保证齿条、齿轮的正常啮合。齿条是用45钢加工成圆柱形,在其一侧铣出齿形。浮动滑套是用灰铸铁HT200加工而成的。当齿条与滑套之间磨损间隙过大而影响齿轮齿条的正常齿合时,可以更换浮动滑套,也可稍微磨削齿条外柱面再配作浮动滑套。

图12-15所示为ST5060TQZ型清障车液压系统图。

齿轮泵14经滤油器15从油箱中吸入液压油,并将压力油送入多路阀1。多路阀处于图示位置时,液压油经多路阀1回油箱,齿轮泵处于空负荷运转。操纵多路阀1,可使压力油经平衡阀2中的止回阀驱动卷筒液压马达3,实现起吊作业,若使压力油经卷筒液压马达3,再经过平衡阀2回多路阀,可实现下放作业,由平衡阀2限制其下落速度;操纵多路阀1,可使伸缩液压缸5或变幅液压缸7推动伸缩臂伸缩或起重臂变幅;操纵多路阀1,可使回转液压缸9驱动回转台旋转,扩大了起重臂的作业范围。同样,操纵多路阀1可使支腿垂直液压缸11和13完成支撑清障车的工作,提高车辆起吊工作时的稳定性。液压锁8、10、12可更可靠地把回转台和支腿锁定在某一位置上。

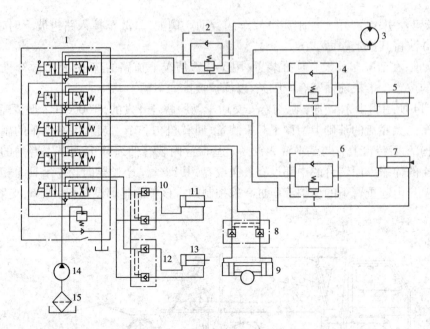

图 12-15　ST5060TQZ 型清障车液压系统

1-多路阀;2、4、6-平衡阀;3-卷筒液压马达;5-伸缩液压缸;7-变幅液压缸;8、10、12-液压锁;9-回转液压缸;11、13-支腿垂直液压缸;14-齿轮泵;15-滤油器

ST5060TQZ 型道路清障车具有结构紧凑、机动灵活、功能齐全等特点,适用于道路清障抢险等多项作业。

参 考 文 献

[1] 冯晋祥. 专用汽车设计[M]. 北京:人民交通出版社,2007.
[2] 汽车工程手册编委会. 汽车工程手册[M]. 北京:人民交通出版社,2001.
[3] 周允. 汽车百科全书[M]. 北京:机械工业出版社,1992.
[4] 冯晋祥. 专用汽车[M]. 北京:机械工业出版社,2008.
[5] 邬惠乐,梁思忠. 汽车技术词典[M]. 北京:人民交通出版社,1989.
[6] 崔靖. 专用汽车设计[M]. 西安:陕西科学技术出版社,1989.
[7] 冯晋祥,王慧君. 专用汽车构造与维修[M]. 济南:山东科学技术出版社,1996.
[8] 徐达,蒋崇贤. 专用汽车结构与设计[M]. 北京:北京理工大学出版社,1998.
[9] 蒋崇贤,何明辉. 专用汽车设计[M]. 武汉:武汉工业大学出版社,1994.
[10] 刘哲义,何明辉. 专用汽车构造[M]. 武汉:武汉工业大学出版社,1994.
[11] 刘惟信. 汽车设计[M]. 北京:清华大学出版社,2001.
[12] 王望予. 汽车设计[M]. 北京:机械工业出版社,2004.
[13] 徐达,陆锦荣. 专用汽车结构与设计[M]. 北京:北京理工大学出版社,1998.
[14] 刘鼎明. 国际集装箱及其标准化[M]. 北京:人民交通出版社,1998.
[15] 金先龙. 国外专用汽车新技术[M]. 武汉:湖北科学技术出版社,1994.
[16] 黄声显. 重型汽车构造与维修[M]. 北京:人民交通出版社,1994.
[17] 陆家祥. 柴油机涡轮增压技术[M]. 北京:机械工业出版社,1999.
[18] 杜广生. 汽车空气动力学[M]. 北京:中国标准出版社,1999.
[19] 许喜华. 工业造型设计[M]. 杭州:浙江大学出版社,1991.
[20] 高学亮. 性能优越的斯太尔系列汽车底盘[J]. 专用汽车,1999(3).
[21] 钱伟鑫. 专用汽车造型设计的美学法则及其应用[J]. 专用汽车,1996(4).
[22] 李源靳. 合理选择设计参数提高半挂汽车列车的制动稳定性[J]. 公路交通科技,1998(6).
[23] 叶振祥,等. 骨架式集装箱运输半挂车的设计要点[J]. 专用汽车,2004(5).
[24] 徐玲. 栏板式伸缩半挂车[J]. 专用汽车,2002(3).
[25] 季瑞,等. 空气悬架双轴厢式半挂车设计[J]. 专用汽车,2003(3).
[26] 钱德猛. 汽车空气悬架系统的参数化建模、分析及设计理论和方法研究[D]. 合肥工业大学博士论文,2005.
[27] 王海英. 混凝土搅拌运输车搅拌筒内部流动的实验研究[D]. 吉林大学硕士论文,2005.
[28] 秦四成,等. 自卸汽车新型举升机构优化设计[J]. 建筑机械,1998(2).
[29] 王承基. 后压缩式垃圾汽车的初步探讨[J]. 专用汽车,1990(2).
[30] 谢金元. 高位自卸汽车的设计与探讨[J]. 专用汽车,1988(4).